Thomas Gordon
unter Mitarbeit von Noel Burch

Lehrer-Schüler-Konferenz

Wie man Konflikte in der Schule löst

Aus dem Amerikanischen
von Maren Organ und Sigrid Krohne

WILHELM HEYNE VERLAG
MÜNCHEN

Titel der Originalausgabe
T.E.T. TEACHER EFFECTIVENESS TRAINING
The Program Proven to Help Teachers Bring Out the Best in students of All Ages
Erschienen bei Peter H. Wyden, Inc., New York

MIX
Papier aus verantwortungsvollen Quellen
FSC® C014496
FSC
www.fsc.org

Verlagsgruppe Random House FSC-DEU-0100
Das für dieses Buch verwendete
FSC®-zertifizierte Papier *Holmen Book Cream*
liefert Holmen Paper, Hallstavik, Schweden.

Aktualisierte Taschenbuchausgabe 03/2012

Der Wilhelm Heyne Verlag, München, ist ein Verlag
der Verlagsgruppe Random House GmbH
www.heyne.de
Printed in Germany 2012
Umschlaggestaltung: Hauptmann & Kompanie, Zürich
Satz: Buch-Werkstatt GmbH, Bad Aibling
Druck und Bindung: GGP Media GmbH, Pößneck

ISBN: 978-3-453-60236-6

All den jungen Leuten gewidmet,
deren Kummer mich dazu veranlasste,
nach neuen Wegen der Lösung
ihrer Konflikte mit Eltern und Lehrern
zu suchen.

Inhalt

Wie Lehrer aus diesem Buch den größten Nutzen ziehen können

1. Lehrer können unsere Methoden in der Schule erfolgreicher anwenden, wenn sie von den Eltern unterstützt werden. Wir empfehlen daher, dass Sie die Eltern Ihrer Schüler dazu ermutigen, sich mit diesem Schulungsprogramm vertraut zu machen, etwa indem sie unser Buch *Familienkonferenz. Die Lösung von Konflikten zwischen Eltern und Kind* lesen.
2. Pädagogen können ihre neu erworbenen Kenntnisse umfassender anwenden, wenn sie von ihrem Schulleiter und ihren Kollegen verstanden und unterstützt werden. Daher ist es wichtig, Ihre Kollegen mit unserem Programm bekannt zu machen. (Kapitel 11 verweist auf spezielle Möglichkeiten, Ihre Erfahrungen innerhalb Ihrer Schule oder Ihres Schulbezirks weiterzugeben.)
3. Das Lehrertraining ist ein vollständiges und integriertes System. Seine speziellen Prinzipien funktionieren am besten, wenn sie alle zusammen verstanden worden sind.
4. Verständigen Sie sich mit Ihren Schülern über unser Schulungsprogramm – was es beinhaltet und warum und wie Sie es mit ihnen zusammen in der Klasse anwenden werden. Das wird ihren Widerstand gegen Ihre neuen Methoden verringern und sie bei Ihrem Versuch, das Lernen angenehmer zu gestalten, zu Ihren Partnern werden lassen.
5. Unser Lehrertraining vermittelt Ihnen besondere Fähigkeiten, um Ihnen Ihre Arbeit zu erleichtern. Aber Sie werden diese Fähigkeiten üben müssen, bis sie Ihnen zur zweiten Natur geworden sind. Es liegt an Ihnen, sich innerhalb wie außerhalb des

Klassenzimmers die Gelegenheiten zu schaffen, die Ihnen die notwendige Praxis vermitteln.

6. Trainingskurse nach Dr. Thomas Gordon werden seit vielen Jahren erfolgreich durchgeführt. Informationen zu den Lehrgängen in Österreich, Deutschland und der Schweiz erhalten Sie bei Dr. Karlpeter Breuer unter folgender Adresse:

Gordon Training Deutschland Österreich Schweiz in der Akademie für personzentrierte Psychologie GmbH, Bonner Talweg 149, 53129 Bonn.

Einleitung

Wäre ich nicht mit den Konflikten einiger ganz besonderer Kinder und junger Leute konfrontiert worden, so hätte ich dieses Buch sicher nie geschrieben. Eltern brachten ihre Kinder in meine Sprechstunde in der Hoffnung, dass ich sie »zurechtbiege«, sie »zur Vernunft bringe« oder ihnen zu »besserer Anpassung« verhelfe. Obwohl ich selten derartig unrealistische Resultate erzielte, konnte ich – dank meiner Ausbildung als Schulpsychologe und Psychotherapeut – zu den meisten dieser Kinder eine außergewöhnliche Beziehung herstellen, eine Beziehung, in der es gegenseitige Anerkennung, offene und ehrliche Kommunikation, Wärme und gegenseitige Anteilnahme gab.

Aus diesen Beziehungen, die für mich gewiss ebenso bereichernd wie für die Kinder waren, lernte ich (oder vielleicht lernte ich es wieder), wie Väter und Mütter unabsichtlich, aber unerbittlich ihren Sprösslingen Leid zufügen – ihre Selbstbestimmung missachten, ihr Selbstvertrauen untergraben, ihre Kreativität ersticken, ihre Liebe verlieren. Während ich diesen Kindern stundenlang zuhörte, begann ich auch besser zu verstehen, auf welche Weise Erwachsene gerade denjenigen schaden, die sie in ihrem Leben am wenigsten verletzen wollen. Durch die Art, wie sie mit ihnen reden und sie zu disziplinieren versuchen, zwingen sie ihnen durch Anwendung von Macht und Autorität ihre Wertmaßstäbe auf.

Und doch hatten diese Eltern meistens nur gute Absichten. Sie waren weder unfähig noch »krank«, sie waren ganz einfach unwissend. Ich meine nicht *ungebildet,* denn viele der Väter waren erfolgreiche Anwälte, Ärzte, Ingenieure, Geistliche oder Geschäftsleute, und die meisten der Mütter hatten studiert, einige waren berufstätig. Und doch hatte sie ihre traditionelle Erziehung nicht mit dem elementarsten Wissen um die Prinzipien und Möglichkeiten effektiver menschlicher Beziehungen, ehrlicher zwischenmenschlicher Kommunikation oder konstruktiver Konfliktbewältigung ausgestattet.

Konnte man sie solche Prinzipien und Fähigkeiten lehren? Weil ich davon überzeugt war, begann ich ein Trainingsprogramm zu entwickeln, das vielleicht Abhilfe schaffen kann. Heute ermöglicht das Buch *Familienkonferenz* Tausenden von Eltern, das Versäumte nachzuholen. Ohne Zweifel, Mütter und Väter brauchen Hilfe bei der Kindererziehung, und viele ergreifen die Gelegenheit zu besserer Information und Schulung.

Einige der Eltern, die in den USA das »Elterliche Effektivitätstraining« absolviert hatten und deren Beziehungen zu ihren Kindern sich deutlich verbessert hatten, versuchten Schulleiter davon zu überzeugen, diesen Kurs auch für Lehrer (»den anderen Eltern ihrer Kinder«) zugänglich zu machen. Ich bin ihnen dankbar, weil ihr mutiger Einsatz viele Ausbildungsstätten veranlasste, ihren Lehrern eine bessere Schulung anzubieten. So wurde die Lehrer-Schüler-Konferenz entwickelt, die sich speziell mit der Lehrer-Schüler-Beziehung befasst. In diesem Buch finden Sie die Methoden und Kenntnisse, mit denen wir seit mehr als 35 Jahren erfolgreich arbeiten.

Ohne meinen Kollegen Noel Burch hätte ich dieses Buch nur zögernd begonnen. Als Lehrer, Schulleiter und Trainer unserer Organisation besaß er große Erfahrung in allen Erziehungsfragen. Er war mein wichtigster Berater und Mitarbeiter und trug mit seinen umfassenden Einsichten wesentlich zur Realisierung des Buches bei.

Dr. *Thomas Gordon*
Solana Beach, Kalifornien

1. Lehrer-Schüler-Beziehungen

Lehren ist eine allgemeine Tätigkeit – jeder übt sie aus. Eltern lehren ihre Kinder, Arbeitgeber unterweisen ihre Arbeitnehmer, Trainer ihre Sportler, Ehefrauen erziehen ihre Männer (und umgekehrt), und natürlich unterrichten Lehrer ihre Schüler. Anliegen dieses Buches ist es, bessere Voraussetzungen für den Unterricht zu schaffen als bisher; es soll dem Lernenden zu umfassenderem Wissen und echter Reife verhelfen, die Konflikte zwischen Schüler und Lehrer vermindern und gleichzeitig der Lehrkraft mehr Zeit für die eigentliche Wissensvermittlung ermöglichen.

Obwohl unser Kurs ein spezielles Schulungsprogramm für Lehrer ist, werden die Methoden und Kenntnisse, die wir hier anbieten, die Effektivität eines jeden, der unterrichtet, ganz besonders die der Eltern, steigern.

Erwachsene verbringen erstaunlich viel Zeit damit, junge Menschen zu unterweisen. Ein Teil dieser Zeit lohnt sich außerordentlich, denn es ist eine beglückende Erfahrung, Kindern jeden Alters zu helfen, neue Kenntnisse zu erwerben oder zu neuen Einsichten zu gelangen. Erwachsene geben nur zu gerne ihre Erfahrungen und ihr Wissen an junge Menschen weiter und verfolgen interessiert, was diese davon aufnehmen, wie sie es verwerten, um ihr Verständnis dieser Welt zu erweitern.

Wie aber jeder weiß, kann die Erziehung auch schrecklich frustrierend und voller Enttäuschungen sein. Nur zu häufig entdecken Eltern, Lehrer und Jugendarbeiter zu ihrer Verzweiflung, dass ihr begeisterter Wunsch, jungen Menschen etwas Wertvolles beizubringen, kein Echo findet. Stattdessen begegnen sie hartnäckigem

Widerstand, geringer Motivation, schwacher Konzentration, unerklärlichem Desinteresse und oft unverhüllter Feindseligkeit. Alle Ermahnungen helfen hier nicht weiter. Wenn junge Menschen, scheinbar grundlos, das zu lernen verweigern, was Erwachsene ihnen so selbstlos und altruistisch beibringen wollen, wird das Lehren zur Qual. Beim Lehrer kann eine solche Erfahrung das Gefühl eigener Unzulänglichkeit, Hoffnungslosigkeit, vollkommene Erschöpfung und – nur zu häufig – eine starke Feindseligkeit gegenüber dem unwilligen und undankbaren Schüler auslösen.

Worin liegt der Unterschied zwischen erfolgreichem und erfolglosem Lehren, dem Lehren, das zu guten Ergebnissen führt, und dem, das Kummer bereitet? Sicher setzt sich das Resultat aus vielen verschiedenen Faktoren zusammen. Die These dieses Buches aber lautet, dass ein Faktor entscheidend ist: ob und wie es dem Pädagogen gelingt, eine besondere Beziehung zu den Schülern herzustellen.

Es kommt vor allem auf eine hohe Qualität der Lehrer-Schüler-Beziehung an. Sie ist noch wichtiger als das, was der Lehrer lehrt, wie er Stoff vermittelt oder wen er zu unterrichten versucht. Wie diese Qualität zu erreichen ist, davon handelt dieses Buch.

Was ist an der Lehrer-Schüler-Beziehung ausschlaggebend?

Lehren und Lernen sind zwei voneinander getrennte Prozesse. Das liegt auf der Hand? Natürlich. Aber es lohnt sich, darüber nachzudenken. Denn wenn Lehren und Lernen effektiv funktionieren sollen, muss eine einzigartige Beziehung, eine Brücke zwischen dem Lehrer und dem Lernenden bestehen.

Ein großer Teil dieses Buches behandelt daher die Kommunikationsfähigkeiten, die für eine solche Beziehung notwendig sind. Sie sind eigentlich nicht sehr komplex und daher sicher nicht schwer zu verstehen – obwohl sie wie jede andere Fähigkeit Übung erfordern. Pädagogische oder psychologische Kenntnisse werden dafür nicht vorausgesetzt.

Im Gegenteil, die Fähigkeiten, die wir beschreiben und erläutern werden, beinhalten vornehmlich das Sprechen – das den meisten von uns leichtfällt. Es kann auf menschliche Beziehungen sowohl destruktiv als auch intensivierend wirken, es kann den Lehrer von seinen Schülern trennen oder eine enge Beziehung zwischen ihnen herstellen. Das liegt wiederum auf der Hand, ist aber ebenso des Nachdenkens wert. Welchen Effekt man hervorruft, hängt von der Qualität des Sprechens ab und davon, ob die Lehrkraft die geeignete Form für unterschiedliche Situationen wählt.

Unsere Anleitung baut auf elementaren Handlungen auf, die Lehrer täglich ausführen. Nehmen wir zum Beispiel Lob. Eltern wie Pädagogen wissen, wie man Jugendliche lobt. Wir werden zeigen, welche unterschiedlichen Reaktionen Ihre Art des Lobens auslösen kann: Einmal fühlen sich die Schüler völlig missverstanden und heimlich manipuliert, ein andermal werden Sie als verständnisvolle und ehrlich bemühte Person betrachtet.

Wie entscheidend das Zuhören zur Förderung des Lernens ist, ist längst erforscht. Eltern wie Lehrer sind durch ihre tägliche Praxis darin geübt, jungen Menschen zuzuhören. Aber verstehen sie die Mitteilung wirklich immer? Oft verbirgt sich hinter dem Gesagten mehr? Unser Kurs wird Sie eine einfache Methode lehren, durch die Sie die Genauigkeit Ihres Zuhörens prüfen können, um sich zu vergewissern, dass Sie genau das aufgenommen haben, was der Schüler wirklich meinte. Gleichzeitig wird es ihm beweisen, dass Sie ihn nicht nur gehört, sondern auch verstanden haben.

Wir werden jedoch auch aufzeigen, wann es unangebracht ist, Kindern zuzuhören. In Momenten, in denen Sie ihnen in der Klasse oder zu Hause etwas beibringen wollen und ihr Verhalten als störend oder unannehmbar empfinden, sollten Sie den Rat »Seien Sie ein guter Zuhörer« ignorieren. Wie Sie in solchen Augenblicken junge Menschen mit der Beeinträchtigung *Ihrer Rechte* konfrontieren können, ohne bei ihnen Opposition auszulösen, wollen wir Ihnen im Folgenden zeigen.

Eine wichtige Einschränkung ist notwendig: *Dieses Buch handelt nicht davon, was Lehrer oder Eltern lehren sollen.* Diese Entscheidung muss anderen überlassen bleiben, die weitaus mehr Erfahrung besitzen und beurteilen können, was für junge Menschen wichtig ist zu lernen – sowohl zu Hause als auch in der Schule. Die Ansichten darüber werden von Familie zu Familie, von Schule zu Schule und innerhalb verschiedener Gesellschaftssysteme variieren.

Unser Kurs beruht im Wesentlichen auf der Annahme, dass für einen guten Unterricht die Qualität der Lehrer-Schüler-Beziehung entscheidend ist, *gleichgültig was Lehrer lehren.* Latein, Geschichte, Mathematik, Englisch, Deutsch, Technisches Zeichnen oder Chemie – alles kann für junge Menschen von einem Pädagogen interessant gemacht werden, der gelernt hat, wie er zu ihnen eine Beziehung herstellt, in der die Bedürfnisse der Schüler vom Lehrer respektiert werden. Geben wir doch zu: Selbst Sport, Kunsterziehung oder Sexualkundeunterricht können so unterrichtet werden, dass die Lernenden gelangweilt sind, abschalten und sich hartnäckig gegen das Lernen sträuben – wenn sie sich vom Lehrer unterdrückt, missverstanden, gedemütigt oder kritisiert fühlen.

In den meisten Schulen vergeht viel kostbare Unterrichtszeit mit Schülerproblemen, die zu lösen Lehrkräfte selten geübt sind, oder mit Lehrerproblemen, verursacht von kreativen oder aufsässigen Schülern, mit denen die meisten Lehrer nicht fertigwerden.

Unser Kurs soll Ihnen *mehr Zeit* für den eigentlichen Unterricht geben und die Kinder und Jugendlichen zum Lernen motivieren, gleichgültig, um welches Fach es sich handelt. Außerdem soll er mehr Zeit schaffen, in der tatsächlich gelernt wird. In jedem Kapitel werden wir neue Methoden einführen; jede davon wird den Anteil dessen vergrößern, was wir als »Lehr-und-Lern-Zeit« bezeichnen – Phasen, in denen Schüler es zulassen, dass ihr Lehrer sie etwas lehrt, und Schüler von ihren Lehrern motiviert werden, etwas zu lernen.

Geprüfte Methoden, keine vagen Abstraktionen

Die in diesem Buch angebotenen Methoden sind in einem Schulungsprogramm, »Effektivitätstraining für Lehrer« genannt, Zehntausenden von Lehrern in den USA vermittelt worden. 1966 entworfen, hat es für die Ausbildung von Lehrern an öffentlichen und privaten Schulen große Anerkennung gefunden – dabei handelt es sich um Lehrer aller Schularten. Dieses Schulungsprogramm entwickelte sich ganz natürlich aus unserem ersten Kurs, »Effektivitätstraining für Eltern« (deutsche Ausgabe: *Familienkonferenz*) genannt, der von Ausbildern überall in den Vereinigten Staaten und in etlichen ausländischen Staaten gelehrt wird. Ausgelöst durch die Initiative der Eltern, Lehrer und Schulleiter an ihren neuen Erfahrungen teilhaben zu lassen, haben wir innerhalb eines Jahres den Kurs für Lehrer entwickelt, der auf die besonderen Konflikte in der Schule ausgerichtet ist, mit denen Pädagogen, in Klassen mit 30 oder 40 unfreiwilligen Schülern auf einmal, konfrontiert werden. In diesem Buch werden also dieselben Prinzipien und Methoden, die wir im Elterlichen Effektivitätstraining entwickelt, vervollkommnet und in unserer Ausbildungsarbeit mit Lehrern getestet haben, dargestellt. Dabei werden wir uns auf praxisbezogene Vorschläge konzentrieren, die die Lehrkräfte täglich in der Klasse prüfen können, und nicht auf abstrakte Erziehungskonzepte.

Die Erfahrung mit den Lehrern in unseren Kursen hat uns einigermaßen kritisch gegenüber der konventionellen Ausbildung der meisten Pädagogen gemacht; diese macht sie zum großen Teil mit abstrakten Begriffen, Ideen und Konzepten vertraut – wie zum Beispiel »Respekt vor den Bedürfnissen der Schüler«, »affektive Erziehung«, »Klassenklima«, »Freiheit des Lernens«, »humanistische Erziehung«, »der Lehrer als Zufluchtsperson«, »wechselseitige Kommunikation« etc. –, ohne ihnen deren praktische Anwendung zu vermitteln. In unseren Kursen werden solche Abstraktionen anhand spezifischer Verhaltensmöglichkeiten erklärt, von Handlungen, die Lehrer tatsächlich vornehmen, von spezifischen Botschaften, die sie mitteilen können.

Nehmen wir als Beispiel eine Verhaltensregel wie »Respekt vor den Bedürfnissen des Schülers«. Nur wenige der Pädagogen in unseren Kursen wissen, wie sie einem Schüler Respekt vor seinen Bedürfnissen zeigen können. Dabei ist es ganz einfach, wenn sie eine Methode verwenden, die weder Sieg noch Niederlage bedeutet (siehe Kapitel 8 und 9). Bei dieser Methode lösen Lehrer und Schüler die anstehenden Konflikte gemeinsam, bis sie auf eine Lösung stoßen, die es erlaubt, sowohl den Bedürfnissen des Lehrers wie denen des Schülers gerecht zu werden, sie zu respektieren.

Methode III bietet Lehrkräften ein spezifisches Hilfsmittel, das sie täglich anwenden können, um sicherzustellen, dass die Bedürfnisse ihrer Schüler respektiert werden, ohne dass dabei ihre eigenen missachtet werden. Durch das Effektivitätstraining für Lehrer bleibt Respekt gegenüber Schülern für Lehrer nicht länger abstrakt – sie lernen, wie sie ihn ganz konkret zollen können.

Das Gleiche gilt für das Konzept der »Demokratie im Klassenzimmer«. Unser Kurs vermittelt Pädagogen die notwendigen Fähigkeiten und Verfahren, um eine echte Demokratie mithilfe eines Regelwerks schaffen zu können, das während eines eigens dazu einberufenen Treffens von allen Mitgliedern der Klasse, einschließlich des Lehrers, entworfen wird und dessen Einhaltung von jedem Einzelnen erwartet wird. Der Kurs bietet Lehrkräften darüber hinaus umsetzbare Alternativen zum traditionellen Gebrauch von Macht und Autorität (wodurch natürlich das genaue Gegenteil einer demokratischen Beziehung geschaffen wird).

Viele Lehrer haben unseren Kurs als Lernprozess beschrieben, der ihnen eine sinnvolle praktische Anwendung ihrer theoretischen Kenntnisse ermöglichte.

Fähigkeiten, die Schülern sich zu entwickeln helfen

»Entwicklung und Reife« der Schüler sind Ziele, zu denen sich alle Schulen und alle Lehrer mit ganzem Herzen bekennen. Doch die von den meisten Pädagogen angewendeten und von den meisten Schuldirektoren sanktionierten Methoden verbürgen nur, dass die jungen Menschen hoffnungslos abhängig, unreif und infantil bleiben. Statt wachsendes Verantwortungsbewusstsein zu fördern, beherrschen und kontrollieren Lehrer Schüler jeglichen Alters, als ob man ihnen nicht vertrauen dürfte und sie nie Verantwortung übernehmen könnten. Statt zur Unabhängigkeit zu ermutigen, verstärken die Schulen tatsächlich die Abhängigkeit der Lernenden von ihren Lehrern – indem sie festlegen, *was* und *wie* sie lernen sollen, *wann* und natürlich *wie gut* sie lernen sollen.

Nicht, dass die Lehrkräfte wirklich Schüler wollen, die keine eigene Verantwortung tragen können und abhängig sind – die meisten von ihnen wollen das nicht. Es fehlen ihnen vielmehr Fähigkeiten und Methoden, mit deren Hilfe sich in zwischenmenschlichen Beziehungen Selbstanleitung, Selbstverantwortung, Selbstbestimmung, Selbstkontrolle und Selbstbewertung entwickeln können. Derartige Qualitäten entwickeln sich nicht zufällig; sie müssen von Eltern und Lehrern gepflegt und bewusst gefördert werden.

In unserem Kurs zeigen wir, dass Wachstum und Entwicklung keine leeren Ideale bleiben müssen. In den Kapiteln 3 und 4 zum Beispiel können Lehrer eine neue Fähigkeit lernen, »aktives Zuhören« genannt, mit der sie Kindern und Jugendlichen bei der Bewältigung ihrer Konflikte und Lernstörungen helfen können. Dabei soll der *Schüler in die Lage versetzt werden, seine eigene Lösung zu finden* – das heißt, ihm werden keine fertigen Lösungen und Vorschläge serviert, was häufig die typische Reaktion von Pädagogen auf Schülerprobleme ist. Wenn jungen Menschen erlaubt wird, ihre Probleme eigenständig zu lösen, steigert dies ihre Eigenverantwortung und ihr Selbstbewusstsein enorm.

Das folgende Beispiel demonstriert, wie geschickt eine Lehrerin die Verantwortung ihrer Schülerin überlässt, indem sie sich des aktiven Zuhörens bedient – eine Reaktion, bei der der Zuhörer Botschaften des Senders wiederholt oder rückmeldet.

Die Klasse hatte den amerikanischen Unabhängigkeitskrieg durchgenommen und die Schülerin die Aufgabe erhalten, einen Aufsatz über einen beliebigen Aspekt zu schreiben.

Schülerin: Ich wollte Sie um Ihre Meinung darüber bitten, was ich in meinem Aufsatz schreiben soll.
Lehrerin: Du weißt nicht recht, welches Thema du wählen sollst, habe ich recht?
Schülerin: Stimmt genau. Ich habe tagelang darüber gebrütet, aber mir ist noch immer nichts eingefallen. Sicher haben Sie eine Idee.
Lehrerin: Du hast dich wirklich damit herumgeschlagen, aber bist bisher nicht weitergekommen.
Schülerin: Worüber haben denn die anderen gute Aufsätze geschrieben?
Lehrerin: Du suchst nach einem Thema, über das sich ein besonders guter Aufsatz schreiben lässt, ja?
Schülerin: Ja. Ich muss für diesen Aufsatz einfach eine sehr gute Note bekommen.
Lehrerin: Das klingt, als ob du dich unter Druck fühlst, eine gute Note zu bekommen.
Schülerin: Und ob! Meine Eltern würden eine schlechte Note nicht akzeptieren. Sie wollen immer, dass ich so gut wie meine ältere Schwester bin. Die hat wirklich Köpfchen.
Lehrerin: Du hast das Gefühl, sie erwarten von dir, in der Schule ebenso gut wie deine Schwester zu sein.
Schülerin: Ja. Aber ich bin nicht wie sie. Ich habe andere Interessen.

Ich wünschte, meine Eltern würden mich nehmen, wie ich bin – ich bin anders als Linda. Sie lernt nur.

Lehrerin: Du hast das Gefühl, eine andere Persönlichkeit als deine Schwester zu sein, und wünschst, deine Eltern würden das anerkennen.

Schülerin: Wissen Sie, ich habe ihnen nie gesagt, was ich fühle. Das will ich jetzt mal versuchen. Vielleicht hören sie dann auf, mich so zu drängen, eine glatte Eins im Zeugnis zu haben.

Lehrerin: Du meinst, du solltest ihnen vielleicht sagen, wie du darüber denkst.

Schülerin: Ich kann nichts dabei verlieren. Und vielleicht nützt es.

Lehrerin: Du hast alles zu gewinnen und nichts zu verlieren.

Schülerin: Genau. Wenn sie aufhören, hinter mir her zu sein, müsste ich mich nicht so um meine Zensuren sorgen. Vielleicht könnte ich sogar mehr lernen.

Lehrerin: Möglicherweise würdest du sogar mehr von der Schule profitieren.

Schülerin: Ja. Dann könnte ich einen Aufsatz über ein Thema schreiben, das mich interessiert, und dabei etwas lernen. Danke, dass Sie mir bei meinem Problem geholfen haben.

Lehrerin: Du kannst immer wiederkommen.

Diese Lehrerin bietet der bedrückten Schülerin keine Lösung ihres Konflikts an, indem sie ihr ein Thema vorschlägt oder einen Rat gibt, sondern hört ihr nur aktiv zu. Dadurch dringt diese zum tiefer liegenden Problem (elterlicher Druck) vor und findet schließlich ihre eigene Taktik.

In diesem kurzen Gespräch hat die Pädagogin ihrer Schülerin sehr viel mehr geholfen, als es der Fall gewesen wäre, wenn sie auf das aktive Zuhören verzichtet hätte.

In Kapitel 5 zeigen wir, wie Lehrer lernen können, Ich-Botschaften zu senden, wenn Schüler durch ihr Verhalten ihre Lehrfunktion einschränken. Diese Ich-Botschaften übertragen dem Lernenden die Verantwortung dafür, sein Verhalten zu modifizieren – sie geben ihm die Chance, sein Verhalten eigenständig zu ändern, um den Bedürfnissen des Lehrers gerecht zu werden. Dem Schüler wird durch sie ermöglicht, mit einem Verhalten zu reagieren, das selbstgewählt und selbstbestimmt ist – was zur Folge hat, dass er innerlich wächst und den Zielen der Eigenverantwortlichkeit und Reife wieder ein Stück näher kommt.

Dies waren nur zwei Beispiele der Fähigkeiten, die Lehrer und andere Erwachsene sich aneignen können, um zum Wachstum und zur Entwicklung von jungen Menschen beizutragen und ihnen dabei zu helfen, selbst unabhängige Erwachsene zu werden. Es ist an der Zeit, dass Erwachsene aufhören *zu wünschen,* unsere Jugend solle verantwortungsbewusster handeln. Sie sollten stattdessen lernen, die Jugendlichen, die sie unterrichten, zu Eigenverantwortlichkeit zu ermutigen und diese zu fördern. Die entsprechenden Methoden sind uns bereits bekannt; Eltern, Lehrer und Schulleiter müssen lediglich die Gelegenheit erhalten, diese Alternativen zu Macht und Autorität zu erlernen. Solange im Leben der Kinder Strafe oder Strafandrohung, Belohnung oder das Versprechen auf Belohnung eine so entscheidende Rolle spielen, werden sie wenig Aussicht haben, Verantwortungsbewusstsein zu lernen – sie werden einfach nicht erwachsen.

Das »Wenn du durch den Reifen springst, bekommst du einen Keks«-Spiel

In den Augen der Schüler ähnelt die Schule einem Spiel, das John Holt in seinem provokativen Buch *Freiheit ist mehr* das »Wenn du durch den Reifen springst, bekommst du einen Keks«-Spiel nennt. Die Lehrer halten einen Reifen hoch und sagen: »Spring!« Gelingt den Schülern der Sprung, bekommen sie einen Keks. Dann halten die Lehrkräfte den Reifen höher und fordern wieder zum

Sprung auf. Wieder einen Keks, wenn es gelingt. Der Reifen wird noch höher gehalten usw. Das ist nicht nur die Art und Weise, in der die meisten Pädagogen versuchen, Kinder und Jugendliche zur Erfüllung ihrer Aufgaben zu zwingen, sondern es wird auch in unserer Gesellschaft allgemein akzeptiert. Die Schulen übernehmen einfach die traditionelle Denkungsart unserer Gesellschaft. Belohnungen als Anreiz zum Lernen ist bei Lehrern oder anderen Erwachsenen unserer Gesellschaft ein beliebtes Erziehungsmittel. Es ist schließlich dasselbe Spiel, das sie spielen mussten, und die Eltern ihrer Eltern. Welchen anderen Weg gibt es? Warum etwas ändern? Tatsache ist, dass in den letzten Jahren immer bessere Methoden zur Leistungssteigerung entdeckt wurden. Sozialwissenschaftler haben eine recht fortschrittliche und komplizierte Wissenschaft der »Verhaltensmanipulation« oder der »Verhaltensmodifikation« entwickelt, die den Lehrern noch bessere Instrumente an die Hand gibt, Kinder durch das Versprechen und Gewähren unterschiedlicher Belohnungen dazu zu veranlassen, Lernaufgaben zu bewältigen oder sich nach ihren Vorstellungen zu benehmen. Obwohl die Regeln des »Wenn du durch den Reifen springst, bekommst du einen Keks«-Spiels ziemlich unkompliziert sind, reagieren Kinder auf das Spiel recht unterschiedlich und manchmal unerwartet. Ein Schüler mag plötzlich der Ansicht sein, das ganze Gehopse sei zu schwer; er weigert sich zu springen, trotz Aussicht auf Belohnung. Ein anderer klagt, er springe, so hoch er könne, und dabei macht er nur einen schwachen Versuch zu springen. Wieder ein anderer Schüler wird wütend und bezichtigt den Lehrer, den Reifen auf unfaire Art hochzuhalten. Und noch ein anderer zieht sich entmutigt von dem Spiel zurück, weil seine Freunde besser springen und ihn als Dummkopf oder Versager verspotten.

Für Eltern, Lehrer und Schuldirektoren, die von dieser erzieherischen Einstellung vielleicht desillusioniert sind oder sie ablehnen, ist unser Kurs möglicherweise eine vielversprechende Alternative.

Denn er führt zu einer Einstellung, die den jungen Menschen mehr Freiheit, aber keine ungehemmte Freiheit bietet: mehr Verantwortlichkeit, Selbstbestimmung und Mitspracherecht in ihrem schulischen Leben und mehr demokratische Beziehungen zu ihren Lehrern und Altersgenossen.

Eine Philosophie für jedes Alter und jeden Schülertyp

Die meisten Bücher über Pädagogik setzen voraus, dass für jedes Alter der zu Unterrichtenden unterschiedliche Fähigkeiten, Strategien und Methoden erforderlich sind – als ob für jede Altersgruppe eine andere Pädagogik von den Lehrern verlangt würde. Der Unterricht von Vorschülern, so wird behauptet, unterscheide sich sehr von dem für Oberschüler oder Abiturienten usw. Obwohl es zutrifft, dass in vielen Bereichen verschiedene kindliche Entwicklungsstufen berücksichtigt werden müssen, bleibt die grundlegende menschliche Beziehung zwischen Lehrer und Schüler die gleiche.

Unsere Methoden sind für den effektiven Unterricht von Schülern jeglichen Alters, bis zu und einschließlich von Studenten, gleichermaßen geeignet und anwendbar. Die Lehrkräfte brauchen nicht ein Konzept für Vorschüler, ein anderes für Grundschüler, ein weiteres für Schüler der Unterstufe des Gymnasiums zu lernen. Unsere Philosophie besagt, dass Schüler, egal welchen Alters, in erster Linie Menschen sind und mit ihren Lehrern gute oder schlechte Beziehungen entwickeln werden, je nachdem, wie ihre Lehrer sie behandeln. Ebenso glauben wir, dass anderen Unterschieden zwischen Schülern viel zu viel Bedeutung beigemessen worden ist – ihrer Hautfarbe, ihrer Volksabstammung, ihrem Intelligenzquotienten, ihrer Veranlagung und dem sozialen und wirtschaftlichen Status ihrer Familien. Die allgemeine Gepflogenheit, Kinder und Jugendliche zu klassifizieren und in Schablonen zu pressen, ist unnötig und schädlich. Zu oft sehen Pädagogen ihre Schüler nicht als Menschen, sondern bewerten sie lediglich nach bestimmten Normen: leistungsschwach, begabt, wirtschaftlich benachteiligt, hoher oder niedriger Intelligenzquotient, emotional gestört, zurückgeblieben usw. Die schädliche Wirkung solcher Diagnosen wird gerade erst durch wissenschaftliche Untersuchungen aufgedeckt. Sie zeigen deutlich, dass derartiges Einordnen nicht nur das Selbstverständnis des Schülers herabsetzt, sondern auch die Erwartungen des Lehrers beeinflusst und dadurch die Lehrqualität mindert.

Wir glauben, dass es bedeutend mehr Ähnlichkeiten als Unterschiede gibt. Alle Schüler haben menschliche Eigenschaften, menschliche Gefühle, menschliche Reaktionen, so wie Lehrer auch. Alle Kinder können zum Lernen angeregt werden. Alle fühlen sich durch Herabsetzung entmutigt, wenn sie nicht gut gearbeitet oder versagt haben. Alle gehen in Opposition, wenn der Lehrer sich durch Macht behauptet. Alle haben eine Tendenz, abhängig sein zu wollen, und kämpfen dennoch verzweifelt um Autonomie; alle werden wütend und rachsüchtig; alle entwickeln Selbstachtung, wenn sie etwas erreichen, und verlieren sie, wenn man sie wissen lässt, dass sie nicht genug erreicht haben; alle fordern die Befriedigung ihrer Bedürfnisse und schützen ihre Rechte.

Unsere Methoden sind auf diese Homogenität der Schüler zugeschnitten. Darum finden Pädagogen sie ebenso nützlich für ein Kind, das als »zurückgeblieben« bezeichnet wird, wie für ein Kind, das als »begabt« gilt, für einen Jugendlichen mit Migrationshintergrund aus einer Familie mit niedrigem Einkommen wie für einen aus wohlhabender Familie. Die in den Kapiteln 3 und 4 beschriebene Fähigkeit des aktiven Zuhörens bewirkt Wunder bei Kindern jeder Art, denn Kinder müssen gehört, verstanden und akzeptiert werden. Die Technik der Ich-Botschaft wirkt besonders bei Schülern, die den Lehrer (oder andere Schüler) stören; sie werden ihr defensives Verhalten erheblich reduzieren, wenn sie nicht mehr angegriffen oder herabgesetzt werden.

Für Kinder und Jugendliche mit unterschiedlichen kulturellen Hintergründen, die wiederum eigenständige Wertesysteme aufweisen, sind die in Kapitel 10 ausgeführten Methoden besonders hilfreich, da sie einen effektiven Umgang mit kollidierenden Wertvorstellungen von Lehrern und Schülern aufzeigen.

Wie man mit dem allgegenwärtigen Problem der Disziplin umgeht

Es ist gar keine Frage, Schüler benehmen sich auch unangenehm – für die meisten Lehrkräfte ein schwieriges Problem. Daher können diese auf Disziplin nicht verzichten.

Auch dieses Buch ignoriert das Problem der Disziplin nicht. Nur gehen wir es auf eine Art an, die für die meisten Lehrer neu sein wird. Überrascht stellten wir in unseren Kursen fest, dass nur sehr wenige Pädagogen während ihrer Ausbildung adäquat auf Klassen voller ausgelassener, energiegeladener Schüler vorbereitet werden.

Wenn die Lehrer endlich in ihre Klassen kommen, wollen sie natürlich unterrichten, nicht disziplinieren. Die meisten jungen Lehrkräfte glauben, im Großen und Ganzen ohne Disziplinierungsmaßnahmen auskommen zu können. Erfahrene Lehrer wissen zwar, dass sie disziplinieren müssen, finden es in Wahrheit aber nicht nur ekelhaft, sondern auch unzulänglich. Was läuft schief? Warum verbringen viele Pädagogen einen so großen Teil ihrer Lehr-Zeit mit dem Versuch, in der Klasse die Disziplin aufrechtzuerhalten? Unsere Antwort lautet, dass Disziplin – wie es in den meisten Fällen geschieht – nicht durch Androhung von Strafe, tatsächliche Bestrafung oder verbale Beschuldigungen funktionieren kann. Repressive, autoritäre Methoden rufen gewöhnlich Widerstand, Aufsässigkeit und Vergeltungsmaßnahmen hervor. Sie ändern das Verhalten des Schülers nur so lange, bis der Lehrer die Klasse verlässt oder an die Tafel geht.

In unseren Kursen lernen die Lehrer als Ersatz für Macht und Autorität Methoden kennen, die ihnen tatsächlich mehr und nicht weniger Einfluss verschaffen. Sie lernen, Diskussionen über Regeln und Vorschriften zu führen, in die sie alle Schüler einbeziehen. Resultat solcher Gespräche ist, dass die Kinder und Jugendlichen wesentlich stärker motiviert sind, den Regeln zu folgen, weil sie sie als *ihre* Regeln betrachten, nicht einfach als die des Lehrers. Außerdem müssen die Lehrkräfte weniger Zeit damit zubringen, die Vorschriften mit Gewalt durchzusetzen.

Verzichten Lehrer erst einmal auf die Anwendung von Macht, so finden sie auch eine neue Sprache. Worte wie »kontrollieren«, »anordnen«, »bestrafen«, »drohen«, »begrenzen«, »überwachen«, »bestimmen«, »hart sein«, »schelten«, »mahnen«, »befehlen«, »verlangen« usw. verschwinden aus ihrem Vokabular. Sie werden abgelöst durch Worte wie zum Beispiel »Probleme lösen«, »Konflikte bewältigen«, »beeinflussen«, »konfrontieren«, »zusammenarbeiten«, »mitarbeiten«, »gemeinsame Beschlüsse fassen«, »Vereinbarungen mit Schülern ausarbeiten«, »gegenseitiges Einvernehmen erreichen«, »verhandeln«, »Bedürfnissen gerecht werden«, »die Dinge besprechen«. Diese Worte und Begriffe spiegeln andere Beziehungen wider, wie zum Beispiel zwischen Mann und Frau, zwischen guten Freunden und Kollegen. In ihren Ehen oder Freundschaften würden Lehrer kaum Worte gebrauchen wie »Befehle geben«, »kommandieren«, »schelten«, »bestrafen« etc., weil sie wissen, dass sie dadurch diese Beziehungen gefährden und unweigerlich zerstören (vergleiche auch Kapitel 7).

Wie die Kontroverse »autoritär oder antiautoritär« zu lösen ist

Seit Jahren wird heftig diskutiert, ob Schulen streng oder nachsichtig, »frei« oder reglementiert, traditionell oder fortschrittlich, konservativ oder liberal, auf den Schüler oder auf den Lehrer bezogen, autoritär oder antiautoritär sein sollen. Es scheint für diese weitverbreitete Kontroverse keine Lösung zu geben; immer wieder taucht sie als entscheidendes Thema auf, das Eltern, Lehrer, Schulleiter sowie die Medien spaltet. Wenn in Amerika Mitglieder des Bildungsausschusses für ihr Amt kandidieren, tun sie bei Podiumsdiskussionen ihre »konservative« oder »liberale« Einstellung zur Schule kund. Schulratskandidaten werden häufig als »rechts« oder »links« vorverurteilt. In Sitzungen der Lehrer-Eltern-Gremien streiten sich Eltern darüber, ob die Schulen zu nachgiebig oder zu streng sind. Schulleiter berichten, sowohl von Eltern geplagt zu werden, die ihre Schulführung als zu fortschrittlich empfinden, als auch von solchen, die sie für zu konservativ halten.

Unser Kurs beendet diese Kontroverse. Er entlarvt die gegensätzliche Position als destruktiv, nicht nur für junge Menschen in der Schule, sondern für alle menschlichen Beziehungen. In Kapitel 7 werden wir klarmachen, dass beide Haltungen, gleich unter welchem Etikett, »Sieg/Niederlage«-Einstellungen sind und auf Macht basieren. Diejenigen, die Strenge, Autorität, Reglementierung usw. befürworten, wollen Jugendliche besitzen, sie ihren Vorstellungen anpassen und kontrollieren. Diejenigen, die eine antiautoritäre Erziehung befürworten, optieren ahnungslos für Verhältnisse, in denen Kinder ihre Macht gebrauchen und Erwachsenen das Leben schwer machen. Welche dieser Theorien sich auch durchsetzt, irgendeiner muss verlieren.

Dieses Buch bietet eine Alternative zu den beiden »Sieg/Niederlage«-Methoden an. Die Lehrer werden lernen, wie sie ohne *Anwendung ihrer Macht* in den Klassen Ordnung aufrechterhalten. Sie werden auch von dem unvermeidlichen Preis erfahren, den sie für zwangfreie oder repressive Erziehung, ihre Schüler- oder Lehrer-Bezogenheit zahlen müssen. Wir hoffen, dass die »niederlagelose« Methode, die Konflikte in der Klasse durch Zusammenarbeit und gegenseitigen Respekt ersetzt, schließlich helfen wird, jene unproduktive Kontroverse zu beenden.

2. Ein Modell für effektive Lehrer-Schüler-Beziehungen

Wenn Lehren einer der lohnendsten, befriedigendsten und aufregendsten Berufe sein kann, sein sollte und es doch unglücklicherweise für viele Lehrer nicht ist, was kann dann getan werden?

Kürzlich bemerkte ein Lehrer:

Als ich den Lehrberuf begann, sah ich mich als Anführer einer vergnügten Schülerhorde, voller Eifer zu lernen, zu untersuchen, zu entdecken. Daraus ist nichts geworden. Ich freue mich nicht auf den Unterricht, ich fürchte jede neue Klasse, jeden neuen Tag. Genauso geht es den Schülern. Ich fühle mich als Sklaventreiber, der die Peitsche über den Köpfen einer Herde fauler, nichtsnutziger Kerle knallen lässt, deren einziges Interesse darin besteht, sich vor der Arbeit zu drücken. Sie lügen und betrügen, fallen sich gegenseitig in den Rücken und scheinen nur daran interessiert zu sein, mit dem geringsten Arbeitsaufwand versetzt zu werden. Am schlimmsten ist: Mir wurde jetzt mitgeteilt, dass *ich* danach beurteilt werde, wie gut *sie* bei Klassenarbeiten abschneiden!

Diese Frustration zeigt sich bei erschreckend vielen Pädagogen. Anscheinend beginnt die Mehrzahl der Lehrer ihr Berufsleben mit der Vorstellung, dass sie im Unterricht Erfüllung und Beglückung erleben, stattdessen aber finden sie das Schulleben von Streit erfüllt, wo einer gegen den anderen kämpft. Wenn Lehrkräfte diese Enttäuschung erleben, versuchen sie die Ursachen dafür herauszufinden. Sie wissen, etwas läuft schief, und suchen nach einer Erklärung, warum der Lehrberuf nicht ihren Erwartungen entspricht. Woran könnte es liegen?

Manchmal beschuldigen sie ihre eigenen Dozenten, ihnen nicht gesagt zu haben, wie die Welt da draußen wirklich aussieht. Häufig wird die Schuld an großen Klassen, schlechten Arbeitsbedingungen oder niedrigem Gehalt auf die Schulverwaltung geschoben. Diese ist auch die Zielscheibe der Kritik, wenn es um schlechte Stimmung, mangelnde Kooperation oder eine unbefriedigende Einstellung der Schüler geht.

Schlimm wird es jedoch, wenn Lehrer zu dem Schluss kommen, der Fehler liege bei ihnen, sie seien eben »nicht zum Lehrer geeignet«. Viele hängen jedes Jahr entmutigt, frustriert, tief verletzt ihren Beruf an den Nagel in dem Glauben, persönlich versagt zu haben. Obwohl all diese Erklärungen eine gewisse Berechtigung haben, gehen sie am Ziel vorbei. Wichtig ist zu wissen, dass Erfahrungen nicht übertragbar sind. So können zum Beispiel Professoren der Pädagogik mit all ihrem Wissen und ihrer Sachkenntnis ihre Erfahrungen nicht auf die Lehrer übertragen. Jeder muss das Leben in der Schule selbst, auf seine ganz eigene Weise, erleben. Manche Professoren warnen ihre Studenten, dass der Lehrberuf hart und anspruchsvoll ist, aber diese Erfahrung muss der Student selbst machen.

Den Schülern die Schuld zuzuweisen ist irreführend, denn es ist nicht sehr wahrscheinlich, dass sich die jungen Leute in den wenigen Jahren, die zwischen dem Schulabschluss des Lehrers und seiner Rückkehr als Teil des Lehrerkollegiums liegen, großartig verändert haben. Die Veränderung, die von Lehrkräften bei der Rückkehr an die Schule empfunden wird, ist nicht menschlicher Natur, sondern eine Änderung der Rollenverteilung. Eines der Hauptmerkmale der Institution »Schule« ist die Trennung der Rollen »Lehrer« und »Schüler«.

Schulleiter sind unserer Meinung nach eher die Opfer als die Ursache des Problems. Damit wollen wir keine unfähigen *verteidigen*. Nur sind Desillusionierung und Ernüchterung unter den Lehrern so weit verbreitet, dass man demnach fast alle Direktoren für inkompetent erklären müsste. Außerdem sind Pädagogen in Schulen mit

»idealen« Arbeitsbedingungen und kleinen Klassen genauso unzufrieden. Auch höhere Gehälter ändern daran nichts. Das ist zum größten Teil der Grund, warum es Lehrergewerkschaften selten gelungen ist, diese Probleme zu mildern. Sie haben sich darauf konzentriert, Arbeitsbedingungen, zusätzliche Beihilfen und Gehälter zu verbessern (nicht, dass diese keine Verbesserung rechtfertigten), aber die Lehrer blieben weiterhin enttäuscht und hilflos.

Unsere Erfahrung mit sehr vielen Lehrkräften sagt uns, dass *die meisten von ihnen,* weit entfernt davon, Versager zu sein, *wirklich etwas vom Lehren verstehen. Sie erhalten jedoch nicht oft Gelegenheit dazu.* Wenn die Ursachen für ihr Missbehagen nicht dort zu suchen sind, wo sie glauben, woran liegt es dann?

Mythen, Erwartungen und Rollenspiele

Um das Problem verstehen zu können, müssen wir uns die Definition des »idealen Lehrers« einmal näher ansehen, die die meisten Lehrer zu übernehmen scheinen. Unserer Ansicht nach basiert sie auf allgemein akzeptierten Mythen. Prüfen Sie sich selbst.

Mythos Nr. 1: Gute Pädagogen sind ruhig und ausgeglichen. Sie regen sich nie auf, zeigen nie heftige Emotionen.
Mythos Nr. 2: Gute Lehrer haben keine Vorlieben oder Vorurteile. Schwarze, Weiße, Eurasier, dumme oder aufgeweckte Kinder, Mädchen, Jungen, alle sind für einen guten Lehrer gleich. Gute Lehrkräfte sind weder Rassisten noch Sexisten.
Mythos Nr. 3: Gute Lehrer können und werden den Schülern ihre Gefühle verbergen.
Mythos Nr. 4: Gute Pädagogen mögen alle Schüler gleich gern. Sie haben keine »Lieblingsschüler«.
Mythos Nr. 5: Gute Lehrer sorgen für eine Lernumwelt, die anregend und frei, aber jederzeit ruhig und ordentlich ist.

Mythos Nr. 6: Gute Lehrkräfte sind in erster Linie konsequent. Sie ändern sich nie, sind nie voreingenommen, sie vergessen nie etwas, fühlen sich nie gut oder schlecht und machen nie Fehler.
Mythos Nr. 7: Gute Lehrer wissen immer eine Antwort. Sie verfügen über größeres Wissen als die Schüler.
Mythos Nr. 8: Gute Pädagogen unterstützen sich gegenseitig, bilden den Schülern gegenüber, unabhängig von persönlichen Gefühlen, Wertmaßstäben oder Überzeugungen, eine »geschlossene Front«.

Kurz gesagt, ideale Lehrer müssen besser, verständnisvoller, wissender und perfekter als Durchschnittsmenschen sein. Für jene, die diese Mythen akzeptieren, heißt das, dass sie über alle menschlichen Schwächen erhaben sein müssen.

Dahinter verbirgt sich ein fundamentaler Trugschluss. Diese Mythen verlangen von den Lehrern, ihre Menschlichkeit zu verleugnen. Eine solche Rolle kann aber nur durch Selbstbetrug funktionieren. Erstaunlich viele Lehrkräfte messen sich an diesem Modell – und erreichen es nicht. In diesem Buch möchten wir die Rolle des »idealen« Lehrers durch ein humaneres Modell ersetzen, das Lehrern erlaubt zu sein, was sie sind: Menschen.

Ein Pädagoge mit 25-jähriger Erfahrung erinnerte sich an seine Frustration bei dem Versuch, die Rolle des »idealen« Lehrers aufzugeben:

Während des größten Teils meiner Lehrerlaufbahn bürdete ich mir die Rolle des Superlehrers auf. Meine Absichten waren scheinbar vernünftig. Ich wollte der beste Lehrer sein. Von Zeit zu Zeit gab ich aus Frustration oder Ermüdung meine Rolle auf und war nur ich, ein Mensch. Wenn das geschah, änderten sich die Beziehungen zwischen mir und den Schülern, sie wurden enger, intimer, authentischer. Das machte mir Angst, denn man hatte mich gelehrt, zwischen mir und den Kindern »Distanz« zu halten. Man hatte mich davor gewarnt, dass Vertrautheit zu Verachtung führe und ich über die Situation »die Kontrolle

verlieren« würde, wenn die Schüler mich wirklich kennenlernen. Und doch, so besorgt ich auch war, wenn ich meine Rolle aufgab, erkannte ich, dass das die Zeit war, in der ich wirklich lehren und die Schüler wirklich lernen konnten.
In dieser Phase sagten oder taten die Kinder manchmal Dinge, die mir nicht gefielen. Dann fiel ich in meine Lehrerrolle zurück, um die Kontrolle zu behalten, die Ordnung wiederherzustellen, meinem Unmut Ausdruck zu geben. Ich verbrachte Jahre unschlüssig schwankend zwischen meinem wirklichen Ich, als das ich lehren, und der Rolle des Lehrers, in der ich die Ordnung aufrechterhalten konnte.

Dieser Lehrer bringt einen weiteren Punkt zur Sprache. Einerseits wünscht er sich eine besser funktionierende und intimere Beziehung zu den Schülern, andererseits blockiert er sie aus Angst, dass die Schüler ihn nicht mehr respektieren und er die Kontrolle verliert. Er versuchte dieses Dilemma zu lösen, indem er zwei Rollen spielte, eine Art »Jekyll-und-Hyde-Persönlichkeit«, die eine zum Lehren, die andere zum Beaufsichtigen. Das scheint es häufig zu geben. Viele Pädagogen erzählen uns, dass sie sich in einer ähnlichen Situation gefangen fühlen. Durchweg hassen sie es, sich auf diese Weise »selbst reinzulegen«, wissen aber nicht, wie sie es anders machen können.

Unser Modell kann Ihnen helfen, aus dieser Falle herauszukommen. Sie können die Fähigkeiten, die notwendig sind, um eine gute Klassendisziplin aufrechtzuerhalten, lernen, ohne Rollenspiel, Heuchelei oder Unwahrhaftigkeit sich selbst oder den Schülern gegenüber. Kinder und Jugendliche sind nur dann zum Lernen motiviert, wenn die *Lehrer-Schüler-Beziehung* gut ist. Erst dann können sie auf Verteidigungsstrategien und Überlistungsmanöver verzichten. Ohne das Bemühen, bessere zwischenmenschliche Beziehungen herzustellen, sind die hervorragendsten Lehrtechniken nutzlos.

Was ist eine gute Lehrer-Schüler-Beziehung?

Die Beziehung zwischen Lehrer und Schüler ist gut, wenn sie aufgebaut ist auf:

1. *Offenheit und Transparenz,* sodass jeder dem anderen gegenüber ehrlich sein kann,
2. *Anteilnahme,* wenn jeder weiß, was er dem anderen bedeutet,
3. *gegenseitiger Abhängigkeit* anstatt einseitiger Abhängigkeit,
4. *der nötigen Distanz,* die jedem erlaubt, Kreativität und Individualität zu entwickeln,
5. *gegenseitiger Befriedigung* der Bedürfnisse.

Viele Lehrkräfte entgegnen auf diese Liste von Merkmalen: »Nun ja, das klingt alles schön und gut, aber kann ich diese Art von Beziehung auch in meiner Klasse erreichen?« Die Antwort lautet Ja, mit Vorbehalt. Menschen werden in ihrem Handeln niemals Perfektion erreichen, aber jeder Lehrer kann seine Beziehung zu jungen Menschen verbessern, sodass diese Beziehung von mehr Offenheit, Anteilnahme, gegenseitiger Abhängigkeit, Distanz und gegenseitiger Bedürfnisbefriedigung bestimmt wird. Durch solche Verbesserungen kann die soziale Institution namens »Schule« mit all ihren einschränkenden Merkmalen zu einem menschlichen und lebendigen Ort werden, an dem »Bildung« stattfinden kann.

Eine mögliche Sichtweise der Lehrer-Schüler-Beziehung

Lehrern wird nicht mit der abstrakten Aussage geholfen sein, ihre Arbeit würde effizienter, wenn sie die Beziehung zu ihren Schülern verbessern. Sie wollen wissen, wie man dies anstellt.

In ihrem Studium erarbeiten sich die meisten Pädagogen ein Grundwissen über Freud, Rogers, Adler, Erickson und Skinner. Doch nur wenige Lehrer betreten das Klassenzimmer mit einem brauchbaren Ansatz zu zwischenmenschlichen Beziehungen – einem Modell, nach dem sie sich mit ihrem eigenen Verhalten richten können. Kein Wunder also, dass sie Schwierigkeiten haben, eine effektive zwischenmenschliche Beziehung zu Schülern einzugehen und beizubehalten!

Unser Effektivitätsprogramm liefert ein Modell, das Lehrer leicht verstehen und täglich anwenden können, um mit angemessenem Verhalten auf Probleme reagieren zu können, die unweigerlich in jeder Klasse auftreten werden. Wir bezeichnen dieses Modell als Verhaltensfenster.

Sehen Sie sich zuerst Abbildung 1 an, ein einfaches Rechteck, dann stellen Sie sich vor, die Fläche innerhalb des Rechtecks repräsentiere alle möglichen Verhaltensweisen eines Schülers, zu dem Sie eine Beziehung haben. Vielleicht stellen Sie sich Tausende kleiner Punkte vor, die dieses Rechteck ausfüllen, und jeder Punkt repräsentiert eine Verhaltensweise.

Abbildung 1

Alles, was der Schüler tun oder sagen könnte, ist in diesem Rechteck enthalten – nichts ist ausgelassen. Sie können sich dieses auch als Fenster vorstellen, durch das Sie den Schüler betrachten. Alles, was er tun oder sagen kann, ist sichtbar für Sie, aber nur durch das Fenster.

Jetzt teilen wir das Rechteck in zwei Teile, eine Zone, die annehmbare Verhaltensweisen repräsentiert, und eine Zone mit unannehmbaren Verhaltensweisen. Abbildung 2 zeigt das geteilte Rechteck mit einigen typischen Verhaltensweisen des Schülers.

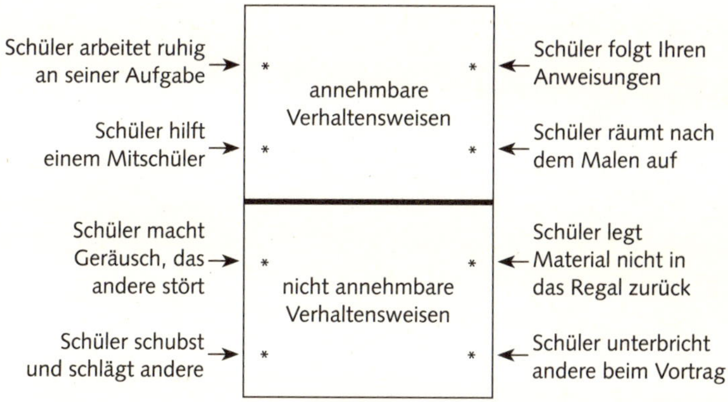

Abbildung 2

Wie jeder weiß, haben alle Lehrer in Bezug auf ihre Schüler Gefühle, die sich von sehr annehmend (positiv) bis zu deutlich unannehmend (negativ) erstrecken, hinzu kommen alle Zwischenstufen. Obwohl es für Kinder und Jugendliche sehr hilfreich wäre, wenn Lehrkräfte ihnen gegenüber bedingungslos annehmend sein könnten, geht das nur für kurze Perioden. Auch Lehrer müssen einsehen lernen, dass Schüler, gleichgültig wie annehmend sie zu sein versuchen, sich unangenehm verhalten. Annehmbare Verhaltensweisen werden von unannehmbaren durch eine Linie getrennt. Das könnte bedeuten, dass genau die Hälfte der Verhaltensweisen der Schüler annehmbar und die andere Hälfte unannehmbar ist. In Wirklichkeit wäre das reiner Zufall, denn die Annahmefähigkeit eines Menschen anderen Menschen gegenüber variiert. Dasselbe trifft auf Pädagogen zu. Die einen finden das Verhalten vieler Schüler nicht annehmbar, andere nicht. Der Unterschied zwischen diesen beiden Lehrertypen wird im Folgenden untersucht.

Nicht annehmende und annehmende Lehrer: ein entscheidender Unterschied

Bei Ihren eigenen Erfahrungen in der Schule sind Sie zweifellos wenigstens einem Lehrer begegnet, der Sie spüren ließ, dass viele Ihrer Verhaltensweisen nicht annehmbar für sie oder ihn waren. Diese Pädagogen neigen zum Kritisieren. Sie stellen an ihre Schüler und meistens auch an andere Menschen große Ansprüche, haben selten wirklich Spaß an unkonventionellem Verhalten in der Klasse und besitzen einen unbeugsamen Sinn für »richtig und falsch«. Die Kinder und Jugendlichen bezeichnen sie als verkrampft, rechthaberisch oder übermäßig streng und neigen dazu, ihnen, wenn irgend möglich, aus dem Weg zu gehen. Das Fenster, durch das solche Lehrer die Schüler betrachten, gleicht sehr der Abbildung 3.

Abbildung 4 zeigt das Fenster eines annehmenden Lehrers. Dieser ist wesentlich flexibler und verurteilt weniger. Er besitzt größere Toleranz und zwingt anderen seine oder ihre Versionen von »richtig und falsch« nicht auf. Eine solche Lehrkraft ist meistens ziemlich annehmend in allen ihren menschlichen Beziehungen.

Die meisten Menschen tendieren dazu, die Gesellschaft sehr annehmender Personen zu suchen, und vermeiden jene, die sehr kritisch sind. Ständige Bewertung ruft Unbehagen und Angst hervor. Ein Schüler aus Kalifornien meinte:

Ich hasse eines meiner Fächer. Ich fühle mich bei dieser Lehrerin wie ein Insekt unter dem Mikroskop. Ich habe solche Angst davor, Fehler zu machen, dass ich die einfachsten Dinge falsch mache. Dann werde ich angeschrien. Man kann es der Lehrerin einfach nicht recht machen. Es ist unmöglich, sie zufriedenzustellen.

Abbildung 3

Abbildung 4

Sehr kritische Pädagogen glauben meistens, mit ihrer negativen Bewertung Schülern zu helfen. Allein seien diese nicht genügend zum Lernen motiviert oder vollkommen unfähig zur Selbstkorrektur.

Das genaue Gegenteil trifft gewöhnlich zu. Kritik, negative Beurteilung und das Aufdecken von Schwächen dienen eher dazu, Veränderungen zu hemmen als zu fördern. Können Sie sich erinnern, wie Sie sich fühlten und wie Sie darauf reagierten, wenn Lehrer sehr kritisch waren, was Ihr Verhalten und Ihre Arbeitsweise anging? Haben Sie nicht genauso wie der eben zitierte Schüler reagiert, der einfach »erstarrte«? Hatten Sie das Gefühl, dass diese kritische Haltung Sie befreite oder dass sie Sie dazu brachte, sich zu wehren oder besonders zurückhaltend zu sein?

Viele Schüler reagieren auf solche Lehrer, indem sie möglichst wenig riskieren. Andere rebellieren und rächen sich durch stures Verhalten – nur um festzustellen, wie weit sie gehen können. Nicht annehmende Lehrkräfte stören durch ihr Verurteilen der Schülerreaktionen den Lernprozess und reduzieren damit selbst die kostbare Unterrichtszeit.

Die bewegliche Linie im sich ständig verändernden Rechteck

Selbst der annehmendste Lehrer wird dasselbe Verhalten jeweils verschieden interpretieren. Jeder verändert sich von Zeit zu Zeit in seiner Fähigkeit, andere anzunehmen. Das geschieht aus allen nur erdenklichen Gründen. Abbildung 5 zeigt die unterschiedliche Aufnahmebereitschaft eines Lehrers zu verschiedenen Tageszeiten: morgens, wenn sie ausgeruht und fröhlich, und nachmittags, wenn sie müde und missmutig ist.

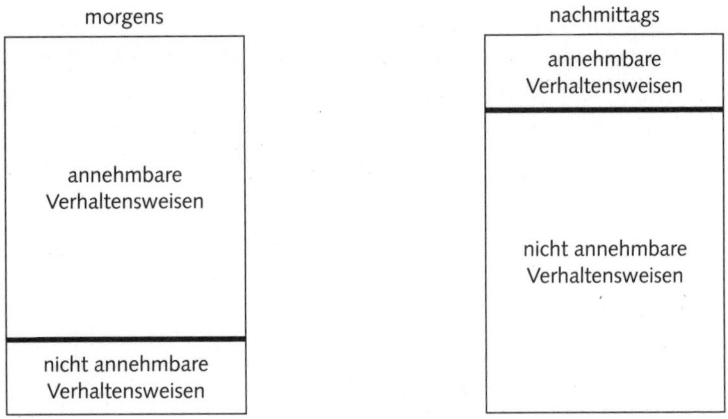

Abbildung 5

Die Trennungslinie im Rechteck verschiebt sich, und wir sprechen von einer »tiefen Linie« und einer »hohen Linie« – womit ein relativ annehmender Zustand und ein relativ nicht annehmender Zustand gemeint sind. Eine Ursache einer hohen Linie ist der Charakter oder die Persönlichkeit des jeweiligen Lehrers, doch dabei sollte nicht außer Acht gelassen werden, dass auch die Linie des am wenigsten annehmenden Pädagogen sich in manchen Situationen nach oben und in anderen nach unten verschiebt. Genauso wird ein relativ annehmender Lehrer in bestimmten Situationen durch sein Fenster sehen und nicht annehmbare Verhalten erblicken.

Drei Faktoren treiben die Linie hinauf und hinunter: a) Veränderungen in einem selbst (Lehrer), b) Veränderungen in der anderen Person (Schüler) und c) Veränderungen der Situation oder Umwelt.

Wir müssen jeden von ihnen gründlich betrachten.

Wie man Veränderungen in sich selbst (Lehrer) versteht

Wir haben gesehen, dass sich Menschen manchmal in ihrer Fähigkeit, andere zu akzeptieren, aufgrund innerer Vorgänge verändern, was in diesem Fall mit der anderen Person oder deren Verhalten überhaupt nichts zu tun hat. Das linke Fenster in Abbildung 5 zeigte die Perspektive eines Lehrers auf seinen Schüler früh am Morgen, als der Lehrer wach und freudig auf die Aufgaben des Tages blickte. Das rechte Fenster zeigte die Perspektive desselben Lehrers auf denselben Schüler 30 Minuten vor Schulschluss, als der Lehrer müde, hungrig oder womöglich genervt war, weil er noch eine lange Sitzung vor sich hatte, bevor er Feierabend machen konnte. Als Ergebnis dessen sind in dem Fenster wesentlich mehr Verhaltensweisen des Schülers als unannehmbar abgebildet, weil die Toleranzschwelle der Lehrkraft erheblich gesunken ist. Diese *inneren* Veränderungen können physisch wie psychisch bedingt sein. Eine Lehrerin aus einem stark bevölkerten Stadtteil erklärte:

Wenn ich erst einmal durch den morgendlichen Stoßverkehr zur Schule gefahren bin, in der Furcht, zu spät zu kommen oder in einen Unfall verwickelt zu werden, bin ich die ersten paar Minuten des Tages nicht zu gebrauchen. Es dauert ungefähr eine halbe Stunde, die verkehrsbedingte Nervosität zu überwinden.

Die Trennungslinie dieser Lehrerin würde hauptsächlich deswegen hoch liegen, weil sie schon überreizt ist, ehe sie die Schule überhaupt erreicht. Eine Kindergärtnerin, bekümmert über Probleme mit ihrem eigenen Sohn, bekannte:

Mein Sohn schwänzt die Schule und ist mehrmals mit dem Gesetz in Konflikt geraten. Manchmal habe ich so große Sorgen, dass ich die Kinder meiner Gruppe unversehens anschreie. Arme Kerlchen! Meistens haben sie gar nichts getan!

Entscheidend ist natürlich, dass Lehrer keine Maschinen sind, die unfehlbar und gefühllos funktionieren. Und da sie Menschen sind, handeln und reagieren Pädagogen von Augenblick zu Augenblick, von Stunde zu Stunde, von Tag zu Tag anders. Menschlich sein heißt unvermeidlich inkonsequent sein – unbeständig, veränderlich und nicht voraussagbar.

Wie kommt es zu unterschiedlichen Gefühlen gegenüber verschiedenen Schülern?

Die Abbildung 6 auf Seite 50 zeigt die Perspektive eines Lehrers im Hinblick auf das Verhalten zweier Schüler. Das Sternchen zeigt ein besonders störendes Verhalten an, zum Beispiel Sprechen mit einem Nachbarn während einer Klassenarbeit. Was bei Lisa nicht akzeptiert wird, ist Felix erlaubt. Der Lehrer betrachtet das gleiche Verhalten zweier Schüler auf gänzlich verschiedene Weise, einfach deswegen, weil Lisa gerade gesagt worden ist, sie möge nicht sprechen (und nun hat sie es getan), während Felix keine dahingehende Anweisung erhielt.

Für die unterschiedliche Bewertung kann es jedoch viele andere Gründe geben. Lehrer entwickeln zum Beispiel persönliche Vorlieben und Abneigungen. Während der Begriff der »individuellen Unterschiede« im Bildungskontext missbraucht wurde, existiert er im wirklichen Leben tatsächlich. Es gibt entscheidende Unterschiede zwischen Menschen – Schülern ebenso wie Lehrern. Jeder reagiert aus einer Vielzahl von Gründen unterschiedlich auf andere Menschen.

Warum haben Sie sich als Teenager dazu entschieden, mit dieser einen Person anstelle der anderen auszugehen? Warum vertiefen Sie die Bekanntschaft mit der einen Person zu einer Freundschaft und wenden sich von einer anderen ab? Offensichtlich fühlt niemand denselben Grad von Annahme gegenüber einem jeden Mitmenschen. Im Fall von Lisa und Felix besitzt der Lehrer vielleicht größeres Einfühlungsvermögen für Jungen als für Mädchen oder findet Felix ehrlich und vertrauenswürdig, Lisa dagegen hinterhältig. Vielleicht ist Lisa eine sehr aufgeweckte und anspruchsvolle Schülerin, die immer bis an die Grenze geht, während Felix schwerfällig und harmlos ist. Was immer die Ursache sein mag, der entscheidende Punkt ist: *Es wird immer individuelle Unterschiede geben.* Manche Schüler werden von den Lehrern mehr angenommen als andere.

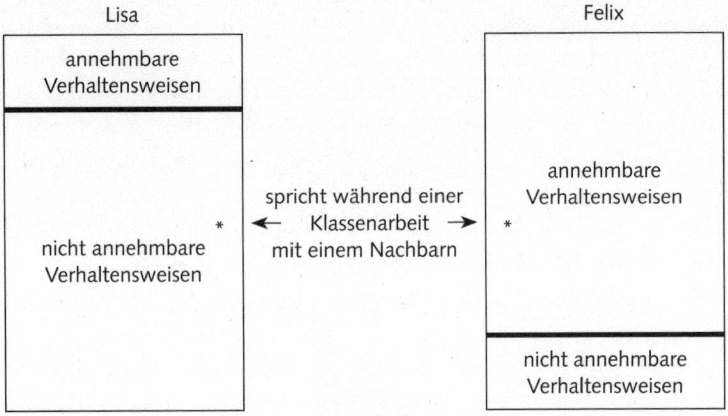

Abbildung 6

Wie man den Einfluss von Umwelt oder Situation versteht

Um eine Binsenweisheit zu zitieren: »Alles hat seine Zeit und seinen Ort.« Jedes Verhalten am falschen Ort oder zur unrechten Zeit führt zu einer Nichtannahme, gleichgültig wie annehmbar es unter anderen Umständen auch sein mag. Geschrei und Herumschubsen sind für die meisten Lehrer gewöhnlich annehmbar, wenn es auf dem Schulhof während der Pause geschieht, in der Klasse dagegen nicht.

Erinnern Sie sich nun der Mythen, die wir weiter oben über den »idealen« Lehrer anführten. Erkennen Sie, dass viele von ihnen im Licht unseres Konzepts von Annahme und Nichtannahme die Verleugnung der Realitäten Ihres Menschseins erfordern? Wenn Sie glauben, dass ein guter Pädagoge stets sachlich, ruhig, beherrscht, annehmend und konsequent sein sollte, fordern Sie oft ein Gefühl des Versagens heraus – mit einem Wort, Sie werden sich nie als erfolgreicher Lehrer fühlen.

Ist vorgetäuschte Annahme jemals in Ordnung?

Manchmal fühlen sich Lehrkräfte gezwungen (entweder aus eigener Überzeugung oder durch andere) vorzugeben, Schülerverhalten anzunehmen, das ihnen in Wirklichkeit nicht gefällt. (Oder umgekehrt: vorzugeben, etwas nicht anzunehmen, was sie in Wirklichkeit akzeptieren.)

Abbildung 7 illustriert die Zone der falschen Annahme, in der ein Lehrer so tut, als würde er die Verhaltensweisen von Schülern annehmen, obwohl sie in Wirklichkeit unannehmbar sind.

Weil Lehrer viele »sollte« und »müsste« als Richtschnur für ihr eigenes Verhalten akzeptieren, geraten sie ins Heucheln. Als Erklärung führen sie dann an: »Kinder sind eben Kinder.« – »Man darf die Bedürfnisse eines Kindes nicht frustrieren, denn das könnte seiner Persönlichkeit dauernden Schaden zufügen.« – »Schülern sollte man in der Klasse völlige Freiheit lassen.« – »Kinder sollten in Gegenwart anderer nie gerügt werden.« Diese und andere ähnliche Grundsätze, die sich Lehrkräfte während ihrer Ausbildung zu eigen machen, schaffen eine falsche Voraussetzung. Sie lächeln und ni-

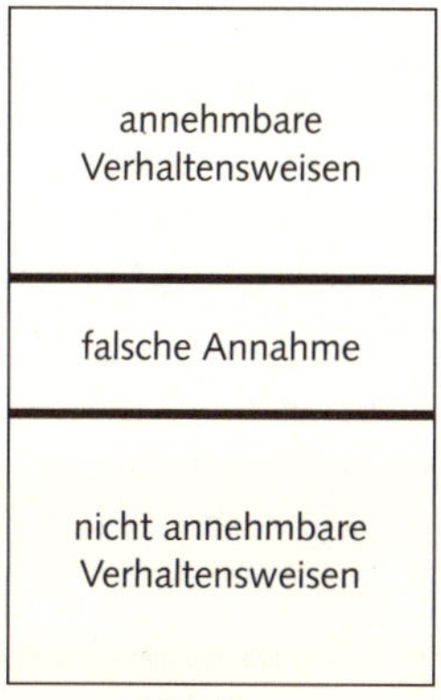

Abbildung 7

cken, geben sich freundlich und annehmend, aber innerlich sind sie verkrampft. Sie verstecken ihre eigenen Gefühle hinter einer Maske und zwingen sich, so zu fühlen, wie sie glauben, fühlen *zu* sollen.

Das Gegenteil ist ebenso zutreffend: Lehrer können sich, und sie tun es auch, dazu zwingen, Nichtannahme von Verhaltensweisen zu heucheln, die sie in Wirklichkeit billigen. Manche üben sogar psychischen Druck auf ihre Kollegen aus, sich bei bestimmten Verhaltensweisen genauso zu verhalten, damit die Lehrer den Schülern eine »geschlossene Front« bieten.

Aus welchem Grund auch immer: Wenn Sie vorgeben, annehmend zu sein, obwohl Sie das Verhalten stört, oder Nichtannahme heucheln, weil Sie Nichtannahme verspüren »sollten«, wird diese Botschaft bei den Schülern ankommen – im besten Fall als Verwirrtheit, im schlechtesten als Verlogenheit.

Kinder und Jugendliche sind gegenüber nicht verbalen Botschaften der Lehrer bemerkenswert empfindsam. Sie lernen, die Muskelanspannung, die Verkrampfung um den Mund, Gesichtsausdruck und Körperbewegungen zu interpretieren. Wenn diese »körperlichen Botschaften« im Gegensatz zu den verbalen Botschaften stehen, kann es die Schüler verwirren. Oder sie schenken den nicht verbalen Botschaften Glauben und betrachten die gegensätzlichen verbalen Botschaften als Schwindel. Ein Oberschüler formulierte das Problem folgendermaßen:

Manche Lehrer sind wirklich komisch. Es gibt hier einen oder zwei, die einem gern weismachen möchten, sie seien mit allem einverstanden. Sie reden ganz locker, wissen Sie, aber jeder kann sehen, wie verkrampft sie sind. Wen glauben sie denn an der Nase herumführen zu können?

Es ist nahezu unmöglich, seine eigenen Gefühle zu verleugnen. Vergessen Sie nicht, die Schüler sehen Sie jeden Tag, in guten und schlechten Zeiten. Die wahren Gefühle werden schließlich offenbar werden.

Auf die Frage »Was stimmt nicht mit den Erwachsenen?« führten junge Menschen überall als hauptsächlichste Kritik zwei Verhaltensweisen an:

1. »Erwachsene hören uns nicht zu.«
2. »Erwachsene schwindeln.«

Ein ehemaliger Lehrer erinnert sich seiner Erlebnisse und Gefühle als Schüler einer Oberschule:

Als ich zur Schule ging, schienen mir die meisten Lehrer unwirklich. Wissen Sie, was ich meine? Sie tauchten zu Beginn des Tages auf, unterrichteten und verschwanden nach dem letzten Klingeln. Wir pflegten herumzuhocken und Spekulationen darüber anzustellen, wer sie in Wirklichkeit waren. Hatten sie Familien? Wie lebten sie? Liebten sie? Es war immer ein Schock, wenn einer von uns in der Nähe eines Lehrers wohnte und aus unmittelbarer Erfahrung bezeugen konnte, dass er genauso wie alle anderen lebte. Wir erwarteten von unseren Lehrern, wie Cäsars Frau zu sein, über jeden Verdacht erhaben. Sie durften nicht rauchen, keine Kinder bekommen oder, Gott behüte, fluchen. Das hat sich geändert. Das Einzige, was Lehrer heute davon abhält, wirkliche Menschen zu sein, sind ihre eigenen Barrieren. Für meine Kollegen klingt das vielleicht wie Ketzerei, aber ich glaube, wir würden keine Therapeuten in unseren Schulen brauchen, wenn die Lehrer, anstatt sich hinter ihren Pulten, Tabellen, Büchern und Tests zu verstecken, sich endlich darum bemühten, zu ihren Schülern bessere Beziehungen zu entwickeln. Die Kinder wünschen sich das, aber sie schreiben die meisten Lehrer ab, weil diese auf Distanz gehen.

Ein weiterer Grund für die Verlogenheit der Lehrkräfte ist die doppelte Norm. Nur wenige Schulen verzichten auf gesonderte Schulvorschriften: einmal für die Lehrer, einmal für die Schüler. An vielen Schulen gibt das Recht, in ihrem Aufenthaltsraum zu rauchen, manchen Pädagogen das Gefühl der Unwahrhaftigkeit, wenn sie gezwungen sind, das Rauchverbot bei den Schülern durchzusetzen. Wenn die doppelte Norm Lehrern Freiheiten, Privilegien und Rechte gewährt, die den Lernenden versagt sind, wirft das ein außerordentlich schwieriges und heikles ethisches Problem auf (vergleiche Kapitel 10).

Konzentrieren wir uns jetzt auf eine Hauptursache der Verwirrung innerhalb einer Klasse: falsche Botschaften. Denken Sie daran, das Verhalten der Schüler liegt entweder über Ihrer Linie (in der Zone des Annehmbaren im Rechteck) oder unter der Linie (in der Zone des nicht Annehmbaren). Sie müssen sich nur klar darüber werden, was Sie fühlen. Dann können Sie auch eine einzige Botschaft senden, die den Kindern klar und deutlich mitteilt, wie Ihnen zumute ist. Wie geschieht das? Das folgende Beispiel zeigt, wie Schüler ihr Verhalten ändern, wenn der Lehrer ihnen seine wirklichen Empfindungen mitteilt. Eine Grundschullehrerin der vierten Klasse berichtete:

Es war an einem heißen Nachmittag letzte Woche. Ich war müde und hatte Kopfschmerzen. Ich merkte, dass mein Gesicht vom ewigen Lächeln wehtat und dass ich den Lärm der Kinder nicht mehr ertragen konnte. Ich beschloss, nicht mehr zu lächeln und ihnen zu sagen, wie ich mich fühlte. Ich sagte: »Ich bin müde, mein Kopf tut weh, und ich mag nicht mehr lächeln und so tun, als ob der Lärm, den ihr macht, mich nicht stört. Er stört mich. Ich glaube, ich kann es nicht mehr aushalten.« Ich war überrascht! Die Kinder waren sofort ruhig. Eines von ihnen brachte mir sogar ein Glas Wasser! Warum war ich so überrascht? Sie konnten gar nicht wissen, wie mir zumute war, ehe ich es ihnen mitteilte. Schließlich hatte ich bis dahin gelächelt und so getan, als ginge es mir gut. Am nächsten Morgen begegnete ich auf dem Weg ins Klassenzimmer einem Jungen. Er erkundigte sich, ob es mir besser ginge.

Obwohl Ihr Verstand in der Lage ist, sich an die Vergangenheit zu erinnern oder sogar eine ausgedachte Zukunft heraufzubeschwören, lebt Ihr Körper im Hier und Jetzt. Seine Botschaften spiegeln Ihre Gefühle wider, die Sie im Hier und Jetzt empfinden. Bemühen Sie sich in der Klasse darum, Ihre verbalen und nicht verbalen Botschaften einander anzugleichen. Wenn Sie feststellen, dass Sie das Verhalten eines Schülers nicht annehmen können, versuchen Sie zu sagen: »Was du tust, gefällt mir nicht.« Dann sind Sie wenigstens ehrlich zu ihm und geben ihm Gelegenheit, sich mit Ihrer eigentlichen Person und nicht mit der, die Sie glauben darstellen zu müssen, auseinanderzusetzen. Wenn sich Lehrer so zeigen, wie sie sind, werden Schüler oft Rücksicht auf ihre Bedürfnisse nehmen.

Wer besitzt das Problem?

Das Rechteck, das wir verwenden, um zwischen annehmbarem und nicht annehmbarem Verhalten der Schüler zu unterscheiden, lässt sich auch verwenden, um dem Lehrer zu helfen, die Probleme besser zu erkennen und zu bewältigen, die in allen Lehrer-Schüler-Beziehungen auftreten.

Betrachten Sie zuerst den unteren Teil des Rechtecks, die Zone unannehmbarer Verhaltensweisen – Verhaltensweisen, die der Befriedigung der Bedürfnisse des Lehrers im Wege stehen oder ihn veranlassen, sich frustriert, besorgt, irritiert oder ärgerlich zu fühlen. Ganz offenbar verursachen diese Verhaltensweisen der Lehrkraft ein *Problem.* Damit der Unterricht fortgesetzt werden kann, muss der Pädagoge jedes dieser Probleme lösen, sobald es auftritt.

Befindet sich das Verhalten eines Schülers »unterhalb der Linie« (in der Zone der nicht annehmbaren Verhaltensweisen), hat der Lehrer ein Problem. Es ist sein Problem – er besitzt es. Wer das Problem besitzt, ist entscheidend bei allen Lehrer-Schüler-Beziehungen. In Abbildung 8 ist das störende Verhalten eines Schülers der Zone der nicht annehmbaren Verhaltensweisen zugeordnet, weil es für den Lehrer ein Problem darstellt.

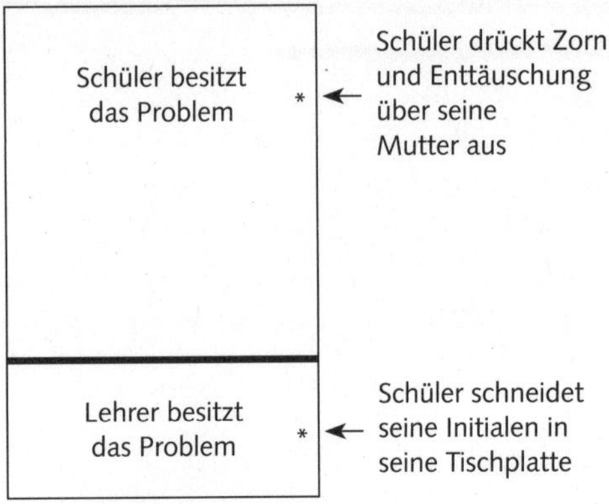

Abbildung 8

Anders sieht es aus, wenn eine Schülerin ihrer Lehrerin anvertraut, sie sei ärgerlich und enttäuscht, weil ihre Mutter ihr nicht erlaubt, mit Freunden einen Ausflug zu machen. Diese Schülerin hat ein persönliches Problem, das nichts mit der Schule zu tun hat. Ihr Ärger und ihre Enttäuschung berühren die Lehrerin in keiner Weise *greifbar und konkret.* Ließe das Mädchen nicht von sich aus etwas darüber verlauten, würde die Lehrerin wahrscheinlich überhaupt nichts davon wissen. Es berührt die Schülerin – *sie* hat das Problem. Sie besitzt es. Deshalb verorten wir das Verhalten dieser Schülerin im oberen Teil des Rechtecks: Sie besitzt das Problem.

Wie steht es mit dem Schülerverhalten, das weder für den Lehrer noch für den Schüler problematisch ist? Wir sprechen dann von einer problemfreien Zone, die der Mittelteil von Abbildung 9 repräsentiert. Ein Beispiel für Verhalten, das in die problemfreie Zone gehören würde, ist ein ruhig an seiner Mathematikaufgabe arbeitender Schüler. Er befriedigt seine Bedürfnisse. Sein Verhalten stört in keiner Weise die Bedürfnisse der Lehrerin. Niemand hat ein Problem.

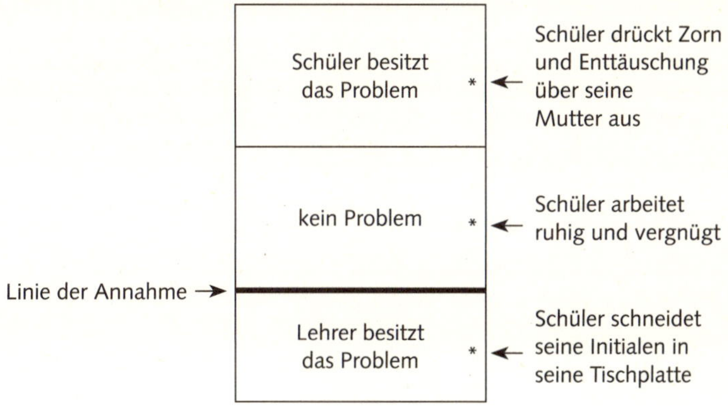

Abbildung 9

Warum »Problembesitz« so wichtig ist

Ein wichtiges Hindernis auf dem Weg zu guten Beziehungen ist, dass nicht verstanden wird, wer das Problem besitzt. Es ist absolut *zwingend,* dass Lehrer zwischen Problemen unterscheiden können, die es im Leben der Schüler gibt, und solchen, die ihren Bedürfnissen im Wege stehen.

Wie wir in späteren Kapiteln zeigen werden, sollten sich Pädagogen auf ganz andere Weise verhalten, wenn die Schüler Probleme besitzen, als wenn es ihre eigenen sind. Wer das Problem besitzt, können Sie herausfinden, indem Sie sich fragen: »Hat dieses Verhalten irgendetwas mit mir zu tun? Fühle ich nicht annehmend, weil man mich stört, mir schadet, wehtut, mich beeinträchtigt? Oder fühle ich nicht annehmend, nur weil ich möchte, dass der Schüler anders handelt, kein Problem hat, so fühlt, wie ich glaube, dass er fühlen sollte?«

Falls die Antwort auf die letzte Frage Ja lautet, besitzt der Schüler das Problem. Lautet sie Ja auf die erste Frage, hat der Lehrer Anteil an dem Problem. Kapitel 3 untersucht Probleme, die der Schüler besitzt, genauer und zeigt, wie Lehrer ihren Schülern am besten helfen können. Im Augenblick ist es nur notwendig, dass Sie die zwei Arten von Problemen unterscheiden und sie in die entsprechende Zone des Rechtecks einordnen.

Die Bedeutsamkeit der problemfreien Zone

Schüler sind zwar nie vollkommen frei von Lebensproblemen (einige im Zusammenhang mit der Schule, andere nicht), sie *sind* aber fähig, genügend davon zu lösen und andere vorübergehend in der Schwebe zu halten, um Lernaufgaben zu bewältigen. Diese Fähigkeit ist entscheidend, denn *nur in der problemfreien Zone der Beziehung können Lehren und Lernen effektiv sein.*

Hat ein Schüler Schwierigkeiten (er fürchtet zum Beispiel, seine Klassenkameraden halten ihn für dumm), wird es ihm schwerfallen, sich auf schulische Dinge zu konzentrieren. Verursacht sein Verhalten dem Lehrer ein Problem (das Handy des Schülers klingelt), wird es dem Lehrer schwerfallen, sich aufs Lehren zu konzentrieren.

Wir haben die problemfreie Zone als *Lehr-Lern-Zone* bestimmt. Vergessen Sie nicht: Unser primäres Ziel ist es, den Lehrkräften zu helfen, den Unterricht produktiver zu gestalten. Abbildung 10 auf Seite 59 zeigt, wie die Perspektive eines erfolgreichen Lehrers auf einen Schüler aussehen kann, nachdem er die in unserem Kurs gelehrten Fähigkeiten gemeistert hat.

Achten Sie darauf, dass selbst in dieser optimalen Situation Probleme übrig bleiben. Gleichgültig, wie fähig ein Pädagoge wird, die

Kinder und Jugendlichen werden immer eigene Probleme haben, die ungelöst, vielleicht unlösbar sind und damit die Bedürfnisse und Wünsche des Lehrers stören, sodass immer einige Probleme in dessen Problemzone verbleiben werden. Doch eine effektive Lehrer-Schüler-Beziehung wird dazu führen, dass die problemfreie Zone oder die Lehr-Lern-Zone einen großen Teil des Fensters einnimmt.

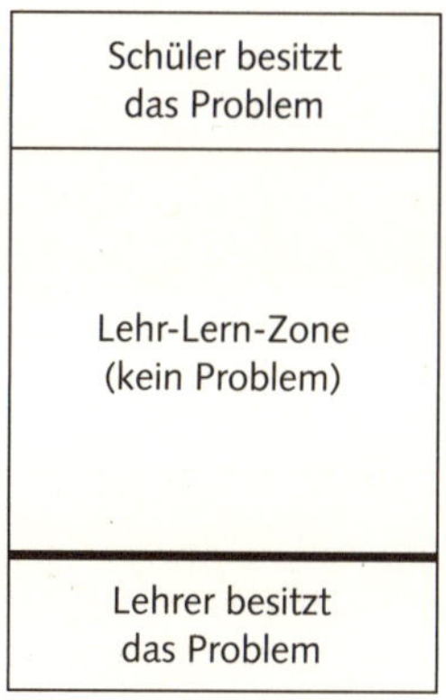

Abbildung 10

Wie sieht es nun in Ihrer Klasse aus? Können Sie zum großen Teil Ihre Unterrichtsstunden dem Lehren widmen? In den folgenden Kapiteln wollen wir Ihnen zeigen, wie Sie Ihren Erfolgserlebnissen größere Dauer verleihen und den Unterricht optimaler gestalten können, sodass Sie wie Ihre Schüler mehr Befriedigung empfinden und bessere Leistungen erzielt werden.

3. Was Lehrer tun können, wenn Schüler Probleme haben

Ralph, der die Oberstufe des Gymnasiums besucht, versäumt häufig den Unterricht. Melissa, eine Zwölfjährige, starrt aus dem Fenster, anstatt zu lesen. Stefan weint im Kindergarten, wenn er laute Geräusche hört. Sabine, die in der vierten Klasse ist, spielt in der Pause nicht, sondern sitzt lieber unter einem Baum und sieht den anderen Kindern beim Spielen zu. Max wandert ruhelos durch das Klassenzimmer und stößt und knufft gelegentlich andere Kinder. Selbst die kleinste Rüge ruft bei Gabi einen Wutanfall hervor. Thomas ist laut und streitsüchtig und beschimpft seine Klassenkameraden. Die hübsche Anna fängt auf einmal an, in schmutzigen Kleidern, ohne Make-up, ungewaschen und ungekämmt zur Schule zu kommen. Laura tritt unerwartet als Vorsitzende des Schülerbeirats zurück.

Diese und zahllose andere Verhaltensweisen sind Anhaltspunkte – von Schülern gesandte Botschaften –, die zeigen, dass etwas nicht in Ordnung ist. Was sollen Lehrer tun, wenn sie solche Botschaften erhalten? Sie ignorieren und hoffen, dass die Probleme sich von allein lösen? Den Kindern sagen, ihre Probleme gehören nicht in die Schule? Die Schüler zum Schulpsychologen schicken (wenn es einen gibt)? Bei schlechtem Verhalten Strafen androhen? Um Versetzung an eine Schule bitten, an der hoffentlich junge Menschen mit weniger Problemen sind?

Viele Pädagogen wissen wirklich nicht, was sie tun sollen, wenn ihre Schüler sich mit ihren Problemen an sie wenden. Manche schalten sich sehr ungern als Helfer oder Ratgeber ein. Oder sie sind sich nicht darüber klar, ob das Erteilen von Ratschlägen ihnen als »Lehrer« zusteht. Oder sie glauben, dass die Beschäftigung mit Schülerproblemen dem Zweck der Schule, geistige Leistungen zu erzielen, zuwiderläuft. Viele Lehrkräfte denken über Schülerprobleme das Gleiche wie Manager und Abteilungsleiter über Probleme der Arbeitnehmer – sie sollten zu Hause gelassen werden, da, wohin sie gehören.

Diese Auffassung widerspricht jedoch der Tatsache, dass Schülerprobleme nicht zu Hause gelassen werden *können*. Sie belasten Kinder überall, auch in der Schule, beeinträchtigen ernstlich den Lernprozess und machen das Lernen manchmal praktisch unmöglich. Wenn Schüler Probleme haben, sich unsicher, isoliert und ungeliebt fühlen, wird ihre Leistung in der Schule darunter leiden. In solchen Fällen sind Versuche des Lehrers, ihnen etwas beizubringen, mehr oder weniger frustrierend oder sogar zwecklos.

Eine ältere Lehrerin erinnert sich an ihre Erfahrung, als sie an eine Schule versetzt wurde, deren Schüler eine Menge Probleme hatten.

Bis zu meiner Versetzung an die »benachteiligte Schule«, wie sie genannt wurde, hatte ich meine Erfahrungen jahrelang in Schulen mit Kindern aus der Oberschicht gemacht. Als ich das erste Mal mit Kindern aus der Unterschicht arbeitete, erkannte ich, warum ich niemals das Gefühl gehabt hatte, eine wirklich gute Lehrerin zu sein, obwohl die Kinder in meinen Klassen immer gute Leistungen erbracht hatten. Diese sozial benachteiligten Kinder ließen mich schnell begreifen, dass man sich zuerst um ihre Ängste, ihre Frustrationen und ihren Zorn kümmern musste. Dann, und nur dann, konnten sie sich mit dem »Zeug« beschäftigen, das ich ihnen zu vermitteln hatte. Ich war gezwungen, mein geplantes Pensum zunächst beiseitezuschieben und ihnen zu helfen, mit sich selbst zurechtzukommen. Sie lehrten mich, dass Schule nicht bedeutet, die Köpfe der Kinder mit einer Menge Zeug vollzustopfen, sondern dass ihnen geholfen wird, sich Wissen anzueignen, wann sie können und wie sie können.

Diese Lehrerin machte eine wichtige Entdeckung: Schüler bedürfen der Hilfe ihrer Lehrer auch auf anderen Gebieten als dem des »Schulwissens«. Die meisten Lehrkräfte, die mit unserem Programm gearbeitet haben, sind bereit, Kindern und Jugendlichen bei ihren Lebensproblemen zu helfen, aber nur sehr wenige bringen außer ihrer eigenen Lebenserfahrung brauchbare Voraussetzungen dafür mit. Sehr wenige Lehrer haben Gelegenheit, mit Schulpsychologen in Kontakt zu kommen und von ihnen zu lernen. Ihre eigene Erfahrung reicht oft nicht aus, sodass ihre »Hilfe« gewöhnlich ineffektiv bleibt. Ihre gute Absicht führt nur selten zu positiven Ergebnissen. Unsere Kursleiter fragen die teilnehmenden Pädagogen oft, ob sie sich an Zeiten in ihrem eigenen Schülerleben erinnern können, in denen sie solche Probleme hatten, dass ihnen die Schule egal war. Die meisten bejahen diese Frage. Wenn sie sich dann erinnern sollen, ob ihnen in diesen Situationen irgendeiner ihrer Lehrer geholfen hat, geben die meisten an, ihre Lehrer wären, selbst wenn sie es versucht hätten, selten hilfreich gewesen.

Können Sie sich an solche Situationen erinnern? In denen Ihnen eine Lehrkraft geholfen hat?

Es ist also offensichtlich, dass, auch wenn Lehrer wirklich helfen wollen, Schüler selten das Gefühl haben, Hilfe erhalten zu haben, und Lehrer selten das Gefühl haben, wirklich hilfreich gewesen zu sein. Der gute Willen ist da, doch er bleibt meist ergebnislos.

Ein Pädagoge, dem diese Situation nicht gleichgültig ist, sagt dazu:

Ich kenne Kinder mit allen möglichen Problemen, die von Liebeskummer bis zur Drogenabhängigkeit reichen. Die Psychologen an unseren Schulen sind überlaufen. Ich möchte helfen, fühle mich aber völlig unzulänglich. Ich weiß nicht, was ich tun soll, also unternehme ich gar nichts und hoffe nur, dass sich alles zum Guten entwickelt.

Im Vergleich dazu die Aussage eines anderen Lehrers:

Die Kinder heutzutage wissen das, was sie haben, nicht *zu* schätzen. Immer klagen und jammern sie. Aber hören sie auf mich, wenn ich sie davor zu warnen versuche, dass sie in ihr Unglück rennen? Oh nein, sie ignorieren völlig, was ich sage, und jammern weiter, wenn sie in Schwierigkeiten geraten.

Hier wird deutlich, was Lehrkräfte oft bedrückt: das Gefühl der Unzulänglichkeit, wirklich helfen zu können, und das Gefühl der Zurückweisung durch die Schüler, wenn sie versuchen zu helfen.

Warum Lehrer bei der Bewältigung von Schülerproblemen versagen

Die meisten Pädagogen sind sensibel genug, Stichworte und Hinweise aufzufangen, die Schüler mit Problemen in ihren Botschaften senden. Es genügt jedoch nicht, die Probleme zu *erkennen;* Lehrer müssen auch wissen, wie sie *effektiv reagieren* sollen.

In diesem Kapitel werden wir zuerst typische Beispiele dafür bringen, wie sich Lehrer gegenüber Schülern mit Problemen verhalten, und dann ein paar neue Möglichkeiten vorschlagen, wie sie von Psychologen angewendet werden, die in ihrer Praxis mit jungen Menschen zu tun haben.

Um zu demonstrieren, wie Lehrkräfte normalerweise bei Schülerproblemen reagieren, kehren wir zu unserem bekannten rechteckigen Fenster zurück. In unseren Kursen werden den Lehrern Fallbeispiele demonstriert. Wir fragen zum Beispiel: »Wer besitzt das Problem, wenn ein Schüler häufig zu Tagträumen neigt?« Einige Pädagogen sagen: »Der Lehrer besitzt das Problem«, die meisten aber erkennen, dass es der Schüler besitzt. Diejenigen, die behaupten, es sei das Problem des Lehrers, müssen wir daran erinnern, dass das Tagträumen eines Kindes auf keine greifbare und konkrete Weise die Tätigkeiten des Lehrers stört und darum nicht sein Problem ist.

Diese Einsicht fällt oft schwer, weil die Lehrkraft irgendwie glaubt, für alle Verhaltensweisen der Schüler verantwortlich zu sein.

Selbst die Lehrer, die Tagträumen auf ein Problem des Schülers zurückführen, reagieren oft falsch. Sie senden dem Kind Botschaften, die ihm mitteilen, dass sein Verhalten unannehmbar ist. Der Lehrer möchte also, dass der Schüler sich ändert, dass er sich so verhält, als habe er kein Problem, kurzum, er möchte, dass er *aufhört, ein Problem zu haben, was immer es auch sei.* In unserem Kurs nennen wir das die »Sprache der Nichtannahme«. Obwohl diese Sprache der Nichtannahme oft angebracht ist, hilft sie in keinem Fall weiter, *wenn der Schüler ein Problem besitzt.*

Im Folgenden werden wir zunächst die verschiedenen Kategorien der Sprache *der* Nichtannahme beschreiben und dann erklären, warum diese meistens eine weitere Kommunikation mit den Kindern und Jugendlichen blockiert, warum sie das Lösen von Problemen nicht erleichtert und so häufig zu einer Verschlechterung der Lehrer-Schüler-Beziehung führt.

Die Sprache der Nichtannahme: die zwölf Kommunikationsbarrieren

Die unzähligen nicht annehmenden Botschaften, die ein Lehrer senden kann, können in zwölf Kategorien eingeteilt werden. Diese verschiedenen ablehnenden Botschaften haben die Tendenz, weiterführende Gespräche zu blockieren; sie verlangsamen, hindern oder unterbinden völlig den notwendigen Kommunikationsprozess zwischen Lehrer und Schüler. Nehmen wir an, ein Schüler hat Schwierigkeiten, eine Aufgabe zu bewältigen. Auf die eine oder andere Weise teilt er mit, dass er der Aufgabe nicht gewachsen ist. Hier folgen fünf typische Lehrerreaktionen, die Nichtannahme mitteilen. Wir haben sie zusammengefasst, weil sie alle eine ähnliche Lösung des Konflikts anbieten.

1. *Befehlen, kommandieren, anordnen.*
»Hör auf zu jammern und sieh zu, dass du mit deiner Arbeit fertig wirst.«
2. *Warnen, drohen.*
»Reiß dich lieber zusammen, wenn du erwartest, in dieser Klasse eine gute Zensur zu bekommen.«
3. *Moralisieren, predigen, mit »müsstest« und »solltest« argumentieren.*
»Du weißt, du musst lernen, wenn du in die Schule kommst. Deine persönlichen Probleme solltest du lieber zu Hause lassen, wo sie hingehören.«
4. *Raten, Lösungen oder Vorschläge anbieten.*
»Es ist gut für dich, wenn du dir einen besseren Zeitplan machst. Dann kannst du alle deine Arbeiten erledigen.«
5. *Belehren, Vorträge halten, mit logischen Argumenten kommen.*
»Wir wollen doch den Tatsachen ins Auge sehen. Erinnere dich lieber daran, dass du nur noch 34 Schultage hast, um deine Arbeit abzuschließen.«

Jetzt sehen Sie sich die nächsten drei Kategorien an. Sie teilen alle Beurteilung, Herabsetzung und Bewertung mit. Viele Lehrer glauben fest daran, dass es einem Schüler hilft, ihn auf seine Fehler, Unzulänglichkeiten und sein törichtes Verhalten hinzuweisen. Zu diesem Zweck werden drei Arten von Botschaften verwendet:

6. *Verurteilen, kritisieren, widersprechen, beschuldigen.*
»Entweder bist du ganz einfach faul oder du bist ein großer Bummelant.«
7. *Beschimpfen, Klischees verwenden, etikettieren.*
»Du benimmst dich wie ein Schulanfänger und nicht wie jemand, der bald in die Oberschule kommt.«
8. *Interpretieren, analysieren, diagnostizieren.*
»Du versuchst einfach, dich vor deiner Aufgabe zu drücken.«

Zwei andere Arten von Botschaften sind Versuche der Lehrer, einen Schüler aufzumuntern, das Problem verschwinden zu lassen oder zu leugnen, dass er überhaupt ein echtes Problem hat.

9. *Loben, zustimmen, positive Bewertungen geben.*
   »Eigentlich bist du doch ein ganz tüchtiger junger Mann. Ich bin sicher, du wirst irgendwie dahinterkommen, wie es gemacht wird.«
10. *Beruhigen, mitfühlen, trösten, unterstützen.*
   »Du bist nicht der Einzige, dem es je so ergangen ist. Bei schweren Aufgaben habe ich das auch erlebt. Nebenbei bemerkt, wenn du erst mal angefangen hast, wird es dir nicht mehr schwer vorkommen.«

Die von allen am häufigsten verwendete Barriere ist wahrscheinlich Kategorie 11, obgleich die Lehrkräfte wissen, dass Fragen nicht selten auf Abwehr stoßen. Fragen werden gerade dann am häufigsten verwendet, wenn Lehrer das Gefühl haben, mehr Fakten zu benötigen für ihr *Vorhaben, das Problem des Schülers zu lösen, indem sie ihre eigenen besten Lösungen beisteuern,* anstatt dem Schüler zu helfen, sein Problem selbst zu lösen.

Fragen, sondieren, verhören, ins Kreuzverhör nehmen.
»Glaubst du, diese Aufgabe war zu schwer?« – »Wie viel Zeit hast du dafür aufgewendet?« – »Warum hast du so lange gewartet, bevor du um Hilfe gebeten hast?« – »Wie viele Stunden hast du daran gearbeitet?«

Botschaften der Kategorie 12 benutzen Pädagogen, um das Thema zu wechseln, den Schüler auf andere Gedanken zu bringen oder um sich überhaupt nicht mit ihm beschäftigen zu müssen.

Zurückziehen, ablenken, sarkastisch sein, aufheitern, zerstreuen.
»Na komm, lass uns über was Angenehmeres reden.« – »Jetzt ist

nicht der Augenblick dafür.« – »Wir wollen zu unserem Unterrichtsthema zurückkehren.« – »Da scheint heute Morgen aber einer mit dem falschen Bein aufgestanden zu sein.«

Von den vielen Lehrern, mit denen wir in unseren Kursen gearbeitet haben, reagiert ein überraschend hoher Prozentsatz (in den meisten Kursen 90 bis 95 Prozent) mit einer dieser zwölf Barrieren auf typische Botschaften von Schülern. Nur wenige haben andere Reaktionsmöglichkeiten gelernt, da sie als junge Menschen von ihren eigenen Eltern und Lehrern auf dieselbe Weise angesprochen worden sind.

Warum die zwölf Barrieren so ineffektiv sind

Um die Wirkung der zwölf Barrieren zu verstehen, muss den Lehrern zuerst klargemacht werden, dass ihre verbalen Reaktionen gegenüber Schülern meistens mehr als eine Bedeutung oder Botschaft enthalten. Angenommen, ein Schüler der Unterstufe des Gymnasiums erzählt, er glaube, seine Freundin mache Schluss mit ihm oder weise ihn zurück. Die Bemerkung: »Das wäre nicht geschehen, wenn du sie besser behandelt hättest. Warum gehst du also nicht zu ihr und entschuldigst dich für das, was du getan hast?«, vermittelt dem Jungen mehr als eine Aussage. Zweifellos hört er eine oder alle diese versteckten Botschaften:

»Du hast schuld.«
»Du hast etwas Falsches getan.«
»Du siehst die Dinge nicht richtig.«
»Du bist kein guter Freund.«
»Man kann dir nicht zutrauen, für dieses Problem eine eigene Lösung zu finden.«
»Du bist nicht so klug wie ich.«

Oder angenommen, ein Teenager sagt angewidert: »Ich kann die Schule und alles, was damit zusammenhängt, nicht ausstehen.«

Wenn Sie erwidern: »Oh, wir alle haben irgendwann einmal so über die Schule gedacht – das verliert sich, wenn du älter wirst«, ist er berechtigt, folgende versteckte Botschaften herauszuhören:

»Du glaubst nicht, dass meine Gefühle begründet und echt sind.«
»Du akzeptierst weder mich noch mein Urteil über die Schule.«
»Du musst mich für verrückt halten.«
»Du denkst offenbar, nicht die Schule muss sich ändern, sondern ich.«
»Du nimmst mich noch nicht einmal ernst.«
»Du hältst mich für sehr unreif, weil ich so von der Schule denke.«

Wenn Lehrer etwas *zu* einem Jugendlichen sagen, sagen sie zugleich etwas *über ihn.* Jede einzelne Botschaft verrät, was Sie von ihm denken, und sie bestimmt, was er letzten Endes von sich selbst denkt. *Ihre Botschaften von heute prägen sein Selbstbewusstsein von morgen.* Darum kann Ihr Verhalten für die Beziehung zu Ihren Schülern entweder *konstruktiv oder destruktiv sein.*

Wie destruktiv die zwölf Barrieren sein können, beweisen wir unseren Pädagogen, indem wir sie im Kurs bitten, sich ihrer eigenen Reaktionen zu erinnern, als sie zum Beispiel ihre Gefühle einem Lehrer mitteilten, der mit Barrieren reagierte. Meistens bestätigen sie die destruktive Wirkung der zwölf Barrieren aus eigener Erfahrung. Hier nur einige Wirkungen, von denen unsere Lehrkräfte berichteten:

»Ich sah mich veranlasst, nichts mehr zu sagen, den Mund zu halten.«
»Ich wurde ungehalten und widerspenstig.«
»Ich ging zum Gegenangriff über.«
»Ich fühlte mich unterlegen.«
»Ich wurde rachsüchtig und zornig.«
»Ich fühlte mich schuldig oder schlecht.«
»Ich glaubte, mich unter Zwang ändern zu müssen – nicht akzeptiert zu werden als der, der ich bin.«

»Ich hatte das Gefühl, der andere traut mir nicht zu, meine eigenen Probleme zu lösen.«
»Ich fühlte mich unverstanden.«
»Ich lehnte es ab, im Zeugenstand ins Kreuzverhör genommen zu werden.«
»Ich sah, mein Gegenüber war überhaupt nicht interessiert an mir.«

Lehrer, die an unseren Kursen teilnehmen, merken sofort, dass Schüler auf Barrieren ähnlich wie sie reagieren. Und sie haben recht. Therapeuten und Schulpsychologen versuchen bei ihrer Arbeit mit Kindern diese zwölf Arten verbaler Reaktionen zu vermeiden. Sie verlassen sich auf weit bessere Methoden mit geringerem Risiko, junge Menschen zum Schweigen zu bringen oder in die Opposition zu drängen.

(Am Ende dieses Kapitels finden Sie eine detaillierte Auflistung der zwölf Barrieren und der verschiedenen destruktiven oder wenig hilfreichen Wirkungen, die jede Einzelne von ihnen auf Ihre Schüler haben kann.)

Lehrer, die an unserem Kurs teilgenommen haben, fanden es sehr hilfreich, diejenigen Wirkungen herauszusuchen und zu unterstreichen, die Äußerungen ihrer Eltern und/oder Lehrer bei ihnen selbst am häufigsten hervorgerufen haben, als sie noch jung waren. Versuchen Sie es doch selbst einmal, wenn Sie am Ende des Kapitels angelangt sind.

Drei übliche Missverständnisse

Während die meisten Lehrer in unseren Kursen die »Sprache der Nichtannahme« (die zwölf Barrieren) für ein nützliches Instrument zum Analysieren und Modifizieren ihrer eigenen Kommunikationsgewohnheiten mit Schülern halten, konzentriert sich in fast jeder Klasse die Diskussion auf drei fundamentale Fragen:

1. Was ist falsch daran, wenn man Fakten lehrt, Vorträge hält und Informationen liefert? (»Ist das nicht die wichtigste Funktion eines Lehrers?«)
2. Warum werden Lob und positive Bewertung als »Barrieren« eingestuft? (»Wir haben gelernt, Lob als Verstärkung und Ermutigung für gutes Verhalten zu benutzen.«)
3. Warum wird Fragen als ineffektiv angesehen? (»Fragen stellen ist eines der wertvollsten Instrumente, die wir im Unterricht verwenden – schließlich hat Sokrates dieselbe Methode angewandt.«)

Wenn Pädagogen diese Fragen aufwerfen, vergessen sie gewöhnlich, dass wir die zwölf Barrieren zur Illustration ineffektiver Reaktionen auf Botschaften verwenden, die zeigen, dass einen Schüler ein Problem bedrückt, in oder außerhalb der Schule. Wir behaupten, dass die zwölf Barrieren vor allem dann Widerstand hervorrufen, wenn das Verhalten des Kindes im oberen Teil des rechteckigen Fensters – in der Zone: *der Schüler besitzt das Problem* – lokalisiert worden ist. Hat der Schüler keine Probleme, richten die Barrieren sehr viel weniger Schaden an.

Nehmen Sie als Beispiel den Wunsch eines Lehrers, Fakten zu vermitteln. Hat der Schüler Lust zum Lernen (hat kein Problem) und der Lehrer Lust zum Lehren (hat auch kein Problem), können Fakten und Informationen ganz gewiss von der Lehrkraft angeboten und vom Jugendlichen akzeptiert werden. Nicht so, wenn der Schüler mit einem Problem beschäftigt oder davon bedrängt ist. Dann werden Fakten und Informationen entweder unwillkommen sein und abgelehnt werden oder den Prozess des Problemlösens beim Schüler drastisch stören. Im Laufe dieses und des nächsten Kapitels werden wir zeigen, wieso Fakten, die vermittelt werden, während der Lernende mit seinen Gefühlen und Empfindungen beschäftigt ist, für seine Problemverarbeitung gewöhnlich als starke Barriere wirken.

Wie sieht es mit Lob aus? Fast überall sträuben sich die Lehrer gegen den Gedanken, dass Lob eine Barriere sein könnte. Schließlich ist Lob in unseren Schulen, zu Hause und am Arbeitsplatz als Verstärkung akzeptiert (»Lobe sie, und sie arbeiten sich tot«). In den letzten Jahren wurde dieser Gedanke vor allem von Verhaltenstherapeuten unterstützt, die den Pädagogen beibringen, »gutes Verhalten« (meistens vom Lehrer bestimmt) durch systematisch verteilte Belohnungen zu verstärken.

Ausgehend von unserer eigenen Theorie effektiver Lehrer-Schüler-Beziehungen, bewerten wir Lob folgendermaßen:

1. Wenn ein Schüler ein Problem mit sich selbst hat, gewöhnlich ist er unglücklich oder unzufrieden mit sich selbst, stößt Lob auf taube Ohren. Er fühlt sich von seinem Lehrer unverstanden, was meist zu noch größeren Komplexen führt.
2. Ist die Lehrer-Schüler-Beziehung von Problemen frei, bedeutet Lob vielleicht keine Barriere, vorausgesetzt, es kommt von der Lehrkraft als spontane, zufällige (nicht geplante) und ehrliche (nicht geheuchelte) verbale Reaktion auf die Leistung des Lernenden.
3. Wird Lob von den Lehrern bewusst und absichtlich als Mittel zum Zweck eingesetzt, erkennen die Schüler es wahrscheinlich als manipulativ und unehrlich, in erster Linie dazu gedacht, die Bedürfnisse des Lehrers zu befriedigen. (»Du lobst mich nur, weil du willst, dass ich mich immer so verhalte.«)
4. Einem einzigen oder wenigen Kindern gespendetes Lob wird in der Klasse nicht selten als negative Bewertung der übrigen empfunden. Sogar ein bestimmter Schüler, der sich an häufig erteiltes Lob gewöhnt hat, kann sich negativ bewertet fühlen, wenn er zufällig nicht gelobt wird. (»Du hast nichts über mein gemaltes Bild gesagt, es kann dir also nicht gefallen.«)

Wie steht es mit der dritten Frage, die Lehrer in unserem Kurs immer wieder stellen? Was ist falsch daran, Fragen als didaktisches Mittel einzusetzen? Psychologen haben entdeckt, dass Fragen oft als Barrieren und Kommunikationsbremsen wirken, *wenn der andere das Problem besitzt.* Das ist verständlich. Menschen fühlen sich bedroht, wenn jemand tief in ihre Gefühle eindringt, die sie anderen nicht mitteilen wollen. Sie verschließen sich oft, wenn ihre innere private Welt angetastet wird. Außerdem können Fragen verunsichern, wenn sie, wie es so oft der Fall ist, irrelevant sind und am Ziel vorbeigehen. Der Fragesteller stellt oft Vermutungen an, trifft nicht den Kern der Sache, was für den Befragten bedeutet, Umwege gehen und sich mit Nebensächlichkeiten befassen zu müssen (»Nein, deswegen fühle ich mich nicht schlecht« oder »Es hat nichts mit meinen Eltern zu tun«).

Und schließlich, die meisten Fragen setzen dem Gegenüber Grenzen. »Stellen Sie einem Menschen eine Frage, und Sie werden vielleicht eine Antwort bekommen, aber das ist wahrscheinlich auch alles, was Sie bekommen werden«, sagte ein Meinungsforscher einmal. Damit meinte er, dass Fragen Menschen meistens zum Verstummen bringen oder ihnen nicht Gelegenheit geben, die Unterhaltung dahin zu führen, wohin sie vielleicht wollen.

Ein Schüler sagt zu einem Lehrer: »Ich weiß eigentlich gar nicht, ob ich zur Universität gehen oder gleich einen Beruf ergreifen soll – ich kann mich nicht entschließen.« Der Lehrer fragt: »Ist es eine finanzielle Frage?« Dadurch »programmiert« er den Schüler, über Geld zu sprechen. Die entscheidenden Probleme können ganz andere sein: zum Beispiel Unsicherheit darüber, ob er klug genug für die Universität ist; die Abneigung, eine Freundin zurückzulassen; das Unvermögen, sich für ein Hauptstudienfach zu entscheiden, Langeweile in der Schule; der Wunsch, einer unglücklichen Beziehung zu den Eltern zu entkommen usw. Fragen lassen dem Antwortenden nicht die Freiheit zu ergründen und/oder mitzuteilen, wo sein eigentliches Problem liegt. Sie begrenzen und schränken ein. Der Fragesteller nimmt die Leitung der Diskussion in die Hand, er versetzt sein Gegenüber nicht in die Lage, die Verantwortung für die Lösung des Problems zu übernehmen.

Warum die Sprache der Annahme so wichtig ist

Die Sprache der Nichtannahme teilt dem bedrängten Menschen oft mit, dass er sich ändern *muss,* sich *besser* ändern *würde* oder ändern *sollte.* Sie kann ihm auch vermitteln, dass sein Problem unwichtig ist oder mit ihm etwas nicht in Ordnung sein kann. Einige der Barrieren geben der betroffenen Person sogar das Gefühl, dass Ihnen ihr Problem völlig gleichgültig ist. Aufgrund dieser Wirkungen sind die zwölf Barrieren äußerst ineffektive Reaktionsweisen in einer hilfreichen Beziehung.

Warum aber ist die Sprache der Annahme effektiver? Wie teilt man Annahme und den Wunsch, einem anderen helfen zu wollen, mit? Wenn Sie die zwölf Barrieren vermeiden wollen, was für andere Arten des Reagierens gibt es?

Wenn jemand einen anderen so annimmt, wie er ist, trägt er entscheidend dazu bei, dass der andere sich entwickeln kann, zu konstruktiven Veränderungen fähig wird, Probleme lösen lernt und produktiver und kreativer werden kann. Es ist eines dieser einfachen, aber schönen Paradoxe des Lebens: Wenn ein Mensch fühlt, dass er von einem anderen wirklich akzeptiert wird, dann ist er frei, sich auf den Weg zu machen, und kann anfangen, darüber nachzudenken, wie er sich ändern will, wie er wachsen will, wie er anders werden kann, wie er mehr von dem werden könnte, was zu sein er fähig ist.

Annahme ist wie der fruchtbare Boden, der es dem winzigen Samenkorn erlaubt, sich zu der Pflanze zu entwickeln, die es werden kann. Der Boden ermöglicht dem Samenkorn lediglich, zur Pflanze zu werden. Er setzt seine Fähigkeit zum Wachsen frei, doch diese Fähigkeit trägt das Samenkorn in sich selbst. Genau wie das Samenkorn trägt ein junger Mensch die Fähigkeit zur Entwicklung vollständig in sich. Annahme ist wie der Boden – sie ermöglicht dem jungen Menschen lediglich, sein Potenzial auszuschöpfen.

Warum beeinflusst die Annahme Erwachsener Kinder und junge Menschen so positiv? Das wird nicht immer verstanden. Die meisten Eltern und Lehrer sind in dem Glauben erzogen worden, dass ein Kind sich nicht verändern wird, wenn man es akzeptiert, und *dass man ihm am besten* hilft, in Zukunft etwas Besseres zu werden, indem man ihm sagt, was man jetzt an ihm *nicht* annimmt. Daher verlassen sich so viele Erwachsene weitgehend auf die Sprache der Nichtannahme. Sie glauben, das sei der beste Weg, jungen Menschen zu helfen. Welche negativen Folgen eine solche Einstellung verursachen kann, wird in den Worten eines 13-jährigen Mädchens deutlich, das gegen die Werte und Maßstäbe der Erwachsenen zu rebellieren beginnt:

Sie sagen mir so oft, wie schlecht ich bin und wie blöd meine Ideen sind und warum man mir nicht trauen kann, dass ich mehr von den Dingen anstelle, die ihnen nicht gefallen. Wenn sie schon denken, dass ich schlecht und dumm bin, dann kann ich ebenso gut so weitermachen.

Das aufgeweckte Mädchen war klug genug, um das alte Sprichwort zu verstehen: »Sag einem Kind oft genug, wie schlecht es ist, und es wird schlecht werden.« Junge Menschen werden oft das, was Erwachsene ihnen einreden – Tag für Tag.

Die Sprache der Annahme regt Kinder dazu an, ihre Gefühle und Probleme mitzuteilen. Therapeuten und Schulpsychologen haben gezeigt, wie wichtig solche Annahme sein kann. Wie oft hört man Leute sagen, sie hätten sich bei Beratungen oder in der Therapie vollkommen frei vom Urteil des Psychologen gefühlt. Sie konnten ihm das Schlimmste über sich erzählen; sie fühlten, ihr Berater würde sie annehmen, gleichgültig, was sie sagten oder fühlten. Eine derartige Annahme ist eines der wichtigsten Elemente für die Entwicklung. Umgekehrt wissen wir auch, dass Nichtannahme Menschen verschließt, in ihnen Abwehr hervorruft, Unbehagen und Angst auslöst, sie daran hindert zu sprechen oder einen Blick auf sich selbst zu werfen. Professionelle Therapeuten sind in der Lage, bedrängten Personen dabei zu helfen, sich zu ändern und über sich hinauszuwachsen – und ein Teil ihres Erfolgsgeheimnisses liegt darin begründet, dass innerhalb ihrer Beziehung zu diesen Menschen keine Nichtannahme existiert und dass sie die Sprache der Annahme so gut beherrschen, dass ihr Gegenüber sich ehrlich angenommen fühlt.

Bei der Arbeit mit Lehrern in unseren Kursen haben wir gezeigt, dass auch sie die von Therapeuten angewendeten Fähigkeiten lernen können. Wenn Pädagogen durch ihre Worte dem Schüler das Gefühl der Annahme geben, sind sie im Besitz eines Instruments, das für einige Überraschungen sorgt. Lehrer können einem Kind lernen helfen, sich selbst zu akzeptieren und ein Gefühl seines eigenen Wertes zu erlangen. Sie können seine Entwicklung aufgrund der vorhandenen Anlagen überaus fördern. Sie können seine Schritte fort von Abhängigkeit und hin zur Unabhängigkeit und Selbstbestimmung beschleunigen. Sie können ihm helfen, selbst die Probleme lösen zu lernen, die das Leben unvermeidlich mit sich bringt, und sie können ihm die Kraft geben, auf konstruktive Weise mit den üblichen Enttäuschungen und Schmerzen der Kindheit und Jugend fertigzuwerden.

Einen anderen anzunehmen, »wie er ist«, ist ein echter Akt der Liebe; sich angenommen zu fühlen heißt, sich geliebt zu fühlen. In der Psychologie haben wir erst angefangen, die ungeheure Macht dieses Gefühls zu erkennen: Liebe kann geistiges und körperliches

Wachstum fördern und ist wahrscheinlich die wirkungsvollste therapeutische Kraft zur Heilung psychischer und physischer Schäden, die wir kennen.

Dafür sind spezifische Fähigkeiten erforderlich. Dennoch halten viele Annahme nur für eine passive Angelegenheit – einen statischen Geisteszustand, eine innere Gefühlshaltung. Es ist wahr, Annahme entspringt im Inneren. Um aber eine wirkungsvolle Kraft für andere zu sein, muss sie *aktiv* mitgeteilt oder demonstriert werden, bis der andere sicher ist, angenommen zu sein. Therapeuten verbringen Jahre damit, diese spezifischen Fähigkeiten dank bestimmter Methoden zu erlernen. Zuerst aber lernen sie, dass das, *was sie sagen,* entscheidend für eine erfolgreiche Therapie ist.

Wir möchten noch einmal betonen: Ein Gespräch kann heilen und konstruktive Veränderungen fördern. Aber es muss die richtige Art von Gespräch sein.

Wie Lehrer mit den Schülern sprechen, bestimmt, ob sie helfen oder destruktiv sind. Lehrkräfte, die erfolgreich sein wollen, müssen ebenso wie Therapeuten in ihrer Ausbildung lernen, auf welche Weise sie Annahme mitteilen können. Sie müssen spezifische Kommunikationsfähigkeiten erwerben.

In unseren Kursen fragen die Lehrer skeptisch: »Ist es für einen, der wie ich nicht ausgebildet ist, möglich, die Fähigkeiten eines Therapeuten zu erlernen?« Vor zehn Jahren hätten wir Nein gesagt. Inzwischen aber haben wir in unseren Kursen gezeigt, dass es für die meisten möglich ist. Wir wissen, dass nicht nur psychologische Kenntnisse oder intellektuelles Verständnis einen guten Berater ausmachen. Es geht in erster Linie darum zu lernen, *wie* man auf konstruktive Weise mit Menschen spricht.

Psychologen nennen das »therapeutisches Gespräch«, weil bestimmte Arten von Botschaften einen therapeutischen oder heilsamen Effekt auf Menschen haben. Sie ermutigen Personen zum Sprechen, helfen ihnen, ihren Gefühlen Ausdruck zu geben, fördern die Entwicklung von Selbstbewusstsein und Ich-Stärke, reduzieren Drohung oder Strafe und ermöglichen so eine konstruktive Veränderung.

Andere Arten von Gesprächen sind nicht therapeutisch oder destruktiv. Diese Botschaften haben die Tendenz, Menschen das Gefühl der Verurteilung oder Schuld zu geben; sie verhindern, dass Gefühle offen gezeigt und verbalisiert werden, bedrohen den Menschen, fördern Minderwertigkeitskomplexe oder nur schwach ausgebildetes Selbstbewusstsein, blockieren jede Entwicklung und konstruktive Veränderung und drängen ihr Gegenüber immer mehr in eine Verteidigungsrolle. Während nur eine sehr kleine Anzahl von Lehrern intuitiv über diese therapeutischen Fähigkeiten verfügt, man also von »Naturtalenten« sprechen kann, müssen die meisten Pädagogen zuerst ihre destruktiven Methoden der Kommunikation vergessen und dann konstruktive Methoden lernen.

Konstruktive Methoden, um Schülern mit Problemen zu helfen

Lehrer, wie jeder andere Mensch auch, können nur sehr schwer verstehen und akzeptieren, dass man einem anderen nur durch Zuhören helfen kann. Schweigen ist Gold, sagt die alte Redensart. Psychologen verwenden viel Zeit nur aufs Zuhören. Sie haben aus Erfahrung gelernt, dass Zuhören eines ihrer wirksamsten Instrumente ist – es *verführt* einen bedrängten Menschen, über das zu sprechen, was ihn belastet; es hat kathartische Wirkung, erleichtert *Entspannung und Erlösung* von bedrückenden Gefühlen; es *überlässt die Initiative der Person,* die das Problem besitzt; es fördert *eine Untersuchung tieferer und grundlegenderer Gefühle;* es zeigt ihr die *Bereitwilligkeit zu helfen* und es teilt ihr mit, *angenommen zu sein, wie sie ist, mit all ihren Bedrängnissen.*

Ist es ein Wunder, dass Zuhören als das wertvollste Instrument von Psychologen angesehen wird? Und doch glauben die meisten

Menschen, die Arbeit eines Therapeuten bestünde in erster Linie darin, *dem bedrängten Menschen etwas zu sagen* – mit ihm zu sprechen, ihm Botschaften zu senden, ihm Ratschläge, Fakten, Warnungen, Sympathie, Einsichten, Lösungen zu geben, ihm Bewertungen und Urteile zu bieten. Lehrer sind überrascht und ungläubig, wenn sie in unseren Kursen lernen, dass die beste Art, einem Menschen mit Problemen zu helfen, darin besteht, *nur für ihn da zu sein.* Erfahrenen Psychologen zufolge kommt es in erster Linie darauf an, die betreffende Person zum Reden zu bringen und sich dann zuhörend »herauszuhalten«.

Im Folgenden werden Ihnen *vier verschiedene Methoden gezeigt, Schülern zuzuhören,* um ihnen erfolgreicher bei der Bewältigung von Problemen helfen zu können.

Passives Zuhören (Schweigen)

Nichts zu sagen vermittelt tatsächlich Annahme. Schweigen – »passives Zuhören« – ist eine wirksame, nicht verbale Botschaft, die einem Schüler das Gefühl geben kann, wirklich angenommen zu sein, und ihn ermutigt, Sie immer mehr an seinem Leben teilnehmen zu lassen. Ein Schüler kann mit Ihnen nicht über das reden, was ihn bedrückt, wenn Sie das Sprechen übernehmen.

Bestätigende Reaktionen, die funktionieren

Während vorübergehendes Schweigen gewiss die Kommunikationsbarrieren vermeidet, die dem Schüler so oft vermitteln, dass seine Botschaften inakzeptabel sind, so beweist es ihm doch nicht mit Sicherheit, dass Sie ihm *wirklich* Aufmerksamkeit zollen. Es hilft daher, besonders in den Pausen, sich nicht verbaler und verbaler Hinweise zu bedienen, um zu zeigen, dass Sie tatsächlich gut auf ihn eingestimmt sind. Wir nennen diese Hinweise »bestätigende Reaktionen«. Nicken, sich vorbeugen, lächeln, die Stirn runzeln und andere körperliche Bewegungen lassen, richtig angewandt, den Schüler wissen, dass Sie wirklich zuhören. Verbale Hinweise wie »Oh« oder »Aha« sagen dem Schüler auch, dass Sie noch aufmerksam sind, dass Sie Interesse haben und akzeptieren, dass er fortfährt.

Was Türöffner ausrichten können

Gelegentlich brauchen Schüler zusätzliche Ermutigung, mehr zu erzählen, tiefer zu gehen oder überhaupt anzufangen. Solche Botschaften werden »Türöffner« genannt. Zum Beispiel:

»Möchtest du mehr darüber erzählen?«
»Das klingt, als berührt dich das sehr stark.«
»Es interessiert mich, was du zu sagen hast.«
»Möchtest du darüber sprechen?«

Achten Sie darauf, dass diese Botschaften offene Fragen sind und keine Bewertung dessen, was gesagt wird, enthalten.

Eine Lehrerin unseres Kurses beschreibt ihren ersten Versuch, diese Techniken bei einer Schülerin auszuprobieren:

Eine meiner Schülerinnen hielt sich, wann immer sich Gelegenheit bot, in meiner Nähe auf, als ob sie etwas sagen wollte, aber nicht wusste, wie sie anfangen sollte. Gestern beschloss ich, es mit einem Türöffner zu versuchen und abzuwarten, was geschehen würde. Ich fragte sie: »Gibt es etwas, über das du mit mir sprechen möchtest?« Zuerst stotterte sie herum und wusste nicht, wo sie anfangen sollte, und ich biss mir auf die Zunge und hielt mich an »Hmhm« und »Aha«. Endlich taute sie auf und redete zehn Minuten lang ohne Punkt und ohne Komma. Ich hatte keine Ahnung, dass sie so viel mit sich herumschleppte. Es fiel mir wirklich sehr schwer, keine Fragen zu stellen. Nach diesem kurzen Gespräch von zehn Minuten schien ihr sehr viel besser zumute zu sein, und ich fühlte mich ihr richtig nahe. Am Ende drückte sie mir die Hand. Es ist unglaublich, wie sehr es ihr half, dass ich einfach nur zuhörte.

Die Erfahrung dieser Lehrerin beim Zuhören ist nicht einmalig. Ganz generell erleben Pädagogen: 1. Schwierigkeiten beim Verzicht auf die Verwendung von Barrieren, 2. Überraschung über die Probleme, die Schüler haben, 3. ein Gefühl der Erleichterung, wenn der Schüler ungehindert durch Lenkung von außen zu sprechen beginnt, und 4. ein Gefühl der Nähe zu dem Schüler.

Man weiß nie, wohin ein Dialog führen kann, wenn, wie folgt, anstelle von Barrieren die förderlichen Techniken des Schweigens und der Bestätigung zur Anwendung kommen:

Schüler: Ich werde die Zeitung nie herausbringen. Ich glaube, ich gebe auf.
Lehrer: (Schweigen, nickt)
Schüler: Ich bin seit drei Uhr nachmittags hier. Alle anderen sind abgehauen. Sie denken anscheinend, weil ich der Chefredakteur bin, muss ich die ganze Arbeit tun. Solche Faulpelze.
Lehrer: Hmhm.
Schüler: Ellen hat nicht fertig getippt, und Anna muss noch die Layouts machen – und sehen Sie sich nur das Geschmier dort drüben an, das Thomas die Sportseite nennt.
Lehrer: (nickt)
Schüler: (Pause) Das Problem ist: Jeder wartet darauf, dass irgendein anderer was tut. Wir brauchen eine Liste der Dinge, die getan werden müssen, und die Reihenfolge, in der sie getan werden müssen. Auf diese Weise kann jeder sehen, welche Arbeit als nächste dran ist und wer sie zu erledigen hat.
Lehrer: Aha.
Schüler: Ich kann die Liste heute Abend zu Hause schreiben.
Lehrer: Gut.

Die Notwendigkeit aktiven Zuhörens

Schweigen, bestätigende Reaktionen und Türöffner haben Grenzen; sie schaffen wenig Wechselwirkung – der Sprechende leistet die ganze Arbeit. Obendrein weiß der Sprechende nicht, ob der Lehrer *versteht;* er weiß nur, dass er zuhört. Derartige Reaktionen regen oft nicht dazu an, die eigentlichen Ursachen des Konflikts herauszufinden und zu beseitigen. Der Schüler weiß vielleicht auch nicht, ob die Lehrkraft ihn und seine Botschaft *annimmt.* Er weiß nur, dass sie auf ihn eingestimmt ist. Kurz gesagt, diese drei Arten des Zuhörens sind verhältnismäßig passiv. Solch eine inaktive Rolle gleicht sehr einem Beobachter, der zusieht, welches Drama sich vor ihm entfaltet – die Schauspieler wissen, dass Sie anwesend sind und anscheinend gewillt sind, ihnen zuzuhören, doch das ist alles, was sie sicher wissen.

Effektives Zuhören erfordert weitaus mehr Wechselwirkung und den Beweis, dass jemand nicht nur zugehört, sondern auch genau verstanden hat. Die wohl wichtigste Art des Zuhörens nennen wir »aktives Zuhören«. Um die Bedeutung des aktiven Zuhörens ganz zu würdigen, wollen wir Sie im nächsten Abschnitt mit einem Modell oder Diagramm bekannt machen, einer kurzen Einführung in die relativ unbekannte Theorie der menschlichen Kommunikation – das, was geschieht, wenn Person A mit Person B spricht.

Um was es bei der Kommunikation wirklich geht

Warum sprechen Menschen? Was veranlasst sie, sich mitteilen zu wollen? Der Kommunikationsprozess beginnt, wenn ein Mensch mit einem anderen spricht, weil er ein Bedürfnis hat – es geht etwas in ihm vor. Der Mensch lebt sein Leben in gewissem Sinne gefangen in seinem physischen Selbst, innerhalb seiner eigenen »Haut«.

Das Sprechen ist ein Versuch, der Außenwelt mitzuteilen, was innen vorgeht. In Abbildung 11 repräsentiert der Kreis einen Menschen – nennen wir ihn Alexander. Seine Haut ist die Peripherie des Kreises.

Abbildung 11

Links im Diagramm arbeitet Alexander im Zustand relativen Gleichgewichts zufrieden an seiner Aufgabe, die ihm Spaß macht – er hat keine unbefriedigten Bedürfnisse. Gegen Mittag beginnt Alexander leichten Hunger zu spüren, repräsentiert im Diagramm rechts. Weil ihm die Arbeit Spaß macht, ignoriert er seinen Hunger oder ist sich dessen vielleicht nicht einmal bewusst. Sein Körper jedoch beginnt vielleicht, nicht verbale Botschaften in Form von Zappelei und unruhigem Umherblicken auszusenden.

In Abbildung 12 verspürt Alexander großen Hunger, sodass er in einem Zustand sehr labilen Gleichgewichts ist. Ein solcher Zustand motiviert ihn dann, sein Essensbedürfnis irgendwie zu befriedigen. Das ist der Augenblick, in dem er sich vielleicht bewusster, verbaler Kommunikation bedient.

Aber wie? Können wir mitteilen, was in unserem Inneren tatsächlich vor sich geht – das heißt Hunger, Müdigkeit, Frustration oder andere derartige Gefühle? Das sind physiologische Vorgänge oder körperliche Verfassungen, die nicht mitgeteilt werden können – sie müssen buchstäblich innerhalb unserer Haut bleiben. Um mitzuteilen, wie wir uns innerlich fühlen oder was uns belästigt, müssen wir einen Code wählen – was Kommunikationstheoretiker den Vorgang des »Verschlüsselns« nennen. Alle verbalen Botschaften sind Codes – Sprachäquivalente für unsere Gefühle, nicht die Gefühle selbst.

Die verstärkte Welle im Kreis (Abbildung 12) zeigt das große Hungergefühl von Alexander (sein labiles Gleichgewicht), der Kasten den Vorgang des Verschlüsselns. Der Code oder die Botschaft, die Alexander sendet (»Ich habe Hunger«), ist als Pfeil dargestellt, der auf den Empfänger (oder Zuhörer) weist.

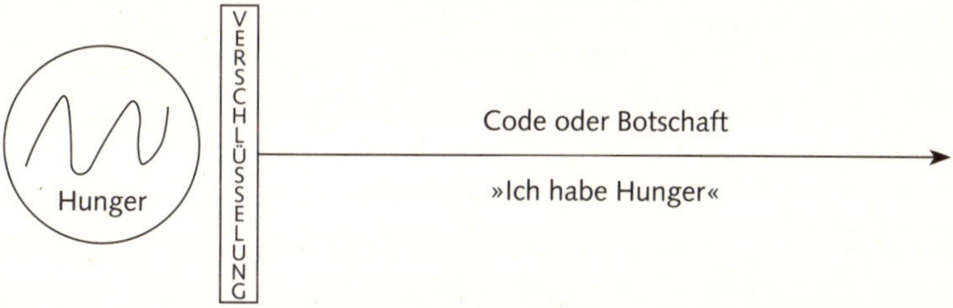

Abbildung 12

Manchmal sind verschlüsselte Botschaften ziemlich klar. »Ich habe Hunger« ist leicht zu verstehen. Leider sind leicht verständliche Botschaften relativ selten. Die meisten, die Menschen senden, sind auf besondere Art verschlüsselt. Das bedeutet, dass der Inhalt der Botschaft mit einem Gefühl gekoppelt ist, das selbst nicht klar ausgedrückt werden kann. Anstatt zu sagen »Ich habe Hunger«, wird Alexander wahrscheinlich fragen: »Wann essen wir?« oder »Wie spät ist es?« Wörtlich genommen können diese verschlüsselten Botschaften irreführend sein. Der Zuhörer könnte »Wie spät ist es?« beispielsweise lediglich als Frage nach der Uhrzeit interpretieren. Eine Lehrkraft, die »Du kannst doch selbst die Uhr lesen« entgegnet, hat die Botschaft völlig missverstanden.

Hier einige Beispiele für Schülerbotschaften, die vom Lehrer nicht leicht verstanden werden, weil sie auf besondere Weise verschlüsselt sind – das heißt der Code drückt nicht klar aus, was im Schüler vorgeht.

Der Schüler fühlt:	Seine verschlüsselte Botschaft:
1. Angst vor der bevorstehenden Prüfung.	»Warum müssen wir all das Zeug über die Verfassung lernen?«
2. Furcht, nicht für die Baseballmannschaft ausgewählt zu werden.	»Muss ich heute am Sport teilnehmen?«
3. Überforderung durch den Umfang der aufgegebenen Hausaufgaben.	»Das Zeug ist zu schwer – ich kann es einfach nicht verstehen.«
4. Angst, zurückgestoßen und nicht geliebt zu werden.	»Julia ist eine eingebildete Ziege.«
5. Enttäuschung über das Resultat einer gestellten Aufgabe im Kunstunterricht.	»Ich hasse Kunst – das ist was für Mädchen.«

Nur auf den Code zu reagieren führt dazu, dass die wirkliche Bedeutung der Botschaft missverstanden wird. Dies wiederum bedeutet in der Regel, dass der Lehrer dabei versagt, dem Schüler zu helfen, weil er niemals erfährt, was ihn bedrückt. Der Schüler dagegen fühlt sich unverstanden, was zu einer weiteren Verschlechterung der Lehrer-Schüler-Beziehung führt.

Wie man aktives Zuhören lernt

Solche Kommunikationspannen können durch aktives Zuhören verhindert werden. Beim aktiven Zuhören gibt es im Gegensatz zu passivem Zuhören (Schweigen) eine Wechselwirkung zwischen Lehrkraft und Lernendem. Es liefert dem Schüler auch den Beweis (Rückmeldung), dass der Lehrer ihn verstanden hat. Eine typische Klassenzimmersituation soll den Unterschied zwischen aktivem und passivem Zuhören verdeutlichen.

Einer Ihrer Schüler macht sich große Sorgen wegen einer Arbeit. Er ist mit der Lektüre weit zurück und sieht ein, dass noch viel Aufwand notwendig ist, um aufzuholen. Er hat ein Problem und möchte versuchen, es zu lösen.

Natürlich kann er dem Lehrer seine innerliche Angst nicht zeigen, er drückt sich also »verschlüsselt« aus. Angenommen, er wählt (wie in Abbildung 13) den Code: »Werden wir schon bald eine Arbeit schreiben?«

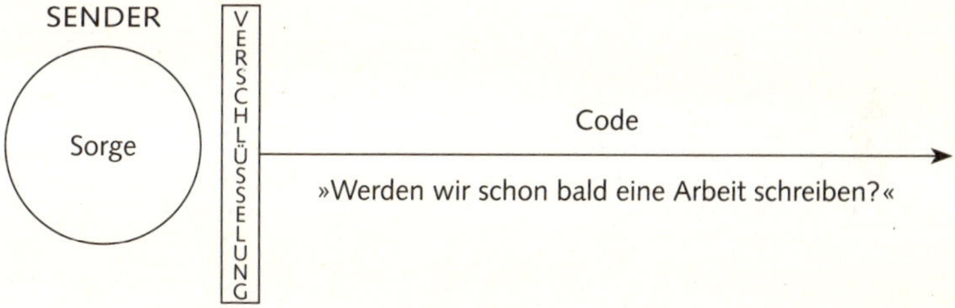

Abbildung 13

Wenn Sie diese Botschaft erhalten, müssen Sie entschlüsseln können, was in ihm vorgeht (dargestellt in Abbildung 14). Sie können das eigentliche Problem nur vermuten, da Sie nicht in ihn hineinsehen können. Eine richtige Vermutung wäre: »Er macht sich Sorgen.« Falsch wäre dagegen: »Er möchte bald eine Arbeit schreiben« oder »Er hat vergessen, dass die Arbeit für nächste Woche angesetzt wurde«.

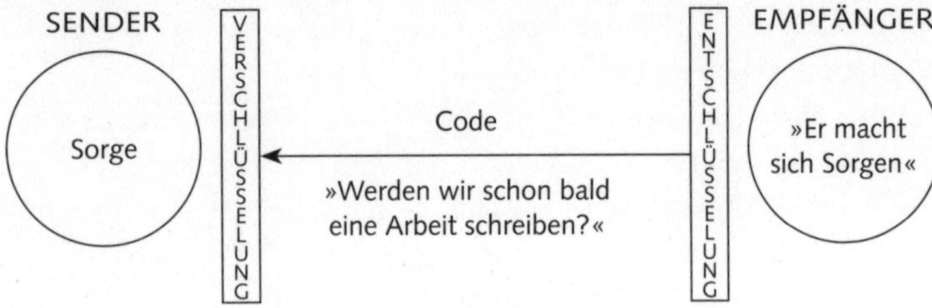

Abbildung 14

Obwohl der Entschlüsselungsversuch im Kommunikationsprozess entscheidend ist, *wissen Sie nicht, ob Sie richtig oder falsch entschlüsseln.* Ebenso wichtig ist, *dass der Schüler nicht* wissen kann, ob Sie seine Botschaft korrekt oder nicht korrekt entschlüsselt haben. *Er kann Ihre Gedanken ebenso wenig lesen wie Sie die seinen.*

Nehmen wir daher an, Sie beschließen, die Genauigkeit Ihres Entschlüsselungsversuchs zu überprüfen, bevor Sie auf seine Botschaft reagieren. Dazu brauchen Sie nur die Resultate Ihres Entschlüsselns *rückzumelden* (siehe Abbildung 15). Sie können zum Beispiel sagen: »Es macht dir Sorgen, bald geprüft zu werden.« Wenn der Schüler diese Rückmeldung hört, wird er wahrscheinlich sagen: »Das stimmt.« Er weiß jetzt, Sie haben ihn verstanden, und Sie wissen es auch.

Diesen Vorgang des Rückmeldens nennen wir »aktives Zuhören«. Dieser letzte Schritt vervollständigt einen effektiven *Kommunikationsprozess.*

Nehmen wir jedoch an, der Schüler macht sich Sorgen, weil er fürchtet, die Arbeit wird ein Aufsatz sein, bei dem er gewöhnlich schlecht abschneidet.

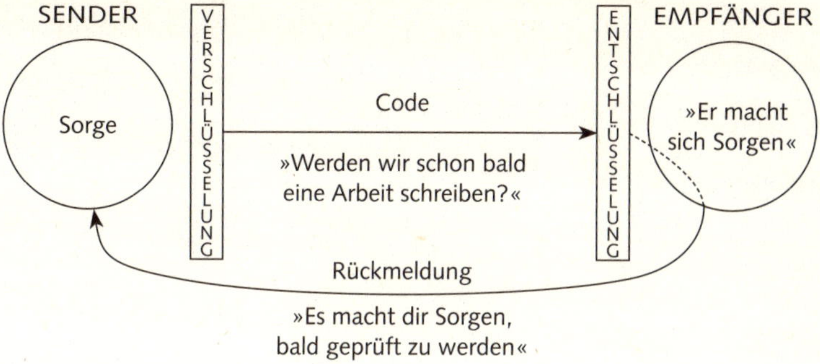

Abbildung 15

In diesem Fall wäre Ihr Entschlüsseln am Ziel vorbeigegangen. Ihre Rückmeldung sagte dem Schüler, dass Sie falsch vermuteten. Er wird Sie wahrscheinlich korrigieren, und die Unterhaltung mag etwa so verlaufen:

Schüler: Nein, ich weiß nur nicht, was für eine Arbeit Sie schreiben lassen werden. Und ich fürchte, dass es ein Aufsatz sein wird.
Lehrer: Ach, du machst dir Sorgen über die *Art* der Arbeit, die wir schreiben werden.
Schüler: Ja, Aufsätze liegen mir nicht.
Lehrer: Aha, du meinst, dass du in objektiven Prüfungen besser bist.
Schüler: Ja, Aufsätze verhaue ich immer.
Lehrer: Es wird ein Multiple-Choice-Test sein.
Schüler: Oh … prima! Danke.

In diesem Fall traf die erste Rückmeldung des Lehrers nicht ins Ziel. Der Schüler wusste daher, dass er seine Botschaft wiederholen oder neu verschlüsseln musste, bis er endlich verstanden wurde.

Es folgen einige zusätzliche Beispiele für effektives aktives Zuhören anhand von Kindern und Jugendlichen, die Hinweise und

Stichworte geben, die darauf schließen lassen, dass sie ein Problem haben:

1.

Schüler: Sarah hat mein Bild zerrissen. (Schluchzt)
Lehrer: Du bist enttäuscht, dass dein Bild kaputt ist, und wütend auf Sarah, weil sie es zerrissen hat.
Schüler: Ja. Jetzt muss ich von vorn anfangen!

2.

Schüler: Ich weiß nicht, welchen Kurs ich nächstes Schuljahr wählen soll. Ich würde gern Werken nehmen, aber meine Mutter will, dass ich Algebra belege.
Lehrer: Du fühlst dich hin- und hergerissen zwischen deinem eigenen Wunsch und dem, was deine Mutter für richtig hält.
Schüler: Ja.

3.

Schüler: Max schummelt andauernd. Ich will nicht mehr mit ihm spielen.
Lehrer: Die Art und Weise, wie Max mit dir umgeht, geht dir so sehr gegen den Strich, dass du nicht mehr mit ihm spielen möchtest.
Schüler: Ja, ich spiele stattdessen lieber mit Benjamin und David.

4.

Schüler: Diese Schule ist nicht so gut wie meine alte Schule. Die Kinder dort waren viel netter.
Lehrer: Du fühlst dich ausgeschlossen.
Schüler: Genau.

5.

Schüler: Es regnet die ganze Zeit! Wenn es regnet, können wir nie etwas Lustiges machen, wie Schaukeln oder am Klettergerüst spielen.

Lehrer: Dir ist langweilig, wenn du drinnen bleiben musst.
Schüler: Ja, ich wünschte, wir könnten rausgehen.

In jedem dieser Beispiele hat die Lehrkraft die Botschaft fehlerfrei entschlüsselt und dadurch erfahren, was in dem Schüler vorgeht. In jedem dieser Fälle hat sie die Richtigkeit ihrer Entschlüsselung überprüft, indem sie eine Verifizierung hervorgerufen hat – die positive Antwort des Schülers wie etwa »Ja« oder »Genau«. Beachten Sie bitte auch, dass sich der Lehrer in jedem einzelnen Fall darauf konzentriert hat, wie sich das Kind in einer äußerlichen Situation fühlt und nicht auf die äußerliche Situation selbst, die Verantwortung also beim Schüler und nicht in der Außenwelt gesucht hat. Nehmen Sie zum Beispiel die Situation, in der der Schüler sagt: »Max schummelt andauernd. Ich will nicht mehr mit ihm spielen.« Hier konzentriert sich der Pädagoge darauf, wie sich der Sender in dieser Situation fühlt. Er richtet seine Aufmerksamkeit nicht auf Max, indem er etwa sagt: »Max ist ziemlich gemein, was?«

Es folgt als Beispiel für effektives Zuhören ein Dialog zwischen einem Jungen in der achten Klasse und seinem Rektor. Beachten Sie, wie der Rektor durch aktives Zuhören dem Schüler hilft, von dem zweitrangigen Problem – den Schwierigkeiten mit seinem Lehrer – auf das eigentliche Problem – die Sorge um seinen älteren Bruder – zu kommen.

Schüler: (zögernd) Ich … ich denke, ich möchte vielleicht mit Ihnen über Herrn Larsen sprechen.
Rektor: Das klingt, als ob du dir nicht mehr sicher bist und es dir anders überlegt hast.
Schüler: Na, wenn er jemals dahinterkommt, dass ich mit Ihnen über ihn gesprochen habe, würde er sehr böse werden.
Rektor: Aha. Du hast Angst davor, was Herr Larsen tun würde, wenn ich ihm von dieser Unterhaltung erzählte.

Schüler: Ja.
Rektor: Ich werde niemandem etwas von dem erzählen, was du mir hier sagst, es sei denn, du bist damit einverstanden.
Schüler: (erleichtert) Das ist nett, denn ich habe schon genug Schwierigkeiten mit ihm. Wissen Sie, was er getan hat? Sehen Sie sich dieses Hemd an. (Zeigt auf sein Hemd, an dem ein Knopf fehlt und ein Riss am Knopfloch zu sehen ist.) Er packte mich und riss es kaputt. Meine Mutter wird sauer sein!
Rektor: Du hast Angst, dass sie sehr böse mit dir sein wird.
Schüler: Ja, sie schimpft immer mit mir, dass ich meine Sachen kaputt oder schmutzig mache. Sie wird mir nicht glauben, dass Larsen, oh, Herr Larsen, das zerrissen hat. Sie wird sagen: »Na, warum sollte ein Lehrer das wohl tun?« Ich werde ihr dann von dem Streit mit Kevin erzählen müssen, und dann wird sie sagen: »Du tust nichts anderes als dich prügeln und streiten.« Sie wird gar nicht mehr damit aufhören. Immer wieder: »Du prügelst und streitest dich nur.«
Rektor: Du hast es gründlich satt, das zu hören.
Schüler: (nickt) Es war nicht so schlimm, bis Alex aus dem Internat zurückkam. Kennen Sie Alex? Der ist früher auch einmal hier zur Schule gegangen – bevor Sie kamen. Na, er kehrte jedenfalls zurück, zog in mein Zimmer, nahm mein ganzes Zeug und stopfte es in einen Karton im Schrank. Sie wissen schon, er riss alles an sich. Er denkt, er ist der Herr, so wie er meine Schwester und mich herumkommandiert, und Mama tut nichts dagegen. Sie sagt: »Irgendjemand muss euch beide auf Vordermann bringen, wenn euer Vater nicht hier ist.« Es ist ja nicht meine Schuld, dass Vater abgehauen ist.
Rektor: Du hast das Gefühl, alles hat sich nach Alex' Rückkehr zum Nachteil verändert. Du bist nicht mehr ungestört und wirst mehr herumkommandiert.
Schüler: Genau. Mir geht es nicht so sehr ums Zimmer. Alex muss ja irgendwo bleiben, während er sich nach einem Job umsieht. Aber es ist bestimmt nicht mehr wie früher.

Rektor: Seit Alex' Rückkehr ist es anders.

Schüler: Nein, ich meine als Vater da war und mit Alex alles in Ordnung. (Pause) Ich glaube, Alex nimmt irgendwas.

Rektor: Du meinst Drogen?

Schüler: Ja, manchmal ist er wirklich in Ordnung, wissen Sie, so wie früher. Manchmal aber ist er irgendwie wild, und dann geht er fort und bleibt lange Zeit weg, und wenn er zurückkommt, ist er ganz komisch, verstehen Sie, irgendwie nicht ganz da.

Rektor: Du hast irgendwelche Beweise, die dich misstrauisch machen.

Schüler: Ja. Zum Beispiel ist das Geld, das ich mir für einen Fußball gespart habe, verschwunden.

Rektor: Du glaubst, Alex hat es genommen, um sich Drogen zu kaufen.

Schüler: Es geht mir gar nicht um das Geld. Mein alter Fußball ist noch ganz gut.

Rektor: Du machst dir mehr Sorgen um Alex.

Schüler: Was soll ich denn machen? (Fängt an zu weinen.) Er wird erwischt werden oder nimmt eine Überdosis oder so was.

Rektor: Du hast Angst davor, was Alex passieren kann.

Schüler: Ja, und Mama kann ich nichts davon erzählen. Sie dreht durch und rennt zur Polizei oder so, und das macht es nur noch schlimmer.

Rektor: Du bist ziemlich sicher, dass deine Mutter nicht damit fertigwerden würde.

Schüler: Sie könnte es nicht. Haben Sie die Telefonnummer von dem Mann von der Drogenberatung, der hier in der Klasse gesprochen hat?

Rektor: Du meinst, er würde dir helfen oder dir sagen, wie man Alex helfen kann?

Schüler: Ja, aber ich habe den Zettel mit seiner Adresse verloren.

Rektor: Ich gebe dir einen neuen (nimmt ihn aus dem Ordner).

Schüler: Danke. Haben Sie ein Tempotaschentuch für mich? (Putzt

sich die Nase und trocknet sich die Augen) Ich glaube, ich muss jetzt gehen. (Macht sich auf den Weg.) Oh, wegen des Hemdes, Herr Larsen hat es nicht absichtlich zerrissen. Er hat nur Kevin und mich festgehalten, um die Prügelei zu beenden, und ich habe versucht, mich loszureißen, und dabei ging das Hemd kaputt.
Rektor: Du bist eigentlich gar nicht böse auf Herrn Larsen – du hast das Gefühl, es war nicht seine Schuld.
Schüler: Nein, er ist in Ordnung. Ich muss jetzt gehen. Hm – Sie werden nichts sagen?
Rektor: Nicht, wenn du nicht einverstanden bist.
Schüler: Gut. Bis morgen.

Der Rektor gab an, dass die ganze Unterhaltung keine zehn Minuten dauerte. Während es nicht ungewöhnlich ist, dass aktives Zuhören ein Gespräch von Anfang bis Ende so leicht fließen lässt wie dieses, müssen Lehrer begreifen, dass manche Gespräche auch in Vieldeutigkeit und scheinbarer Verwirrung enden können, wie das folgende.

Schülerin: Wissen Sie, ich mache im kommenden Frühling das Abitur und möchte es eigentlich gar nicht. Es wäre fabelhaft, wenn ich noch ein Jahr länger hier zur Schule gehen könnte.
Lehrer: Es gefällt dir nicht, dass die Schule zu Ende geht.
Schülerin: Ja. Es ist weniger, dass ich so gern zur Schule gehe, ich weiß bloß nicht, was ich im nächsten Jahr tun soll, wissen Sie? Ich möchte an der Universität weitermachen, aber das kostet viel Geld, und mein Vater kann sich das nicht leisten. Ich könnte einen Job annehmen, aber die, die ich kriegen kann, werden schlecht bezahlt. Die sind eigentlich nichts Richtiges.
Lehrer: Du bist ziemlich enttäuscht über die Möglichkeiten, die du dir nach dem Abitur ausrechnest.
Schülerin: Ja, das bin ich, es sei denn, ich ginge in die Stadt, wo mein Freund lebt, und besuchte wie er die Kunstakademie. Ich könnte

mit ihm zusammenleben, verstehen Sie. Wir könnten uns die Kosten für Wohnung, Essen und so teilen. (Pause) Das Problem ist nur, mein Vater würde mich erschlagen, wenn er dahinterkäme.

Lehrer: Du hast Angst davor, wie er reagieren würde, wenn er dahinterkommt, dass du mit deinem Freund zusammenlebst.

Schülerin: Oh, ich weiß, wie er reagieren würde. Er würde mich zurückholen. Da ist noch ein Problem. Mein Vater mag Peter, das ist mein Freund, nicht. Größtenteils liegt das daran, dass er lange Haare hat und ganz besessen von Musik und Kunst ist. Vater ist eher der herbe Typ, verstehen Sie?

Lehrer: Sie sind sehr verschieden.

Schülerin: Gar nicht mal so sehr. Unter seinem ganzen männlichen Gehabe ist Vater sehr lieb, ähnlich wie Peter … Ich glaube, sie sind sich in vieler Hinsicht ähnlich. Es ist nur, mein Vater hat sehr ausgeprägte Vorstellungen von dem, was ein Mann tun muss, um ein Kerl zu sein – zum Beispiel Fußball spielen, Bier trinken und Soldat werden. Ich glaube, er ist eigentlich ein Männlichkeitsfanatiker, denn er meint, Mädchen wären zu nichts fähig. Er sagt, Peter ist wie ein Mädchen, weil er nur malt und komponiert und so.

Lehrer: Er ist der Meinung, das sei nichts für Jungen?

Schülerin: Ja, das findet er. (Pause) Ich glaube, er wünschte sich einen Jungen.

Lehrer: Du glaubst, er war enttäuscht, dass du kein Junge warst.

Schülerin: Ja, er wünschte sich einen Jungen. Meine Mutter starb bei meiner Geburt, und meine Großmutter lebte bei uns, als ich klein war. Ich erinnere mich, dass er ihr sagte, es würde bestimmt leichter sein, mich großzuziehen, wenn ich ein Junge wäre. Ich glaube, dass er Peter deshalb nicht mag. Wenn ich ein Junge gewesen wäre, hätte er mich Fußball spielen gelehrt und hart zu sein wie er. Als ich anfing, mich zu verabreden, dachte er, ich würde mit solchen Burschen ausgehen, glaube ich. Aber das tat ich nie. Na ja, Peter ist der Einzige, mit dem ich gegangen bin, ernsthaft, wissen Sie. Einmal habe ich mich mit einem Jungen vom Fußballverein verabredet, weil ich dachte, es würde Vater glücklich machen, aber der Kerl war ungehobelt.

Lehrer: Das war kein schönes Erlebnis für dich.

Schülerin: Überhaupt nicht! Ich merkte, dass ich nicht mit Jungen ausgehen kann, um Vater eine Freude zu machen. Ich muss mit denen ausgehen, die mir gefallen, und wenn sie lange Haare und Eckzähne wie Dracula haben. Wissen Sie, in meiner Klasse ist ein Junge, der ist wirklich super. Mit dem würde ich sofort ausgehen, aber ich glaube, der hätte keinen Blick für mich übrig.

Lehrer: Du glaubst, bei ihm hättest du keine Chancen, hm?

Schülerin: Nicht, seit ich so zugenommen habe. Seit Peter fort ist, sitze ich nur zu Hause herum und esse, bis ich wie ein Ballon aussehe. Ich finde mich selbst ziemlich widerwärtig, scheine aber nichts dagegen tun zu können. Ich betrachte mich im Spiegel und ärgere mich so, dass ich rausgehe und etwas esse. Das ist idiotisch, nicht?

Lehrer: Du meinst, dir durch dein Verhalten zu schaden.

Schülerin: Ja, ich verstehe mich selbst nicht.

Dieses weitschweifige Gespräch verdeutlicht, dass aktives Zuhören keine klaren Resultate garantieren kann. Aber zumindest wurde ein Prozess in Gang gebracht, der der Schülerin emotionale Entspannung ermöglichte und ihre Ansicht bestärkte, der Lehrer sei jemand, mit dem sie sprechen könne.

Was für erfolgreiches aktives Zuhören erforderlich ist

Damit aktives Zuhören erfolgreich ist, müssen Lehrer über bestimmte Verhaltensregeln verfügen. Ohne sie werden Sie unaufrichtig, gönnerhaft oder manipulativ wirken, und selbst Ihr genaues aktives Zuhören wird den Kindern und Jugendlichen mechanisch, unnatürlich und hölzern erscheinen.

1. Der Pädagoge muss dem Schüler zutrauen, seine Probleme letzten Endes selbst lösen zu können. Finden Schüler nicht schnell eine Lösung, sind sie weitschweifig und klingen wenig überzeugend, wie im Beispiel oben, dann müssen Lehrer auf den *Prozess* vertrauen und daran denken, dass aktives Zuhören dazu da ist, um das Finden von Lösungen zu erleichtern – ein Prozess, der Tage, Wochen, ja Monate dauern kann.
2. Der Lehrer muss in der Lage sein, die von Schülern ausgedrückten Gefühle *ehrlich anzunehmen,* wie sehr sie sich auch von den Gefühlen unterscheiden mögen, die Schüler seiner Ansicht nach haben »sollten«.
3. Die Lehrkraft muss verstehen, dass sich Emotionen oft schnell ändern. Sie existieren nur für *den Augenblick*. Aktives Zuhören hilft dem Schüler, seine momentanen Gefühle zu zeigen, die sich ändern können. »Auch das wird vorübergehen« trifft auf die meisten menschlichen Gefühle zu.
4. Der Lehrer muss den Kindern bei ihren Problemen helfen *wollen* und sich *Zeit* dafür nehmen. In Kapitel 6 werden wir Anregungen geben, wie man Zeit organisiert, sodass Lehrer, die Schülern bei ihren Problemen helfen *wollen,* das auch *können,* ohne ihre eigenen Bedürfnisse zu vernachlässigen.
5. Pädagogen müssen jedem Schüler, der Sorgen hat, »nahe« sein und doch eine Distanz wahren. Das heißt, Lehrer müssen die Gefühle erleben, *als ob* es ihre eigenen wären, aber nicht zulassen, dass sie ihre eigenen *werden.*
6. Lehrer müssen verstehen, dass Schüler selten dazu fähig sind, andere sofort am wirklichen Problem teilhaben zu lassen. Aktives Zuhören hilft ihnen, ihre Situation zu klären, tiefer vorzudringen und sich von zweitrangigen Problemen zu entfernen. Pädagogen, die sich bei »heiklen« Problemen unbehaglich fühlen, sollen dieses Unbehagen zeigen. Sie können dem Schüler anbieten, ihn in Kontakt mit einem anderen Menschen zu bringen, der sich seinen Problemen gegenüber unbefangen und annehmend fühlt.

7. Lehrer müssen das, was Kinder ihnen über sich selbst und ihr Leben anvertrauen, vertraulich behandeln. Zu häufig klatschen Lehrkräfte über Schüler und besprechen die Probleme der jungen Menschen offen mit anderen Lehrern. Nichts wird die Beziehung schneller zerstören.

Aktives Zuhören ist kein Trick, den der Lehrer in seinem Repertoire hat, um Schüler aufzurichten, wenn sie ein Problem haben. Es ist eine spezifische Methode, um eine bessere Lehrer-Schüler-Beziehung herzustellen.

»Warum Schüler beraten? Ich bin Lehrer!«

Wenn Lehrkräfte in unserem Kurs zum ersten Mal etwas über aktives Zuhören erfahren, stellen manche Fragen wie diese:

»Zum Beraten haben wir Schulpsychologen. Warum soll ich ihren Job tun?«
»Das ist alles gut und schön. Aber ich habe 35 Schüler. Wie kann ich ihnen allen zuhören?«
»Wird aktives Zuhören meinen Schülern helfen, mehr zu lernen?«
»Aktives Zuhören ist nicht mein Stil. Werden mich die Kinder nicht für verrückt halten, wenn ich mit Rückmeldungen anfange?«

Das sind verständliche Reaktionen. Schließlich versetzt das aktive Zuhören die Lehrer in eine Rolle, die einigen von ihnen neu und fremd ist. Die meisten Pädagogen sind gewöhnt zu predigen, zu sondieren, anzuordnen, zu urteilen und zu bewerten. Sie akzeptieren nur die ihnen zugewiesene Aufgabe des »Lehrens«. Es ist also nur natürlich, wenn sie sich fragen, ob es der Zeit und Mühe wert ist, aktives Zuhören zu lernen und anzuwenden.

Als wir diese Fragen in unserem Kurs besprachen, gab ein Lehrer an, in seiner Klasse sei aktives Zuhören der Schlüssel zum Erfolg gewesen:

Ich glaube, uns steht im Weg, dass wir aktives Zuhören nicht als Lehrmethode ansehen. In meiner Schule wurden wir angehalten, alle möglichen neuen Forschungsansätze zu berücksichtigen und Diskussionsrunden abzuhalten. Wir wurden zwei Jahre lang speziell geschult, um diese Techniken zu erlernen. Aber erst in den letzten paar Tagen, seit ich vom aktiven Zuhören erfuhr, haben diese neuen Ansätze funktioniert. Jetzt ist mir klar, warum meine Diskussionsrunden immer in Quasselei ausarteten oder ich doch wieder Vorträge hielt – mit dem einzigen Unterschied, dass die Schüler im Kreis saßen und nicht in Reihen. In anderen Kursen haben wir gelernt, dass wir »nicht wertend« sein sollen, aber man hat uns nie gezeigt, wie wir das anstellen sollen. Seit ich mich im aktiven Zuhören versuche, sind meine Diskussionen echte Diskussionen. Das finde ich toll, und meine Schüler sind äußerst motiviert.

Aktives Zuhören ist, wie dieser Lehrer aufzeigt, ein hilfreiches Mittel, um das Lernen zu erleichtern – um Dinge zu klären, den Forschergeist zu fördern und ein Klima zu erschaffen, in dem Schüler sorgenfrei denken, diskutieren, fragen und sich ausprobieren können. Pädagogen, die bereits mit Lehrmethoden vertraut sind, die auf die Förderung des Denkprozesses abzielen, verstehen, dass die »minimal wertende Rückmeldung« ein entscheidender Faktor des aktiven Zuhörens ist, und nutzen es regelmäßig, um ihre eigene Lehrleistung zu verbessern.

In einem unserer Kurse berichtete eine Lehrerin über ihren Erfolg mit aktivem Zuhören in der fünften Klasse:

Ich beschloss, es in meiner Klasse mit aktivem Zuhören zu versuchen. Ich beherrsche es noch nicht sehr gut, aber die Klasse ist trotz einiger

Sorgenkinder ganz verändert. Nicht einfach anders – besser. Ich fing damit an, fünf der schlimmsten Jungen zur Seite zu nehmen, jeden einzelnen. Ich begann mit einem Türöffner wie: »Du scheinst dich in letzter Zeit oft zu prügeln. Möchtest du darüber reden?« Mehr brauchte es nicht, um sie ausführlich reden zu lassen, besonders wenn sie merkten, dass ich ihnen nicht sagte, es sei unrecht, sich zu prügeln, oder ihnen eine Predigt über ordentliches Benehmen hielt. Es ist merkwürdig, wie nur diese paar Minuten allein mit jedem der Kinder ihre Haltung verändert haben. Sie raufen nicht mehr so viel miteinander, vertragen sich besser. Nun wollen auch alle anderen Kinder eine »Unterhaltung« mit mir, wie sie es nennen.

Lehrer, die es mit dem aktiven Zuhören versuchen, entdecken, dass es, statt eine Zeitvergeudung zu sein, auf mancherlei Weise dazu dient, *mehr Zeit für erfolgreiches Lernen und Lehren zu gewinnen*. Folgende Resultate werden dabei erzielt:

1. Aktives Zuhören hilft Schülern, mit heftigen Gefühlen fertigzuwerden und sie zu »entschärfen«. Heftige, unangenehme Emotionen zeigen zu können hilft den Kindern, sich von ihnen zu befreien. Sie können dann wieder besser lernen. Aktives Zuhören fördert unweigerlich diese Art kathartischer Entspannung.
2. Aktives Zuhören hilft den Schülern zu verstehen, dass sie keine Angst vor ihren eigenen Emotionen zu haben brauchen, und es hilft ihnen zu begreifen, dass Gefühle nichts »Schlimmes« sind. Mit aktivem Zuhören können Lehrer den Kindern zu der Erkenntnis verhelfen, dass »Gefühle Freunde sind«.
3. Aktives Zuhören hilft Schülern, dem Problem auf den Grund zu gehen. Schüler beginnen ein Gespräch selten mit dem, was sie wirklich auf dem Herzen haben. Sie beginnen mit etwas Oberflächlichem, einer Art Eingangsbeschwerde. Durch aktives Zuhören können Lehrkräfte ihnen dabei helfen, von diesem oberflächlichen Problem zum echten Problem vorzudringen.

4. Aktives Zuhören erleichtert das Problemlösen durch den Schüler. Es fördert das »Aussprechen«, das »laute Denken« und »Durchdenken«.
5. Aktives Zuhören belässt die Verantwortung für das Analysieren und Lösen des Problems dem Schüler. Lehrer, die es mit aktivem Zuhören versuchen, sind oft über die Kreativität und Energie erstaunt, die Kinder und Jugendliche besitzen, um ihr Problem anzugehen und ihre eigenen Lösungen zu finden.
6. Aktives Zuhören macht die Schüler williger, den Lehrkräften zuzuhören. Wenn ihnen ein Lehrer zuhört, wissen die Kinder, dass ihre Ansichten verstanden worden sind. Daher öffnen sie sich viel leichter den Ideen, Meinungen und Ansichten der Lehrkraft. Wenn Pädagogen behaupten, ihre Schüler hörten ihnen nie zu, kann man annehmen, dass diese Lehrer ihren Schülern nicht effektiv zuhören.
7. Aktives Zuhören führt zu einer besseren Beziehung zwischen Lehrkraft und Schüler. Kinder, die von ihren Lehrern verstanden werden, entwickeln mehr Selbstbewusstsein und schätzen ihre Lehrer. Pädagogen, die einfühlsam zuhören, entwickeln ein umfassenderes Verständnis für ihre Schüler und beginnen einzusehen, was es heißt, in ihrer Haut zu stecken. Einfühlsam zuzuhören, ein paar Schritte mit einem Schüler auf seinem Lebensweg zu gehen, das ist ein Akt der Zuneigung, des Respekts, der Liebe. Darum sagen wir, Lehren kann eine Form des Liebens sein. Außerdem: Wenn Beziehungen zwischen Lehrer und Schüler auf gegenseitiger Zuneigung, Respekt und Liebe beruhen, nehmen Probleme der Disziplin signifikant ab. Kinder stören nicht mehr und machen der Lehrkraft, die sie respektieren und mögen, keine Schwierigkeiten. So kann die Zeit, die früher damit verbracht wurde, Disziplin herzustellen, *zum* Lehren und Lernen verwendet werden.

Zwei Arten der mündlichen Kommunikation und ihre Wirkung auf Schüler

Diese Auflistung kann als Zusammenfassung des Kapitels womöglich hilfreich sein – sei es, um sich noch einmal einen Überblick zu verschaffen, oder um sie anderen Lehrern oder Schulleitern zu zeigen. In erster Linie ist sie dazu gedacht, die Risiken (und die möglichen Effekte auf Schüler), die jede Kategorie der mündlichen Entgegnung bergen kann, tiefgreifender zu analysieren.

Die zwölf Kommunikationsbarrieren

1. Befehlen, anleiten, kommandieren

Diese Botschaften sagen einem Schüler, dass seine Empfindungen, Bedürfnisse und Probleme nicht wichtig sind, er muss sich dem unterwerfen, was der Lehrer empfindet oder braucht:

»Es ist mir egal, dass du durstig bist; setz dich hin und bleib sitzen, bis ich dir sage, dass du aufstehen darfst.«

Diese Botschaften können:

- Dem Kind zu verstehen geben, dass sein Verhalten im Augenblick unannehmbar ist: »Hör auf zu jammern, du bist kein Baby mehr.«
- Furcht vor der Macht der Lehrkraft hervorrufen. Schüler vernehmen die Drohung, dass jemand, der größer und stärker ist als sie selbst, sie bestrafen will: »Verlasst den Schulflur.« (Das drohende »sonst« wird impliziert.)
- Kinder und Jugendliche aufbringen und empören und sie dazu veranlassen, feindselige Empfindungen zu äußern – zurückzuschlagen, Widerstand zu leisten, den Willen des Lehrers auf die Probe zu stellen oder einen Wutanfall zu bekommen: »Dem werd ich's zeigen!«

- Dem Schüler zu verstehen geben, dass der Pädagoge seinen Fähigkeiten oder seinem Urteilsvermögen nicht traut: »Stelle heute Abend deinen Stundenplan zusammen und zeige ihn mir morgen.«

2. Warnen, drohen

Diese Botschaften ähneln denen unter Punkt 1, werden hierbei jedoch um die Konsequenz erweitert, die eine Weigerung des Schülers nach sich ziehen würde:

»Hör auf zu jammern, sonst gebe ich dir gleich einen Grund dazu!«

Die Botschaft kann:

- Dem Lernenden zu verstehen geben, dass der Lehrer keinen Respekt vor seinen Bedürfnissen und Wünschen hat: »Wenn du den Aufsatz nicht fertig bekommst, bleibst du hier, bis du es geschafft hast.«
- Den Schüler dazu bringen, Angst und Unterwürfigkeit zu empfinden: »Wenn du das nicht in Ordnung bringst, rufe ich deine Eltern an.«

Diese Warnungen und Drohungen rufen ebenso wie Befehle und Anweisungen Feindseligkeit hervor.

Manchmal reagieren Kinder auf Warnungen oder Drohungen mit der Antwort: »Es ist mir egal, was passiert. Ich mache es trotzdem.« Darüber hinaus sind sie manchmal versucht, etwas zu tun, vor dem sie gewarnt worden sind, nur um zu überprüfen, ob die vom Lehrer vorhergesagten Konsequenzen tatsächlich eintreffen.

3. Moralisieren, predigen, »Solltest« und »Müsstest«

Durch derartige Botschaften spürt der Schüler die Macht äußerlicher Autorität, Pflicht oder Schuldigkeit. Auf »Solltest«- und »Müsstest«-

Botschaften reagieren Kinder gewöhnlich mit Widerstand und verteidigen ihre Position nur noch nachdrücklicher.

Moralisierende Botschaften vermitteln dem Schüler, dass der Lehrer seinem Urteilsvermögen nicht traut, dass er besser daran täte, das zu akzeptieren, was andere für richtig halten:

»Du solltest das Richtige tun, erzähl dem stellvertretenden Schulleiter, was du weißt.«

Sie können ebenfalls:

- Schuldgefühle in dem Schüler wachrufen, ihm das Gefühl geben, er sei »schlecht«: »Du solltest nichts tun, was dich und die Schule in Verruf bringt.«
- Implizieren, dass die Lehrkraft dem jungen Menschen keine eigene Meinung, Urteile oder Wertvorstellungen zutraut: «Respektiere stets die Meinung derer, die älter sind als du.«

4. Raten, Vorschläge machen oder Lösungen vorgeben

Solche Botschaften werden vom Schüler als Beweis dafür empfunden, dass der Lehrer kein Zutrauen in seine Fähigkeit hat, seine eigene Lösung zu finden. Ratschläge können dazu führen, dass der Schüler von der Lehrkraft abhängig wird, aufhört, selbst zu denken, und sich in jeder Problemsituation an »Autoritätspersonen« wendet.

Ratschläge vermitteln eine überlegene Haltung (»Ich weiß, was das Beste für dich ist«), die vor allem Jugendliche auf der Suche nach Unabhängigkeit verärgert. Da Ratschläge die Überlegenheit des Ratgebers implizieren, verbringen Schüler manchmal übermäßig viel Zeit damit, auf diese Haltung zu reagieren, statt eigene Ideen zu entwickeln.

Diese Botschaften geben den Kindern häufig das Gefühl, missverstanden zu werden; denn hätte der Lehrer sie verstanden, hätte er keinen solchen Lösungsvorschlag gebracht:

»Hätten Sie mich wirklich verstanden, würden Sie nicht so einen blöden Vorschlag machen.«

5. Belehren, Vorträge halten, logische Argumente verwenden und Fakten liefern

Obwohl belehren, Vorträge halten und logische Argumente verwenden legitime Funktionen im »Kein Problem«-Bereich der Lehrer-Schüler-Beziehung darstellen, werden sie in anderem Kontext von Schülern als unzulässig erachtet. Kinder, die ein Problem haben, könnten sich durch Belehrungen minderwertig, untergeordnet oder unzulänglich fühlen.

Auf Logik und »Fakten« reagieren Schüler häufig ablehnend und unwillig, das sie unterstellen, der Schüler sei unvernünftig und unwissend.

Kinder mögen es ebenso wenig wie Erwachsene, auf »Fehler« hingewiesen zu werden. Demzufolge verteidigen sie ihre Position bis zum bitteren Ende:

»Ich habe recht und Sie unrecht, und das werde ich beweisen – koste es, was es wolle!«

Vorträge zu halten war schon immer eine ineffiziente Unterrichtsweise. Wenn sie falsch angewendet wird, ist sie jungen Menschen richtiggehend verhasst. Sie fühlen sich bedrängt und hören nicht mehr zu.

Schüler nehmen oft zu verzweifelten Methoden Zuflucht, um von den Lehrern vorgebrachte »Fakten« abzuwerten. Sichtweisen des Pädagogen bezüglich außerschulischen Themen sowie Lehrplaninhalte werden gleichermaßen abgetan:

»Sie haben keine Ahnung – Sie sind einfach zu alt, um zu wissen, was vorgeht.«

Kinder besitzen häufig mehr relevante Information und Fakten bezüglich ihrer Probleme als ihr Lehrer, weshalb dessen Argumentation oft als Machtbekundung interpretiert wird, durch die Schüler dazu gebracht werden sollen, es »auf meine Weise anzugehen«.

6. Urteilen, kritisieren, widersprechen, beschuldigen

Mehr als alle anderen Botschaften bringen diese Kinder dazu, sich dumm, unzulänglich, minderwertig, unwürdig und schlecht zu fühlen. Die Vorstellung, die der Schüler von sich selbst hat, wird zu einem Großteil durch Urteile und Bewertungen seiner Eltern und Lehrer geformt, den wichtigsten Erwachsenen in seinem Leben. Negativ bewertende Äußerungen schmälern sein Selbstbewusstsein.

Negative Kritik ruft Gegenkritik hervor. Schüler reagieren darauf häufig mit Gedanken (und manchmal auch Aussagen) wie:

»Sie sind auch nicht besonders toll!«

Oft sind die Lehrkräfte, die am freigiebigsten mit negativen Bewertungen sind, genau diejenigen, die sich am lautesten über den mangelnden Respekt ihrer Schüler beklagen.

Bewertung beeinflusst Kinder dahingehend, ihre Empfindungen für sich zu behalten, auf Nummer sicher zu gehen und woanders Hilfe zu suchen.

Schüler reagieren defensiv und zornig auf diese Botschaften, um ihr Selbstbild zu schützen. Einem Schüler zu sagen, dass er faul ist, wird ihn eher wütend machen, statt ihn anzuspornen.

Schlimmer als eine negative Bewertung ist lediglich ständige negative Bewertung. Schüler, die viel negative Rückmeldung bekommen, schließen daraus, dass sie schlecht, unwürdig und unbeliebt sind. Vieles deutet darauf hin, dass genau solch ein Selbstbild eine hohe Risikobereitschaft fördert, was letztendlich kontraproduktiv und selbstschädigend ist.

7. Beschimpfen, Klischees verwenden, lächerlich machen

Diese Botschaften sind Formen der negativen Bewertung und Kritik und haben aus diesem Grund dieselbe vernichtende Wirkung auf das Selbstbild der Schüler.

Die häufigste Reaktion auf solche Botschaften besteht darin, dem Lehrer ebenso zu antworten:

»Und Sie sind ein mieser Diktator!«

Pädagogen, die Kinder mit einer solchen Botschaft zu beeinflussen versuchen, werden zwangsläufig enttäuscht. Statt sich selbst realistisch zu betrachten, kann der Schüler die unfaire Bemerkung dazu benutzen, sein Verhalten zu rechtfertigen:

»Ich bin kein Baby mehr, Babys machen so etwas nicht. Ich mache so etwas.«

8. Interpretieren, analysieren, diagnostizieren

Derartige Botschaften verraten dem Schüler, dass ihn der Lehrer »durchschaut« hat, seine Motive kennt oder weiß, warum er sich so verhält:

»Das machst du doch nur, um die Aufmerksamkeit auf dich zu lenken.«

Dergleichen amateurhaftes Psychoanalysieren kann für Kinder und Jugendliche bedrohlich und frustrierend sein. Wenn die Analyse des Pädagogen korrekt ist, fühlt sich der Schüler vielleicht in Verlegenheit gebracht oder bloßgestellt. Wenn die Analyse, wie so oft, falsch ist, wird der Schüler über die ungerechte Beschuldigung böse werden.

Kinder haben durch diese Botschaften oft das Gefühl, dass der

Lehrer sich für klüger hält und sie aus seiner überlegenen Haltung heraus durchschauen kann, ihre Gedanken und Gefühle kennt.

Diese »Ich weiß warum«- und »Ich durchschaue dich«-Botschaften unterbinden für den Augenblick jeden Wunsch einer weiteren Kommunikation mit der Lehrkraft. Sie lehren den Schüler, den Lehrer nicht an seinen Gedanken teilhaben zu lassen, weil dies zu riskant wäre.

9. Loben, zustimmen, positive Bewertungen abgeben

Während Pädagogen das hohe Verletzungspotenzial durch negative Bewertungen leicht nachvollziehen können, verwundert es sie häufig festzustellen, dass – entgegen der allgemeinen Überzeugung – Lob Schülern nicht immer guttut und oft sogar sehr negative Wirkungen haben kann. Eine positive Einschätzung, die nicht der Vorstellung des Kindes von sich selbst entspricht, kann Feindseligkeit hervorrufen:

»Ich bin kein guter Schüler!«

Oft wird Lob vom Schüler als Manipulation empfunden – als unmerkliche Art, ihn zu beeinflussen, das zu tun, was der Lehrer will:

»Das sagen Sie doch nur, damit ich mich noch mehr anstrenge.«

Wenn eine Lehrkraft positiv urteilt, folgern Kinder, dass sie bei anderer Gelegenheit auch negativ urteilen kann. Sie nehmen überdies zu Recht an, dass ein Urteil Überlegenheit impliziert.

Das Ausbleiben von Lob in einer Klasse, in der häufig gelobt wird, kann vom Schüler als Kritik ausgelegt werden:

»Sie haben über meine Zeichnung nichts Gutes gesagt, Sie mögen sie wohl nicht.«

Öffentliches Lob wird von Kindern häufig als unangenehm empfunden. Die meisten hassen es ebenso, als »gutes Beispiel« hervorgehoben zu werden, wie als »schlechtes Beispiel« bloßgestellt zu werden.

Schüler, die oft gelobt werden, können abhängig davon werden und dieses Lob regelrecht einfordern:

»Herr Lehrer, sehen Sie sich meinen Aufsatz an!«
»Ist das nicht eine tolle Zeichnung?«
»Sehen Sie mal, ich lasse Max mit in mein Buch hineinschauen.«

Außerdem folgern Schüler manchmal, dass Lehrer, die sie loben, sie nicht wirklich verstehen, und die positive Bewertung es ihnen nur erspart, sich wirklich mit den Gefühlen des Schülers auseinandersetzen zu müssen.

10. Beruhigen, mitfühlen, unterstützen

Im ersten Augenblick erscheinen diese Botschaften hilfreich, wenn ein Kind ein Problem zu bewältigen hat. Sie sind jedoch nicht so hilfreich, wie man meinen könnte. Einen Schüler zu beruhigen, wenn er Schwierigkeiten hat, lässt ihn womöglich zu dem Schluss kommen, dass Sie ihn nicht verstehen.

Lehrer beruhigen und trösten, weil die starken negativen Gefühle, die Kinder empfinden und auch ausdrücken, wenn sie Probleme haben, ihnen unangenehm sind. Beruhigende und unterstützende Botschaften zeigen dem Schüler Ihren Wunsch, dass er aufhört, so zu empfinden:

»Sei nicht traurig, es wird alles wieder gut. Morgen fühlst du dich schon viel besser.«

Schüler durchschauen die Beruhigungen der Lehrkräfte als Versuche, sie zu ändern – und misstrauen ihnen.

Bemitleiden und bagatellisieren unterbindet oft jede weitere Kommunikation, weil der Schüler Ihren Wunsch spürt, dass er aufhören soll, so zu empfinden.

Niemand hört gern, dass er den Bezug zur Realität verloren hat. Alle Formen der Beruhigung implizieren, dass die betroffene Person übertreibt, die Dinge nicht sieht, wie sie wirklich sind, in gewisser Hinsicht »verrückt« ist. Aus diesem Grund reagieren Schüler manchmal feindselig auf Versuche der Pädagogen, ihnen durch Unterstützung und Mitgefühl zu helfen.

11. Sondieren, fragen, verhören

Fragen können Schülern, die Probleme haben, Ihren Mangel an Vertrauen, Ihren Verdacht oder Ihren Zweifel zu verstehen geben:

»Hast du gestern deine Hausaufgaben erledigt?«

Ebenso durchschauen Lernende manche Fragen als Versuche, ihnen eine Falle zu stellen, sie aus ihrer Deckung hervorzulocken, nur damit der Lehrer sie dann überrumpeln kann:

»Wie lange hast du gelernt? Nur eine Stunde? Na, dann hast du auch keine gute Note verdient!«

Schüler fühlen sich durch Fragen häufig bedroht, besonders, wenn sie nicht verstehen, warum die Lehrkraft sie befragt. Achten Sie darauf, wie oft Schüler mit einer Gegenfrage reagieren:

»Warum fragen Sie das?«

Wenn Sie einem Kind Fragen stellen, das Sie an einem Problem teilhaben lässt, vermutet es vielleicht, dass Sie Informationen sammeln, um das Problem an seiner Stelle zu lösen, anstatt es selbst eine Lösung finden zu lassen:

»Deine Großmutter wohnt jetzt bei euch? Wie geht es dir damit?«

Wenn Sie jemandem, der Sie an einem Problem teilhaben lässt, Fragen stellen, beschränkt jede Frage die Freiheit dieses Menschen, über die Dinge zu sprechen, über die er sprechen will – in gewissem Sinne diktiert jede Frage seine nächste Aussage. Wenn Sie fragen: »Wann hast du diese Empfindung zum ersten Mal bemerkt?«, geben Sie diesem Menschen zu verstehen, nur über den Beginn dieser Empfindung und über nichts anderes sprechen zu sollen. Rechtsanwälte lernen diese Verhörtechnik, um die Wahrheit aus widerwilligen Zeugen herauszubekommen. Der Anwalt hat die Zügel in der Hand. Der widerspenstige Zeuge sagt so wenig wie möglich. Daher ist ein Verhör keineswegs eine förderliche Methode für eine offene und konstruktive Kommunikation.

Fragen kommen am häufigsten vor, wenn der Wunsch des Lehrers, mehr zu erfahren – seine natürliche Neugier –, seiner Fähigkeit zu helfen in die Quere kommt.

12. Zurückziehen, ablenken, sarkastisch sein, aufheitern, zerstreuen

Derartige Botschaften können dem Schüler mitteilen, dass der Pädagoge kein Interesse an ihm hat, seine Empfindungen nicht respektiert oder ihn regelrecht zurückweist.

Kinder sind im Allgemeinen ganz ernsthaft dabei und davon in Anspruch genommen, wenn sie das Bedürfnis haben, über etwas zu sprechen. Wenn Sie mit Späßen oder Sarkasmus reagieren, können Sie sie dazu veranlassen, sich verletzt und zurückgewiesen zu fühlen.

Schüler abzuwimmeln, abzulenken oder ihre Empfindungen zu zerstreuen mag im Augenblick erfolgreich erscheinen, aber die Empfindungen eines Menschen verschwinden nicht immer. Sie tauchen später oft wieder auf, bis man sich ihnen gewidmet hat. Beiseitegeschobene Probleme sind selten gelöste Probleme.

Kinder und Jugendliche möchten mit Respekt angehört und verstanden werden. Wenn Lehrer sarkastisch, mit Scherzen oder Ablenkungen reagieren, lernen sie bald, ihre Probleme anderswohin zu tragen. Schüler erwarten von diesen Lehrkräften keine Hilfe mehr, und auch als Vertrauenspersonen, zu denen sie eine Beziehung aufbauen könnten, werden sie abgeschrieben.

Hilfsmittel zur Kommunikation

1. Passives Zuhören (Schweigen)

Passives Zuhören (Schweigen) ermutigt den Schüler zu sprechen, sobald er einmal damit angefangen hat, befriedigt jedoch sein Bedürfnis nach einer interaktiven und beiderseitigen Kommunikation nicht.

Durch Schweigen wird der Schüler nicht unterbrochen, er weiß allerdings auch nicht, ob der Lehrer ihm aufmerksam zuhört. Auch hat er keinerlei Anhaltspunkte, ob dieser ihn versteht.

Schweigen kann zu einem gewissen Maß Annahme vermitteln, doch das Kind kann auch zu dem Schluss kommen, dass der Lehrer es bewertet, während er schweigt. Schweigen vermittelt weder Anteilnahme noch Wärme.

2. Bestätigende Rückmeldungen

Bestätigende Rückmeldungen vermögen es besser als Schweigen, den Schülern zu vermitteln, dass die Lehrkraft ihnen aufmerksam zuhört. Solche Rückmeldungen kommunizieren Anteilnahme. Sie zeigen, dass der Lehrer zumindest wach und aufmerksam ist.

Sie ermutigen die weitere Kommunikation von Schülerseite, allerdings nur schwach.

Sie vermitteln bis zu einem gewissen Grad Annahme vonseiten des Lehrers, stellen diese jedoch nicht unter Beweis.

Sie beweisen dem Schüler nicht, dass der Lehrer ihn wirklich versteht.

3. Türöffner, Gesprächseinladungen

Türöffner zeigen den Kindern auf effektive Weise, dass Sie ihnen zuhören und sich Zeit dafür nehmen möchten, sie zu beraten.

Gerade für den Anfang eines Gesprächs, direkt nachdem der Schüler einen Hinweis darauf gegeben hat, dass er Schwierigkeiten hat, sind sie äußerst hilfreich. Sie können einem Schüler, der ins Stocken gerät, während er Sie an seinem Problem teilhaben lässt, sehr helfen.

Türöffner sind ineffektiv, wenn es darum geht, Annahme, Verständnis oder Wärme zu demonstrieren. Einladungen vermögen es, die Tür zu öffnen, sie halten diese jedoch nicht dauerhaft offen. Wenn sie zu oft verwendet werden, können Türöffner durch die ständige Wiederholung ihre Wirkung verlieren.

4. Aktives Zuhören (Rückmeldung)

Aktives Zuhören gibt Schülern das Gefühl, dass ihre Gedanken und Empfindungen respektiert, verstanden und angenommen werden. Es ermutigt weitere Kommunikation, entschärft Gefühle und verschafft kathartische Erleichterung. Es hilft Kindern dabei, ihre Emotionen als natürlich und menschlich anzusehen – es lehrt sie, dass Gefühle etwas Gutes sind.

Aktives Zuhören erleichtert die Identifikation des zugrunde liegenden oder wirklichen Problems. Es bringt den Lösungsvorgang ins Rollen, belässt jedoch die Verantwortung für die Lösung an sich beim Schüler.

Dem Schüler kann durch das aktive Zuhören zu einem Gemütszustand verholfen werden, in dem er gewillt ist, dem Lehrer zuzuhören. Lehrkraft und Schüler können dadurch eine Beziehung des gegenseitigen Verständnisses, Respekts und der Anteilnahme eingehen.

Aktives Zuhören birgt das Risiko, mechanisch, unaufrichtig oder manipulativ zu klingen, wenn es lediglich als Mittel zum Zweck und ohne zugrunde liegendes Empfinden von Aufrichtigkeit, Mitgefühl, Vertrauen und Annahme gebraucht wird.

4. Die vielen Verwendungsmöglichkeiten des aktiven Zuhörens

Aktives Zuhören ermöglicht offenere und ehrlichere Kommunikation. Es fördert ergebnisreiche Diskussionen in der Klasse über spezifische Themen. Es motiviert Schüler zum Lernen und macht sie selbstständig und vorurteilslos. Es hilft einer Klasse, durch brisante Schulereignisse oder Geschehnisse außerhalb der Schule erzeugte Gefühle zu erörtern.

Wenn Lehrer im aktiven Zuhören geübter sind, können sie damit in vielen anderen Situationen in der Schule, im eigenen Familienleben und in allen anderen menschlichen Beziehungen experimentieren.

Wie man effektive, inhaltsbezogene Klassendiskussionen fördert

Pädagogen, die sich vom alten Unterrichtsmodell des Dozierens lösen möchten, sind oft ziemlich enttäuscht, weil Klassendiskussionen allzu oft in gesellige Zusammenkünfte ausarten. Andere resignieren, weil sie die Schüler nicht dazu bewegen können, aus sich herauszugehen und zu sprechen. Aktives Zuhören wird diesen Lehrern helfen, Gruppendiskussionen über das von der Klasse durchgenommene Unterrichtsthema zu fördern.

Hier ein Beispiel einer Gruppendiskussion, in der aktives Zuhören zur Klärung und Weiterführung beiträgt.

Lehrer: Ihr habt über den spanisch-amerikanischen Krieg gelesen. Was habt ihr daraus gelernt und wie beurteilt ihr diese Lektüre?

Tobias: Ich dachte, es würde langweilig sein, aber das war es nicht. Daniel und ich sprachen gestern im Bus darüber, wie erstaunt wir waren, dass das Buch die Wahrheit sagt. Die meisten Geschichtsbücher, die ich bis jetzt gelesen habe, schildern die Vereinigten Staaten, na, Sie wissen schon, als großartig …

Daniel: (unterbricht) Wie die, die wir über den Bürgerkrieg lasen und die behaupteten, Lincoln habe die Sklaven befreit und all den Mist.

Lehrer: Diese Bücher scheinen eurer Meinung nach anders zu sein. Ihr habt nicht das Gefühl, von den Autoren belogen zu werden.

Maria: Ich glaube nicht, dass die anderen Bücher regelrecht logen. Sie berichteten einfach nur eine Seite der Geschichte und ließen anderes aus …

Daniel: Wenn das nicht Lügen ist, was dann? Würde ich den Leuten erzählen, dass unsere Fußballmannschaft vergangenen Freitag gegen Deggendorf zwei Tore schoss, einen Freistoß erhielt und einer unserer Spieler gefoult wurde, erhielten sie bestimmt kein vollständiges Bild, was? (Deggendorf gewann das Spiel 5:2)

Gruppe: (Gelächter)

Lehrer: Daniel, du behauptest, dass Unterschlagen von Informationen dasselbe wie Lügen ist und dass etliche der Berichte, die wir gelesen haben, diesen Anschein erweckten.

Daniel: Ja. Das ist *wahr!* Als wir verschiedene Bücher verglichen, hätte man glauben können, sie behandelten verschiedene Kriege.

Lena: Na gut, wie kommt man überhaupt dazu, Historiker zu werden? Schließlich sind das nur Leute, die Bücher über Ereignisse schreiben, die vor langer Zeit passierten. Sie sind zwangsläufig voreingenommen.

Julia: Du hast recht. Meine Schwester sagt, Historiker seien alle männliche Chauvinisten, die so einen Unsinn schreiben wie:

»Tapfere *Männer* zogen westwärts, und einige nahmen sogar ihre Familien mit.« Niemand hat je über tapfere *Frauen* geschrieben, oder wenn sie es taten, dann schienen sie überrascht zu sein, dass Frauen mit einem Gewehr schießen und Härten auf sich nehmen konnten.

Lehrer: Wenn ich recht verstehe, bezweifelt ihr alle die Fähigkeit *eines jeden,* unvoreingenommen Geschichte zu beschreiben – ihr meint, dass die Überzeugung der Autoren ihr Geschichtsbild beeinflusst.

Lena: Das ist das Problem. Warum soll man sich also die Mühe machen, das Zeug zu lesen?

Tobias: Du übersiehst das Wesentliche, Lena. Es geht doch darum, dass man nicht etwas glauben soll, nur weil es in einem Buch geschrieben steht. Ich finde, man sollte viel mehr Bücher lesen, nicht weniger.

Daniel: Ja. Ich möchte mal wissen, was spanische Geschichtsbücher über den spanisch-amerikanischen Krieg sagen.

Julia: Wenn Männer sie geschrieben haben, sind sie wahrscheinlich ebenso chauvinistisch wie unsere.

Anna: Wer hat denn jemals was von Historikerinnen gehört?

Julia: Niemand. Darum sind es in allen Geschichtsbüchern immer nur Männer, die etwas vollbracht haben. Sie sind die Helden der Geschichte!

Lehrer: Deiner Erfahrung nach sind Frauen von Historikern als ziemlich nebensächlich abgetan worden, Julia.

Julia: Ja.

Daniel: Na, was haben denn die Frauen im spanisch-amerikanischen Krieg getan? Ich verstehe nicht, was diese Sache mit den Frauen mit unserem Diskussionsthema zu tun hat.

Maria: Ich finde, es hat viel damit zu tun. Du warst derjenige, der darüber meckerte, dass Geschichte nicht vollständig geschrieben wird, Daniel. Also, über das, was die Frauen vollbracht haben, nichts zu sagen, bedeutet so viel, wie einen Teil der Geschichte auszulassen.

Daniel: Ja, aber Frauen haben nie etwas *getan*. Sie haben niemals Bündnisverträge aufgesetzt, keine Regierungen gebildet oder sind Schiffskapitäne, Entdecker oder sonst *irgendwas* gewesen.

Julia: Das ist genau die Einstellung, von der ich sprach. Du liest die Bücher, die *Männer* schreiben, und glaubst, dass die *Männer* alles tun. Ich behaupte nicht, dass die Frauen Generäle oder sonst was waren. Es ist nur, die Frauen werden in den Büchern unterdrückt. Verstehst du, die Dinge, die sie getan *haben,* werden irgendwie bespöttelt.

Lehrer: Es scheint dich sehr zu interessieren, wie Geschichte geschrieben wird, besonders wie sich solche Vorurteile in Bezug auf Frauen in deiner Lektüre zeigen. Das weicht offenbar von meinem vorher gewonnenen Eindruck ab, dass dir die Bücher gefallen haben, die du über den spanisch-amerikanischen Krieg gelesen hast.

Julia: Das haben Daniel und Tobias gesagt.

Tobias: Was haben wir gesagt?

Julia: Dass euch die Bücher gefallen. Ihr spracht darüber, dass sie eine faire Beschreibung des Krieges geben und nicht versuchen, die Vereinigten Staaten in ein gutes Licht zu rücken, wenn sie es nicht verdienen. Und gerade diese Bücher sind Frauen gegenüber nicht so fair. Meine Schwester nimmt an einem Frauenkreis an der Universität teil, sie hat genügend Material, das geeignet ist, die Rolle der Frau genauer zu untersuchen. Ich werde sie bitten, mir die Bücher durchsehen zu helfen, und nächste Woche werde ich einige mitbringen.

Tobias: Na schön, aber wie steht's mit anderen Vorurteilen?

Lehrer: Ihr wollt herausfinden, wie man zwischen den Zeilen liest und hinter die ganze Wahrheit kommt, wenn ihr Geschichtsbücher lest – nicht nur im Hinblick auf Frauen.

Daniel: Ja, wie bewerten wir das, was wir lesen?

Lehrer: Julia hat versprochen, uns über Vorurteile gegenüber Frauen zu informieren. Tobias, du hast vorgeschlagen, mehrere Bücher zu lesen, und Daniel, ich glaube, du warst es, der ausländische Bücher beschaffen wollte, damit wir vergleichen können. Noch andere Ideen?

Anna: Ich glaube, wir brauchen einen Fachmann. Wir könnten einen Historiker einladen, der unsere Fragen beantwortet. Mein Nachbar hält Vorlesungen über Geschichte an der Universität; vielleicht würde er kommen.
Julia: Noch ein männlicher Historiker! (Achselzucken)
Anna: Ich glaube, er ist fair. Wir können ihn ja über Gleichberechtigung in Geschichtsbüchern befragen.
Maria: Ich finde, wir sollten die Unterhaltung über den spanisch-amerikanischen Krieg aufschieben, bis wir das andere gemacht haben. Ich werde verrückt bei dem Gedanken, dass das Zeug, das ich gelesen habe, vielleicht nicht wahr sein könnte. Ich muss Julia recht geben. Keines der Bücher, die ich jemals gelesen habe, stellte Frauen als wichtig dar, selbst wenn sie es waren. Was weiß ich also über die anderen Dinge, die dort geschrieben stehen?
Lehrer: Gut, wir wollen einen Zeitplan aufstellen, wer was wann zu tun hat. Ich werde Nachschlagewerke aus der Bibliothek besorgen. (Man einigt sich über die Verteilung der Aufgaben in der Studiengruppe.)

Diese Diskussion ging von einem bestimmten Geschichtsthema aus. Sie endete bei dem gemeinsamen Wunsch, historisches Quellenmaterial allgemein zu untersuchen und Bewertungskriterien für Literatur überhaupt zu finden. Haben Sie bemerkt, dass der Lehrer keine der zwölf Barrieren verwendete und sich fast ausschließlich auf aktives Zuhören verließ? Das ist der Schlüssel zu erfolgreichen Diskussionen. Pädagogen, die sich des aktiven Zuhörens bedienen, um Diskussionen zu fördern, stoßen gewöhnlich auf besondere Qualitäten, Stärken, Talente und Schwächen der Gruppenmitglieder. Die besonderen Fähigkeiten und Interessen lassen sich einsetzen, um der gesamten Klasse (oder Gruppe) beim Lernen zu helfen. Mängel und Schwächen kann man erst später zu überwinden versuchen. Nichts hemmt Diskussionen so sehr wie Bewertung oder deren Androhung. Die Lehrer müssen klarmachen, dass Diskussionsgruppen nicht zu dem Zweck abgehalten werden, Zensuren zu geben oder Urteile zu fällen. Notizen der Lehrkräfte können bedrohlich sein.

Ebenso ist Angst vor Bewertung durch Gleichgestellte keine gute Voraussetzung für eine Diskussion. Es folgt ein Ausschnitt aus einer Klassendiskussion, in der ein Lehrer aktives Zuhören anwendete, um negativen Wertungen eines Klassenmitglieds entgegenzusteuern:

Lisa: … daher bin ich der Meinung, dass Ölbohrungen vor der Küste unterbunden werden müssen.
Moritz: Das ist doch blöd, so etwas zu sagen. Was verstehst du denn davon?
Lisa: (verteidigend) Na, wenn du ausnahmsweise einmal zugehört hättest, würdest du es wissen. Ich habe es gerade erklärt.
Lehrer: Du hast das Gefühl, deine Ansicht gut vertreten zu haben, Lisa, und du ärgerst dich, wenn Moritz dir nicht zustimmt.
Lisa: Genau! Er ist derjenige, der nicht weiß, über was er redet.
Lehrer: Du bezweifelst Moritz' Fakten.
Lisa: (nickt)
Lehrer: Aber Moritz, wie ich höre, bist du stark engagiert im Hinblick auf das, was Lisa berichtet hat. Du bist wirklich anderer Meinung.
Moritz: Stimmt! (Fährt fort mit Informationen über die Notwendigkeit erhöhter Ölproduktion.)
Lehrer: Du betrachtest das Problem aus einem anderen Blickwinkel als Lisa.
Lisa: Nun, ich stimme mit Moritz überein, dass wir mehr Öl brauchen, aber wir dürfen das Meer nicht mit Lecks wie in Texas und Kalifornien gefährden.
Moritz: Da brauchten keine Lecks aufzutreten.
Lehrer: Eure Meinungsverschiedenheit bezieht sich auf Öllecks im Meer, nicht darauf, ob Bohrungen vor der Küste sein sollten.
Beide: (stimmen zu)

Indem er selbst bewertende Barrieren vermied, half der Pädagoge diesen Schülern, ihre Positionen zu klären und zu einer neuen Definition des Problems zu kommen. Würde der Lehrer bei derselben Meinungsverschiedenheit mit Belehrungen eingreifen oder eine Lektion über gutes Benehmen erteilen, dann sähe das so aus:

Lisa: ... daher bin ich der Meinung, dass Ölbohrungen vor der Küste unterbunden werden müssen.
Moritz: Das ist doch blöd, so etwas zu sagen. Was verstehst du denn davon?
Lisa: (verteidigend) Na, wenn du ausnahmsweise einmal zugehört hättest, würdest du es wissen. Ich habe es gerade erklärt.
Lehrer: Wartet mal, ihr beiden. Streiten und schimpfen hilft euch nicht weiter. Moritz, wenn du anderer Meinung bist, sag einfach: »Ich stimme nicht zu.« Du brauchst nicht zu sagen, Lisa sei blöd, weil du anderer Meinung bist als sie. Und du, Lisa, vielleicht hat Moritz zugehört. Dass er anderer Meinung ist, braucht nicht zu bedeuten, dass er nicht zugehört hat. Na schön, macht weiter.
Lisa: Ich bin fertig.
Moritz: (Schweigen)

Leider wird oft angenommen, dass Klassendiskussionen über Unterrichtsthemen nur in höheren Schulklassen sinnvoll seien. Nichts könnte falscher sein. Schüler aller Klassenstufen verfügen über ungenutzte Fähigkeiten, um fast ohne Leitung des Lehrers sinnvoll diskutieren zu können.

Eine Lehrerin übermittelte uns eine auf Band aufgenommene Klassendiskussion, an der neun Jungen der dritten Klasse teilnahmen, die wegen ihres langsamen Lesens in einer besonderen Gruppe zusammengefasst worden waren. Sieben waren sitzen geblieben, und einer hatte zwei Jahre lang eine Sonderschule besucht. Alle hatten Schwierigkeiten, sich mündlich oder schriftlich auszudrücken. Es folgt eine Mitschrift dieser Klassendiskussion, die direkt nach dem gemeinsamen Ansehen eines Films entstand. Achten Sie darauf, wie die Lehrerin neben einigen Türöffnern fast ausschließlich aktives Zuhören verwendet.

Lehrerin: Erinnern wir uns an den Film, den wir gesehen haben. Kann einer von euch für uns zusammenfassen, was wir sahen?
Mark: Da war dieses Mädchen, das eine gute Eisläuferin sein wollte, und als sie auf die Eisbahn kam, fiel sie hin, und alle lachten über sie.
Benjamin: Ja, auch die Lehrerin fiel einmal hin, und die Leute lachten sie aus.
Dennis: Später log die Lehrerin dann, weil sie nicht wieder ausgelacht werden wollte.
Mark: Sie lachten das Mädchen so aus, dass sie das nächste Mal, als die Kinder zum Schlittschuhlaufen gingen, einen dicken Verband um ihr Knie machte und sagte, sie könne wegen ihrer Verletzung nicht Schlittschuhlaufen.
Lehrerin: Sie log, damit die anderen sie nicht auslachten.
Dennis: Ja, und, erinnern Sie sich, die Lehrerin auch. Sie sagte den Kindern, sie könne nicht mitkommen, weil sie zu einer Versammlung müsse. Und die Kinder trafen sie nach der Schule, und sie war gar nicht in der Versammlung.
Lehrerin: Es hat euch überrascht, dass eine Lehrerin lügt.
Die anderen: Ja, das hat es.
Mark: Aber es war auch nicht nett, sie auszulachen. Das Mädchen wurde noch einmal ausgelacht, als es an die Tafel ging und nicht wusste, wie es ein Wort schreiben sollte.
Benjamin: Das war traurig.
Mark: Ihr muss scheußlich zumute gewesen sein.
Thomas: Sie muss Angst gehabt haben, irgendetwas zu tun, weil sie sie wieder auslachen könnten.
Lehrerin: Sie fürchtete sich davor, irgendetwas zu tun.
Kevin: Und sie wird so ängstlich, dass sie schwindeln muss.

Lehrerin: Das klingt, als wären einige von euch schon in Situationen gewesen, in denen sie ausgelacht wurden.

Die anderen: Oh ja, sicher waren wir das.

Thomas: Ich erinnere mich, dass ich mal was getan habe und die Kinder mich auslachten. Ich fühlte mich schrecklich.

Benjamin: Das ist mir auch passiert.

Mark: Das tut weh.

Lehrerin: Es ist sehr schmerzlich.

Thomas: Es tut so weh, dass es einem bis ins Innerste geht.

Mark: Oder bis ins Herz.

Benjamin: Es tut so weh, dass man hingehen und sie knuffen möchte.

Mark: Oder sie verprügeln.

Kurt: Ich habe einmal bei einem Freund zu Hause Ball gespielt, und da waren ein paar größere Jungen. Und als ich den Ball warf, fingen sie ihn und begannen zu lachen. Wie kann ich größere Jungen knuffen?

Lehrerin: Es macht einem noch mehr Angst und tut noch mehr weh, wenn man es mit Größeren zu tun hat.

Kurt: Ich bin einfach nach Hause gelaufen.

Lehrerin: Man tut vieles, damit man nicht ausgelacht wird.

Benjamin: Manche prügeln und knuffen.

Mark: Ja, und manche lügen.

Thomas: Was ist mit denen, die schwindeln?

Mark: Ich glaube, man muss lernen, das, was man tut, gut zu können, damit einen niemand auslacht.

Kurt: Aber du kannst nicht alles gut können.

Lehrerin: Es ist eine ziemlich unmögliche Aufgabe für euch, in allem so gut zu sein.

Kurt: Das ist es bestimmt.

Mark: Ich übe viel Rollschuhlaufen, um es gut zu können. Mir ist egal, ob sie lachen. Ich mache weiter und übe.

Kurt: Vielleicht werden sie dich auslachen, wenn du etwas anderes als Rollschuhlaufen tust. Zum Beispiel, wenn du deine Aufgaben in der Schule zu machen versuchst und sie nicht verstehst.

Thomas: Dann muss man lügen oder schwindeln.

Lehrerin: Ich frage mich, ob es einen Unterschied zwischen einer großen und einer kleinen Lüge gibt?

Mark: Natürlich ist da ein Unterschied. Eine kleine Lüge kann zu einer großen werden, und wenn man's oft macht, wird man ein großer Lügner.

Lehrerin: Es kann zur Gewohnheit werden.

Die anderen: Ja.

Kurt: Eine kleine Lüge bringt einem nicht so viel Ärger ein wie eine große.

Dennis: Einmal habe ich meine Mutter angelogen. Ich kam zu spät nach Hause und sagte ihr, ich hätte nachsitzen müssen. Und das war nicht wahr.

Lehrerin: Du hattest das Gefühl, aus dieser Situation herauskommen zu müssen. Und da hast du gelogen.

Dennis: Ich hatte noch nie gelogen und wollte sehen, wie das ist.

Lehrerin: Das war ein neues Gefühl für dich, als du gelogen hast. Und du wolltest etwas entdecken.

Dennis: Es war ziemlich schlimm, denn meine Mutter kam dahinter, und ich durfte eine Woche lang nicht spielen.

Benjamin: Ich fühle mich schuldig, wenn ich lüge.

Mark: Ich werde verlegen.

Benjamin: Es ist besser, die Wahrheit zu sagen.

Lehrerin: Manchmal erzählen die Leute kleine Lügen, um das Gesicht zu wahren. Weiß jemand, was das bedeutet?

Thomas: Vielleicht mögen einen die Leute manchmal nicht, wenn man die Wahrheit sagt.

Lehrerin: Es ist also wichtig für euch, dass euch die Leute mögen; und ihr habt Angst, sie könnten euch nicht mögen, wenn ihr manchmal wirklich die Wahrheit sagt. Und dann endet ihr mit einer kleinen Lüge.

Thomas: So ungefähr.

Lehrerin: Was ist euch denn wohl wichtiger: Was eure Freunde von euch denken, was ihr von euch selbst denkt oder was die Erwachsenen von euch denken?

Benjamin: Was die Erwachsenen über einen denken, denn wenn sie einen nicht leiden mögen, können sie einen weggeben oder verkaufen. Sie denken: »Er taugt nichts, ich werde ihn wegwerfen und mir irgendeinen anderen besorgen.«

Kurt: Menschen kann man nicht verkaufen.

Benjamin: Aber sie können dich mit dem Stock schlagen, wenn sie dich nicht mögen.

Lehrerin: Dann ist es also wichtig für euch, was die Erwachsenen von euch denken, damit sie sich nicht von euch abwenden und euch wehtun.

Benjamin: Stimmt.

Mark: Ich finde, es ist wichtiger, was man von sich selbst denkt, denn es wäre eine Schande, wenn man sich nicht selbst leiden mag, weil andere einen vielleicht mögen und man traurig wäre, wenn man sich selbst nicht mag.

Thomas: Ich glaube, man braucht alle drei. Denn man möchte Freunde haben, und man möchte sich selbst leiden mögen, sonst tut man vielleicht etwas Gefährliches und bringt sich fast um. Und man muss Eltern haben, sonst kriegt man nichts zu essen und so.

Benjamin: Ja, das glaube ich auch.

Lehrerin: Du bist mit Thomas einer Meinung?

Benjamin: Ja.

Mark: Ich glaube, wenn man alle drei haben könnte, würden die Leute einen nicht auslachen.

Thomas: Dann könnten alle lachen.

Benjamin: Ja. Ich ärgere mich nicht mehr. Wenn sie mich auslachen, kümmere ich mich nicht darum. Oder wir lachen zusammen.

Lehrerin: Du denkst jetzt ganz gut von dir selbst.

Benjamin: Natürlich.

Lehrerin: Nun, Jungs, unsere Zeit ist um. Das war eine interessante Diskussion.

Benjamin: Es gefällt mir, wenn wir uns so unterhalten.
Lehrerin: Du freust dich über die Zeit, die wir so verbringen.
Die anderen: Ja, wir auch.

Die Lehrerin berichtete, dass sich nach der Diskussion Folgendes abspielte: Benjamin fragte, ob er sich die Bandaufnahme anhören dürfe. Sie erlaubte es ihm, er ging in den Zeichenraum und kam mit einem großen Blatt Papier und Buntstiften zurück. Er schaltete das Band ein, und während er zuhörte und dabei den Ton so laut wie möglich stellte, begann er mit den Stiften leuchtend gelbe, orange, grüne und purpurne Farbmuster zu zeichnen. Als er fast fertig war, sagte sie:

Lehrerin: Heute hast du eine Menge heller, glücklicher Gefühle.
Benjamin: Ja, Gelb und Orange sind die frohen Gefühle, die wir heute hatten, und Grün und Purpur sind schwebende Gefühle.
(Dann nahm er einen schwarzen Stift, übermalte einen großen Teil des Papiers damit und ließ einige der leuchtenden Farben durchscheinen.)
Lehrerin: Über den warmen, schwebenden Gefühlen liegen einige ziemlich schlimme Gefühle.
Benjamin: Das ist unsere Lesegruppe. Da sind noch eine Menge wirklich schlimmer Gefühle, aber ein paar von diesen guten Gefühlen fangen an durchzukommen.

Diese Klassendiskussion zeigt, wie tief Acht- und Neunjährige in zwei grundlegende Probleme eindrangen: die Kritik durch andere und lügen. Indem die Lehrerin Bewertungen vermied, überließ sie die ganze Verantwortung für den Verlauf der Diskussion den Kindern. *Das ist Erziehung, wie es sie nicht besser geben kann.*

Nicht sichtbar in dieser »nicht gelenkten Diskussion« wird die Wirkung auf die Kinder selbst. Der Lehrerin zufolge hatte Benjamin, der sehr viel sprach, nie zuvor an einer Gruppenarbeit in der

Klasse teilgenommen. Und Dennis, der normalerweise so stark stotterte, dass er nicht viel redete, beteiligte sich eifrig und sprach *ohne jedes Stottern.*

Wie man durch aktives Zuhören mit Widerstand umgeht

Alle Lehrer stoßen gelegentlich auf Widerstand: Die Schüler wollen nicht lernen, was die Lehrkraft sie lehren will. Dieser Widerstand kann viele Formen annehmen, von passivem Widerstand bis hin zur offenen Weigerung mitzuarbeiten. Leider versäumen die meisten Pädagogen, diesen Widerstand als Hinweis dafür zu entschlüsseln, dass die Schüler Schwierigkeiten haben. Sie antworten mit Barrieren. Hier einige typische Beispiele aus dem Klassenzimmer:

Situation: Ein Grundschullehrer bittet die Schüler, sechs Bälle zu zeichnen.
Matthias: Ich kann nicht gut Bälle zeichnen.
Lehrer: Oh, Bälle sind nicht schwer zu zeichnen. Deine sind *sehr gut.* (*Beruhigen, unterstützen*)
Matthias: Nein, ich finde sie nicht gut.

Situation: Zeichenstunde in der ersten Klasse.
Tobias: Herr Lehrer, mein Bild ist ganz schrecklich geworden, darum gebe ich es nicht ab. Es gefällt Ihnen bestimmt nicht.
Lehrer: Ich bin sicher, dass es sehr gut ist, und ich *möchte* es gern sehen. Gib es also bitte ab. *(Beruhigen)*
Tobias: (Lässt sein Bild umgekehrt auf dem Tisch liegen)
Lehrer: Mach zu, Tobias, gib her! *(Befehlen, kommandieren)*

Situation: Erster Schultag. Eddie aus der zweiten Klasse starrt aus dem Fenster.
Lehrer: Was machst du, Eddie?
Eddie: Nichts. (Pause) Müssen wir den ganzen Tag in der Schule bleiben?
Lehrer: Natürlich bleiben wir den ganzen Tag in der Schule. Im vergangenen Jahr bist du auch den ganzen Tag hiergeblieben. Wie kommst du nur auf die Idee, wir müssten nicht den ganzen Tag zur Schule gehen? *(Logik anführen, sondieren, fragen)*

Situation: Englischunterricht in der Oberschule, die Klasse liest die vorgeschriebene Lektüre. Corinna hat den Kopf auf den Tisch gelegt und die Augen geschlossen.
Lehrer: Was ist los mit dir, Corinna? Langweilt es dich? *(Interpretieren)*
Corinna: Nein, ich bin müde.
Lehrer: (lacht) Sollen wir ein Bett für dich aufstellen und ein Schlafliedchen singen? (Alle außer Corinna lachen.) *(Sarkasmus)*

Situation: Paul hat den ganzen Morgen für eine Aufgabe gebraucht, die die anderen Schüler der vierten Klasse in nur wenigen Minuten fertig hatten. Es ist fast Mittag, und er ist immer noch nicht fertig.
Paul: Ich kriege es nicht fertig.
Lehrer: Paul, du wirst die Aufgabe zu Ende schreiben, und wenn du die Mittagspause verpasst. Ich schlage vor, du beeilst dich jetzt. *(Drohen, Vorschläge machen)*

Widerstand gegen das Lernen ist fast immer ein Hinweis für Probleme des Schülers. Logische Argumente, sondierende Fragen und Strafen helfen ihm hier nicht. Hört der Lehrer dem Schüler annehmend und aufmerksam zu, dann sieht die oben geschilderte Situation so aus:

Situation: Erster Schultag. Eddie aus der zweiten Klasse starrt aus dem Fenster.

Lehrer: Was machst du, Eddie?

Eddie: Nichts. (Pause) Müssen wir den ganzen Tag in der Schule bleiben?

Lehrer: Du würdest lieber draußen sein.

Eddie: Hmhm. Hier kann man gar nichts machen. Man muss den ganzen Tag auf seinem Stuhl sitzen und schreiben und lesen.

Lehrer: Es tut dir leid, dass du nicht mehr den ganzen Tag draußen spielen kannst, wie im Sommer.

Eddie: Ja, ich würde lieber spielen und schwimmen und auf Bäume klettern.

Lehrer: Das hat dir Spaß gemacht, und darum ist es auch schwer, das alles aufzugeben und wieder zur Schule zu gehen.

Eddie: Ja. Hoffentlich ist bald wieder Sommer.

Lehrer: Du freust dich richtig auf den nächsten Sommer.

Eddie: Ja, wenn wieder Sommer ist, kann ich tun, was ich will.

Der Lehrer versteht Eddies Fragen, ob er den ganzen Tag in der Schule bleiben muss, *als Code für ein Problem, das er hat.* Anstatt rasch zu antworten, versucht er herauszufinden, was den Schüler bedrückt. Wir bezeichnen Fragen als besonders verschlüsselt, wenn sie nach augenscheinlichen Dingen fragen, unpassend erscheinen oder Sie durch ihre Ungereimtheit irritieren.

Es folgen einige Fragen, die vielleicht nach gar keiner Antwort verlangen. Sie sind stark verschlüsselte Botschaften mit darunter liegenden Problemen.

»Was fühlt man, wenn man stirbt?«
»Werden wir über diesen Kram eine Arbeit schreiben?«
»Warum müssen wir uns für die Turnstunde umziehen?«
»Ist Mathematik wichtiger als Geschichte?«
»Warum wird an dieser Schule vier Jahre Englisch verlangt?«

»Ist es nicht schon Zeit für die Pause?«
»Warum müssen Jungen immer angeben?«
»Muss man viel Mathematik lernen, um Ingenieur zu werden?«
»Haben Sie jemals Akne gehabt?«
»Warum diesen Kram lernen?«

Diese und viele andere Fragen sind ein Hinweis dafür, dass aktives Zuhören notwendig ist. Manchmal werden diese Fragen als Feststellungen formuliert, zum Beispiel: »Ich wette, Sie hatten Akne, als Sie in meinem Alter waren.« Oder: »Es muss ein schreckliches Gefühl sein zu sterben.« Derartige Botschaften, ob als Frage oder als Feststellung formuliert, erfordern die Bereitschaft, aktiv zuzuhören, um an das eigentliche Problem zu gelangen.

Der Widerstand des Schülers braucht jedoch nicht immer versteckt zu sein, sondern kann offen zutage treten:

Lehrer: ... so wurden die Vereinten Nationen ins Leben gerufen als Forum, um die Probleme der Nationen durch Verhandlungen statt Krieg zu lösen.
Schüler: Das ist großer Mist. Sie wissen überhaupt nicht, was Sie sagen.
Lehrer: Du bist wütend, wenn du das hörst.
Schüler: Und ob! Das ist die Propaganda des Establishments, um die Leute bei der Stange zu halten, während die Politiker tun, was immer sie wollen.
Lehrer: Du traust den Vereinten Nationen nicht. Du betrachtest sie als Instrument zur Unterdrückung, nicht zur Unterstützung der Völker.
Schüler: (beruhigt sich) Ja. Sie wurden während des Zweiten Weltkriegs geschaffen, nicht wahr? Nun, sehen Sie sich die Welt heute an: Kriege, Hungersnöte, Krisen, Umweltverschmutzung, Überbevölkerung. Dieselben Probleme, die wir ohne die Vereinten Nationen hatten. Die UN sind nicht besser, als die Großmächte sie sein lassen, und die sind alle korrupt.

Lehrer: Du bist ziemlich entmutigt ob der Erfolglosigkeit der UN.
Schüler: Das ist allerdings nicht Schuld der UN. Es sind die Regierungen, die zulassen, dass die Industrie die Erde zerstört, und sie beginnen die Kriege … und alles, was in den UN geschieht, ist Geschwätz.
Lehrer: Du bist beunruhigt über Umweltverschmutzung und Kriege und enttäuscht, dass die UN sie nicht verhindern konnten.
Schüler: Stimmt. Wir müssen etwas unternehmen, um erst mal in unserer eigenen Regierung aufzuräumen. Dann können sich die UN daran vielleicht ein Beispiel nehmen und mit weltweiter Hilfe beginnen.
Lehrer: Aha, du findest, wir müssen zuerst unsere eigene Regierung verbessern und *dann* an umfassendere Probleme gehen.
Schüler: Richtig.

Mit offenem und feindseligem Widerstand ist in vieler Hinsicht besser fertigzuwerden als mit verstecktem. Lehrer werden oft etwas sagen oder tun, womit sie einen wunden Punkt der Schüler berühren. Dann haben die Schüler das Bedürfnis, sich Luft zu machen, ihre inneren Ängste loszuwerden. Wird ihnen das zugestanden, so sind sie eher bereit, dem Lehrer wieder zuzuhören und am Unterricht teilzunehmen. Pädagogen, die unsere Kurse absolvieren, werden dazu ermutigt, diese Situationen als *Gelegenheit* anzusehen, die Gefühle, Einstellungen, Ideen, Vorurteile und Meinungen ihrer Schüler besser kennenzulernen.

Unsere Kursleiter sagen: »Betrachten Sie den Schüler, der Sie ›angreift‹, als Ihren besten Freund in der Klasse. Er spricht wahrscheinlich für andere, die ähnliche Ansichten vertreten, es aber nicht gesagt haben.«

Dass Schüler nicht offen anderer Meinung sind heißt nicht, dass sie Ihrer Meinung sind. Ein Lehrer berichtete vom folgenden Erlebnis:

Uns wurden für den Unterricht zur Suchtprävention einige Fachkräfte zur Seite gestellt. Eine Sitzung wurde von jemandem aus dem Kultusministerium abgehalten, der die Jugendlichen mit jeder Menge Fakten und Statistiken versorgte, die selbst ich nicht richtig verstanden habe. Während der Stunde hat niemand etwas gesagt, aber Sie hätten die Schüler einmal hinterher auf dem Parkplatz hören sollen!

Sich auf subtile verbale oder nicht verbale Hinweise einzustimmen, die Schüler senden, wenn sie Ihrem Unterricht Widerstand entgegensetzen, wird das Klassenklima auflockern, die Leistungen verbessern und das Lernen bereichern. Die Schüler haben es dann nicht mehr nötig, ihre Probleme nur außerhalb des Klassenzimmers zu artikulieren.

Wie man mit aktivem Zuhören unselbstständigen Schülern hilft

Durch die allgegenwärtige Verwendung der Barrieren durch Lehrer und Eltern haben Schüler gewisse Wege und Möglichkeiten gefunden, mit diesen umzugehen. Die wohl am meisten verbreitete Reaktion auf diesen Strom von Botschaften, die warnen, befehlen, drohen, kommandieren, moralisieren, lehren, anleiten, bewerten, analysieren, mitfühlen, bevormunden, ermutigen, loben, fragen, scherzen, vorverurteilen und beschuldigen, ist Unterwürfigkeit, Unselbstständigkeit und Schweigen.

Eine Grundschullehrerin mit mehr als 20-jähriger Erfahrung sprach über das Problem des unterwürfigen Kindes:

Je länger ich unterrichte, desto mehr Sorgen mache ich mir über das stille Kind. Oh, ich habe einige, von denen ich wünschte, sie wären stiller, aber ich spreche von dem Schüler, der nichts ohne meine ständige Aufmerksamkeit tun kann – demjenigen, der, überlässt man ihn sich selbst, in eine Traumwelt versinkt oder nicht das Risiko eingehen kann, unrecht zu haben, oder weint, wenn er einen Fehler macht. Ich habe wirklich Angst vor Schülern, die immer höflich sind, »jawohl, Frau XY« antworten, alles tun, was ich ihnen sage, innerlich aber kochen. Ich war lange genug dabei, um einige dieser Kinder aufwachsen zu sehen, und glauben Sie mir, die Stillen haben manchmal die schlimmsten Probleme.

Wie kann man Kindern helfen, sich mehr auf sich selbst und weniger auf andere zu verlassen? Zunächst ist es erforderlich, dass der Pädagoge genau bestimmt, wer das Problem besitzt. Angenommen, ein Schüler der zweiten Klasse sagt zu einem Lehrer: »Ich weiß nicht, wie ich die Dachziegel auf meinem Haus zeichnen soll.« Viele Lehrkräfte identifizieren das Problem fälschlich als das ihre. (»Ich muss hingehen und das Problem lösen.«) Sie ordnen das Problem im unteren Teil des rechteckigen Fensters ein (siehe Abbildung 16).

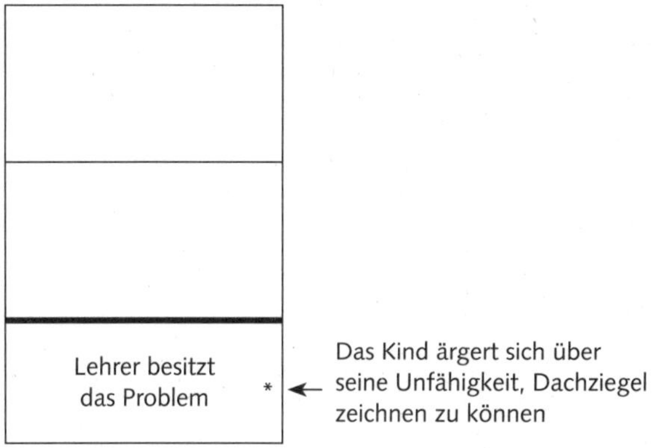

Abbildung 16

Damit ist der erste Schritt zur Abhängigkeit des Schülers getan. Gewöhnlich antwortet der Lehrer dann mit einer der Barrieren, um das Kind zu veranlassen, seine Gefühle zu ändern oder seine

Bemühungen nicht aufzugeben. Oder, was noch schlimmer ist: Er zeigt dem Schüler, wie er die Dachziegel zeichnen soll. Das Resultat – weitere Unselbstständigkeit.

Der Drang nach Unabhängigkeit und Selbstverantwortung ist in jedem von uns stark ausgeprägt. Er kann so lange unterdrückt werden, bis am Ende ein völlig unselbstständiger und unterwürfiger Mensch herauskommt. Jedes Mal, wenn der Schüler dem Druck nachgibt, sich der Vorstellung des Lehrers anpasst, wird sein Bedürfnis nach Unabhängigkeit reduziert, und es fällt ihm von Mal zu Mal leichter, sich zu unterwerfen.

Es folgen einige Beispiele, wie Pädagogen, die Probleme der Kinder als ihre eigenen betrachten und mit Barrieren darauf antworten, zu Abhängigkeit und Anpassung erziehen:

Lehrer: Kevin, du bist zu ruhig. Du musst dich mehr an der Klassendiskussion beteiligen.
(In diesem Fall stört Kevins Schweigen den Lehrer, obwohl eine Lehrkraft wohl selten durch Schweigen in irgendeiner Form beeinträchtigt wird. Der *negativen Bewertung* folgt ein Vorschlag, wie das Problem *für den Lehrer gelöst* werden kann.)

Schüler: Mathematik ist mir zu schwer.
Lehrer: Mathematik ist nicht schwer, Daniel. Dein Problem ist nur, dass du gleich aufgibst, wenn du auf Schwierigkeiten stößt. Also, versuch es noch mal.
(Hier versäumt es der Lehrer, Daniels Botschaft zu entschlüsseln. Stattdessen *widerspricht* er ihm und *analysiert* Daniels Verhalten. Schließlich wird dem Schüler wieder eine Lösung serviert.)

Schülerin: (geht das vierte Mal innerhalb von zehn Minuten zum Tisch des Lehrers) Ist diese Antwort richtig?
Lehrer: Du weißt, dass sie richtig ist, Jasmin. Warum kommst du dauernd und fragst mich?

(Auch für diesen Lehrer ist Jasmins Unsicherheit und ihr Bedürfnis nach Anerkennung ein Problem, dem er durch eine *prüfende Frage* aus dem Wege zu gehen versucht.)

Lehrer: (sieht, dass der schüchterne Leon auf einem Blatt Papier herumkritzelt, statt an der ihm gestellten Aufgabe zu arbeiten) Was machst du, Leon?
Leon: Nichts. (Schiebt das Blatt in sein Heft.)
Lehrer: Interessiert es dich nicht, was wir im Unterricht machen?
Leon: (flüsternd) Nein.
Lehrer: Sprich lauter. Langweilt dich der Unterricht?
Leon: Nein.
Lehrer: Warum vertrödelst du dann deine Zeit? Wenn du weißt, was du zu tun hast, beschäftige dich mit deiner Aufgabe und gib sie ab.
Leon: (kritzelt weiter, als sich der Lehrer abwendet)
(Auch hier wieder nur *prüfende Fragen,* gefolgt von einer *Drohung.*)

Lehrer: (beobachtet, dass Anna den Kopf auf den Tisch legt und schluchzt) Was ist los, Anna?
Anna: (undeutlich) Ich weiß nicht.
Lehrer: Du weinst über etwas. Was ist der Grund?
Anna: (schluchzend) Niemand mag mich.
Lehrer: (setzt sich neben Anna und legt ihr den Arm um die Schultern) Das *scheint* nur so. Alle mögen dich! Du bist doch nett und hübsch; nur nicht, wenn du so weinst. Komm, hör auf zu weinen. (Streichelt ihre Wange.) Wieder besser?
(Dieser Lehrer weigert sich, Anna ihren Kummer zuzugestehen, stellt *prüfende Fragen, analysiert, lässt der positiven Wertung eine negative folgen* und *befiehlt* Anna schließlich, sich *besser* zu fühlen.)

Solche Reaktionen vonseiten der Lehrkräfte, Tag für Tag, Woche für Woche, bringen am Ende die Kinder so weit, ihren eigenen Gefühlen zu misstrauen und sich nur noch so zu verhalten, wie andere es ihnen vorschreiben.

Wenn die Pädagogen in den obigen Beispielen den Schülern zugestanden hätten, ihr Problem selbst zu »besitzen«, hätten sie womöglich mit folgenden einfühlsamen Antworten reagiert:

Zu Kevin: Ich habe das Gefühl, dass du etwas auf dem Herzen hast. Möchtest du darüber reden?
Zu Daniel: Du hast wirklich zu kämpfen.
Zu Jasmin: Du bist dir nicht sicher.
Zu Leon: Du scheinst dich nicht dafür zu interessieren, was wir hier tun. Erzähl doch mal.

Zu Anna: Irgendetwas macht dir wirklich zu schaffen.
Anna: (zwischen zwei Schluchzern) Ja, niemand mag mich.
Lehrer: Du fühlst dich ziemlich einsam.

Jeder Schüler wird hin und wieder von unangenehmen Gefühlen geplagt werden und sich von Zeit zu Zeit so verhalten, dass es ihn in Schwierigkeiten bringt. In diesen Fällen ist es am hilfreichsten, wenn der Lehrer nicht versucht, sich die Probleme und Gefühle dieser Kinder zu eigen zu machen. Wenn Sie stattdessen Ihre Fähigkeit des aktiven Zuhörens gebrauchen, um dem Schüler bei der innerlichen Lösung seines innerlichen Problems zu helfen, werden Sie zu dessen Unabhängigkeit und Selbstverantwortlichkeit beitragen, anstatt diese zu reduzieren.

Ein Kursteilnehmers aus Idaho lieferte uns folgendes Beispiel:

Ich habe in einem Programm gearbeitet, das benachteiligte Schüler auf die Oberschule vorbereiten sollte. Eine Teilnehmerin des Programms war extrem schüchtern und hatte Schwierigkeiten, sich in einer Gruppe von Jugendlichen aufzuhalten oder mit Erwachsenen zu reden. Wenn ich sie ansprach, versteckte sie sich im Gebüsch oder rannte aus dem Zimmer. Also habe ich es mit den unterstützenden Methoden versucht, die wir gelernt haben. »Ich weiß, dass du dich dort im Gebüsch versteckst, Laura, das ist in Ordnung. Ich freue mich schon, dich gleich beim Mittagessen zu sehen.« Der erste Schritt, den sie auf mich zu machte, war eine Tuschezeichnung eines Mädchens, dessen Gesicht so schmerzverzerrt und leidend aussah, dass ich hätte weinen mögen. Daraufhin fing sie an, mir ihre Gefühle zu schreiben. Ich antwortete ihr schriftlich mit aktivem Zuhören. Schließlich war sie in der Lage, mit mir zu sprechen. Am Ende des Sommers konnte sie offen reden. Sie hat ein paarmal für uns als Babysitter gearbeitet und konnte toll mit Kindern umgehen.

Es folgen einige alltäglich auftretende Probleme von Schülern, die Lehrer häufig zu ihren eigenen Problemen machen wollen:

- Julia glaubt, sie sei hässlich.
- Christian kann sich für keinen Beruf entscheiden.
- Sabine hasst ihre Eltern.
- Thomas hat Angst vor größeren Jungen.
- Lina glaubt, sie sei schwanger.
- Laura hat keine Freundinnen.
- Emily hasst es, zum Klavierunterricht zu gehen.
- Oliver ist wütend, weil er ein wichtiges Tennismatch verloren hat.
- Felix hat Angst, ausgelacht zu werden, wenn er einen Fehler macht.
- Melissa fürchtet sich vor der Dunkelheit.
- Katrin glaubt, sie sei dumm.

Diese Probleme sind jedoch ihre eigenen, nicht die des Lehrers. Während sie sich damit auseinandersetzen, lernen sie, mit negativen Emotionen umzugehen, ihren eigenen Gefühlen zu vertrauen und vor allem eigene Lösungen zu finden. Nur so können sie Selbstvertrauen, Autonomie und Unabhängigkeit entwickeln.

Der schlechteste Dienst, den Pädagogen ihren Schülern leisten können, ist der, sich einzuschalten, um Kinder und Jugendliche vor ihren eigenen Problemen zu bewahren und sie so um ein entscheidendes Erlebnis in ihrem Leben zu bringen: die Auseinandersetzung mit den Konsequenzen ihrer eigenen Lösungen.

Folgendes spielte sich zwischen einer Lehrerin und einer Schülerin ab, die vergaß, ihre Mathematikbücher mit in die Schule zu bringen. Achten Sie darauf, wie die Lehrerin, sich geschickt auf aktives Zuhören verlassend, die *Schülerin ihr Problem besitzen* lässt. Und wie schnell das Mädchen seine eigene Lösung findet!

Schülerin: Ich habe meine Mathematikbücher zu Hause vergessen.
Lehrerin: Hmhm. Du hast ein Problem.
Schülerin: *Ja, ich* brauche mein Regelheft, mein Mathematikbuch und die Aufgabe, an der ich gearbeitet habe.
Lehrerin: Wir wollen mal überlegen, was wir tun können.
Schülerin: Ich könnte meine Mutter anrufen und sie bitten, mir die Sachen zu bringen ... Aber manchmal hört sie das Telefon nicht.
Lehrerin: Dann klappt es vielleicht nicht.
Schülerin: Ich könnte mir ein Buch von der Schule ausleihen und ein neues Blatt Papier nehmen, denn ich weiß, auf welcher Seite ich war.
Lehrerin: Mir scheint, du hast das Problem gelöst.
Schülerin: Ja.

Wie viele Lehrkräfte würden in einer ähnlichen Situation dem Mädchen einen Vortrag halten oder es vielleicht schelten und schließlich befehlen: »Geh sofort nach Hause und hol dein Heft!«

Wie man aus Klassendiskussionen den größten Nutzen zieht

Im Laufe eines Jahres erregen, ängstigen, stimulieren oder fesseln viele Ereignisse die Schüler so sehr, dass es ihnen schwerfällt, sich auf ihre Arbeit in der Schule zu konzentrieren. In den unteren Schulklassen können es ein neuer Schüler, außergewöhnliches Wetter, eine Prügelei auf dem Schulhof, ein an der Schule vorbeifahrendes Feuerwehrauto oder herannahende Ferien sein – alles das kann die Aufmerksamkeit der Kinder vorübergehend beeinträchtigen. In den höheren Klassen kann die Störung durch sportliche Ereignisse, eine Verhaftung in der Rauschgiftszene, drohende Gewalttätigkeiten, ein wichtiges Gesellschaftsereignis oder eine nationale Tragödie ausgelöst werden. Die Schüler sind erregt, verwirrt, engagiert, es fällt ihnen schwer zu arbeiten. Diese Gefühle zu ignorieren hieße, alle zu enttäuschen. Pädagogen, die spüren, dass ihre Schüler abgelenkt oder mit ihren Gedanken anderweitig beschäftigt sind, können ihnen helfen, mit ihren Gefühlen fertigzuwerden, indem sie zunächst ihr Unterrichtsprogramm vorübergehend aufschieben. Dann können sie eine Klassendiskussion anregen, damit die Schülern über ihre Gefühle sprechen können. Auch hier ist wieder die Fähigkeit des aktiven Zuhörens gefragt.

Wenn Lehrer diese Klassendiskussionen ausprobieren, berichten sie generell, dass die Kinder dadurch wieder ins Gleichgewicht kommen. Sie versuchen ihre Gefühle und Einstellungen zu ergründen und setzen sich dadurch unvermeidlich mit Wertfragen auseinander. Das fördert die intellektuelle Entwicklung.

Viele Lehrkräfte nehmen Klassendiskussionen als regulären Bestandteil in ihren Unterrichtsplan auf und erlauben den Schülern, über das zu sprechen, worüber *sie* zu diskutieren wünschen. Diese Sitzungen beginnen gewöhnlich damit, dass der Lehrer eine offene und recht allgemein gehaltene Frage stellt, zum Beispiel: »Worüber möchtet ihr euch heute unterhalten?« Er kann aber auch präziser fragen: »In letzter Zeit hat es eine Reihe von Prügeleien auf dem Schulhof gegeben. Was denkt ihr über diese Vorfälle?« Nach diesen Türöffnern verlässt er sich ausschließlich auf aktives Zuhören. Er versucht, den Schülern klarzumachen, dass ihre Vorstellungen angenommen werden.

Ein Volksschullehrer berichtete über seine Erfahrungen mit Klassendiskussionen:

Sie waren wirklich eine Hilfe. Ich hatte vergessen, wie schwer es für Elf- und Zwölfjährige ist, die Welt zu begreifen. Der viele Unsinn, an den sie glauben, überraschte mich, gleichzeitig aber auch, wie kritisch sie oft sind. Manche der Dinge, über die sie diskutierten, sind anspruchslos gewesen, zum Beispiel wie das Essen in der Cafeteria verbessert werden könnte. Aber sie gingen auch ein paar wirklich schwere Fragen an. Themen wie »Was ist Ehrlichkeit?« oder »Haben Menschen überhaupt das Recht, über andere Menschen zu bestimmen?«. Richtig schwierige Sachen, Fragen, mit denen ich mich erst wesentlich später auseinandergesetzt habe. Ich weiß keinen besseren Weg als diese *Klassendiskussionen,* um Kinder all diese widersprechenden Informationen und Gefühle ordnen zu lassen.

Ein recht aufregender Vorfall ereignete sich in der Klasse einer an unserem Kurs teilnehmenden Lehrerin:

Die Klasse begann den Unterricht mit einer Schönschreibstunde, und mehrere Eltern waren zu Besuch. Ich schrieb an der Tafel, als ich mich jedoch umdrehte, sah ich, wie Peter zu Michael hinüberging und ihn mehrmals schlug. Ich versuchte sie zu trennen, doch da setzte sich Peter gegen mich zur Wehr, war wütend und hatte alle Selbstkontrolle verloren. Nachdem ich ihn für eine Weile nach draußen geschickt hatte, damit er sich beruhigte, setzte ich die Stunde fort. Kurze Zeit darauf brachte der Rektor Peter in die Klasse zurück. Mit geballten Fäusten saß er an seinem Tisch. Ich fragte ihn, ob er mitarbeiten wolle, aber er weigerte sich, und so ließ ich ihn in Ruhe. Zunächst beschloss ich zu warten, bis die Eltern gegangen waren, aber dann entschied ich, es sei wichtiger, Peter zu helfen, als den Eltern eine ungestörte Unterrichtsstunde zu bieten. Ich bat die Klasse, ihre Stühle im Kreis aufzustellen. Peter machte nicht mit. Ich schlug vor, Platz für seinen Stuhl zu lassen, damit er sich jederzeit zu uns setzen könnte, wenn er wollte. Jemand meinte, ich sollte beginnen, und so sagte ich ihnen, dass ich aufgebracht und in Verlegenheit war, als Peter auf Michael einschlug, weil die Eltern anwesend waren. Ich sagte auch, dass ich sehr unglücklich darüber war, dass Peter so wütend war, und mich fragte, was Michael wohl fühle. Mehrere Schüler teilten meine Gefühle – nur sechs von 23 Kindern sagten nichts. Dann erklärte Mark, dass Peter nicht allein schuld sei. Michael habe Peter vor der Schönschreibstunde geärgert.

Lehrerin: (zu Mark gewandt) Michael hat etwas getan, das Peter aufbrachte?
Mark: Ja, er ging zu Peters Tisch und nahm seine Chips weg. (Jetzt setzte sich Peter mit in den Kreis.)
Michael: Nein, das habe ich nicht getan.
Mehrere Kinder: Das hast du doch getan!
Peter: Er hat es getan. Jan gab mir ein paar Chips, und Michael hat sie gegessen.
Lehrerin: Michael kam an deinen Tisch und nahm die Chips, ohne zu fragen, ob er sie haben durfte.
Peter: Ja.
Lehrerin: Michael, Peter sagt, du hast die Chips weggenommen, die Jan ihm gegeben hat.
Michael: Ich dachte, Jan hat gesagt, ich könnte sie haben.
Jan: Ich habe Peter ein paar Chips abgegeben, und Michael nahm sie ihm weg. Darum gab ich Peter noch ein paar. Die hat Michael auch genommen.
Tobias: Das macht er immer. Eine Gemeinheit! Er geht an einem vorbei und stößt einen oder stellt einem ein Bein. Hinterher tut er ganz unschuldig.
Christian: Er sagt auch böse Sachen.
Lehrerin: Was Michael heute getan hat, ist also nichts Besonderes.
Klasse: Nein!
Lehrerin: Michael tut Dinge, die euch ärgern.
Tobias: Das tut er, und wenn wir uns wehren, sind wir diejenigen, die erwischt werden.

Lehrerin: Michael, die anderen scheinen das Gefühl zu haben, dass du oft Dinge tust, die sie ärgern.
Michael: (keine Antwort)
Lehrerin: Es hört sich so an, als ob andere oft Unannehmlichkeiten bekommen würden, wenn sie auf dich wütend werden.
Michael: Ich ärgere sie nicht. Sie mögen mich nicht leiden.
Lehrerin: Du hast das Gefühl, niemand in der Klasse mag dich.
Michael: Ein paar mögen mich.
Lehrerin: Ein paar aus der Klasse mögen dich, und andere mögen dich nicht.
Michael: Ja. Sie lassen mich in der Pause nicht mitspielen.
Lehrerin: Du möchtest an den Spielen in der Pause teilnehmen?
Michael: Ich möchte auch Fußball spielen, aber Tobias und Peter lassen mich nicht mitspielen.
Lehrerin: Wenn du fragst, ob du mitspielen darfst, sagen Tobias und Peter Nein.
Tobias: Wir sagen nicht, dass er nicht mitspielen darf, wir sind nur schon genug Spieler.
Lehrerin: Einige von euch bestimmen, wie viele bei den Pausenspielen mitspielen dürfen.
Eddie: Sie sagen: »Keine Neuen.«
David: Und Tom und Oliver mogeln.
Max: Ja, sie erfinden Regeln, wie sie ihnen passen, und richten sich nicht nach den Regeln, die ihnen nicht passen. Von denen haben sie nie gehört, behaupten sie dann.
Lehrerin: Tom und Oliver sind aus der Parallelklasse, habe ich recht?
Mehrere: Das stimmt.
Lehrerin: Es hört sich an, als ob wir es hier mit mehreren Problemen zu tun haben. Ich möchte zu dem Problem zurückkehren, das Peter und Michael zuerst hatten. Es ist bald Pause. Nach der Pause können wir uns darüber unterhalten, was man tun könnte, damit jeder von euch die Chance hat mitzuspielen. Es hört sich an, als ob andere

außer Michael auch gerne mitspielen würden. Wollt ihr noch etwas zu dem Vorfall vor der Stunde sagen, Michael und Peter?

Peter: Er soll bloß nicht wieder meine Sachen wegnehmen.

Lehrerin: Wenn Michael dir ohne zu fragen etwas wegnimmt, wirst du böse.

Peter: Ich hau ihm eine runter!

Lehrerin: Du wirst so böse, dass du ihm eine runterhauen willst.

Peter: Ja.

Lehrerin: Es ist nichts dagegen einzuwenden, wütend zu sein, du weißt aber, dass Schlägereien in unserer Schule verboten sind. So wirst du dir etwas anderes einfallen lassen müssen, um deinem Ärger Luft zu machen.

Peter: Das ist schwierig. Meine Eltern sagen, ich soll mich wehren, und die Schule sagt, ich darf nicht schlagen.

Lehrerin: Das klingt, als ob du nicht weißt, was du tun sollst.

Peter: Ich glaube, in der Schule kann ich mich nicht prügeln. Dann kriege ich Ärger.

Benjamin: Er könnte es der Lehrerin sagen.

David: Er könnte Michael etwas von seinem Frühstück abgeben, dann bräuchte Michael es ihm nicht wegzunehmen.

Alexander: Er könnte ihn auf anständige Art bitten, ihn in Ruhe zu lassen.

Peter: Er kann von meinem Frühstück abhaben, wenn er aufhört, mich zu ärgern, und mich zuerst darum bittet.

Michael: Das Frühstück ist mir eigentlich ganz egal. Vielleicht darf ich ja in der nächsten Pause mit Fußball spielen.

Lehrerin: Du meinst, du würdest glücklicher sein, wenn du mit Peter und den anderen spielen könntest. Du würdest sie nicht ärgern wollen, wenn sie deine Freunde wären.

Michael: Ja, ich möchte mit zum Team gehören.

Diese Diskussion führte zu sehr wichtigen Ergebnissen: Peters Zorn ließ nach; Michael lernte von seinen Klassenkameraden; die ganze

Klasse beteiligte sich an der Lösung des Problems, sie zeigte Verständnis für Michaels Gefühl, ausgestoßen zu sein, usw.

Dieser Vorfall erregte offenbar die ganze Klasse. Die Unterrichtsstunde wurde unterbrochen. Alle Aufmerksamkeit richtete sich auf den emotionsgeladenen Vorfall. Klugerweise (und mutigerweise, angesichts der Gegenwart der Eltern) regte die Lehrerin die Gruppendiskussion an, weil sie von der Fähigkeit der Schüler überzeugt war, das Problem selbst zu bewältigen. Wieder erwies sich aktives Zuhören als das wichtigste Instrument des Lehrers, und das Resultat, von niemandem vorherzusagen, war durchaus bemerkenswert.

Wie aktives Zuhören bei Eltern-Lehrer-Konferenzen hilft

In den meisten Schulen wird der Wert von Elternabenden oder sonstigen Gesprächen zwischen Eltern und Lehrern anerkannt. Offizieller Zweck dieser Zusammenkünfte ist gewöhnlich die Diskussion über den Fortschritt der Kinder in der Schule. Aber jeder Pädagoge, der an solchen Gesprächen teilgenommen hat, weiß, wie weit sich die Diskussion von schulischen Belangen entfernen und wie störend und frustrierend das sein kann. Die Schulen sorgen nur selten für eine adäquate Ausbildung für den Umgang mit nicht schulischen Problemen, die häufig während der Eltern-Lehrer-Konferenzen auftauchen. Hier nur einige der vielen Themen und Gefühle, die zur Sprache gebracht werden:

- Bedenken gegen andere Lehrer
- Nachbarschaftsklatsch
- Intime Ehe- und Familienprobleme
- Androhung schwerer Bestrafungen ihrer Kinder für schlechte Leistungen in der Schule

- Gegen den Lehrer gerichteter Zorn über mangelnde Leistungen ihrer Kinder
- Engagierte Meinungen über Lehrmethoden, die die Schule übernehmen oder abschaffen soll
- Repressalien, die Lehrern wegen wirklicher oder eingebildeter Kränkungen oder Beleidigungen angedroht werden
- »Überfürsorge« oder Überängstlichkeit im Hinblick auf die Kinder
- Mangel an elterlicher Fürsorge
- Ausdruck heftiger Emotionen – weinen, schreien, Beleidigungen ausstoßen

Diesen und anderen Problemen, die in Gesprächen mit Eltern auftreten können, stehen viele Pädagogen unvorbereitet gegenüber. Sie reagieren ziemlich hilflos, oft sogar defensiv und feindselig. In unseren Kursen ausgebildete Lehrer wissen, wie man sich in solchen Situationen am besten verhält, wie man angemessen reagiert.

Zunächst stellen sie fest, wer das Problem besitzt. Sie fragen sich: »Beeinträchtigt mich das Problem dieser Eltern, berühren mich ihre Gefühle oder ihr Verhalten auf irgendeine Weise? Fühlen sich die Eltern schlecht oder fühle ich mich schlecht?«

Wenn der Lehrer, wie es so oft der Fall ist, das konkrete Problem als das der Eltern erkannt hat, muss er sich fragen: »Habe ich Zeit, um diesem besorgten Elternteil zu helfen? Möchte ich helfen? Kann ich ihn seine eigenen Lösungen finden, seine eigenen Probleme bewältigen lassen? Kann ich die Gefühle dieses Elternteils aufrichtig annehmen?«

Beschließt der Pädagoge, den Eltern bei der Bewältigung der Probleme, die sie selbst besitzen, zu helfen, dann ist sein wichtigstes Mittel das aktive Zuhören. Fühlt er sich jedoch durch das Verhalten des Elternteils konkret beeinträchtigt, dann ist aktives Zuhören nicht angebracht.

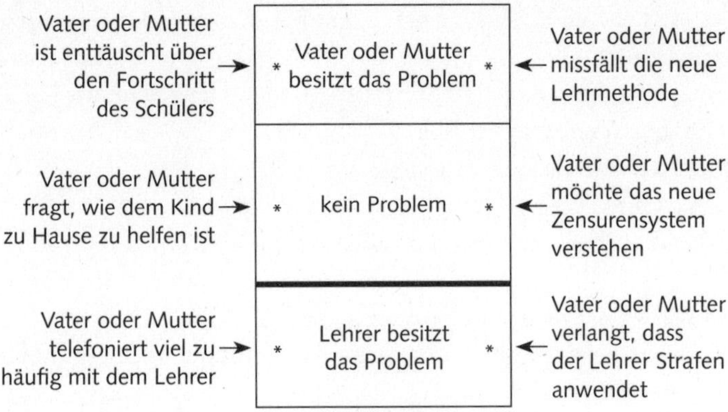

Abbildung 17

Abbildung 17 kann verdeutlichen, wer das Problem besitzt. Jede Aussage steht für eine Frage, Behauptung oder ein Problem eines Elternteils, und wir haben jede im richtigen Teil des rechteckigen Fensters lokalisiert, durch das der Lehrer den Elternteil betrachtet.

Die meisten vorgetragenen Probleme werden die der Eltern sein. Wenn die Lehrkraft Zeit hat, sich annehmend fühlt und helfen will, ist aktives Zuhören das Richtige. Wenn keine Zeit dafür vorhanden ist, weil das Problem zu komplex ist, kann der Lehrer eine weitere Konferenz mit mehr zur Verfügung stehender Zeit vorschlagen. Sind die Voraussetzungen für aktives Zuhören aus irgendeinem Grund nicht erfüllt und der Pädagoge fühlt sich nicht annehmend, ist es besser, wenn er das sagt und nicht den Fehler macht, verbale Annahme mitzuteilen, ohne sich annehmend zu fühlen. (Im nächsten Kapitel werden wir erklären, wie Lehrer sich in Situationen, in denen ihre Bedürfnisse unbefriedigt bleiben, verhalten können.)

Beachten Sie, dass der Lehrer in der mittleren Zone (Kein-Problem-Zone) auf Bitten um Informationen angemessen reagieren kann, indem er konkrete Vorschläge macht oder Informationen gibt. Wenn ein Elternteil fragt: »Wie kann ich meinem Kind zu

Hause beim Lernen helfen?«, *kann* das eine klare Bitte um Information sein. Der Elternteil erkundigt sich *vielleicht* nur nach Techniken, die er anwenden kann, um sein Kind bei den Hausaufgaben zu unterstützen; oder er erkundigt sich nach Methoden, wie er den im Unterricht durchgenommenen Stoff vertiefen kann.

Manchmal tut man aber gut daran, derartige Botschaften zu überprüfen, um festzustellen, ob es wirklich eine klare Bitte um Information und nicht ein Code für ein Problem der Eltern ist. Um Eltern zu helfen, das zu formulieren, was sie wirklich bedrückt, kann die Lehrkraft zum Beispiel feststellen: »Es ist Ihnen nicht klar, wie Sie Johnny am besten helfen können.« Wenn der Elternteil nur Ja sagt, sollte der Lehrer nützliche Informationen geben. Lautet die Antwort jedoch: »Ach nein, ich finde nur, er muss mehr lernen, und hier scheint er das nicht zu tun«, ist zusätzliches aktives Zuhören angebracht.

Es folgt ein Dialog im Rahmen einer Eltern-Lehrer-Konferenz, den ein Pädagoge in unserem Kurs beigesteuert hat. Das Gespräch entstand, nachdem Lehrer und Eltern eine neue Form von Zeugnissen diskutiert hatten. Beachten Sie, wie aktives Zuhören die anfängliche Feindseligkeit des Elternteils abzuschwächen vermochte:

Elternteil (betritt mit einem Zeugnis wedelnd das Klassenzimmer): Ich habe überhaupt kein Problem damit, Ihnen zu sagen, wie sauer ich über dieses Ding hier bin!

Lehrer: Sie sind sauer wegen des Zeugnisses.

Elternteil: Und wie! Ich bin nicht damit einverstanden, und ich kenne auch sonst niemanden, der das ist.

Lehrer: Sie bevorzugen das alte Notensystem.

Elternteil: Ja, und als man uns letztes Jahr gebeten hat, diese Dinger hier zu bewerten, habe ich mir wirklich viel Zeit genommen, um meine Meinung diesbezüglich niederzuschreiben. Andere Eltern, mit denen ich gesprochen habe, sagten mir, sie hätten ähnliche Kritik geübt.

Lehrer: Sie haben Ihre Empfindungen ausgedrückt, haben aber das Gefühl, dass es nichts gebracht hat.
Elternteil: Absolut nichts. Diesen Herbst habe ich in der Zeitung gelesen, dass die neuen Zeugnisse bewertet worden seien und die Reaktion darauf so positiv ausgefallen sei, dass man das System beibehalten wolle. Ich hab keine Ahnung, wer sie so toll findet, ich jedenfalls nicht. Wer hat diese Bewertung überhaupt vorgenommen?
Lehrer: Nun, die Bewertungsbögen wurden den Eltern aller Grundschüler in der Stadt zugesandt.
Elternteil: Na ja, gestern bei dieser Konferenz hab ich ein paar Eltern sagen hören, dass sie sie gut finden. Ich schätze, sie sind auch für manche Kinder gut, aber ich persönlich möchte mehr über die Fortschritte meiner Tochter erfahren.
Lehrer: Sie haben das Gefühl, dass Sie durch die Änderung der Zeugnisse nicht das erfahren, was Sie wirklich über Ihre Tochter wissen möchten.
Elternteil: Na ja, sie sind schon besser als die alten Zeugnisse, das muss ich zugeben. Die neuen lassen mehr Raum für Kommentare, und diese sind viel spezifischer. Zumindest habe ich das Gefühl, nun eine Idee davon zu haben, was sie in der Schule so macht. Aber ich weiß noch immer nicht, ob es einen bestimmten Bereich gibt, in dem sie besonders gut oder interessiert ist. Es sind einfach alle Kommentare so gut. Ich weiß, dass sie eine gute Schülerin ist, aber ich möchte wissen, wie gut.
Lehrer: Sie möchten wissen, wie gut sie sich in gewissen Fachbereichen schlägt.
Elternteil: Ganz recht, und ob es irgendeinen Bereich gibt, in dem sie besonders gut ist.

(Daraufhin folgte eine sehr lange und detailreiche Erläuterung des Schulkonzepts, wie die Schule aufgebaut ist, was von den einzelnen Fächern abgedeckt wird und wie das Kind vorankommt.)

Elternteil: Jetzt fühle ich mich besser. Ich habe das Gefühl, nun wirklich zu wissen, was sie hier macht. Ich hoffe, Sie wissen, dass ich nicht Sie persönlich für diese Situation verantwortlich gemacht habe. Ich weiß, dass Sie diese Zeugnisse vorgesetzt bekommen haben und nun das Beste daraus machen müssen.
Lehrer: Ich habe mich überhaupt nicht angegriffen gefühlt. Ich halte es für sehr wichtig zu sagen, was man denkt. Nur so kann man Dinge klären.

Was Dreieckskonferenzen vollbringen können

Immer mehr Lehrer beginnen einzusehen, wie wertvoll es ist, den Schüler bei Eltern-Lehrer-Konferenzen mit einzubeziehen. Letzten Endes, so argumentieren sie, ist der Schüler das Diskussionsthema, und wer weiß mehr darüber als er selbst?

Gespräche zwischen Eltern und Lehrkräften können für Kinder und Jugendliche sehr bedrohlich sein, wenn sie von diesen Sitzungen ausgeschlossen sind. Sie haben dann oft das Gefühl, dass beide sich heimlich treffen, um gegen sie zu konspirieren oder um wichtige Entscheidungen über sie zu treffen.

Lehrer, die Dreieckskonferenzen ausprobiert haben, berichten im Allgemeinen von positiven Resultaten. Die Vorteile können sein:

- Ein größeres Gefühl der Sicherheit seitens der Schüler
- Bessere Zeitausnutzung; weniger Abschweifen vom Thema
- Umfassendere Information für die Eltern
- Gelegenheit, Meinungsverschiedenheiten innerhalb der Familie zu diskutieren
- Besseres Planen für zukünftiges Lernen
- Größere Einigkeit zwischen Eltern und Kindern
- Der Erziehungsprozess wird mit größerer Wahrscheinlichkeit als Zusammenarbeit und nicht als Konkurrenzkampf betrachtet

- Verstärkter Wunsch des Schülers, Entscheidungen durchzuführen, die er selbst mit getroffen hat
- Starkes Gefühl der Zusammenarbeit bei allen Beteiligten

Wenn Lehrer es zum ersten Mal mit Dreieckskonferenzen versuchen, stoßen sie gelegentlich auf Widerstand der Eltern. Sie sollten darauf in jedem Fall mit aktivem Zuhören reagieren. Fühlen sich Väter und Mütter verstanden, so können sie leichter mit Enttäuschungen, Erwartungen, Ängsten und anderen Gefühlen fertigwerden. Pädagogen berichten, dass einer der üblichen Gründe für den elterlichen Widerstand, den Schüler in diese Zusammenkünfte einzubeziehen, das Bedürfnis des Elternteils ist, unter vier Augen über *seine* Probleme zu sprechen. Derartiger Widerstand verschwindet, wenn Verabredungen für ein weiteres Gespräch allein mit dem Elternteil getroffen werden.

Zusammenfassung

Aktives Zuhören ist eine unschätzbare Fähigkeit, um anderen bei der Klärung der Probleme zu helfen, denen sie im Laufe ihres Lebens begegnen. Es fördert Wachstum, Unabhängigkeit, Zuversicht und Selbstvertrauen. Es befreit die Lehrer von der unmöglichen Aufgabe, die volle Verantwortung für den Lernprozess der Schüler zu übernehmen. Aktives Zuhören ist ein wesentliches Element, um den Unterricht besser zu gestalten und das Klassenzimmer in einen Ort der freundschaftlichen Auseinandersetzung zu verwandeln – ein Weg, um die Maxime »Lehren ist eine Form des Liebens« Wirklichkeit werden zu lassen.

5. Was Lehrer tun können, wenn Schüler sie vor Probleme stellen

Viele Pädagogen fühlen sich von der Aufgabe, allen Schülern gleichzeitig gerecht zu werden, überfordert und frustriert. Wenn viele Schüler gleichzeitig ihre Bedürfnisse befriedigen wollen, werden etliche zwangsläufig lästig, aggressiv, rücksichtslos, oder sie sind gedankenabwesend und beteiligen sich nicht mehr am Unterricht. Wenn Lehrer Eltern darüber klagen hören, wie schwer es ist, mit ihren Kindern zu Hause fertigzuwerden, sind sie verständlicherweise versucht zu fragen: »Was würden Sie tun, wenn Sie 30 davon gleichzeitig in einem Raum und dazu die Aufgabe hätten, ihnen etwas beizubringen?«

Zweifellos, Lehrkräfte haben einen schweren Beruf. Die meisten von ihnen erleben viel Ärger, Frustration und Verbitterung. Eine Lehrerin aus der Unterstufe eines Gymnasiums drückte es so aus:

Nach circa zwei bis drei Stunden fange ich an, das Ende der letzten Stunde herbeizusehnen. Bis es so weit ist, bin ich völlig erschöpft. Ich kann mich kaum nach Hause schleppen. Dort angekommen, will ich nur noch in Ruhe gelassen werden. Das zerrüttet meine Ehe.
Ich glaube wirklich nicht, dass das Unterrichten das wert ist. Die Kinder fordern zu viel von mir.

Unterrichten ist in der Tat schwer und anstrengend. Die Erschöpfung dieser Lehrerin ist jedoch, wie in den meisten Fällen, sicher mehr auf viele Enttäuschungen als auf schwere Arbeit zurückzuführen. Befriedigende Arbeit dagegen, mag sie noch so schwer sein, ist gewöhnlich anregend.

In diesem Kapitel werden wir untersuchen, warum so viele Pädagogen den Tag wie diese Lehrerin beenden – erschöpft, entmutigt, geschlagen.

Lösung von Problemen, die der Lehrer besitzt

Kapitel 3 und 4 beschäftigten sich mit Problemen, mit denen Schüler fertigwerden müssen; die Verantwortung für ihre Lösung liegt bei ihnen. Für solche Schwierigkeiten ist aktives Zuhören das wichtigste Instrument für den Lehrer. Wir betonten dort, wie notwendig es für ihn ist zu erkennen, dass der *Schüler diese Probleme besitzt.*

Nicht minder wichtig ist es, dass Lehrkräfte lernen, Probleme zu lokalisieren, die sie besitzen. Fühlen sie sich belästigt, sind frustriert, verstimmt, ärgerlich, zerstreut oder überreizt, fühlen sie sich unbehaglich oder angespannt, sind nervös, haben Magenverstimmungen oder Kopfschmerzen, so deutet alles darauf hin, dass sie Schwierigkeiten haben. Lehrer müssen diese Gefühle und Reaktionen besitzen und die Verantwortung dafür übernehmen. Wer dies nicht tut, wird mit Frustration und Ermüdung bestraft, wie die entmutigte Lehrerin es im obigen Beispiel beschreibt.

Hier sind ein paar alltägliche Situationen, die für Lehrer problematisch sind:

- Ein Schüler zerkratzt eine neue Schreibtischplatte.
- Mehrere Kinder stören ein Gespräch mit einem anderen Kind.
- Ein Schüler stellt von ihm benutzte Nachschlagewerke nicht ins Regal zurück.
- Ein Jugendlicher kommt wiederholt zu spät und stört den Unterricht.
- Mehrere Teenager rauchen in der Dunkelkammer des Fotolabors.

- Ein Schüler klatscht ständig über die anderen.
- Ein Schüler benutzt ohne zu fragen die Sachen auf Ihrem Schreibtisch.
- Ein Kind isst Bonbons und wirft das Papier auf den Fußboden.
- Mehrere Schüler streiten sich.
- Mehrere Jugendliche flüstern laut während des Unterrichts.

Diese und viele andere derartige Verhaltensweisen von Schülern beeinträchtigen entweder tatsächlich oder potenziell die legitimen Bedürfnisse der Lehrer. Kein Pädagoge möchte Tische zerkratzen lassen, Nachschlagewerke verlieren, hinter anderen herräumen usw. Lehrer haben wie alle anderen Menschen bestimmte legitime Bedürfnisse und können viele Verhaltensweisen der Schüler nicht akzeptieren. Aktives Zuhören hilft hier nicht weiter, ebenso wenig können Lehrkräfte die nicht annehmbaren Verhaltensweisen der Schüler ignorieren, so tun, als gäbe es sie nicht. Hier muss den Lehrern zuliebe etwas unternommen werden. Um die Pädagogen in unseren Kursen zu überzeugen, dass ein Unterschied darin besteht, ob ihre Probleme oder die der Schüler bewältigt werden müssen, benutzen wir eine Aufstellung, die verdeutlichen soll, dass beide Aufgaben genau entgegengesetzte Haltungen erfordern.

Wenn der Schüler das Problem besitzt:	Wenn der Lehrer das Problem besitzt:
Schüler beginnt sich mitzuteilen.	Lehrer beginnt sich mitzuteilen.
Lehrer ist Zuhörer.	Lehrer ist Sender.
Lehrer berät.	Lehrer beeinflusst.
Lehrer möchte dem Schüler helfen.	Lehrer möchte Hilfe für sich.
Lehrer akzeptiert die Lösung des Schülers.	Lehrer muss mit der Lösung zufrieden sein.

Wenn der Schüler das Problem besitzt:	Wenn der Lehrer das Problem besitzt:
Lehrer interessiert sich in erster Linie für die Bedürfnisse des Schülers.	Lehrer interessiert sich in erster Linie für die eigenen Bedürfnisse.
Lehrer verhält sich beim Lösen der Probleme passiver.	Lehrer verhält sich beim Lösen der Probleme aktiver.

Die Erkenntnisse aus dieser Tabelle sind den meisten Pädagogen sofort klar:

1. Zuerst muss man herausfinden, wer das Problem besitzt.
2. Hat der Schüler das Problem, ist es angebracht, auf die Sprache der Annahme zu vertrauen und ihm mit aktivem Zuhören zu helfen.
3. Hat der Lehrer das Problem, bleibt die Sprache der Annahme erfolglos und ist falsch eingesetzt.

Was können Lehrkräfte aber tun, wenn sie das Verhalten eines Kindes nicht akzeptieren können? Betrachten Sie es so: Sie haben drei Variablen, mit denen Sie arbeiten können: den *Schüler,* die *Umwelt* und *sich selbst.* Das heißt, Sie können Ihren Einfluss darauf richten:

1. versuchen, das Verhalten des Schülers zu modifizieren,
2. den Versuch zu machen, die Umwelt zu verändern,
3. versuchen, sich selbst zu ändern.

Hier ein Beispiel: Frau W. wird von einem der Schüler ihrer Klasse wiederholt gestört. Er scheint mit seiner Aufgabe nicht ohne ständige Kontrolle und Unterstützung voranzukommen. Das ist für Frau W. unannehmbar, daher ist es ihr *Problem.* Was kann sie unternehmen?

1. Frau W. kann den Schüler mit ihrem Problem konfrontieren und ihn dazu bringen, dass er sie nicht mehr stört *(das Verhalten des Schülers modifizieren)*.
2. Sie kann dem Schüler besseres Material für seine Aufgabe geben *(die Umwelt verändern)*.
3. Sie kann sich sagen: »Er ist eben ein unselbstständiger Schüler; das kann sich ändern, wenn ich ihm dabei helfe« oder »Er braucht von meiner Zeit offensichtlich mehr als die anderen« *(sich selbst ändern)*.

Dieses Kapitel wird sich nur mit der ersten Möglichkeit beschäftigen: dem Versuch, das Verhalten des Schülers zu modifizieren. Wie man die Situation im Klassenzimmer verändert, wird in Kapitel 6 beschrieben. Im Kapitel 10 lernen Sie, wie Sie sich selbst ändern, um Probleme zu lösen, die Sie besitzen.

Was typische ineffektive Konfrontationen bewirken

Gibt ein Lehrer einem Schüler zu verstehen, dass dessen Verhalten seine Rechte und Bedürfnisse einschränkt, so haben wir in unseren Kursen dieses Handeln bewusst als »Konfrontation« bezeichnet.

Dieser aktive Schritt erfordert Mut und drückt das Bedürfnis nach Selbsterhaltung aus, es ist ein Akt notwendiger Ichbezogenheit im reinsten Sinne des Wortes.

In unseren Kursen legen wir den Lehrkräften typische nicht annehmbare Verhaltensweisen von Schülern vor und bitten sie zu demonstrieren, wie sie darauf reagieren würden. Mit erstaunlicher Regelmäßigkeit verhalten sich 90 bis 95 Prozent der Lehrer so, dass folgende Resultate dabei herauskommen müssen:

1. Der Schüler widersetzt sich einer Änderung.

2. Der Jugendliche hat das Gefühl, der Lehrer hält ihn für dumm oder im besten Fall für hoffnungslos unfähig.
3. Der Schüler glaubt, dass der Lehrer nur wenig Rücksicht auf ihn als Mensch mit Gefühlen und Bedürfnissen nimmt.
4. Das Kind hat Minderwertigkeitskomplexe.
5. Der Schüler glaubt, sich verteidigen zu müssen.
6. Das Kind fühlt sich beschämt, verlegen oder schuldig.
7. Der Schüler ist ärgerlich und denkt: »Das macht das Maß voll – das gibt mir das Recht, es ihm heimzuzahlen!«
8. Der Jugendliche zieht sich zurück, gibt auf, unternimmt keine Anstrengungen mehr.

Nicht, dass die Lehrer sich solche Resultate wünschten. Sie haben durchweg das Gefühl: »Ich will nichts weiter, als auch *meine* Bedürfnisse befriedigen!« Die meisten Pädagogen haben über die tatsächliche Wirkung ihrer Botschaften auf die Schüler einfach nie nachgedacht. Sie sagen nur, was *ihnen* immer gesagt worden ist, wiederholen die Worte ihrer Eltern und früheren Lehrer. Eine Lehrerin beurteilte ihre Art, die Kinder und Jugendlichen mit ihren Bedürfnissen zu konfrontieren, so:

Seitdem ich angefangen habe, mir selbst zuzuhören, wenn ich mit den Schülern spreche, macht es mich verrückt, dass ich genau die Worte höre, die ich bei meinen eigenen Lehrern hasste. Warum ist das so? Warum sage ich genau dieselben Dinge, beinahe Wort für Wort, die mich die Schule hassen und meine Lehrer verachten ließen?

Wie jedermann reagierte diese Lehrerin, besonders unter Stress, nach tradierten Mustern. Es fällt ihr schwer, andere Wege einzuschlagen. Die typischen Botschaften, die Lehrer senden, wenn sie Schüler mit Problemen konfrontieren, fallen in drei allgemeine Kategorien:

1. Lösungsbotschaften,
2. herabsetzende Botschaften,
3. indirekte Botschaften.

Warum Lösungsbotschaften versagen

Lösungsbotschaften sagen einem Schüler genau, wie er sein Verhalten zu modifizieren hat – was er *tun muss, besser täte, tun sollte oder tun könnte.* Mit diesen Botschaften serviert der Lehrer Lösungen seiner eigenen Probleme und erwartet vom Schüler, dass er sie übernimmt.

Wenn sie gebeten werden, sich zu erinnern, wie ihre ehemaligen Lehrer sie mit Problemen konfrontierten, berichten die Teilnehmer in unseren Kursen, dass die Lehrkräfte ihnen häufig »ihre Lösungen aufzwangen«. Sie erinnern sich der negativen Wirkung dieser »Lösungsbotschaften«. Ein Lehrer formulierte das so:

Meine eigenen Lehrer kommandierten mich ständig herum oder drohten, mich zum Direktor zu schicken oder meine Eltern in die Schule zu bitten. Ich hasste das. Manchmal war ich »ungezogen«, nur um es ihnen zurückzuzahlen. Ich schlich mich ins Lehrerzimmer und klebte die Seiten ihrer Zensurenbücher zusammen oder tat etwas ähnlich Gemeines. Wissen Sie, ich glaube *immer noch,* dass manche von ihnen es verdienten.

Ein anderer Pädagoge erinnert sich:

Ich fühlte mich immer so dumm und böse, wenn meine Lehrer mich anschrien. Das Einzige, was ich tun konnte, war nachgeben und das tun, was sie wollten – oder böse sein.

Die Lehrer in unseren Kursen sind oft entsetzt, wenn sie entdecken, wie häufig sie selbst Lösungsbotschaften verwenden. Warum sollten ihre Schüler anders reagieren als sie selbst damals? Es gibt fünf unterschiedliche Arten von Lösungsbotschaften:

1. *Befehlen, kommandieren, anleiten*
»Spuck den Kaugummi aus!«
»Setz dich sofort hin!«

2. *Warnen, drohen*
»Wenn du nicht mitarbeitest, werde ich dich den ganzen Tag vor der Tür stehen lassen.«
»Mach das noch einmal, junger Mann, und ich lasse dich nachsitzen!«

3. *Moralisieren, predigen*
»Du solltest wissen, dass man das nicht tut.«
»In der vierten Klasse sollte man wissen, was sich gehört.«

4. *Belehren, logische Argumente verwenden, Fakten liefern*
»Wenn man trödelt, wird man mit seinen Aufgaben nicht fertig.«
»Bücher sind zum Lesen da, nicht zum darin Schreiben.«

5. *Raten, Lösungen anbieten*
»Ich an deiner Stelle würde mich wieder an die Arbeit machen.«
»Komm in der Pause zu mir, nicht während des Unterrichts.«

Solche Botschaften kommen Ihnen sicher bekannt vor, denn sie kommen in jedem Klassenzimmer vor, als sei jeder Lehrer eine Art Maschine, die fortwährend Lösungsvorschläge sendet. Die Analogie einer solchen Sendemaschine ist nicht allzu weit hergeholt. Pädagogen sind durch ihre Eltern und früheren Lehrer darauf programmiert, mit dieser Art von »Drehbuch« zu reagieren, wenn eine Situation nach Konfrontation verlangt. Für die meisten Lehrkräfte sind Lösungsbotschaften der schnellste und wirksamste Weg, ihre eigenen Bedürfnisse zu befriedigen. Wenn der Schüler etwas tut, was den Lehrer stört, was ist dann falsch daran, es ihm zu sagen oder ihn unter Druck zu setzen, damit aufzuhören?

Falsch daran ist, dass es so oft nicht funktioniert. Selbst wenn es funktioniert, ist der Preis vielleicht zu hoch, denn Lösungsbotschaften enthalten alle eine geheime, verborgene Botschaft: *»Du bist zu dumm, um zu erkennen, wie du mir helfen kannst.«* Schüler hören diese versteckte Botschaft und ärgern sich über sie.

Lösungsbotschaften enthalten noch weitere versteckte Botschaften: »Ich bin der Herr, die Autorität.« Und: »Du änderst dich, weil ich es will.« Kein Wunder, dass Kinder sich sträuben und Vergeltung üben.

Was Lehrer sich bestenfalls von Lösungsbotschaften versprechen können, sind Unterwürfigkeit und häufig eine nur vorgetäuschte Verhaltensänderung. Der Schüler mag den Kaugummi zwar wie befohlen ausspucken, wird sich aber über die Anweisung ärgern und beschließen, Kaugummi in Zukunft heimlicher zu kauen.

Ebenso wie andere Formen ineffektiver Konfrontation, die wir untersuchen werden, sagen Lösungsbotschaften nur etwas über den Schüler, *nie über den Lehrer* aus. Der Schüler weiß nicht, wie sein Verhalten den Lehrer berührt. Er weiß nur, die Lehrkraft hat beschlossen, dass er, der Schüler, sich auf spezifische Weise ändern muss. Daher wird er leicht falsche Schlussfolgerungen in Bezug auf den Lehrer ziehen. Zum Beispiel: Der Lehrer ist schlechter Laune, unfair, ohne Anteilnahme, gemein, ungerecht, hartherzig, rechthaberisch, hat Machtgelüste, ist verkrampft, gefühllos, rücksichtslos, engstirnig usw. Zu solchen Schlussfolgerungen gekommen, ist es Schülern wahrscheinlich egal, was der Pädagoge denkt oder fühlt.

Im Gegenteil, gewöhnlich setzen sie sich zur Wehr, rebellieren oder entwickeln andere Strategien, um die Versuche des Lehrers, seine Lösungen durchzusetzen, zu durchkreuzen.

Warum herabsetzende Botschaften versagen

Noch schlimmer sind herabsetzende Botschaften, die den Schüler degradieren, seinen Charakter oder sein Selbstbild in Zweifel ziehen. Herabsetzende Botschaften enthalten Bewertung, Kritik, Spott, Urteil. Wir haben sie in sechs verschiedene Kategorien aufgeteilt:

1. *Urteilen, kritisieren, widersprechen, beschuldigen*
   »Du bist immer derjenige, der hier Unruhe stiftet.«
   »Du bist ungezogen.«
   »Du bist eine wahre Pest.«

2. *Beschimpfen, Klischees verwenden, lächerlich machen*
   »Ihr führt euch wie die Wilden auf.«
   »Ihr seid eine Horde Verbrecher.«

3. *Interpretieren, analysieren, diagnostizieren*
   »Du hast Probleme mit der Autorität.«
   »Das tust du nur, um Aufmerksamkeit zu erregen.«

4. *Loben, zustimmen, positive Bewertungen geben*
   »Du hast das Köpfchen, um ein guter Schüler zu sein.«
   »Wenn du dir Mühe gibst, leistest du sehr gute Arbeit.«

5. *Beruhigen, mitfühlen, unterstützen*
   »Es ist schwer, an einem so heißen Tag still zu sitzen, nicht wahr?«
   »Ich weiß, dass das Spiel heute Abend stattfindet, aber wir wollen nicht vergessen, dass du erst um drei Uhr aus der Schule kommst.«

6. Sondieren, fragen, verhören

»Jetzt sag mir mal, warum du nicht auf deinem Platz sitzt?«

»Wie erwartest du, versetzt zu werden, wenn du so viel im Unterricht schwatzt?«

»Warum hast du deine Sachen nicht in den Schrank zurückgelegt?«

Diese sechs Arten von Lehrerbotschaften beinhalten alle negative Urteile des Lehrers über die Schüler – sind Herabsetzungen. Klingen diese Beispiele vertraut?

Derartige Botschaften und die vielen Variationen, die die Kinder täglich hören, erklären diese allein für die Probleme der Lehrer verantwortlich. Sie weisen klar daraufhin, dass der Schüler auf irgendeine Weise ein Problemschüler ist. Ebenso wie bei Lösungsbotschaften erfährt er nichts über den Lehrer und sein Problem; er lernt ihn nicht als Mensch mit Gefühlen und Bedürfnissen kennen.

Die Schüler, die bereits ein gesundes Selbstbewusstsein entwickelt haben, werden herabsetzende Botschaften meistens nicht beachten, eher auf den Charakter des Lehrers schließen und im Grunde unverändert weitermachen. Leider trifft dies aber nur auf wenige zu. Die meisten haben ein nur schwach ausgeprägtes Selbstbewusstsein und denken: »Ich bin nicht in Ordnung.«

Herabsetzende Botschaften können also entweder (1) nicht beachtet oder (2) vom Schüler als zusätzlicher Beweis seiner eigenen Unzulänglichkeit zu Herzen genommen werden. In beiden Fällen hört das Kind den Lehrer die versteckte Botschaft senden: *»Mit dir stimmt etwas nicht, sonst würdest du mir nicht diese Probleme verursachen!«* Der Schüler ist gezwungen, sich gegen etwas zu verteidigen, das wie ein Angriff aussieht. Er kann sich sträuben, argumentieren, nachzuweisen versuchen, dass die Einstellung des Lehrers falsch ist; oder er kann Strategien entwickeln, um die Beschuldigung abzuwälzen. Viele Kinder schützen sich durch die Einstellung: »Das ist mir ganz egal, mach nur so weiter, setz noch einen drauf!« Die einzig gesunde Reaktion auf herabsetzende Botschaften wäre, sie absurd zu finden und zu lachen. Leider haben zu wenige Schüler die Kraft, den Lehrern auf diese Weise entgegenzutreten.

Warum indirekte Botschaften versagen

Zur Kategorie der indirekten Botschaften gehören: *aufziehen, necken, sarkastisch sein, abschweifen* und *ablenken.*

»Ich vermute, du bist nicht in der Lage, dein Handy im Unterricht auszuschalten.«
»Wir wollen doch warten, bis unser kleiner Clown mit seiner Angeberei aufhört.«
»Wann haben sie dich denn zum Direktor unserer Schule gemacht?«
»Ich hoffe, du wirst später mal Lehrer und hast 100 Schüler, wie du einer bist.«

Manchmal greifen Lehrer zu solchen indirekten Botschaften, weil sie die negativen Auswirkungen von fertigen Lösungen und Herabsetzungen kennen. Sie hoffen, dass die Schüler den Sinn der indirekten Botschaft, die relativ liebenswürdigen Andeutungen, verstehen.

Leider werden indirekte Botschaften oft nicht verstanden. Und selbst wenn sie verstanden werden, halten Kinder ihren Lehrer für unaufrichtig und falsch. Die verborgene Botschaft besagt: »Wenn ich dir direkt entgegentrete, magst du mich vielleicht nicht leiden.« Oder: »Es ist zu gefährlich, offen und aufrichtig mit dir zu sein.« Die Schüler fühlen dann, dass die Lehrkraft unzuverlässig ist und sie manipulieren will. Mit Ausnahme von sarkastischen Bemerkungen, die vernichtend sein können, betrachten Schüler indirekte Botschaften als Versuche, sie zu einer anderen Handlungsweise zu »verführen«. Allzu häufig ist die Botschaft auch so liebenswürdig und humorvoll, dass sie überhaupt keine Wirkung hat.

Inzwischen haben Sie zweifellos erkannt, dass die ineffektiven Konfrontationen identisch sind mit den in Kapitel 3 beschriebenen zwölf Barrieren der Kommunikation. Beide versagen bei der Lösung von Schülerproblemen wie bei der Lösung von Problemen, die *Sie* besitzen.

Ein erstaunlicher Widerspruch in sich! Da die typischen zwölf Barrieren tatsächlich die »Sprache der Nichtannahme« darstellen, könnte ihre Verwendung angebracht erscheinen, wenn das Schülerverhalten unannehmbar für Sie ist. In Wirklichkeit erreichen sie selten das, was Sie sich wünschen – ein Änderung des Verhaltens der Schüler –, und bergen große Gefahr, der Selbsteinschätzung der Schüler und Ihrer Beziehung zu ihnen zu schaden.

Wie können Sie aber Kinder und Jugendliche dahingehend beeinflussen, dass sie ihr Verhalten ändern, ohne ihr Selbstbewusstsein zu zerstören und ohne ihrer Beziehung zu Ihnen zu schaden?

Du-Botschaften kontra Ich-Botschaften

Beim Unterricht in unseren Kursen entdeckten wir im Lauf der Jahre eine andere Art, Schülern entgegenzutreten. Die meisten Lehrer finden sie leicht verständlich und außerordentlich nützlich.

Beachten Sie, dass alle zwölf Barrieren entweder das Pronomen »du« enthalten oder, aufgrund der Struktur unserer Sprache, das »du« andeuten, wie in »Schütte den Papierkorb aus«, was heißen soll: »Du sollst den Papierkorb ausschütten.« Meistens sind die Lehrer von der Entdeckung überrascht, dass fast alle ihre Konfrontationsbotschaften »Du-Botschaften« sind.

»*Du* hörst sofort damit auf!« *(Befehlen)*
»*Du* bist jetzt ruhig, oder es passiert was.« *(Warnen)*
»*Du* solltest das besser wissen!« *(Moralisieren)*

»*Du* machst es, wie ich es dir gezeigt habe.« *(Lösungen liefern, befehlen)*
»*Du* denkst unreif.« *(Kritik)*
»*Du* benimmst dich wie ein Baby.« *(Beschimpfen)*
»*Du* willst es ihm nur heimzahlen.« *(Analysieren)*
»*Du* bist doch sonst ein guter Schüler.« *(Positive Bewertung)*
»*Du* wirst morgen anders darüber denken.« *(Beruhigen)*
»Warum hast *du* das getan?« *(Sondierende Fragen)*
»*Du* bist ein neuer Albert Einstein.« *(Sarkasmus)*

Keine dieser Du-Botschaften verrät irgendetwas über die Lehrkraft – sie beschäftigen sich nur mit dem Schüler. Wollte der Lehrer etwas darüber sagen, was er in Bezug auf das Verhalten *fühlte* oder wie es ihn konkret *berührte,* müsste die Botschaft als Ich-Botschaft statt als Du-Botschaft formuliert werden.

»*Ich* kann nicht arbeiten, wenn ich erst eine Menge Sachen wegräumen muss, die liegen gelassen worden sind.«
»*Ich* bin frustriert von diesem Lärm.«
» *Ich* bin wirklich ärgerlich, wenn ihr euch herumschubst.«

Achten Sie darauf, wie Ich-Botschaften die Verantwortung für das, was geschieht, dem Pädagogen überlassen, dem Menschen, der das Problem hat. Eine andere Bezeichnung für Ich-Botschaften könnte lauten »Verantwortung übernehmende Botschaften«.

Was ist an Du-Botschaften falsch?

Um den Unterschied zwischen Du-Botschaften und Ich-Botschaften voll würdigen zu können, muss man beide Arten von Botschaften mit dem Kommunikationsmodell (vergleiche Abbildung 15) – wo eine Person mit einer anderen spricht – in Verbindung bringen.

Angenommen, Sie fühlen sich stark frustriert, weil einer Ihrer guten Schüler Sie wiederholt unterbricht, während Sie mit einzelnen Kindern arbeiten, die Schwierigkeiten beim Bruchrechnen haben. Sein Verhalten verursacht Ihnen ein Problem – Sie *besitzen* das Problem, Sie sind frustriert. Sie zeigen Ihr Gefühl vielleicht so verschlüsselt, dass Sie einen Code wählen, der eine Du-Botschaft wird, wie in Abbildung 18.

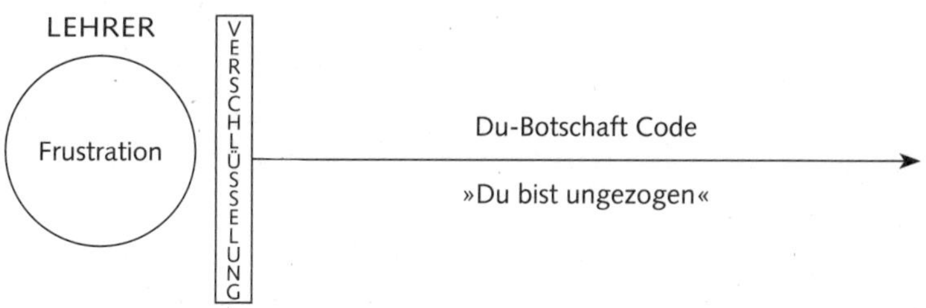

Abbildung 18

Würden Sie dagegen einen Code wählen, der genau *Ihren inneren Gefühlen* entspricht, so käme unvermeidlich eine Ich-Botschaft oder eine »Ich fühle«-Botschaft heraus wie: »Ich bin frustriert.«

Wenn Sie eine du-bezogene Botschaft senden, beschuldigen Sie tatsächlich den Schüler, welches Bedürfnis auch immer gehabt zu haben, das ihn bewog, mit Ihnen in Verbindung zu treten. Dadurch legen Sie die Verantwortung für Ihre Frustration in seine Hände, obgleich eine Du-Botschaft ein (sehr unklarer) Code für das ist, was in Ihnen vorgeht.

Ein deutlicher Code in Bezug auf Ihren inneren Zustand ist stets eine Ich-Botschaft: »Es frustriert mich, mit dieser Gruppe zu arbeiten, wenn ich so oft unterbrochen werde.« Eine solche Botschaft teilt mit, was der Lehrer erlebt; die Du-Botschaft ist ein negatives Urteil über den Schüler. Sehen Sie sich jetzt die gegensätzlichen Botschaften in den Abbildungen 19 und 20 an und beachten Sie, wie der Schüler reagiert.

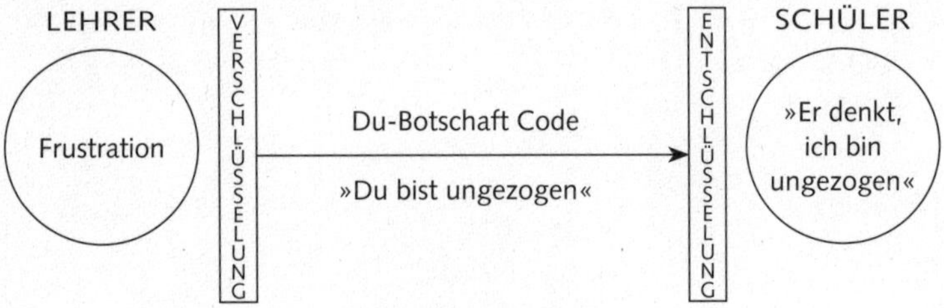

Abbildung 19

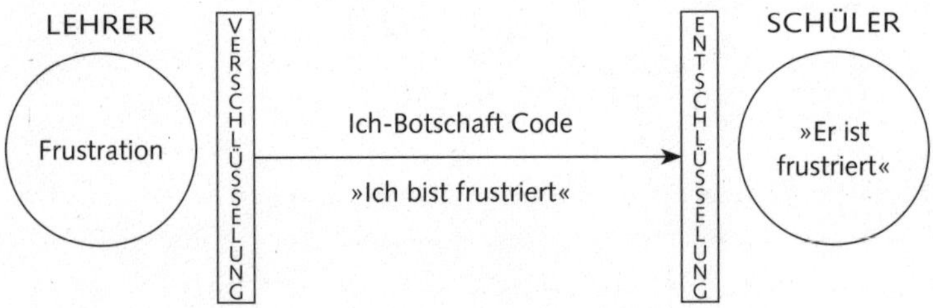

Abbildung 20

Im ersten Beispiel vernimmt er eine *ihn* betreffende Bewertung. Solche Du-Botschaften werden vom Schüler fast immer als negative Bewertung empfunden (herabsetzende Botschaften.) Die zweite Botschaft wird als *Feststellung einer Tatsache in Bezug auf den Lehrer* entschlüsselt.

Warum Ich-Botschaften effektiver sind

Ich-Botschaften können aus zwei Gründen »Verantwortungsbotschaften« genannt werden: Ein Pädagoge, der eine Ich-Botschaft sendet, nimmt die Verantwortung für sein Unbehagen auf sich und teilt dies dem Kind ehrlich mit. Andererseits bleibt bei Ich-Botschaften die Verantwortung für das Verhalten des Schülers dem Schüler überlassen. Gleichzeitig vermeiden Ich-Botschaften die negative Wirkung, die Du-Botschaften auslösen; sie erlauben den Schülern, dem Lehrer gegenüber rücksichtsvoll und hilfsbereit, nicht gereizt, ärgerlich und unaufrichtig zu sein.

Ich-Botschaften erfüllen drei wichtige Kriterien für effektive Konfrontation:

1. Sie fördern höchstwahrscheinlich die Bereitschaft, sich zu ändern,
2. sie enthalten kaum eine negative Bewertung des Schülers,
3. sie verletzen die Beziehung nicht.

Eine Lehrerin, die in ihrer Klasse das erste Mal mit Ich-Botschaften experimentiert hatte, berichtete:

In unserem Schulgebäude waren gerade neue Wände gezogen worden, um einige neue Klassenzimmer zu schaffen. Es überraschte mich, im Flur ein halbmondförmiges Loch in einer der neuen Wände zu finden. Im selben Augenblick kamen die Schüler aus ihren Klassen geströmt, weil Mittagspause war. Ein Junge mit einem Skateboard in der Hand ging an mir vorbei. »Robin«, sagte ich, »kann ich mir mal kurz dein Skateboard ansehen?« Ich überprüfte, ob die Spitze des Skateboards in das Loch passte. Es passte. »Das war ich nicht«, sagte Robin. Statt herauszufinden, wer es »getan hatte«, wollte ich die neuen Methoden ausprobieren, die ich im Kurs gelernt hatte. Ich sendete die beste Ich-Botschaft, die mir einfiel: »Ich werde wütend, wenn ich Löcher in unseren neuen Wänden sehe.« – »Jemand anders hat mein Skateboard benutzt«, sagte Robin. »Jemand anders?« – »Ja«, antwortete er, »und er hat nicht einmal gefragt, ob er es benutzen darf. Und jetzt bin ich in Schwierigkeiten!« – »Ich bin immer noch wütend über den Schaden«, sagte ich. »Was können wir tun, damit das nicht noch einmal passiert?« Robin machte ein paar tolle Vorschläge. Wir trommelten die Skater unter den Schülern zusammen, um das Problem zu lösen. Robin übernahm bei der Diskussion die Moderation. Ich war erstaunt, wie selbstbewusst die Schüler wirkten. Und genau wie beim gemeinsamen Aufstellen von Regeln übernahmen sie die Verantwortung für die Lösung, auf die wir uns einigten. Während des Treffens schlug der Junge, der für das Loch in der Wand verantwortlich war, vor, den Schaden zu reparieren. Diese Methode gefiel mir sehr viel besser als das Verhören von Schülern, um herauszufinden, wer der Schuldige ist.

Lehrer (und Schulleiter) kommen, sobald sie diese Methode einmal riskiert haben, fast ausnahmslos zu dem Schluss, dass Schüler wesentlich rücksichtsvoller reagieren als erwartet.

Ein anderer Pädagoge legte dar, wie schwer es für ihn war, von beschuldigenden Du-Botschaften auf die tatsächlich weniger riskanten Ich-Botschaften umzusteigen.

Es fiel mir wirklich schwer, Ich-Botschaften zu senden, obwohl ich nachvollziehen konnte, was meine Du-Botschaften den Schülern und unserer Beziehung zufügten. Es gelang mir nicht, mich zu ändern. Das lag zum einen daran, dass man mir beigebracht hatte, es sei ungezogen, das Pronomen »Ich« zu verwenden. Die Lehrer pflegten meine Aufsätze von oben bis unten mit roter Tinte anzustreichen, wenn ich von mir selbst in der ersten Person schrieb. Etwas anderes, wahrscheinlich Schlimmeres war, dass man mich als Kind gelehrt hatte, meine Gefühle nicht preiszugeben. Es galt als unmännlich und als Zeichen der Schwäche, andere Menschen wissen zu lassen, was man fühlte. Obwohl ich daran gearbeitet habe, fällt es mir immer noch schwer zu wissen, was ich fühle. Ich bin die ganze Zeit verärgert und weiß, ich muss die Verstimmung überwinden und herausfinden, was mich *wirklich* bedrückt.

Die Schüler werden diesen Lehrer als wirklichen Menschen ansehen, weil er allmählich die innere Sicherheit entwickelt, seine Gefühle preiszugeben, zuerst sich selbst und dann anderen gegenüber. Er bemüht sich darum, sich selbst als Mensch zu zeigen, der *fähig* ist, Enttäuschung, Schmerz, Ärger und Furcht zu empfinden. Er wird von den Schülern akzeptiert werden als Mensch mit Schwächen, der verletzbar ist, manchmal sogar Angst hat – jemand, der ihnen sehr ähnlich ist.

Für viele Pädagogen ist diese Offenheit eine Bedrohung. Sie zerstört das Image, das ihrer Vorstellung nach von ihnen erwartet wird, ein Monument gottgleicher Unfehlbarkeit, Furchtlosigkeit und Unerschütterlichkeit. Sie haben Angst, ihre Schüler könnten sie nicht respektieren, wenn sie sich so zeigen, wie sie wirklich sind. Für diese Lehrer sind Du-Botschaften ein Trost, denn sie helfen ihnen, ihre Gefühle zu verbergen und den Kindern die Schuld zuzuschieben, anstatt die Verantwortung für ihre Probleme selbst zu tragen.

Wir bitten die Lehrkräfte in unseren Kursen oft, die Namen ihrer ehemaligen Lehrer aufzuschreiben. In der Regel gibt es leere Stellen in ihrem Gedächtnis, sie können sich nicht mehr erinnern. Wie ist es möglich, einen so wichtigen Menschen, mit dem man so viele Stunden verbrachte, vollständig zu vergessen? In dieser Beziehung kann es keinerlei *Vertrautheit* gegeben haben. Der vergessene Lehrer war eine Pappfigur, kein wirklicher Mensch im Leben des Schülers, jemand, den man schnell vergisst.

Ich-Botschaften fördern Vertrauen. Sie zeigen die Pädagogen als ehrliche, authentische Menschen – Menschen, mit denen Schüler bedeutsame Beziehungen haben können. Eine Lehrerin sagte bei der Überprüfung der Liste ihrer eigenen ehemaligen Lehrer:

Nie werde ich Frau M. vergessen. Sie war so aufrichtig zu uns. Niemals hat sie uns etwas vorgemacht oder uns hinters Licht geführt. Sie pflegte zu sagen: »Sagt, was ihr meint, und meint, was ihr sagt.« Die Teilnahme an diesem Kurs hat mich verstehen gelehrt, dass sie Ich-Botschaften sandte anstatt Du-Botschaften wie die meisten Lehrer. Ich liebte Frau M. Und ich liebe sie noch heute.

Wie man eine Ich-Botschaft formuliert

Lehrer wissen, dass es nicht einfach ist, Ich-Botschaften zu senden. Um die größte Wirkung zu erzielen, müssen Ich-Botschaften drei Komponenten haben. Schüler müssen vor allem daraus entnehmen können, *was* dem Lehrer das Problem verursacht. Wenn der Schüler nicht zu raten braucht, warum ihm der Pädagoge entgegentritt, wird die Botschaft zwangsläufig erfolgreicher sein. Stellt der Lehrer, ohne das Kind zu beschuldigen oder zu verurteilen, fest, was für ihn nicht annehmbar ist, so ist das schon ein guter Anfang für eine Ich-Botschaft:

»Wenn ich Papier auf dem Fußboden finde ...«
»Wenn ich neue Bücher mit zerrissenen Seiten sehe ...«
»Wenn ich Dinge, die ich auf dem Schreibtisch liegen gelassen habe, nicht finden kann ...«
»Wenn ich unterbrochen werde, wenn ich etwas erkläre ...«

Achten Sie darauf, dass alle diese Feststellungen *Bezug nehmen* auf *das Verhalten eines Schülers* (oder mehrerer). Dieses Verhalten ist der Grund für die Verstimmung.

Manchmal verstimmt ein *spezielles Verhalten* des Schülers den Lehrer. In den folgenden Beispielen taucht das Pronomen »du« auf. Anders als bei Du-Botschaften enthalten sie jedoch keine Beschuldigung, Bewertung, Lösung oder Moral.

»Wenn du hin und her zappelst ...«
»Wenn du Johnny auf dem Schulhof schubst ...«
»Wenn du mich unterbrichst ...«

Jeder Journalist kennt den Unterschied zwischen einem Tatsachenbericht (Fakten) und einem Leitartikel (Bewertung). Eine gute Ich-Botschaft ist ein Tatsachenbericht ohne Wertung. Beachten Sie den Unterschied, wenn eine Feststellung wertend ist:

»Wenn ich merke, dass ich ein paar Störenfrieden hier nicht vertrauen kann ...«
»Wenn ihr nie Rücksicht aufeinander nehmt ...«
»Wenn ihr unordentlich seid und den Fußboden schmutzig macht ...«
»Wenn du dich wie ein Tyrann aufführst ...«

Das sind echte Du-Botschaften, selbst die erste. Ihre Beschreibung einer Verhaltensweise beinhaltet bereits eine Wertung oder ein Urteil. Wir nennen Ich-Botschaften, die mit einem Urteil beginnen, »verkleidete Du-Botschaften«.

Beachten Sie, dass jede gute Ich-Botschaft mit einem »Wenn« beginnt. Es ist wichtig, die Schüler wissen zu lassen, dass Sie nur in diesen besonderen Augenblicken, wenn ein *spezielles* Verhalten auftritt, ein Problem haben. Sie sind nicht *immer* verstimmt. Das hilft dem Schüler zu verstehen, dass Sie nur in einer besonderen Situation ein anderes Verhalten von ihm erwarten, nicht seinen Charakter im Allgemeinen oder seine gesamte Persönlichkeit infrage stellen. Durch die Änderung eines bestimmten Verhaltens *kann* er Ihnen helfen. Vernimmt er Ihre Botschaft als verallgemeinernde Nichtannahme, wird er verwirrt sein: Wo soll er beginnen? Was kann er tun, um Ihre Annahme zu erringen?

Die zweite Komponente einer dreiteiligen Ich-Botschaft ist für die Lehrkräfte meistens am schwersten zu senden. Sie soll die *konkrete Auswirkung* des im ersten Teil der Botschaft beschriebenen Verhaltens auf den Lehrer verdeutlichen.

»Wenn du die Tür unverschlossen lässt *(nicht urteilende Beschreibung)*, wird mir manchmal etwas gestohlen …« *(konkreter Effekt)*.
»Wenn die Farbtöpfe nicht wieder in den Schrank gestellt werden *(nicht urteilende Beschreibung)*, muss ich eine Menge meiner Zeit opfern, um sie einzusammeln und wegzustellen …« *(konkreter Effekt)*.

Was genau meinen wir mit »konkretem Effekt«? Unsere Erfahrung hat uns gezeigt, dass Ich-Botschaften im Allgemeinen keinen Einfluss haben, es sei denn, der behauptete Effekt auf den Lehrer erscheint in den Augen des Schülers wirklich stichhaltig. Wenn ein Kind versteht (oder »es abnimmt«), dass sein Verhalten jetzt dem Lehrer ein wirkliches Problem verursacht (oder in Zukunft verursachen könnte), wird es mehr zu einer Änderung motiviert sein. Den meisten Schülern widerstrebt es, für »böse Buben« gehalten zu werden, sie wollen, dass ihre Lehrer sie gerne mögen. Schüler wissen oft nicht genau, wie ihr Verhalten andere berührt, sie wollen primär ihre eigenen Bedürfnisse befriedigen. In den wenigsten Fällen ahnen sie, dass sie dabei anderen Probleme verursachen. Macht man ihnen die Auswirkung ihres Verhaltens klar, so reagieren sie meistens mit »Mensch, das tut mir leid, ich wusste nicht …« oder so ähnlich.

Manchmal haben Pädagogen Schwierigkeiten, diese wichtige zweite Komponente in einer Ich-Botschaft zum Ausdruck zu bringen, weil sie so lange daran gewöhnt gewesen sind, Botschaften zur Änderung von Verhaltensweisen zu senden, die keine konkrete Auswirkung auf sie haben. Lehrer besitzen sehr ausgeprägte Vorstellungen davon, was »gut« oder »schlecht«, »richtig« oder »falsch«

ist, obwohl sie in keiner Weise von diesem Verhalten berührt werden. Darum ist der Schüler wenig oder gar nicht motiviert, sein Verhalten zu modifizieren. Beispiel:

»Der Anblick deines Nasenpiercings ist mir unerträglich.«

Wenn Lehrer also lernen, Ich-Botschaften zu senden, müssen sie das Verhalten der Kinder und Jugendlichen in zwei Kategorien einordnen: solches, das einen konkreten Effekt hat, und solches, das keinen solchen Effekt hat. Wir vermitteln den Lehrkräften, dass Ich-Botschaften nur in Bezug auf die erste Kategorie erfolgversprechend sind. Schüler sind Menschen, und Menschen modifizieren ihr Verhalten nur selten, wenn sie nicht überzeugt sind, dass es einen spürbaren und konkreten unerwünschten Effekt auf jemand anderen hat.

Ich-Botschaften müssen als dritte Komponente die Gefühle des Lehrers zum Ausdruck bringen, seine Betroffenheit zeigen.

»Wenn du deine Hausaufgaben nicht machst (*nicht urteilende Beschreibung des Verhaltens*), kostet es mich mehr Zeit und Arbeit, diese Unterrichtsstunde zu halten (*konkreter Effekt*), und das frustriert mich (*Gefühl*).«

Dieser Lehrer sagt, dass das Verhalten einen Effekt verursacht (mehr Zeit und Arbeit für ihn) und dieser Effekt das Gefühl der Frustration bewirkt hat. Die Reihenfolge (Verhalten – Effekt – Gefühl) besagt, dass das Gefühl durch den Effekt hervorgerufen wird und nicht unmittelbar durch das Verhalten des Schülers.

Diese logische Reihenfolge ist wichtig, aber nicht unantastbar. Auch eine Ich-Botschaft in beliebiger Reihenfolge (oder selbst mit einem fehlenden Teil) wird mit größter Wahrscheinlichkeit vom Schüler als ehrliche, offene Feststellung des Lehrers, als »sein Standpunkt« aufgenommen und verstanden werden. Jede vernünftige

Ich-Botschaft ist immer bei Weitem einer beschuldigenden Du-Botschaft oder einer schwachen »indirekten Botschaft« vorzuziehen.

Wie man sich verhält, nachdem man eine Ich-Botschaft gesendet hat

Während Ich-Botschaften beim Kind weniger Abwehr als Du-Botschaften hervorrufen, so liegt doch auf der Hand, dass niemand gern hört, sein Verhalten verursache einem anderen ein Problem, gleichgültig, wie die Botschaft formuliert ist. Selbst eine noch so gut formulierte Ich-Botschaft kann einen Schüler verletzen, überraschen, ihn traurig oder verlegen stimmen oder ihn in die Defensive drängen. Er hat schließlich laut und deutlich eine Botschaft erhalten, dass sein Verhalten nicht annehmbar, störend oder nachteilig für seinen Lehrer ist. Wie der Schüler spontan auf die Konfrontation des Pädagogen reagiert, ist häufig ein Signal dafür, dass nun der *Schüler* ein Problem hat.

In unseren Kursen bringen wir den Lehrern bei, diesen Zeichen gegenüber wachsam zu sein, und betonen die Notwendigkeit, umzuschalten – von der Konfrontation zurück zum aktiven Zuhören. Dieses Umschalten hilft dem Kind, mit dem neu geschaffenen Problem fertigzuwerden. Ebenso demonstriert es, dass die Lehrkraft die Reaktion des Schülers versteht und annimmt. Die folgende private Unterhaltung illustriert eine Konfrontation ohne Umschalten.

Lehrer: Leon, dein ewiges Zuspätkommen zum Unterricht ist ein Problem für mich. Ich werde dadurch unterbrochen, abgelenkt, und das ärgert mich. *(erste Ich-Botschaft)*
Schüler: Ja nun, ich habe in letzter Zeit eine Menge zu tun gehabt, und manchmal kann ich einfach nicht rechtzeitig hier sein.
Lehrer: Das ist alles schön und gut, aber ich kann es einfach nicht

länger ignorieren. Ich kann mich nicht dauernd unterbrechen lassen. *(zweite Ich-Botschaft)*

Schüler: Ich kann nicht einsehen, warum Sie eine so große Affäre daraus machen. Dann bin ich eben ein paar Minuten zu spät. Das ist doch keine große Sache!

Lehrer: Wenn du so etwas sagst, fühle ich mich wirklich schlecht behandelt. *(dritte Ich-Botschaft)*

Schüler: Nehmen Sie's doch nicht so persönlich. Ignorieren Sie mich einfach, wenn ich zu spät komme, dann ist es kein Problem.

Lehrer: Du hast mir überhaupt nicht vorzuschreiben, was ich tun soll. Komm von jetzt an pünktlich! *(Du-Botschaft)*

Schüler: (marschiert ab) Alter Griesgram!

In diesem Dialog versäumt der Lehrer, die Abwehrreaktion des Schülers auf die erste Ich-Botschaft einzubeziehen. Dadurch eskaliert der Ärger auf beiden Seiten.

Beachtet der Lehrer dagegen die Reaktion des Schülers auf seine Ich-Botschaft und schaltet um, dann sieht dieselbe Szene so aus:

Lehrer: Leon, dein ewiges Zuspätkommen zum Unterricht stört mich. Ich werde dadurch unterbrochen, und das ärgert mich.

Schüler: Ja nun, ich habe in letzter Zeit viel zu tun gehabt, und manchmal kann ich einfach nicht rechtzeitig hier sein.

Lehrer: Aha, du warst in letzter Zeit sehr beschäftigt. *(aktives Zuhören)*

Schüler: Stimmt. Herr S. bat mich, ihm nach der dritten Stunde im Chemielabor zu helfen – Sie wissen schon, den Aufbau für die vierte Stunde. Das ist 'ne gute Sache.

Lehrer: Du freust dich wirklich darüber, dass er dich gebeten hat, ihm zu helfen. *(aktives Zuhören)*

Schüler: Und ob! Wahrscheinlich kann ich im nächsten Jahr Laborassistent werden, und den Job kann ich gut brauchen.

Lehrer: Das könnte sich für dich lohnen und ist ziemlich wichtig für dich. *(aktives Zuhören)*
Schüler: Ja. Ich weiß, Sie sind ärgerlich über mein Zuspätkommen. Ich dachte nicht, dass es ein solches Problem für Sie ist. Ich habe versucht, leise hereinzukommen.
Lehrer: Du bist ein wenig überrascht, dass es für mich ein Problem ist, selbst wenn du leise zu sein versuchst. *(aktives Zuhören)*
Schüler: Na ja, eigentlich nicht. Ich kann Sie verstehen. Sie müssen aufhören und die Anwesenheitsliste usw. ändern. Ich komme hauptsächlich zu spät, weil Herr S. und ich zu lange diskutieren. Ich werde ihm sagen, dass es für Sie ein Problem ist, und einfach ein paar Minuten früher gehen. In Ordnung?
Lehrer: Das würde mir sehr helfen. Vielen Dank, Leon.
Schüler: Keine Ursache.

Hier formuliert der Pädagoge sein Problem zuerst als Ich-Botschaft, schaltet dann aber auf aktives Zuhören um. So kann Leon sein eigenes Problem bis zu dem Punkt durcharbeiten, an dem er einen akzeptablen Weg findet, wie er dem Lehrer bei seinem Problem helfen kann.

Wie Lehrer sich selbst in Wut versetzen

Die Lehrkräfte in unseren Kursen können es oft kaum erwarten, bis sie in ihre Klassen zurückkehren und damit beginnen können, ihren »Störenfrieden« entgegenzutreten. Aber in ihrem Eifer enden sie nur damit, ihrem Ärger Luft zu machen; und nicht selten ängstigen sie die Schüler noch mehr oder machen sie bloß aggressiver. Eine zornige Ich-Botschaft des Lehrers wird von den Kindern als beschuldigende, herabsetzende Konfrontation aufgefasst. Anstatt die inneren Gefühle des Lehrers zu offenbaren, löst Zorn beim

Schüler Schuldgefühle aus. Die Botschaft »Ich bin ärgerlich« wird vom Kindern und Jugendlichen gewöhnlich als »Ich bin ärgerlich auf *dich*« oder »*Du* machst mich ärgerlich« interpretiert. In unseren Kursen versuchen wir zuallererst, den Pädagogen verstehen zu helfen, dass *Wut* aus einem vorhergehenden Erlebnis resultiert. Wut ist ein *sekundäres* Gefühl, dem immer ein *primäres* Gefühl vorausgeht.

Hier ein Beispiel:

Herr K. hat an einer Grundschule Pausenaufsicht. Eines der Kinder wirft einen Stein, der haarscharf an Jans Kopf vorbeifliegt. Sein primäres, »instinktives« Gefühl ist Angst, aber dann rennt er über den Schulhof und »tut wütend«, wobei er ein paar drohende Du-Botschaften schreit, zum Beispiel: »Untersteh dich, jemals auf dem Schulhof mit Steinen zu werfen!« Er will damit den Steinwerfer bestrafen oder ihm das Gefühl der Schuld geben, weil dieser ihn zu Tode erschreckt hat. Vielleicht tobt er auch nur in der Hoffnung, dem Kind so viel Angst einzujagen, dass es nie wieder mit Steinen wirft. Er hofft, ihm eine Lektion zu erteilen, die es nie vergisst.

Die Lehrer in unseren Kursen geben zu, dass ihre wütenden Botschaften im Allgemeinen Versuche sind, den Schüler zu bestrafen oder ihm eine Lektion zu erteilen, weil er durch seine Tat ein anderes Gefühl bei ihnen auslöste. Man kann Wut als Haltung oder Verhalten betrachten, statt es als tatsächliche Empfindung oder Gefühl anzusehen. Häufig folgen auf einen Wutausbruch ganz konkrete körperliche Empfindungen wie beschleunigter Herzschlag, Zittern usw. Diese physischen Erscheinungen können eine Reaktion auf die Heftigkeit des eigenen Verhaltens sein. In gewisser Weise produziert die Person selbst ihre innere Reaktion, die sich schließlich wie eine Empfindung anfühlt.

Hier sind einige Beispiele von Lehrkräften, die sich nach dem Erlebnis eines primären Gefühls selbst wütend machen:

Ein Schüler fällt beim Aufhängen von Ausstellungsmaterial fast durch ein Fenster. Das primäre Gefühl ist Angst. Der Lehrer tut wütend und sagt: »Komm sofort herunter, ich sehe, du kannst nicht vorsichtig sein.«

Auf einem Ausflug wird ein Kind vermisst. Das primäre Gefühl des Pädagogen ist Angst. Als das Kind endlich gefunden wird, tobt der Lehrer und schreit: »Du darfst dich niemals von der Gruppe entfernen! Warum kannst du nicht lernen, dich nach den Vorschriften zu richten?«

Eine Lehrerin hat sich bei einem Versuchsaufbau unendlich viel Mühe gegeben. Die Schüler sind unruhig, gelangweilt, schreiben ihren Nachbarn Zettel. Das primäre Gefühl der Lehrerin ist Enttäuschung. Wütend sagt sie: »Ich werde nie wieder versuchen, dieses Fach für eine so undankbare Klasse interessant zu machen. Ich sehe ja, wie das anerkannt wird!«

Die Lehrer geben gern zu, dass wütende Versuche, zu bestrafen oder eine Lektion zu erteilen, nicht funktionieren. Würden sie funktionieren, wären die Probleme der ganzen Welt vor Generationen gelöst worden. Wie können Lehrkräfte lernen, sich anders zu verhalten?

In unseren Kursen versuchen wir, den Pädagogen verstehen zu helfen, ihre wütenden Du-Botschaften als das zu erkennen, was sie sind (sekundäre Gefühle), und stattdessen ihre primären Gefühle als Ich-Botschaft zu senden. Lehrer, die ein primäres Gefühl (statt des wütenden sekundären) senden, stellen häufig einen großen Unterschied fest. Das primäre Gefühl ist beinahe ausnahmslos weniger stark als die Wut. Wenn Lehrer diesen Unterschied wahrnehmen, werden sie sich leichter darüber klar, dass Wut einem bösen Zaubertrank gleichkommt, der in ihrem Inneren brodelt und gärt, bis er mit starker und vernichtender Wirkung übersprudelt. Diese übermäßige Reaktion ist unverhältnismäßig.

Einer unserer Kursteilnehmer schilderte seine Erfahrungen mit einem seiner Schüler:

Ich war immer ärgerlich über Alexander, obgleich ich nie genau angeben konnte, was er tat, um mich wütend zu machen. Ich gab mich damit zufrieden, dass »das eben so ist«. Alexander war einfach einer der Menschen, die mir gegen den Strich gingen. Dennoch war ich ständig verstimmt. Als wir in dieser Klasse über Wut diskutierten, versuchte ich herauszufinden: »Worin besteht mein primäres Gefühl Alexander gegenüber?« Fast mag ich nicht zugeben, was ich entdeckte, denn es lässt mich sehr viel unsicherer erscheinen, als ich in Wirklichkeit zu sein glaube, aber mein primäres Gefühl war Angst. Ich fürchtete, dass Alexander mit seinen hervorragenden Fähigkeiten und seiner scharfen Zunge mich vor den anderen Jugendlichen bloßstellen könnte. Vergangene Woche bat ich ihn, nach der Schule noch zu bleiben. Ich erzählte ihm einfach, wie bedroht ich mich fühlte, wenn er mich auf irgendeinen nebensächlichen Punkt festnagelte oder mir technische Fragen stellte, die ich nicht beantworten konnte. Er war offenbar bestürzt und sagte, er versuche nicht, mich vor der Klasse als töricht hinzustellen, sondern wolle nur Pluspunkte bei mir erzielen. Am Ende lachten wir darüber, und ich fühle mich nicht mehr von ihm bedroht. Wenn er es vergisst und mich festzunageln versucht, lache ich nur und sage: »Hallo, wieder ein Pluspunkt für dich.«

Das Erlebnis dieses Lehrers ist typisch: Er entdeckte, dass es keine wirklich ernsthafte Basis für seinen Ärger gab und daher keine Notwendigkeit bestand, strafende, wütende Du-Botschaften zu senden.

Ein Schulleiter aus unserem Kurs berichtete mutig über seine Bemühungen, den Grund für die Wut auf seinen Sohn aufzudecken:

Die ganze Sache mit der Wut, die ein sekundäres Gefühl ist, war für mich schwer zu akzeptieren, hauptsächlich weil es bedeutete, mich selbst zu prüfen, statt meinem Sohn Thomas die Schuld zuzuschieben. Während der letzten paar Monate haben Thomas und ich versucht, uns im Anschreien gegenseitig den Rang abzulaufen. Er trieb sich mit einer Horde Jungen herum, die ich kenne, und glauben Sie mir, das sind ziemliche Rüpel. Na, Sie würden sie vielleicht nicht gerade als Rüpel bezeichnen, aber sie rauchen ab und zu Hasch, trinken manchmal Bier, und einige der Mädchen, mit denen man sie sieht, machen nicht gerade den besten Eindruck. Nachträglich betrachtet, weiß ich, dass ich Thomas ziemlich schwer mit Du-Botschaften zugesetzt habe. Zum Beispiel: »Sage mir, wer dein Freund ist, und ich sage dir, wer du bist.« Darauf antwortete mir Thomas, ich solle ihn in Ruhe lassen, und ich wurde richtig wütend. Es dauerte noch eine Weile, bis ich darüber nachdachte, was meinem Ärger zugrunde liegen könnte. Ich hatte Angst davor, mir eingestehen zu müssen, dass mit Thomas alles in Ordnung war und das Problem meines war. Ich fand heraus, dass die Ursache für meine strafenden Du-Botschaften meine eigene Enttäuschung war. Was aber versteckte sich hinter meiner Enttäuschung? Wissen Sie, was das wirkliche primäre Gefühl war? Angst. Ich hatte Angst davor, was man in der Schule über mich sagen könnte, wenn man merkte, mit was für Burschen mein Sohn sich herumtrieb, dass man denken würde: »Schöner Schulleiter! Sein eigener Sohn treibt sich mit Strolchen herum.«

Als ich das erkannt hatte, brauchte ich Thomas nicht einmal mehr mit dem Problem zu konfrontieren. Ich teilte ihm lediglich meine Erkenntnis mit, dass ich ihn ungerecht behandelt hätte. Er sagte nur: »So«, aber seit einigen Tagen reden wir wieder miteinander. Dabei erfuhr ich, dass auch er von der Clique nicht allzu viel hält.

Wie viele von uns, drückte dieser Vater seine eigene Angst, von seinesgleichen bewertet zu werden, als Wut und Unwillen gegen seinen Sohn aus. Das drohte die Beziehungen zu zerstören. Nachdem er sein primäres Gefühl entdeckt hatte, konnte er selbst dafür die Verantwortung übernehmen. Von da an verspürte er keine Notwendigkeit mehr, seinen Sohn zu konfrontieren; er wollte ihm lediglich mitteilen, dass er sich entschieden hatte, sein Verhalten ihm gegenüber zu ändern. Der Schulleiter, der uns diese Geschichte erzählte, kam im Kurs zu der Einsicht, dass sein Sohn möglicherweise gern die ganze Geschichte hören würde, so, wie er sie im Kurs dargelegt hatte. Kurze Zeit später erzählte er sie ihm.

Das Senden von Ich-Botschaften kann riskant sein

Nicht nur Du-Botschaften, sondern auch Ich-Botschaften sind mit gewissen Risiken verbunden. Die wahrscheinlich größte Gefahr, zumindest, wenn sie es zuerst mit Konfrontation durch Ich-Botschaften versuchen, ist in den Augen der meisten Menschen das Risiko der Selbstoffenbarung. Ich-Botschaften enthüllen innere Gefühle und Bedürfnisse. Das Risiko besteht darin, dass andere Sie intimer kennenlernen, eher wissen, wie Sie wirklich sind. Die Ablehnung durch andere nach einer solchen Enthüllung könnte schmerzlicher sein; man würde Ihr wirkliches Ich ablehnen, nicht irgendeine Rolle, die Sie spielen. Es leuchtet ein, dass jemand, der nur wenig Selbstbewusstsein hat, andere weniger gern an seinem wirklichen Ich teilhaben lässt als jemand, der von seinem persönlichen Wert überzeugt ist.

Umgekehrt resultiert mangelnde Selbstoffenbarung in mangelnder Vertrautheit – oberflächlichen Beziehungen, Theater- und Rollenspiel. Lehrer, die es mit Ich-Botschaften versuchen, berichten fast ausnahmslos, dass die Vorteile, sich zu zeigen, wie man ist, die Risiken bei Weitem überwiegen.

Das zweite große Risiko ist: Man muss sich unter Umständen selbst verändern. Pädagogen, die Ich-Botschaften zu senden beginnen, berichten oft, dass sie Situationen vorsichtiger analysieren mussten als vorher und sich manchmal (wie im Fall des Schulleiters, dessen Sohn sich mit der »falschen« Clique herumtrieb) selbst ändern mussten, nicht der Jugendliche. Da Du-Botschaften den Fehler oder die Schuld immer beim anderen sehen, steht eigene Veränderung niemals zur Debatte. Schaltet man nach einer Konfrontation auf aktives Zuhören um, so erhält man oft neue Informationen, die die Angelegenheit in ein anderes Licht setzen und eine Veränderung des eigenen Verhaltens erfordern.

Das dritte große Risiko ist die Verantwortung. Den meisten Menschen fällt es sehr schwer, für ihr Handeln selbst die Verantwortung zu übernehmen. Wie viel bequemer ist es, dem anderen die Schuld zuzuschieben, wenn etwas nicht in Ordnung ist. Es gibt aber auch Lehrer, die Ich-Botschaften anders betrachten, nämlich als Gelegenheiten für einen eigenen Lernprozess. Da sie sich selbst verändern wollen, nehmen sie die damit verbundenen Risiken gerne in Kauf.

Ein Lehrer drückte das so aus: »Mit Ich-Botschaften kann ich jetzt meine eigenen Bedürfnisse befriedigen, und die Kinder mögen mich trotzdem gern ... Das Risiko lass ich mir gern gefallen!«

Was effektive Ich-Botschaften bewirken können

Die Lehrkräfte berichten über erstaunliche Resultate, wenn sie Schüler mit Ich-Botschaften konfrontieren. Am häufigsten stellen sie fest, dass die Kinder überrascht sind zu erfahren, wie ihre Lehrer fühlen – und dass diese so frei sind, es ihnen zu sagen.

»Ich wusste nicht, dass ich Sie verärgert habe.«
»Ich glaubte, Sie bemerken es nicht.«
»Wir wussten gar nicht, dass wir Ihnen Unannehmlichkeiten bereiten könnten.«

Menschen aller Altersstufen sind sich oft nicht darüber im Klaren, dass ihr Verhalten andere beeinträchtigt. Hat man es ihnen aber einmal gesagt (in einer nicht beschuldigenden, ehrlichen Art), nehmen selbst Jugendliche, und zwar häufiger, als Lehrkräfte es sich vorstellen, Rücksicht auf die Bedürfnisse ihrer Lehrer. Wir haben es immer wieder erlebt: *Ich-Botschaften können Rücksichtslosigkeit in Rücksichtnahme verwandeln.*

Herr G., Leiter einer Sonderschule, der an unserem Schulungsprogramm teilnahm, berichtet, was Ich-Botschaften alles ausrichten können:

Wochenlang hatte ich verstimmt das Verhalten einer Gruppe von Jungen toleriert, die fortwährend einige der Schulvorschriften ignorierten. Eines Morgens blickte ich aus dem Fenster des Lehrerzimmers und sah sie rauchend über den Rasen laufen, was gegen die Schulvorschriften verstößt. Da wir im Kurs über Ich-Botschaften bereits gründlich diskutiert hatten, lief ich hinaus und rief: »Ich fühle mich durch euch Kerle so verdammt entmutigt. Ich habe alles Mögliche versucht, um euch zu helfen, durch die Schule zu kommen. Und alles, was ihr tut, ist, gegen die Vorschriften zu verstoßen. Ich habe mich für eine vernünftige Vorschrift *in* Bezug auf Kleidung eingesetzt, aber ihr wollt euch nicht einmal danach richten. Jetzt lauft ihr hier rauchend auf dem Rasen herum, und auch das ist gegen die Vorschriften. Ich möchte hier einfach aufgeben und zurück an die Oberschule gehen, wo ich eher das Gefühl habe, etwas zu leisten. Hier komme ich mir wie ein absoluter Versager vor.«

An jenem Nachmittag wurde ich vom Besuch dieser Jungen überrascht. »Hallo, Herr G., wir haben über das, was heute Morgen passiert ist, nachgedacht. Wir wussten nicht, dass Sie auch böse werden können. Das sind Sie noch nie gewesen. Wir wollen keinen neuen Schulleiter hier haben; er wird nicht so gut sein wie Sie. Darum haben wir alle beschlossen, in der Schule nicht mehr zu rauchen. Wir werden uns auch nach den anderen Vorschriften richten.«

Die Geschichte illustriert, wie Kinder zugänglich und verantwortungsvoll sein können, wenn Erwachsene sich mit ihnen auf die gleiche Stufe stellen. Zu oft unterschätzen Lehrer die Bereitwilligkeit der Schüler, den Bedürfnissen der Erwachsenen entgegenzukommen.

Unsere Lehrkräfte berichten, die Verwendung von Ich-Botschaften veranlasse die Kinder schließlich, damit zu beginnen, selbst ehrliche Botschaften an andere Schüler und Pädagogen zu senden. Die Schüler nehmen sich an den Lehrern ein Beispiel. Dies ist für Kinder und Jugendliche wahrscheinlich die beste Methode, effektives (und ineffektives) zwischenmenschliches Verhalten zu lernen.

Drei Wochen nach Abschluss unseres Schulungsprogramms berichtete eine Lehrerin strahlend, gehört zu haben, wie ihr bester Schüler aus der achten Klasse zu dem Schulleiter sagte: »Herr W., wenn Sie draußen vor der Tür herumstehen und lauschen, werden wir misstrauisch und wissen nicht, was wir davon halten sollen.« Die stolze Lehrerin bemerkte: »Ich hatte die Gewissheit, dass meine Ich-Botschaften sich nicht nur für mich auszahlten, sondern auch für die Kinder.« Und welche Wirkung hatte die Konfrontation des Schülers auf den Schulleiter? Die Lehrerin antwortete: »Wir haben ihn während des restlichen Jahres vor *keiner* Tür mehr stehen sehen.«

6. Veränderungen der Lernumwelt, um Probleme zu verhindern

Durch eine Veränderung der Lernumwelt im Klassenzimmer können Lehrer relativ leicht unerwünschtes Schülerverhalten verhindern. Zu diesem Zweck müssen eher die konkreten und psychologischen Eigenheiten des Klassenraumes berücksichtigt werden als die der Schüler.

Warum funktioniert diese Methode? Pädagogen wissen aus Erfahrung, wie schlecht geplant, konstruiert und möbliert die meisten Klassenzimmer sind. Diese Äußerlichkeiten erschweren es den Kindern, motiviert und am Lernprozess interessiert zu bleiben.

Wenn nun aber Schüler durch ihre Umgebung abgelenkt und gestört werden, entwickeln sich viele ihrer Mittel, mit der Situation fertig zu werden, zu Verhaltensweisen, die für den Lehrer unannehmbar sind und seine Unterrichtsbemühungen negativ beeinflussen.

In diesem Kapitel wollen wir einige spezifische Vorschläge machen, wie Lehrkräfte Klassenzimmer verändern und somit unannehmbarem Schülerverhalten vorbeugen oder es ausmerzen können. Durch eine verstärkte Konzentration auf den Raum können Lehrer auch die problemfreie Zone weiter ausdehnen und eine wesentliche Erhöhung der Lehr-Lern-Zeit erreichen, die sogar über das Maß hinausgehen kann, das durch eine Konfrontation mit Ich-Botschaften erreicht wurde.

Die Unzulänglichkeiten eines typischen Klassenzimmers

Trotz jüngster Bemühungen zur Verbesserung von Schulprojekten ist zum Beispiel das typische amerikanische Klassenzimmer immer noch ein Rechteck von circa 89 Quadratmetern mit Holz- oder Steinfußboden, harter Oberflächenstruktur der Wände, großen Glasfenstern, Wandtafeln und Schwarzen Brettern. Beleuchtung, Be- und Entlüftung sind oft unzureichend, die Sitzgelegenheiten häufig so unbequem, dass es undenkbar wäre, sie zum Beispiel in Wohnhäusern oder modernen Geschäftsgebäuden zu benutzen. Harte Oberflächen und parallele Wände verursachen oft große akustische Probleme. Unweigerlich wird auch das Aufbewahren von Gegenständen problematisch; der Platz hierfür ist entweder nicht ausreichend, unzugänglich oder beides. Außerdem ist in vielen Klassenräumen eine angemessene Kontrolle der Raumtemperatur verboten oder unmöglich.

In eine solche Umgebung werden nun bis zu 30 (eventuell sogar mehr) Personen gepfercht, darunter ein oder mehrere Erwachsene, die bestimmte Fertigkeiten oder Fächer in einem vorgeschriebenen Zeitraum unterrichten sollen.

Unmöglich?

Nun, nicht völlig. Über Jahre hinweg überwanden Lehrer und Schüler diese schwerwiegenden Mängel durch Zielstrebigkeit, Kreativität, Energie und Enthusiasmus. Aber seitdem sich der Unterrichtsschwerpunkt vom Auswendiglernen auf den eigentlichen Lernprozess und Kreativitätsdenken verlagert hat, wurde das Lehren immer schwieriger. Nach der Auffassung unserer heutigen Pädagogen verursachen räumliche Behinderungen in den Klassenzimmern bei den veränderten Lehrmethoden besondere Probleme. Allein der Wechsel vom Vorlesungsstil in Großgruppen zur individuellen Unterweisung in Kleingruppen bedeutet schon einen erheblichen Unterschied. Lehrer sollen zwar nach veränderten Methoden unterrichten, dabei aber in einer unveränderten Umgebung bleiben. Schüler sollen nach neuen Gesichtspunkten lernen in einer Umgebung, die für die alten Lehrpläne geschaffen wurde. Wen wundert es da, dass allein durch die Lernumwelt bei vielen Kindern ein Verhalten gefördert wird, das den Lehrkräften unannehmbar erscheint?

Ein Lehrer, der an einer zu Beginn dieses Jahrhunderts erbauten Grundschule unterrichtet, äußerte sich in einem Effektivitätstrainingskurs über dieses Problem:

Wenn ich Leute über die große Bedeutung reden höre, die wir Amerikaner der Bildung und Erziehung beimessen, kommen mir Zweifel. Mein Klassenraum zum Beispiel ist dunkel und schäbig, die Stühle bestehen aus splitterndem Eichenholz, der Fußboden quietscht, und man kann eine Stecknadel hören, selbst wenn sie im Nachbarzimmer hinfällt. Hier soll ich bei 35 quirligen Siebenjährigen Interesse und Eifer am Lernen erwecken, sie aber gleichzeitig ruhig halten, denn die Akustik des Korridors wirkt verstärkend auf Lärm. Ich bin der festen Überzeugung, dass jede Gruppe von Erwachsenen, der man die Tätigkeit zumuten würde, die diese Kinder jeden Tag leisten, sich organisieren und einer Gewerkschaft beitreten würde, um für bessere Arbeitsbedingungen zu streiken.

Selbst in neueren, modernen Gebäuden, wo Teppichböden und schallschluckende Materialien den Lärm dämpfen, wo eine Klimaanlage für gleichbleibende Temperaturen sorgt und die Wände fröhlich bemalt sind, kann die Unterbringung großer Gruppen auf relativ beschränktem Raum umweltbedingte Probleme – und somit Verhaltensprobleme – verursachen.

Um diese Lernumwelt wirklich effizient zu verbessern, müssen Lehrer kreativ über mögliche Veränderungen nachdenken können. Hierbei kann ein systematisches Modell zur Klassifizierung der verschiedenen Arten von Umgebungsveränderungen nützlich sein. Mit seiner Hilfe gelang es den meisten Pädagogen unserer Kurse, relativ neue Methoden bei der Bekämpfung von unannehmbarem Schülerverhalten anzuwenden.

Wie man kreativ über Veränderungen nachdenken kann

Wir wissen fast alle, dass wir unsere Fähigkeit, kreativ über Veränderungen nachdenken zu können, durch selbst auferlegte Restriktionen beschränken. Es ist schwer, allgemeingültige, althergebrachte, gewohnte Bahnen zu verlassen. Der verstorbene Dr. Boyd Lane, ein wahrhaft kreativer Erzieher, entwickelte einmal eine Liste von 165 todsicheren Wegen, kreative Vorgänge in Schulen zu verhindern. Sie enthielt unter anderem folgende »Hemmschuhe«:

- Wir versuchten es einmal, und es klappte nicht.
- Die Verwaltung wird es nicht genehmigen.
- Die Gemeinde wird kein Verständnis dafür haben.
- Wir haben nicht genügend Geld.
- Es ist zu radikal.
- Es ist zu konservativ.
- Die Lehrergewerkschaft wird dagegen sein.
- Die Leute können das noch nicht verstehen.
- Es ist zu spät oder verfrüht.
- Wir brauchen mehr Beteiligung.
- Es sind zu viele Leute beteiligt.
- Es wird schlechte Kritiken in der Presse bekommen.

Die gesamte Liste von Boyd Lanes »Kreativitätsbremsen« besteht aus Bewertungskriterien. Wie wir aber bereits in Kapitel 3 feststellten, verhindert nichts einen kreativen Prozess so sehr wie die Gefahr seiner Bewertung. Die meisten Menschen brauchen zur Stimulierung von kreativem Denken bestimmte Verfahren oder Methoden – Richtlinien oder Regeln, deren Verwendung Sozialwissenschaftler als hilfreich für das Zustandekommen von Kreativität bei Individuen oder in Gruppen befunden haben.

In unseren Kursen wurden Lehrer in kreativem Brainstorming unterrichtet, einem bewährten Verfahren zur Hervorbringung neuer und kreativer Ideen. Nachfolgend werden acht Richtlinien für das Brainstorming allein oder in Gruppen beschrieben.

1. Wählen Sie einen Ort, an dem Konzentration leichtfällt und Störungen von außen minimal sind.
2. Stellen Sie fest, um welches spezifische Problem es sich handelt, zum Beispiel: »Wie kann die Handhabung und Aufbewahrung von Unterrichtsmaterialien im Klassenzimmer verbessert werden?«
3. Beschränken Sie die Brainstorming-Sitzung zeitlich.
4. Halten Sie alle geäußerten Ideen schriftlich oder auf Band fest.
5. Sammeln Sie eine möglichst große Anzahl Ideen: Quantität, nicht Qualität ist wichtig.
6. Lassen Sie die Ideen »aus heiterem Himmel« kommen. Beschränken Sie das Denken nicht auf praktische, pragmatische oder rationale Ideen – je wilder die Gedanken, desto besser!
7. Bewertungen sind verboten. Sie erfolgen erst *nach* der Ideensammlung, keinesfalls während des Denkprozesses.
8. Gehen Sie von Zeit zu Zeit die Fragestellung unter einem veränderten Gesichtspunkt an, zum Beispiel: »Wie würde ein Schüler, ein Lagerverwalter in einer Fabrik oder ein Rationalisierungsfachmann dieses Problem lösen?«

Falls die Ideensammlung in einer Gruppe stattfindet, hat man den Vorteil, dass die einzelnen Mitglieder die Gedanken der anderen aufgreifen und sie fortführen können. Das alte Sprichwort von den zwei Köpfen, die besser als einer sind, scheint auch auf den kreativen Prozess zuzutreffen. In den Effektivitätstrainingskursen lassen unsere Kursleiter Lehrer diese Methode benutzen, um neue Ideen für die Veränderung der Lernumwelt in Klassenzimmern zu finden. Nach der Rückkehr an ihre Schulen gehen die Pädagogen dann mit ihren Schülern oder Kollegen nach derselben Methode vor.

Wie sich die Lernumwelt im Klassenzimmer systematisch analysieren lässt

Wenn wir Lehrer zu kreativem Denken über eine Veränderung der Lernumwelt im Klassenzimmer auffordern, finden sie es gewöhnlich schwierig, von einer solchen Abstraktion wie »Lernumwelt« auszugehen. Sie fragen: Welche Teile dieser Umwelt? Welche Elemente können verändert werden? Wo soll man beginnen?

Zur Erleichterung bei einem solchen Vorgehen bieten wir acht Denkhilfen an:

1. Bereicherung der Lernumwelt
2. Reizreduktion in der Lernumwelt
3. Begrenzung der Lernumwelt
4. Erweiterung der Lernumwelt
5. Neugestaltung der Lernumwelt
6. Vereinfachung der Lernumwelt
7. Systematisierung der Lernumwelt
8. Vorausplanung

Nachfolgend bieten wir Lehrern Ideen für jede dieser acht Kategorien an.

Bereicherung der Lernumwelt

Die meisten Lehrer wissen recht gut, wie man eine Lernumwelt bereichern kann. Sie wurden hierfür ausgebildet und haben auf diese

Art der Umweltveränderung mehr Zeit als auf jede andere verwendet. Aber nur wenige Pädagogen betrachten eine Bereicherung der Lernumwelt als ein Mittel zur Abschaffung oder Vorbeugung von unerwünschtem Schülerverhalten. Sie sehen diesen Vorgang vielmehr nur als eine Unterrichtstechnik an.

Viele unannehmbare Verhaltensweisen haben ihren Ursprung in Frustration und Langeweile; ein zu langer Aufenthalt in ein und derselben Umgebung kann diese langweilig und uninteressant erscheinen lassen. Eine Bereicherung der Lernumwelt, die zum Ziel hat, dass Schüler über eine Menge stimulierender Alternativen verfügen, kann zu einem Abbau der Langeweile führen und somit unannehmbares und lästiges Verhalten als deren unweigerliche Konsequenzen reduzieren.

Mit nur geringer Mühe können Lehrer eine Vielzahl der folgenden Ideen ausprobieren, um das Schülerinteresse zu erhöhen:

- Verwenden Sie farbige Beleuchtung.
- Bieten Sie Musikeinlagen an.
- Errichten Sie »Lernzentren«.
- Richten Sie eine Leseecke ein.
- Errichten Sie ein Kunstzentrum für Zeichenarbeiten, Fingermalen, Tonarbeiten, Wasser- und Ölfarben, Schnitzen, Gravieren etc.
- Verwenden Sie audiovisuelle Materialien.
- Dekorieren Sie mit hellen, fröhlichen Farben.
- Ermöglichen Sie Ausstellungen für die von den Schülern hergestellten Produkte.
- Führen Sie hin und wieder etwas vor.
- Errichten Sie eine »Konferenzzone«.
- Bauen Sie eine Puppenbühne und führen Sie Spiele auf.
- Errichten Sie eine »kreative Schreibecke«.
- Laden Sie Gastsprecher ein.

Reizreduktion in der Lernumwelt

Manchmal zeigen Schüler ein unangemessenes und unannehmbares Verhalten, weil ihre Lernumwelt zu viel Stimulation bietet. Ein Übermaß an Stimulation kann nämlich genauso frustrierend sein wie deren Mangel. Kinder können von einer Lernumwelt, die zu viele Wahlmöglichkeiten anbietet, überwältigt werden. Ihre Situation gleicht dann derjenigen eines Kindes, das zu Weihnachten so viele Geschenke bekommt, dass es sich beim Öffnen des jeweiligen Päckchens nicht freuen kann, weil es in Gedanken schon rätselt, was wohl im nächsten sein mag. Dies trifft besonders für Schüler zu, die unter Hyperkinese, einer Störung des zentralen Nervensystems, leiden.

In unseren Effektivitätstrainingskursen schlugen Lehrer folgende Möglichkeiten für eine – zumindest temporäre – Verringerung von Reizen in der Lernumwelt des Klassenzimmers vor:

- Vermindern Sie die Lichtquellen im Raum.
- Legen Sie die Räume, in denen lärmerzeugende Aktivitäten stattfinden, mit Teppichboden aus.
- Entfernen Sie alle Materialien außer den von Ihnen im Augenblick benötigten.
- Begrenzen Sie den Verbrauch von Materialien und schränken Sie deren Verfügbarkeit ein.
- Planen Sie Stillarbeit ein.
- Installieren Sie Lernecken.
- Benutzen Sie beim audiovisuellen Unterricht Kopfhörer.
- Errichten Sie Raumteiler.
- Lassen Sie die Schüler (und auch die Lehrer) die Schuhe ausziehen.
- Verwenden Sie eine Methode, die die Aufmerksamkeit auf einen Vorgang konzentriert, wie zum Beispiel Fernsehen, Filme, Videobänder.
- Richten Sie eine »Meditationsecke« ein.

Begrenzung der Lernumwelt

Manchmal ist ein Verhalten nur deshalb unannehmbar, weil es am falschen Ort oder zur falschen Zeit auftritt. Um ein konkretes Beispiel anzuführen: Viele Probleme können verhindert werden, wenn man zum Beispiel den Gebrauch von Malfarben auf eine bestimmte Ecke des Raumes beschränkt.

Da Schule von den Schülern Aufmerksamkeit an einem bestimmten Platz zu einer bestimmten Zeit verlangt, ist sie in ihrem eigentlichen Wesen auf Begrenzungen in der Lernumwelt angewiesen. Die Mehrzahl der Kinder kann solche Einschränkungen der persönlichen Freiheit auch verkraften, wenn sie als vernünftig angesehen und die Gründe dafür verstanden werden. Schüler spüren sehr wohl, dass ihre komplexen Lebensäußerungen einer Kontrolle bedürfen, und sie akzeptieren daher oft angemessene Begrenzungen ihrer eigenen Freiheit im Klassenverband.

Falls eine Begrenzung der Lernumwelt ratsam erscheint, könnten Pädagogen die folgenden Vorschläge berücksichtigen:

- Nehmen Sie eine räumliche Einteilung für bestimmte Aktivitäten vor (zum Beispiel Kunst, Musik, Stillarbeit, Diskussion).
- Begrenzen Sie die Anzahl der Schüler, die gleichzeitig an einem Ort sein dürfen.
- Benutzen Sie Teilnehmerlisten für die einzelnen Tätigkeiten.
- Weisen Sie während bestimmter Aufgaben den Schülern Plätze zu.
- Benutzen Sie Lernecken.
- Beschränken Sie lärmerzeugende Aktivitäten auf einen einzigen Ort.
- Entwerfen Sie eine »Straßenverkehrsordnung«, um überflüssige Bewegung zu vermeiden.
- Beschränken Sie zeitlich den Gebrauch von Ausrüstungen.

Erweiterung der Lernumwelt

Unerwünschtes Verhalten tritt manchmal auf, weil die Lernumwelt generell zu begrenzt oder für einen zu langen Zeitraum sehr eingeengt ist. Ein Durchschnittsklassenzimmer kann in seiner Enge furchtbar sein. Für den Schüler kann es zu einer Gefängniszelle werden. Verständnisvolle Lehrer werden deshalb Mittel und Wege finden, eine derartige Lernumwelt auf das Leben außerhalb des Klassenzimmers auszudehnen. Hierzu einige Vorschläge:

- Organisieren Sie Studienfahrten.
- Besuchen Sie außerschulische Orte und Veranstaltungen.
- Besuchen Sie schulinterne Plätze und Veranstaltungen.
- Benutzen Sie Bibliotheken.
- Benutzen Sie Mehrzweckräume wie Turnhallen, Cafeterias etc.
- Verwenden Sie außerschulische Hilfsmittel (Leute und Dinge).
- Legen Sie gelegentlich mehrere Klassen zusammen.
- Praktizieren Sie Team-Teaching, um kleinere Gruppen betreuen zu können.
- Lassen Sie den Unterricht durch Schüler durchführen.
- Erweitern Sie gelegentlich das Klassenzimmer bis auf die Korridore oder angrenzenden Rasenflächen.
- Setzen Sie Hilfskräfte oder nebenberuflich Tätige ein, damit Sie sich unterschiedlichen Gruppen mit den jeweils adäquaten Methoden widmen können.
- Laden Sie Spezialisten, Ratgeber, Experten ein.

Neugestaltung der Lernumwelt

Eine schlechte Gestaltung der Lernumwelt kann ebenfalls zu Verhaltensproblemen führen. In manchen Klassenzimmern erfordert sogar das Durchqueren des Raumes Geschicklichkeit.

Nach wiederholten erfolglosen Ich-Botschaften an einen ihrer Schüler entdeckte die Lehrerin einer Anfängerklasse, dass die Anordnung der Tische und Bänke alle anderen Kinder dazu zwang, an diesem Schüler vorbeizugehen. Seine Position war fast so vorteilhaft wie die von mittelalterlichen Räubern, die den Zugang zu einem schmalen Bergpass kontrollierten und von den vorbeiziehenden Händlern Wegezoll erhoben.

Nach einer Neuanordnung der Tische konnten die Schüler Bleistifte anspitzen, Materialien herbeiholen und sich von einer Gruppe zur anderen bewegen, ohne durch den »Pass« gehen zu müssen. Gleichzeitig verschwand auch das Problem: Das unannehmbare Verhalten des Schülers wurde akzeptabel, und es waren keine weiteren Ich-Botschaften mehr erforderlich. Zur Verhinderung ähnlicher Probleme folgen einige naheliegende Vorschläge zur Neugestaltung der Lernumwelt im Klassenzimmer:

- Räumen Sie nicht benötigte Materialien weg.
- Entwerfen Sie eine sinnvolle Sitzordnung.
- Ordnen Sie für Diskussionen Tische und Stühle kreisförmig an.
- Entfernen Sie nicht benutztes Mobiliar aus dem Raum.
- Bewahren Sie elektrische Geräte nicht in der Nähe von Wasserhähnen auf.
- Stellen Sie alle für ein Projekt benötigten Materialien an einen Ort.
- Stellen Sie zusätzliche Bleistiftspitzer, Papierkörbe etc. auf.
- Bewahren Sie Materialien an unzugänglichen Orten auf (hohe Regale, Schränke), falls die Schüler sie nicht unkontrolliert benutzen sollen.
- Stellen Sie Ausrüstungen und Maschinen zum individuellen Gebrauch in Lernecken oder an andere Orte, und lassen Sie sie nur von jeweils einer Person benutzen.
- Entfernen Sie die Türen von häufig benutzten Schränken.
- Schaffen Sie in der Nähe des Eingangs Platz für die Aufbewahrung von Garderobe und Proviant.

Vereinfachung der Lernumwelt

Die zunehmende Komplexität der Umwelt wirkt sich für immer mehr Menschen negativ aus. Auch für Schüler kann die Bewältigung ihrer Lernumwelt unnötig komplex und schwierig werden. Dies trifft besonders für kleine Kinder zu, von denen man die Handhabung einer Lernumwelt erwartet, die eigentlich für Erwachsene konzipiert ist. So lässt die bekannte Familientherapeutin Virginia Satir die Erwachsenen in einer Familie sich zum Beispiel auf Knien bewegen, damit sie die Perspektive eines Kleinkindes verstehen lernen. Eine derartige Übung könnte auch durchaus nützlich für Lehrer von kleinen Kindern sein.

Aber es gibt noch viele andere Dinge, die für ein Kind die Umwelt kompliziert machen: unverständliche Regeln, Anordnungen, Bestimmungen und Rituale können ein hohes Maß an Frustration und Feindseligkeit erzeugen. Jeder von uns, der einmal versucht hat, ein Einkommensteuerformular auszufüllen oder eine Versicherungspolice gewissenhaft zu lesen, wird dies verstehen.

Wir geben deshalb nachfolgend einige Anregungen, die erfolgreiche Pädagogen zur Vereinfachung der Lernumwelt im Klassenzimmer vorgeschlagen haben:

- Stellen Sie Unterrichtsmaterialien, Bücher, Werkzeuge und Ausrüstungsgegenstände an Orte, wo sie von den Schülern erreicht werden können.
- Ersetzen Sie nach einer Überprüfung der Bestimmungen und Regeln die komplizierten durch einfache.
- Bringen Sie Anordnungen und Regeln dort an, wo die Schüler sie ohne Schwierigkeiten lesen können.
- Lassen Sie Türgriffe, Hebel und Haken in niedriger Höhe anbringen.
- Stellen Sie in die Nähe hoher Schränke eine kleine Trittleiter.
- Bestimmen Sie einen Ablageplatz für Spielzeug, sodass es von den Schülern selbst geholt und weggeräumt werden kann.

- Versehen Sie die von Schülern benutzten Maschinen und Ausrüstungen mit getippten Bedienungsanleitungen.
- Beschriften Sie, wenn möglich farbig, Schubläden, Schränke, Akten und Ablageplätze.
- Entfernen Sie nicht oder nur selten benutzte Gegenstände, Möbel, Materialien.

Systematisierung der Lernumwelt

Eine der einfachsten Methoden zur Vermeidung von Konfusion und unnötiger Anstrengung ist die Entwicklung eines Systems, das festlegt, wie bestimmte Aufgaben angegangen werden sollen. Die Gefahr einer Übersystematisierung bis hin zu dem Punkt, wo das System wichtiger wird als die Aufgabe (einige Bürokraten sind hierfür ein gutes Beispiel), besteht zwar immer. Sie ist jedoch bei den kleinen Gruppen und der relativen Intimität innerhalb einer Schulklasse höchst unwahrscheinlich.

Bei Diskussionen in unseren Kursen machten Lehrer zum Problem der Systematisierung unter anderem folgende Vorschläge:

- Beauftragen Sie bestimmte Schüler mit bestimmten Aufgaben.
- Entwickeln Sie eine Ausleihliste für Bücher und andere Materialien.
- Verteilen Sie Nummern für die »Lehrersprechstunde«.
- Benutzen Sie eine alphabetische Ordnung und Farbsymbole, legen Sie Aktenordner an, verwenden Sie Karteikästen, die alle Angaben für ein geplantes Projekt enthalten.
- Gehen Sie bei der Einteilung von Routineaufgaben der Reihe nach vor, sodass ein jeder Verantwortung trägt (zum Beispiel beim Führen einer Anwesenheitsliste, Auf- und Zuschließen, Geldeinsammeln, Formularausfüllen, Betreuen von Besuchern, Aufräumen, Inventarisieren etc.).
- Entwickeln Sie Kontrolllisten (vergleichbar den von Piloten vor dem Abflug benutzten Checklisten), um die vollständige Erledigung einer Aufgabe zu garantieren.

- Entwerfen Sie Flussdiagramme zur Erklärung komplexer Vorgänge wie etwa dem Auf- und Abbau von Laboreinrichtungen.

Vorausplanung

Wie überall kann auch in der Schule eine Vorausplanung oft Probleme verhindern: Gemeinsames Planen zukünftiger Ereignisse und Diskussionen über die Erwartungen, die hierbei an die Schüler gestellt werden; Diskussionen über Anordnungen der Kultusbehörde oder der Schule, *ehe* Probleme auftauchen; Ausarbeitung eines Katalogs zur Behandlung regelmäßig auftretender Probleme (zum Beispiel Unpünktlichkeit, Verschlafen, Erkrankung des Lehrers, Ersatzlehrer, außergewöhnliche Witterungsbedingungen, verspätet abgegebene Arbeiten); Notfälle und Training zu deren Überwindung – all diese Anleitungen helfen dem Schüler, schon im Voraus zu wissen, was er im »Ernstfall« zu tun hat. Das Resultat einer derartigen Vorausplanung ist offensichtlich: Wird der Schüler mit einer dieser ungewöhnlichen Situationen konfrontiert, zeigt er kein unangemessenes Verhalten.

In unseren Schulungsprogrammen stellen die Kursleiter den teilnehmenden Lehrern oft folgende Frage: »Welche Verhaltensprobleme werden in diesem Jahr in Ihrer Schule oder Ihrer Klasse auftreten?« Die Pädagogen stellen dann eine Liste der typischen Schwierigkeiten auf, von denen sie Jahr für Jahr geplagt werden. Durch Vorausplanung und Information kann eine beachtliche Anzahl dieser Probleme bereits im Voraus eliminiert werden.

Nachfolgend geben wir wieder einige Beispiele, die von Lehrkräften angeführt wurden:

- Veranstalten Sie Probestunden, um den Schülern die Bedienung neuer Geräte und Maschinen zu zeigen.
- Üben Sie ungewöhnliche oder komplizierte Vorgänge durch Proben ein.
- Diskutieren Sie zu Beginn des Schuljahres über Notengebung und Bewertung.

- Planen und üben Sie im Voraus, wie man Ersatzlehrern die Arbeit erleichtern kann.
- Kündigen Sie wichtige Daten und Ereignisse an (fertigen Sie eine Liste an und hängen Sie sie auf).
- Entwickeln und verwenden Sie Ihren eigenen Veranstaltungskalender; geben Sie jedem Kind eine doppelte Ausfertigung davon, eine für die Schule, die andere für zu Hause.
- Diskutieren Sie offen diejenigen Regeln und Anordnungen, die nicht dem Einfluss des Lehrers oder der Klasse unterliegen. Lassen Sie die Schüler im Voraus die Strafen für Verstöße gegen diese Regeln wissen.
- Informieren Sie die Kinder über Kosten (und Beschränkungen) der Benutzung von Büchern, Materialien und Geräten.
- Besonders nützlich für junge oder neu hinzugekommene Schüler sind Orientierungsgänge, Erklärung der Einrichtungen, Führungen über das Schulgelände.
- Planen Sie Sprechstunden für Experten ein, wie zum Beispiel Schulberater, Psychologen, Busfahrer, Verwaltungsbeamte, Bibliothekare, Krankenschwestern, damit die Schüler erfahren, wie diese Personen ihnen helfen können.

Diese und zahllose andere Techniken verdeutlichen den Kindern und Jugendlichen, was von ihnen erwartet wird, und liefern Informationen, die bei der Bewältigung ihrer Aufgaben hilfreich sind. Schüler »funktionieren« bemerkenswert flexibel und problemlos, wenn sie über das »Wie« und »Was« Bescheid wissen. Viele Lehrer erzielten schon allein dadurch befriedigende Ergebnisse, dass sie ihren Schülern die acht Möglichkeiten für eine Veränderung der Lernumwelt mitteilten und von ihnen hierzu eigene Vorschläge machen ließen.

Solche erfinderischen Lehrkräfte haben erkannt, dass der Klassenraum nicht nur ihnen gehört, sondern allen, die dort zusammenkommen. Es wäre äußerst unfair, die Schüler all die Veränderungen machen zu lassen, damit der Lehrer sich wohlfühlt. Wenn Kinder die Gelegenheit erhalten, ihre eigene Umwelt mitzugestalten, wird ihr Beitrag hierzu größer, ihr Eigentums- und Verantwortungsbewusstsein stärker. Solche Einstellungen bringen dem Lehrer, der sie fördert, hohe Dividende.

Wie man die Zeiteinteilung im Klassenzimmer verbessern kann

Ein anderer Weg zur Planung einer besseren Lernumwelt kann sein, das Verhalten der Schüler im Klassenverband, ihre Bedürfnisse und die Möglichkeiten der Bedürfnisbefriedigung zu untersuchen.

Erfahrene Lehrer werden bestätigen, dass selbst in der sogenannten problemfreien Zone oder der Lehr-Lern-Zone des Rechtecks manchmal Schwierigkeiten auftreten. Wenn auch die Lehrer-Schüler-Beziehung und das Verhältnis der Schüler untereinander problemfrei erscheinen, so kann doch irgendein Ereignis plötzlich Probleme entstehen lassen: So verhaut zum Beispiel ein Kind ohne ersichtlichen Grund seinen Klassenkameraden; ein anderer schreit seine Mitschüler an, sie möchten ihn in Ruhe lassen, oder den Lehrer stören plötzlich Geräusche oder Verhaltensweisen, die er vorher nicht einmal bemerkte. Erst wenn wir die *Qualität* der Lehr-Lern-Umwelt prüfen, können wir diese Phänomene verstehen und konstruktiv handhaben.

Innerhalb der problemfreien Zone – in den Zeiten, wo Lehren und Lernen möglich werden – existieren drei verschiedene Arten verfügbarer und brauchbarer Zeiteinteilung: (1) ungeordnete, (2) individuell eingeteilte und (3) optimale Zeiteinteilung.

Warum eine ungeordnete Zeiteinteilung Probleme verursacht

Im Klassenzimmer herrscht immer Aktivität. Es ist unmöglich, wenn nicht gar unmenschlich, 20, 30 oder mehr Personen in einem solch beengten Raum unterzubringen und Ruhe, Immobilität und Inaktivität zu erwarten. Pädagogen und Schüler reagieren mit allen fünf Sinnen auf ihre Umwelt. Ständig werden Stimuli empfangen, überprüft und verarbeitet. Welche Bedeutung hat dies nun für einen Lehrer und seine Schüler? Eine typische Situation in einem Klassenzimmer einer Grundschule soll dafür ein Beispiel geben:

Der Lehrer führt mit sechs Schülern an einem kleinen Tisch eine Leseübung durch. Er gibt jedem Unterrichtsmaterialien zur Arbeit an Diktion, Aussprache und Wortschatzübungen. Die Schüler lesen der Reihe nach laut vor. Gleichzeitig beschäftigt sich in einem anderen Teil des Zimmers eine Schülergruppe mit der Fertigstellung einer Wandcollage und diskutiert dabei leise über die Anordnung der einzelnen Figuren. Wieder eine andere Gruppe arbeitet im Mathematikzentrum. Einige Kinder lassen dabei laut die benutzten Hilfsmittel fallen oder schreien überrascht und aufgeregt durcheinander, wenn sie entdecken, wie bestimmte Gesetze funktionieren. Zur selben Zeit lesen einige Schüler, gehen zu den Bücherregalen, spitzen Bleistifte, suchen auf ihren Tischen irgendwelche Hilfsmittel, scharren mit den Füßen, husten, flüstern, leihen sich Farbstifte vom Nachbarn aus oder helfen sich gegenseitig bei ihren Aufgaben.

Jeder Einzelne in diesem Raum wird mit Reizen überflutet – dem Geruch menschlicher Körper und frisch gespitzter Bleistifte; dem Anblick sich bewegender Personen, Farben, Schatten; dem Klang von Stimmen, dem Geräusch schweren Atmens oder rückender Stühle; dem Geklapper von Dingen, die hin und her bewegt oder zum Spielen benutzt werden; dem Fühlen eines harten Stuhles und verkrampfter Muskeln; der Textur des Papiers, der Farbstifte, der Farben; der Schärfe einer Schere. Es kommen noch Tausende anderer Reize hinzu, die von jedem Schüler nahezu pausenlos empfangen und verarbeitet werden.

Mit zunehmendem Alter lernen die Kinder und Jugendlichen, wie sie Reize, mit denen sie konfrontiert werden, einordnen können, welchen Geräuschen, Gefühlen, Anblicken und Gerüchen sie Aufmerksamkeit entgegenbringen müssen und welche sie ignorieren können. Ein bewusstes Ignorieren erfordert aber auch Energie. Konzentration besteht zum größten Teil aus der Energie, die man braucht, um eine Wahrnehmung aller ankommenden Reize zu unterdrücken und nur einen oder zwei auszuwählen. Untersuchungen haben ergeben, dass sogar hochmotivierte Erwachsene eine solche Selektion selten länger als 20 Minuten hintereinander durchführen können. Die Konzentrationsdauer von Kindern ist in der Regel wesentlich kürzer.

Stellen wir uns vor, der Energievorrat, den ein Schüler zur Unterdrückung der für ihn nicht brauchbaren Reize verwendet hat, sei erschöpft. Nun merkt er plötzlich, dass er schwitzt, dass seine Beine wehtun, weil er zu lange verkrampft gesessen hat, dass seine Mitschüler ihm viel zu sehr auf die Pelle gerückt sind oder dass die Gruppe im Mathematikzentrum zu laut ist.

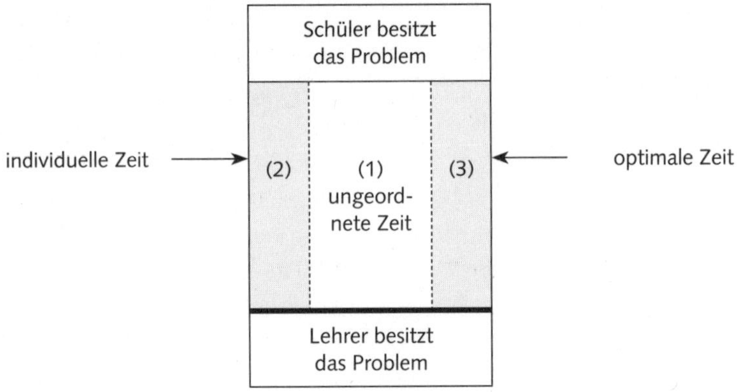

Abbildung 21

Er findet die anderen unausstehlich und schreit deshalb: »Geht weg! Lasst mich allein!« Oder: »Es ist hier viel zu heiß!« Er hat die äußerste Grenze seiner Fähigkeit erreicht, mit Unordnung und Konfusion fertigzuwerden. Sein Bedürfnis ist nun eine Befreiung von der Reizüberflutung, eine Befreiung von ungeordneter Zeiteinteilung.

Betrachten wir nochmals unser Rechteck in Abbildung 21. Innerhalb der problemfreien Zone (Lehr-Lern-Zone) lokalisierten wir eine ungeordnete Zeiteinteilung im Gebiet (1). Die Zonen (2) und (3) stellen die beiden anderen Zeitarten dar, die Lehrer und Schüler im Klassenraum erleben: individuelle und optimale Zeiteinteilung.

Warum individuell eingeteilte Zeit wichtig ist und wie man sie erreichen kann

Das Feld der individuell eingeteilten Zeit (2) in Abbildung 21 ist durch ein geringes Auftreten von Reizen gekennzeichnet. Wenn der Stress, ständig auf andere Personen eingehen zu müssen, oder der Energieverbrauch zur Unterdrückung zahlreicher Reize zu groß wird, spürt jeder Mensch das Bedürfnis, seiner Umwelt zu entfliehen und eine neue zu finden, die von ihm weniger Energie, Leistung und Involviertsein verlangt. Schüler und Lehrer müssen manchmal allein sein dürfen, müssen zeitweilig eine Umwelt haben, in der die auf sie einströmenden Reize beträchtlich reduziert sind und in der sie nicht mit anderen Personen wetteifern müssen.

Wenn dieses Bedürfnis nach individuell eingeteilter Zeit frustriert wird, werden die betroffenen Personen entweder reizbar, überempfindlich, launisch und unberechenbar oder sie versuchen, sich auf »unerlaubte« Art ihre individuelle Zeiteinteilung zu verschaffen: Sie hängen während des Unterrichts Tagträumen nach, phantasieren, benehmen sich absichtlich so schlecht, dass sie aus dem Klassenzimmer geschickt werden. Pädagogen bezeichnen die letzten Schulstunden oft als die kritischste Zeit. Dann haben die meisten Kinder und auch Lehrer ihren Energievorrat aufgebraucht und können es nur noch mühsam ertragen, aufeinander oder auf die Unordnung im Klassenzimmer einzugehen.

Es ist entscheidend, die Legitimität dieses wichtigen Bedürfnisses zu erkennen: Jeder Mensch in einer Lernumwelt muss die Möglichkeit haben, eine Zeit lang allein zu sein, zu denken, das Aufgenommene zu verarbeiten, einfach abzuschalten, neue Kräfte zu sammeln, für keinen anderen da und verantwortlich sein zu müssen als für sich selbst.

Wie bei allen anderen menschlichen Eigenschaften ist auch das Bedürfnis nach individuell eingeteilter Zeit von Mensch zu Mensch unterschiedlich. Außerdem ändert es sich auch bei den einzelnen Menschen von Zeit zu Zeit. Wenige Minuten der Abwesenheit von der komplexen Lernumwelt im Klassenzimmer können oft Wunder tun und bewirken, dass Lehrer und Schüler die Anforderungen einer ungeordneten Zeiteinteilung wieder meistern können.

Unsere Kursleiter beteiligen die Kursteilnehmer ganz bewusst an den Denkprozessen, mit denen versucht wird, kreative Lösungsvorschläge zur Befriedigung dieser Bedürfnisse zu finden.

Die Möglichkeiten hierzu sind unbegrenzt, wir geben nachfolgend einige Anregungen:

- »Stille Ecken« im Klassenzimmer
- Individuelle Lernnischen
- Orte zum Alleinsein außerhalb des Klassenzimmers
- Verwendung von kleinen Kammern oder großen Lagerräumen
- Verwendung von Bibliotheken, Büros, Lagerräumen, falls diese nicht anderweitig gebraucht werden
- Spanische Wände, Kabinen und Nischen, die durch Pappkartons abgetrennt werden
- Eine vorher abgesprochene, zeitweilige Befreiung vom Unterricht
- Verwendung von Kopfhörern und Tonbandgeräten, um alle anderen Geräusche auszuschalten
- Errichtung eines »Ellenbogenraumes« in einer Ecke oder außer-

halb des Klassenzimmers. In diesen Raum kann sich ein Schüler oder Lehrer zurückziehen, wenn er den physischen Kontakt mit den anderen nicht mehr erträgt.

- Verwendung von Augenbinden und Ohrenpfropfen
- Einrichtung von Spazierwegen auf dem Schulgelände
- »Meditationsecken« auf dem Rasen, unter Bäumen, auf verlassenen Sportplätzen etc.
- Kooperativer Unterricht oder Team-Teaching zur zeitweiligen Befreiung des Lehrers vom Unterricht

Warum eine optimale Zeiteinteilung wichtig ist und wie man sie erreichen kann

Feld (3) in Abbildung 21 stellt Perioden optimaler Zeit dar, die man am besten als Zeitabschnitte beschreibt, in denen sich die Beziehungen der Menschen untereinander entwickeln können. Allem Anschein nach treten solche zwischenmenschlichen Beziehungen nur in Zweier- oder höchstens Dreiergruppierungen auf. Man kann diese Hypothese verifizieren, wenn man Leute in Gruppensituationen beobachtet. Eine »Einbahn-Kommunikation«, ausgehend von einem Sprecher, Unterhaltungskünstler oder Vortragenden, kann von einer großen Gruppe rezipiert werden. Wird aber eine engere, intensivere Kommunikation erforderlich, kommt es zur Bildung von Zweier- oder Dreiergruppen. Beobachten Sie einmal vier oder mehr Personen an einem Tisch. In der Regel unterhalten sich jeweils zwei miteinander oder drei beteiligen sich am Gespräch, während der Vierte davon ausgeschlossen bleibt. Da dem Bedürfnis nach Kommunikation bei jedem von uns eine elementare Bedeutung zukommt, bemühen wir uns, es in kleinen Gruppen zu befriedigen. Die wichtigste Person, an die sich Schüler mit diesem Bedürfnis im Klassenzimmer wenden können, ist der Lehrer. Wenn ihnen in der Lehr-Lern-Zone des Rechtecks eine Befriedigung dieses Bedürfnisses durch den Pädagogen zu lange verwehrt wird, tendieren sie dazu, eine Situation heraufzubeschwören, in der eine Beziehung von Person zu Person auftreten *muss*. Wo können sie das am besten erreichen? Natürlich in dem Gebiet, in dem der Lehrer das Problem besitzt. So stellt das Fehlverhalten eines Schülers also oft den versteckten Versuch dar, irgendwie mit der Lehrkraft in Interaktion zu treten, selbst wenn dies für den Lehrer eine negative oder lästige Interaktion ist.

Im Kontakt mit ihren Mitschülern brauchen Kinder ebenfalls Beziehungen von Person zu Person. Lernumwelten, die eine legitime Befriedigung dieses Bedürfnisses verhindern, bringen sie dazu, sich diese Befriedigung auf »illegitime« Weise zu verschaffen.

Lehrer sagen manchmal, dass sie unmöglich auf jeden einzelnen Schüler eingehen können. Sie fühlen sich überfordert. Diese Überforderung im Lehrerberuf hat teilweise ihren Grund in der Annahme, alle Kinder seien fast identisch in ihren Bedürfnissen, Fähigkeiten und Wesenszügen. Dabei liegt es auf der Hand, dass kein Lehrer sich Tag für Tag mit 30 bis 150 Schülern individuell beschäftigen kann. Und glücklicherweise will dies auch gar nicht jeder Schüler. Einige brauchen nämlich häufige, andere wiederum weniger Kontakte mit der Lehrkraft. Auch die Dauer des benötigten Kontakts variiert beträchtlich. Die meisten Schüler erklären sich bereit, die sofortige Befriedigung ihres Bedürfnisses – manchmal sogar für eine recht lange Zeit – aufzuschieben, wenn sie wissen, dass der Lehrer sich mit Sicherheit irgendwann einmal ganz allein mit ihnen beschäftigen wird. Dasselbe gilt auch für ihr Bedürfnis nach einem persönlichen Kontakt zu Mitschülern. Wenn dies nicht zuträfe, könnten die meisten Klassenverbände überhaupt nicht funktionieren.

Viele der Pädagogen, die sich in ihrem Beruf überfordert fühlen, geben zu, dass sie zu viel Zeit mit den Problemen einzelner Schüler verbringen. In anderen Worten: Statt einen positiven Plan zu befolgen, der sie gelegentlich mit Schülern in Verbindung treten lässt, verbringen sie genauso viel oder mehr Zeit damit, einem Fehlverhalten der Schüler entgegenzuwirken oder auf es zu reagieren. In einem solchen Fall kann man nur hoffen, dass die Lehrer-Schüler-Beziehung nicht ernsthaft Schaden nimmt.

Persönliche Kontakte und Beziehungen *können* aufgebaut werden. Zur Erreichung dieses Ziels muss der Pädagoge Zeit einplanen, in der er sich einzeln mit den Kindern in der problemfreien Zone befasst.

Ein Lehrer einer fünften Klasse hatte eine große Gruppe (38) zu betreuen, in der viele Schüler als »äußerst lebhaft« charakterisiert waren und auf einer Warteliste für Sonderklassen standen. Er entschloss sich zu einer Veränderung der Lernumwelt, um diesen Kindern zu helfen, ihre Bedürfnisse nach einer individuellen und optimalen Zeiteinteilung zu befriedigen. Gleichzeitig hoffte er, dass sie dann auch besser mit einer ungeordneten Zeiteinteilung zurechtkommen würden. Er beschaffte sich große Kartons, und die Schüler halfen ihm, damit das Klassenzimmer in kleine Einheiten zu unterteilen. (Diese Arbeit lieferte nicht nur Stoff für Mathematik- und Physikstunden, sondern die »Zimmer« erwiesen sich am Ende als richtige Kunstwerke.)

Die so geschaffenen Zimmer wurden als Ruhezonen benutzt, wo jeweils ein Schüler seine Zeit individuell einteilen konnte, oder als Kommunikationszentren für Zweier- und Dreiergruppen.

Die Regeln waren einfach und von der gesamten Klasse gebilligt:

1. Keiner durfte den anderen stören,
2. keiner durfte ohne die Erlaubnis des »Bewohners« ein besetztes Zimmer betreten.

Um noch mehr Platz zu gewinnen, wurde selten benutztes und unnötiges Mobiliar entfernt. Das Klassenzimmer wurde bis in einen Innenhof und auf eine Grasfläche ausgedehnt, wo viele der lauteren Tätigkeiten stattfanden.

Der Lehrer dieser Klasse schuf auch einen Platz weit entfernt vom Klassenraum, wo die Schüler »Dampf ablassen« konnten. Es wurde ihnen empfohlen, zu diesem Platz und wieder zurück zu rennen und, während sie dort waren und falls sie Lust dazu verspürten, sich »die Seele aus dem Leib zu schreien«.

Es wurde auch ein Plan für persönliche Sprechzeiten mit jedem Kind aufgestellt. Dieser Plan war flexibel gehalten, sah aber in der Regel ein Minimum von 15 Minuten pro Schüler in einem Zeitraum von 14 Tagen vor. Einige Schüler trafen sich während dieser Zeit einige Male mit dem Lehrer, andere kamen nur einmal.

Innerhalb weniger Wochen funktionierte diese potenzielle »Problemgruppe« reibungs- und konfliktloser und zeigte ein größeres Gruppenbewusstsein als andere, kleinere Klassen mit weniger Lernstörungen. Ein in allen Bundesstaaten verwendeter Leistungstest stellte fest, dass die Leistung der Gruppe oberhalb des Distriktdurchschnitts für Fünftklässler lag, eine Tatsache, die vorher niemand erwartet hatte. Fast noch bemerkenswerter ist, dass diese Klasse sich nach wenigen Wochen in Situationen, wie sie für Großgruppen typisch sind, gut bewährte.

Sicherlich waren nicht alle Probleme in dieser fünften Klasse aus dem Wege geräumt. Jugendliche mit ernsten nervösen Störungen litten auch weiterhin unter diesen Problemen. Die »Langsamlerner« blieben ebenfalls unverändert hinter ihren schneller lernenden Kameraden zurück. Aber mit dem emotionalen »Smog«, dem hinterlistigen Streichespielen, den Spannungen, Verärgerungen und Frustrationen, hatte man sich befasst, und man hatte sie so weit bewältigt, dass nun in der Klasse die Atmosphäre von Fürsorge, Rücksichtnahme, Wärme und Verständnis geprägt war. In solch einer Atmosphäre kann ein Schüler es wagen, »anders« zu sein.

Das große Potenzial der Lehr-Lern-Zone

Es muss nochmals wiederholt werden: Für Lehrer ist es eine der Hauptfrustrationen, wenn nicht *die* Frustration überhaupt, dass sie so häufig von einem starken Gefühl des Versagens geplagt werden, weil sie ihren Beruf, das Lehren, nicht ausüben können. Überall beklagen sich Pädagogen, dass sie nicht genügend Zeit für ihre eigentliche Aufgabe finden: Lehrer zu sein, Lernprozesse zu erleichtern. Einige schieben die Schuld der heutigen Jugend zu, die schwerer zu unterrichten, weniger interessiert, unmotiviert und undiszipliniert erscheint. Ein Lehrer stellte fest: »Ich muss ein Unterhaltungskünstler sein und mit dem Fernsehen und Internet konkurrieren, um überhaupt Interesse zu erwecken – und ich habe nicht das Budget einer Fernsehanstalt.«

Wenn man die heutige Jugend zum Beispiel mit den Jugendlichen der Sechzigerjahre vergleicht, stellt man einen wesentlichen Unterschied fest: Während es damals relativ schwierig war, sich Informationen über die gesamte Welt zu beschaffen, sind die Kinder unserer Zeit wandelnde Enzyklopädien. Wenn Schulen heutzutage ihre Aufgabe nur in der Vermittlung von Wissen und Information sehen, werden sie von ihren aufgeklärten Zuhörern als langweilig und unwichtig abgetan. Sei es nun positiv oder negativ, das Fernsehen und Internet lassen schon das Konzept der Schulen als Informationsquellen unsinnig erscheinen.

Selbst in modernen Schulen, die sich bemühen, Fragetechniken, Informationssuchverhalten, Informationsverarbeitung, Bewertungsmaßstäbe, Problemlöseverhalten etc. zu vermitteln, haben Lehrkräfte doch noch Schwierigkeiten, genügend Zeit für richtiges Lehren und Lernen zu finden. Wir bringen Lehrern die nötigen Fähigkeiten zur Ausdehnung der problemfreien Zone bei, denn Lernen hört automatisch auf, wenn Schüler Probleme haben, und Lehren kann auch nicht fortgesetzt werden, wenn Schüler den Pädagogen Schwierigkeiten verursachen.

In der problemfreien Zone werden auch die zwischenmenschlichen Beziehungen verbessert und gefestigt. Wie wir bereits in den Kapiteln 3 und 4 erklärten, erzeugen aktives Zuhören und die anderen beratenden Fähigkeiten unweigerlich gegenseitige Gefühle der Wärme, Nähe und Vertrautheit in der Schüler-Lehrer-Beziehung.

Dies gilt auch, wenn Lehrer in der problemfreien Zone des Rechtecks lehren und die Schüler dort lernen.

Pädagogen empfinden Befriedigung, wenn sie wirklich zum Lehren kommen, und sie fühlen Zuneigung für ihre Schüler, wenn diese lernmotiviert sind. Kinder wiederum lernen und fühlen sich wohl bei den Lehrern, die das Lernen fördern. Im Gegensatz dazu finden Lehrkräfte Schüler unsympathisch, wenn diese sie am Lehren hindern, und Kinder und Jugendliche hassen Lehrer und Schulen, wenn sie merken, dass sie absolut nichts lernen.

In unserem theoretischen Konzept der Lehrereffektivität existiert ein seltsames Paradoxon hinsichtlich der problemfreien Zone und der warmen und engen Bindungen, die sich darin entwickeln. Die zwölf Barrieren im Prozess der Kommunikation sind nutzlos und schädlich, wenn sich das Problem im Besitz der Schüler oder des Lehrers befindet. Dagegen fühlen die Schüler selten, dass diese Barrieren ihre Kommunikation blockieren oder ihr Selbstbewusstsein angreifen, wenn Prozesse des Lehrens und Lernens im Gang sind (problemfreie Zone).

Wenn die Lehrer-Schüler-Beziehung gut ist, weil den Bedürfnissen beider Seiten Rechnung getragen wird, können Pädagogen gewöhnlich ohne Risiko (und auch völlig berechtigt) dirigieren, warnen, moralisieren, Fakten vermitteln, Ratschläge geben, kritisieren, positiv bewerten, analysieren, fragen, beruhigen und sogar sarkastisch sein, schimpfen oder Scherze anbringen.

Lesen Sie das folgende Gespräch zwischen einer Oberschullehrerin, die ein Theaterstück einüben lässt, und einer recht talentierten Schülerin. Bewerten Sie die Art der Beziehung. Erscheint sie Ihnen nicht auch warm und eng? Beachten Sie die Antworten der Schülerin auf den häufigen Gebrauch von Barrieren durch die Lehrerin. Sie scheinen nicht als solche wahrgenommen zu werden.

Lehrerin: Jennifer, auf die Bühne. Beeil dich! (*Befehl, dirigieren*)
Jennifer: Oh, bin ich jetzt dran?

Lehrerin: Ich finde, du müsstest diesmal viel wütender spielen. (*Ratschlag*)

Jennifer: Gut, ich werd's versuchen.

Lehrerin: Wenn du nicht wirklich wütend wirkst, glaubt dir kein Mensch, wie sehr du in der letzten Szene gekränkt wurdest. (*Warnung*)

Jennifer: Soll ich auf den Tisch hauen?

Lehrerin: Das ist lächerlich; sei kein Stümper! *(Negativbewertung, Schimpfwort)*

Jennifer: Sollte ja bloß ein Scherz sein.

Lehrerin: Du willst mich nur ärgern, das ist alles. (*Analyse*)

Jennifer: Das saß.

Lehrerin: Nun komm, Jennifer, wenn du es tun willst, dann tu's richtig. Ich weiß, du kannst es. (*Moralisierend, bestärkend*)

Jennifer: Das geht runter wie Honig.

Lehrerin: Erinnerst du dich an deinen Text? (*Kontrollfrage*)

Jennifer: Aber klar.

Lehrerin: Dann los, Sarah Bernhardt, nun zeig's ihnen! (*Humor*)

Die Lektion, die Lehrer aus dem bisher Gesagten ziehen können, ist folgende: Solange sich die Beziehung in der problemfreien Zone abspielt, können sie die unterschiedlichsten Botschaften senden. Sie können völlig spontan sein, ungehemmt, frei. Sie dürfen sie selbst sein, egal ob das bedeutet, ein Clown, Antreiber, Beratender, Prediger, Kritiker, Arbeitsverteiler oder eine Mischung von alledem zu sein. Wenn Lehrer lehren und Schüler lernen können und jeder dabei »Mensch bleiben« kann, werden die Erfahrungen im Klassenzimmer für beide Teile erfreulich sein.

7. Konflikte im Klassenzimmer

In zwischenmenschlichen Beziehungen sind Konflikte unvermeidlich, und die Lehrer-Schüler-Beziehung bildet hierin keine Ausnahme. Auch die in unseren Kursen ausgebildeten Lehrer stoßen auf Probleme, die über die ganze Skala von unwichtig bis sehr ernsthaft reichen. Pädagogen befinden sich häufig in Situationen, in denen ihre Ich-Botschaften keine Veränderung eines unannehmbaren Verhaltens bewirken oder in denen ihre Anstrengungen zur Veränderung der Lernumwelt im Klassenzimmer nichts nutzen. Wenn diese Methoden versagen, treten Konflikte auf.

Zeigen Konfrontationen *und* Umweltveränderungen keine Resultate, so hat dies in der Regel zwei Gründe. Entweder sind die Bedürfnisse, die ein unannehmbares Schülerverhalten motivieren, so stark, dass die Kinder sich nicht ändern können oder wollen, oder die Beziehung zum Lehrer ist so schlecht, dass die Schüler nicht die geringste Lust verspüren, den Bedürfnissen des Lehrers entgegenzukommen. So entstehen in den meisten Klassen früher oder später Situationen, in denen Bedürfnisse miteinander in Konflikt geraten. Lehrkräfte führten hierzu folgende Beispiele an:

Ich sage meinen Schülern immer wieder, wie sehr ich es hasse, meine Zeit damit zu verbringen, nach Schulschluss das Klassenzimmer aufzuräumen. Trotzdem lassen sie es Tag für Tag unordentlich zurück.

Neulich musste ich eine Unterrichtsstunde ganz pünktlich beenden, weil ich einen wichtigen Termin wahrzunehmen hatte. Ich informierte meine Klasse davon und bat sie, sofort beim Klingelzeichen den Raum zu verlassen. Die Schüler taten es nicht. Ich musste schließlich wirklich wütend werden und sie anschreien, damit sie meiner Aufforderung folgten.

Meine Fünftklässler sind immer schnell bei der Hand, wenn Spielzeug raus auf den Spielplatz gebracht werden soll, aber sie bringen es fast nie wieder zurück. Ich sagte ihnen oft, wie viel es kostet, wenn es verloren geht und ersetzt werden muss, und wie sehr der Direktor mich deswegen tadelt, aber all dies scheint sie nicht zu beeindrucken. Manchmal glaube ich sogar, sie entwenden die Gegenstände selber.

Alex ist ein niedlicher kleiner Junge, aber er treibt mich zum Wahnsinn. Man kann nie wissen, wann er plötzlich verschwindet. Er weiß, dass ich wütend werde, wenn er ohne meine Erlaubnis einfach abhaut. Ich kann meine Klasse ja nicht einfach unbeaufsichtigt lassen, um ihn zu suchen. Ich weiß nicht mehr, was ich tun soll.

Vielen Lehrern sind solche Konflikte nur allzu vertraut. Sie verbringen einen großen Teil ihrer wertvollen Lehr-Lern-Zeit mit meist erfolglosen Versuchen, sie zu lösen.

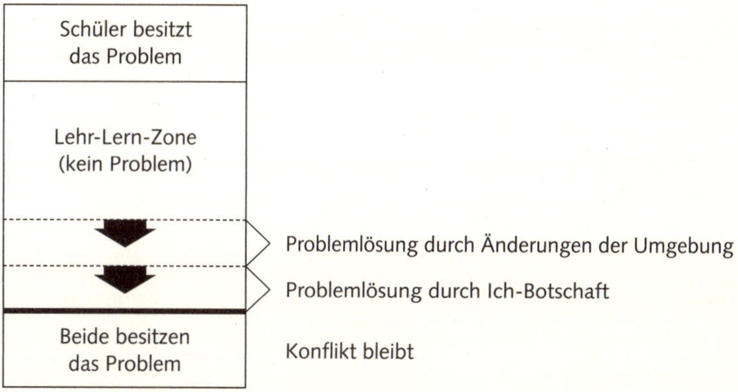

Abbildung 22

In Abbildung 22 stellen wir grafisch Situationen dar, in denen Bedürfnisse miteinander in Konflikt geraten. Das untere Rechteck zeigt, wie die Lehr-Lern-Zone (die problemfreie Zone) durch Veränderung der Lernumwelt und durch Konfrontation mit Ich-Botschaften erweitert wird. Es bleibt dabei ein Gebiet am unteren Rand des Rechtecks übrig. Dieses Gebiet repräsentiert unverändert unannehmbares Verhalten, das zu Konfliktsituationen führt und das Thema dieses Kapitels ist.

Was ist überhaupt ein Konflikt? Was führt dazu? Welche Lösungsversuche wenden Lehrer gewöhnlich an?

Was passiert mit Pädagogen und Schülern, wenn diese typischen Lösungsversuche zur Eliminierung von Differenzen angewendet werden?

Was ist ein Konflikt?

Websters Wörterbuch definiert »Konflikt« mit einer Ableitung aus dem lateinischen Wort conflictus, das heißt aneinandergeraten, zusammenstoßen. Als Synonyme sind angegeben: Unstimmigkeit, Krieg, Schlacht, Kollision. Als Verb bedeutet der Begriff im Englischen, sich antagonistisch verhalten, sich bekriegen und bekämpfen.

In unserem Modell für zwischenmenschliche Beziehungen bedeutet Konflikt ein Auftreten von Kämpfen und Kollisionen zwischen zwei (oder mehreren) Personen, wenn Verhaltensweisen und Bedürfnisbefriedigung in Gegensatz geraten oder wenn die Wertvorstellungen der einzelnen Personen differieren.

Dieses Kapitel beschränkt sich auf Konflikte, die entstehen, wenn das Schülerverhalten in merklichem und konkretem Gegensatz zu der Befriedigung der Lehrerbedürfnisse steht. (In Kapitel 10 werden wir uns mit der Kollision von Wertvorstellungen befassen.)

Differenzen zwischen den Bedürfnissen der Lehrer und der Schüler sind so unvermeidlich wie Regen oder Steuern. Ihr Auftreten ist sicher und manchmal auch recht häufig. Diese Tatsache allein ist schon problematisch für Lehrkräfte, denen man beigebracht hat, dass es zwischen »guten« Lehrern und »guten« Schülern keine Konflikte geben sollte. Für diese Pädagogen ist die Einsicht schwer, dass es in allen menschlichen Beziehungen Schwierigkeiten gibt und dass ein Konflikt an sich weder »gut« noch »schlecht« ist. Es besteht sogar Grund zu der Annahme, dass die Häufigkeit von Problemen in einer zwischenmenschlichen Beziehung in keinem Zusammenhang zu deren Solidität oder Qualität steht. Wichtig sind einzig und allein a) die Anzahl der ungelösten Konflikte und b) die angewandten Methoden zur Konfliktlösung.

Wodurch werden Konflikte erzeugt?

Konflikte befinden sich nicht ausschließlich im Besitz des Lehrers oder des Schülers, sondern die Bedürfnisse beider Parteien sind in einem Konfliktfall betroffen: Beide Parteien besitzen das Problem.

Betrachten wir nochmals das Beispiel des Pädagogen, der jeden Tag seine Zeit dafür opfern musste, das Klassenzimmer aufzuräumen, das seine Schüler unordentlich zurückgelassen hatten. Worin besteht hier die Schwierigkeit? Der Lehrer hat den berechtigten Wunsch, ohne zu viel Zeitverlust nach Hause zu gehen. Die Kinder bringen das Klassenzimmer in Unordnung und räumen anschließend nicht wieder auf. Die Bedürfnisse beider Seiten sind also involviert. Ob ein Konflikt nun zu einer kleinen Unstimmigkeit oder einer ernsten Auseinandersetzung führt, der Grund ist immer derselbe: Eine oder beide Parteien behaupten, dass das Verhalten des anderen der Befriedigung der eigenen Bedürfnisse im Wege steht.

Wenn die Bedürfnisse in einer Konfliktsituation sehr stark sind, nützen – wie bereits erwähnt – Ich-Botschaften wenig. So setzt zum Beispiel ein Schüler, der unbedingt ein Rendezvous mit seiner »Flamme« möchte, seine Unterhaltung mit ihr in der Pausenhalle fort, anstatt pünktlich zur Stunde zu erscheinen. Wenn der Lehrer nun eine Ich-Botschaft sendet, könnte der Schüler ihm gegenüber folgendermaßen reagieren: »Ich verstehe ja Ihre Frustration, aber obwohl ich nicht will, dass Sie frustriert werden, ist für mich im Augenblick die Unterhaltung mit Karin doch wichtiger.«

Wie Lehrer gewöhnlich Konflikte lösen

Nahezu ausnahmslos gehen Pädagogen bei der Lösung von Schwierigkeiten nach einem Konzept von »Sieg« oder »Niederlage« vor. Diese Haltung wird in den folgenden Lehrerzitaten sehr deutlich:

»Es wäre ja noch schöner, wenn die Schüler mir auf der Nase rumtanzen könnten.«
»Die Misere der heutigen Schule ist, dass die Schüler das Sagen haben.«
»Sie gewinnen alle Schlachten.«
»Wie können wir Lehrer gewinnen? Die Verwaltung ist machtlos und gibt uns keine Rückendeckung, deshalb müssen wir dauernd nachgeben.«
»Ich? Nun ja, ich gewinne mal und verliere mal. Ich versuche allerdings immer, die wichtigen Schlachten zu gewinnen.«
»Die heutige Jugend respektiert nicht mehr wie früher die Autorität des Lehrers.«

Die folgende Geschichte hört man so oft, dass man annehmen muss, sie enthalte eine allgemeine pädagogische Philosophie darüber, wie Lehrer Schülern zeigen können, wer der Herr im Hause ist.

Am ersten Tag meines Dienstantritts als Lehrer versammelte der Direktor alle Neuanfänger und hielt uns seinen Standardvortrag »Wie führe ich eine Klasse«. Die Quintessenz war einfach: Während der ersten Wochen sollte der Ton rau und ernst sein. Hätten die Schüler dann gemerkt, wer der Boss ist, könnten die Zügel etwas gelockert werden.

Manche Lehrkräfte können nur mit Schwierigkeiten nach dieser Maxime leben, weil sie Konflikte im Klassenzimmer als ein Negativum ansehen, wie zum Beispiel der folgende Grundschullehrer in einem unserer Kurse:

Ich glaube, man könnte mich einen antiautoritären Lehrer nennen. Ich hasse zutiefst all das Gebrüll und Geschrei, mit dem andere Lehrer die Kinder in Schach halten. Deshalb gucke ich in eine andere Richtung und tue so, als ob die Dinge mich nicht störten.

Das Konzept von Sieg und Niederlage scheint der Kern des verzwickten Disziplinproblems in Schulen zu sein. Lehrer meinen, ihnen stünden nur zwei Möglichkeiten zur Verfügung: Strenge oder Nachgiebigkeit; Härte oder Milde; Autorität oder Antiautorität. Sie sehen die Lehrer-Schüler-Beziehung als Machtkampf, Streit, Krieg. So überrascht es dann auch nicht, dass die Schüler ihrerseits ihre Lehrer als natürliche Feinde betrachten, als Diktatoren, denen man mit allen Mitteln widerstehen muss, oder als Schwächlinge, die man ausnutzen kann.

Die Mehrzahl der Pädagogen versucht, in Konfliktfällen einen Sieg über die Schüler zu erringen oder zumindest nicht zu unterliegen. In solchen Fällen sind die Kinder die Verlierer. Andere Lehrer, wie zum Beispiel jener, dem Schreien und Brüllen zuwider sind, glauben, den Schülern gegenüber nachgiebig sein zu müssen. Diese permissive Haltung herrscht auch bei den Verteidigern jener Theorie vor, die besagt, dass sich eine Frustration der natürlichen kindlichen Triebe nachteilig auf die Kinder auswirke. Es sei daher auch die Aufgabe des Lehrers, unannehmbares Verhalten zu ertragen, um die Gefahr möglicher »psychischer Schäden« (was immer das sein mag) bei Schülern zu reduzieren. Psychische Schäden bei Lehrkräften werden dagegen außer Acht gelassen, obwohl sie häufig das Resultat solcher Permissivität sind.

Die zwei Konzepte von Sieg und Niederlage: Methode I und Methode II

Die Begriffe »autoritär« und »permissiv« sind im Erziehungswesen so oft ge- und missbraucht worden, dass sie mit Emotionen beladen sind und unweigerlich zu heftigen Auseinandersetzungen führen. Um dies in unseren Kursen zu vermeiden, bezeichneten wir die beiden konträren Methoden als Methode I und Methode II.

Bei Methode I gewinnt der Lehrer den Konflikt, der Schüler verliert ihn; bei Methode II verhält es sich umgekehrt. Zur Verdeutlichung mag folgendes Beispiel dienen, das sich mit dem Problem der Unpünktlichkeit bei Oberstufenschülern befasst:

Herr J. beginnt seinen naturwissenschaftlichen Unterricht gern mit einer kurzen mündlichen Angabe der Dinge, die im Unterrichtsverlauf erledigt werden sollen. Die Schülerin Sylvia kommt häufig zu spät zur Stunde, deshalb muss der Lehrer seine Informationen ihretwegen wiederholen oder ihre Fragen beantworten, da sie nicht weiß, welche Aufgaben sie erledigen soll.

Nach Methode I könnte sich folgender Dialog ergeben:

Lehrer: Wenn Sie verspätet hier ankommen, verpassen Sie die Instruktionen, die ich gleich zu Beginn der Stunde gebe. Dann muss ich mir extra nochmals die Zeit nehmen, um Ihnen Ihre Anweisungen persönlich zu geben. Ich bin das jetzt leid.
Sylvia: Ich gehöre nun mal dem Redaktionsstab für unser Jahrbuch an, und wir haben im Augenblick wirklich viel zu tun, um die von

der Druckerei gesetzten Termine einzuhalten. Deshalb habe ich mich verspätet.

Lehrer: Ich weiß, dass Sie zu den Herausgebern des Jahrbuchs gehören und dass dies eine wichtige Aufgabe ist, aber mein Unterricht ist auch wichtig. Sie kriegen Ihr Abitur nicht, wenn Sie diesen Kurs nicht beenden.

Sylvia: Die schriftlichen Arbeiten habe ich ja wohl alle geschafft, oder? Ich sehe nicht ein, dass ich mich so abhetzen soll, nur damit es Ihnen erspart bleibt, mir nochmals in ein paar Worten zu sagen, was ich tun soll. Was ist denn daran so schlimm?

Lehrer: Ich habe es mir ja auch eine ganze Weile schweigend angesehen, aber ich habe es jetzt satt, Sie wie eine Primadonna zu behandeln, nur weil Sie noch diesen anderen Job haben. Von jetzt an kommen Sie pünktlich oder gar nicht mehr!

Sylvia: Aber …

Lehrer: Kein aber. Wenn Sie die Punkte für diesen Kurs haben wollen, kommen Sie pünktlich wie alle anderen auch. Nun setzen Sie sich.

Sylvia: (ärgerlich) Nun gut, ich werd's versuchen.

Wie so oft, wenn nach Methode I vorgegangen wird, hatte der Lehrer seine eigene vorgefasste »Siegesversion« für den Konflikt: Sylvia sollte pünktlich zum Unterricht erscheinen. Zunächst sollte sie durch seine Überredungsversuche seine Version akzeptieren, aber als sie sich widersetzte, fuhr er schwere Geschütze auf: Entweder sie käme pünktlich oder sie ginge das Risiko ein, in einem Kurs durchzufallen, den sie für das Abitur brauchte. Bei der Zurschaustellung dieser Machtfülle gab Sylvia widerwillig nach. In Abbildung 23 wird Methode I dargestellt.

METHODE I

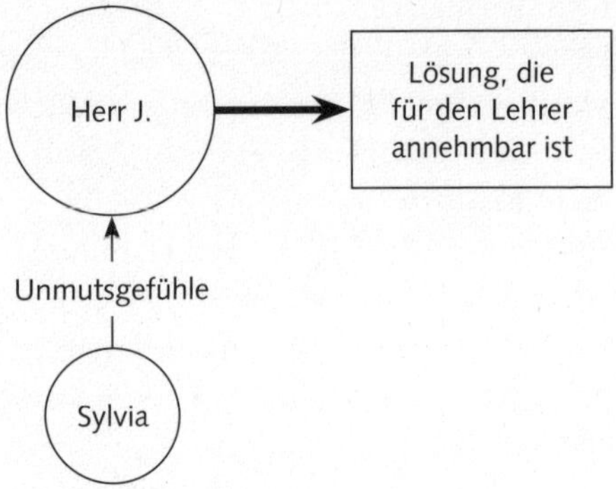

Abbildung 23

Bei Verwendung von Methode II könnte derselbe Dialog folgendermaßen lauten:

Lehrer: Wenn Sie verspätet hier ankommen, verpassen Sie die Instruktionen, die ich gleich zu Beginn der Stunde gebe. Dann muss ich mir extra nochmals die Zeit nehmen, um Ihnen Ihre Anweisungen persönlich zu geben. Ich bin das jetzt leid.
Sylvia: Ich gehöre nun mal dem Redaktionsstab für unser Jahrbuch an, und wir haben im Augenblick wirklich viel zu tun, um die von der Druckerei gesetzten Termine einzuhalten. Deshalb habe ich mich verspätet.
Lehrer: Ich weiß, dass Sie zu den Herausgebern des Jahrbuchs gehören und dass dies eine wichtige Aufgabe ist, aber mein Unterricht ist auch wichtig. Sie kriegen Ihr Abitur nicht, wenn Sie diesen Kurs nicht beenden.
Sylvia: Ich muss nicht unbedingt Ihren Kurs wählen. Ich kann auch zu Frau M.s Gruppe überwechseln.
Lehrer: Ihre Gruppe ist bereits voll. Unsere Gruppe ist die kleine-

re. Ich glaube kaum, dass Sie in Frau M.s Gruppe aufgenommen werden.

Sylvia: Oh, die nimmt mich schon, und sie wird nicht so an mir herummeckern, nur weil ich wegen einer anderen wichtigen Arbeit ein paar Minuten zu spät komme. Wenn Sie unbedingt meckern wollen, warum knöpfen Sie sich nicht mal die Jungen vor, die dauernd in den Toiletten rauchen?

Lehrer: Nun hören Sie mal zu. Ich will an niemandem rummeckern und ich versuche, gut mit jedermann auszukommen. Und gewiss möchte ich nicht, dass Sie in eine andere Gruppe gehen.

Sylvia: Irgendetwas muss ich ja schließlich unternehmen, wenn meine Verspätung Sie so stört – und dabei komme ich noch nicht mal jeden Tag zu spät.

Lehrer: Nun gut, sprechen wir nicht mehr davon. Wenn Sie zu spät kommen müssen, kommen Sie eben zu spät. Ich hoffe bloß, es kommt nicht jeden Tag vor.

Anders als im ersten Fall widersetzte sich diesmal die Schülerin der Konfliktlösung des Lehrers, indem sie ihre eigenen Geschütze auffuhr und drohte, zu einer anderen Gruppe überzuwechseln. Der Pädagoge gab nach, war aber nicht glücklich über diese Lösung. Methode II wird in Abbildung 24 dargestellt.

Die Haltung der Lehrkraft und des Schülers ist in beiden Fällen ziemlich ähnlich. Jeder denkt: »Ich will meine Lösung durchsetzen und ich bin bereit, dafür zu kämpfen.« Zusätzlich zu dieser Kampfhaltung zeigt sich noch eine andere Einstellung, die folgendermaßen beschrieben werden könnte: »Wenn du es nicht so magst wie ich, ist das dein Pech.«

Beide Methoden basieren auf Haltungen wie Konkurrenzdenken, Starrsinn, Unhöflichkeit, Rücksichtslosigkeit, Missachtung der Bedürfnisse von anderen. Jede der beiden Methoden erzeugt in der Regel beim Verlierer ein Gefühl von Unmut und Ärger.

Unsere Kursleiter stellten bei der Zusammenarbeit mit Tausenden von Lehrern aller Schularten fest, dass erstaunlich viele Pädagogen sich an eine dieser beiden Methoden klammern, die nur Sieg oder Niederlage zulassen, oder dass sie je nach ihrer Gemütsverfassung zwischen beiden schwanken. Nur sehr wenige Lehrer verfügen über Alternativlösungen für Konflikte.

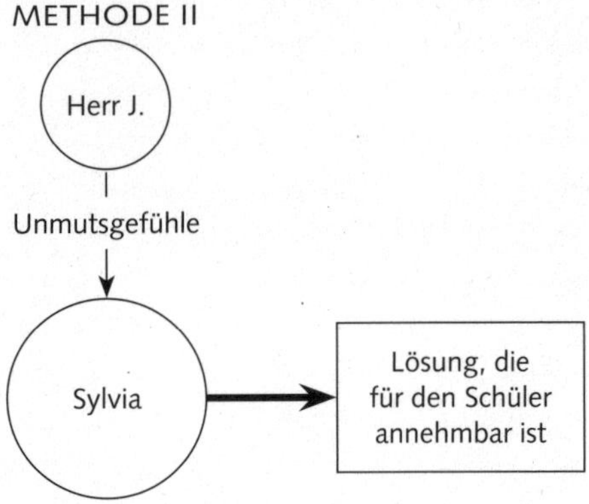

Abbildung 24

Noch trauriger ist, dass wiederum noch weniger Lehrer sich der Tatsache bewusst sind, dass sie überhaupt eine Methode anwenden. Die Majorität handelt aufs Geratewohl und löst Probleme gewöhnlich nach dem Vorbild der eigenen früheren Lehrer oder der Eltern. Es kommt auch selten vor, dass eine Lehrkraft einen direkten Zusammenhang zwischen ihren Problemlösemethoden und dem Schülerverhalten sieht. Daher ist die eingehende Prüfung der Grenzen und Auswirkungen der Methoden I und II solch eine Offenbarung für viele unserer Kursteilnehmer. Sie kommen auf diese Weise zu neuen Einsichten, durch die sie ihr Verhalten im Klassenzimmer verstehen lernen.

Was wir über Methode I wissen

Viele gute Untersuchungen befassen sich mit den Auswirkungen der autoritären Methode der Konfliktlösung (zum Beispiel in Familien, in der Industrie und vielen anderen Organisationen). Details dieser Untersuchungen sind für die Mehrzahl der Lehrer von geringer Bedeutung; eine Liste der wichtigsten Ergebnisse hat dagegen schon vielen unserer Kursteilnehmer verdeutlicht, was sich nun eigentlich wirklich abspielt, wenn sie nach Methode I vorgehen.

1. Sie kann in Notsituationen zu schnell wirksamen Ergebnissen führen. (»Leg sofort das scharfe Messer hin.«)
2. Sie kann die einzig adäquate Methode sein, wenn sehr viele Leute involviert sind und eine Diskussion der Angelegenheit extrem schwierig durchführbar ist. (»Die Tanzveranstaltung ist vorbei, die Türen werden binnen 15 Minuten geschlossen, also bitte verlassen Sie den Saal so schnell wie möglich.«)
3. Sie erzeugt im Verlierer Unmut und oft intensive Feindseligkeit dem Sieger gegenüber. Kein Mensch hat es gerne, herumkommandiert zu werden und seine Bedürfnisse frustriert zu sehen.
4. Sie motiviert den Verlierer nur in sehr geringem Ausmaß, den Lösungsvorschlag durchzuführen.
5. Sie verlangt häufig vom Gewinner die Anwendung eines starken Zwanges. (»Ich verbringe die Hälfte meiner Zeit im Klassenzimmer damit, die Rolle eines Polizisten zu spielen.«) Wenn der »Aufpasser« einmal nicht anwesend ist, richten sich die Verlierer nicht nach den ihnen gesetzten Regeln.
6. Sie behindert das Entstehen von Verantwortung und Planung für die eigene Person und fördert Abhängigkeit und Unselbstständigkeit.
7. Sie lässt durch Furcht Gehorsam und Unterordnung entstehen und verhindert die Entwicklung von Kooperation und Rücksichtnahme. Wirkliche Kooperation wird nie dadurch erreicht, dass der Schüler durch Zwang etwas tun muss.

8. Sie verhindert Kreativität, Forscher- und Erfindergeist. Solche Eigenschaften gedeihen selten in einem Klima der Angst und Unterdrückung.
9. Sie erzeugt geringe Leistung, niedrige Arbeitsmoral, wenig Befriedigung durch die Arbeit und eine hohe Anzahl von Versagern.
10. Sie verhindert das Entstehen von Selbstdisziplin und Selbstkontrolle, die sich nicht entwickeln können, wenn die Lehrer qua ihrer Machtstellung Kontrolle ausüben.
11. Sie lässt nur mit sehr geringer Wahrscheinlichkeit eine einmalige, kreative oder, wie Psychologen es nennen, »elegante Lösung« entstehen.
12. Sie erzeugt im Gewinner oft Schuldgefühle. (»Dies trifft mich mehr als dich« oder »Ich will ja nur dein Bestes«.)
13. Zur Erreichung von Gehorsam fordert sie vom Gewinner gewöhnlich einen Rückgriff auf Macht und Autorität. (Wir untersuchen diese für Methode I charakteristische Erscheinung an anderer Stelle in diesem Kapitel noch ausführlicher.)

Was wir über Methode II wissen

Nachfolgend werden Ergebnisse dargestellt, die Studien bezüglich der Charakteristika und Auswirkungen von Methode II erbrachten. Mit dieser antiautoritären Methode werden Konflikte gelöst nach dem Motto: »Nun gut, dann gewinnst du eben, und ich gebe nach.«

1. Sie kann schnell zum Ziel führen. Man ignoriert einfach das störende Verhalten und entledigt sich des Problems durch Nachgeben.
2. Sie erzeugt beim Verlierer unweigerlich Unmut und Feindseligkeit dem Gewinner gegenüber. Lehrer, die häufig nachgeben, entwickeln Abneigung oder sogar Hass gegen ihre Schüler und schließlich gegen ihren Beruf.

3. Sie fördert bei den Siegern (das heißt bei den Schülern) Selbstsucht, Mangel an Kooperationsbereitschaft, Missachtung der anderen. Die Schüler werden unlenkbar, unkontrollierbar, undiszipliniert, herausfordernd. Eine solche Klasse kann chaotisch werden.
4. Sie fördert bei den Schülern mehr Kreativität und Spontaneität als Methode I. Aber der Lehrer zahlt hierfür einen sehr hohen Preis.
5. Sie führt nicht zu hoher Leistung oder hoher Arbeitsmoral. Kinder hassen in der Regel Klassen, die aus undisziplinierten und unlenkbaren Schülern bestehen. Sie empfinden das Lernen in einer solchen Umgebung als Zeitverschwendung, weil nur wenig gearbeitet werden kann.
6. Sie erzeugt in den Siegern (Schülern) Schuldgefühle, weil die Bedürfnisse des Lehrers unberücksichtigt bleiben.
7. Sie lässt die Kinder den Respekt vor dem Lehrer verlieren. Die Schüler empfinden ihn als schwach und inkompetent, als einen »Fußabtreter« oder »Schwächling«.
8. Sie fordert vom Gewinner (Schüler) gewöhnlich einen Rückgriff auf seine Macht und Autorität.

Das Bäumchen-wechsle-dich-Spiel

Selten wenden Lehrer von den beiden Methoden I und II ausschließlich eine einzige an, das heißt sie sind selten völlig autoritär oder völlig permissiv. Dieses Schwanken zwischen beiden Methoden ist jedoch für die Schüler sehr verwirrend. Es lässt sie in einer »Gummiwelt« leben, in der die Grenzen unbekannt bleiben. An einem Tag kann Flüstern mit dem Nachbarn ein Verbrechen sein, während die Lehrkraft am nächsten Tag nur darüber lächelt. Es liegt auf der Hand, dass ein solches Verhalten zum ständigen Testen Anlass gibt. Werden Kinder mit einem Lehrer konfrontiert, der mal streng, mal nachgiebig reagiert, müssen sie dauernd auf der Hut sein. Sie müssen auch übermäßig viel Zeit damit verbringen herauszufinden, wo die Grenzen des jeweiligen Tages gesteckt sind.

Antiautoritäre Pädagogen erlauben ihren Schülern oft alles, was diese wollen, bis die Bedingungen im Unterricht so chaotisch und die Verhaltensweisen der Schüler so unannehmbar werden, dass sich der Lehrer gezwungen sieht, zur Wiederherstellung der Ordnung plötzlich seine Macht zu demonstrieren. Diese Inkonsistenz ist für beide äußerst verwirrend. Im Endeffekt mag die Lehrkraft in solchen Situationen noch schlechter dran sein als die Schüler. Antiautoritäre Lehrer neigen wegen solcher abrupter Ausbrüche zu Schuldgefühlen, besonders wenn der Anlass nur nichtig war, dem Tropfen vergleichbar, der das Fass zum Überlaufen bringt. Diese Schuldgefühle lassen den Lehrer leicht wieder in die antiautoritäre Haltung zurückfallen, und der Kreislauf beginnt von vorn.

Aber nicht nur Verhaltensänderungen des einzelnen Pädagogen verwirren die Kinder, sondern auch Unterschiede zwischen mehreren Lehrern. Obwohl Schüler Verhaltensweisen von Lehrkräften sehr geschickt erkennen und einordnen können, ist es doch schwer, nach einer nach Methode II geführten Stunde, in der alles erlaubt war, sich der strengen Disziplin eines anderen Lehrers unterzuordnen, der absoluten Gehorsam verlangt. Viele Lehrerkonferenzen beschäftigen sich in endlosen Debatten mit diesem Problem der Ungleichheit der Methoden und versuchen, Beiträge zur Herstellung einer »einheitlichen« Disziplin zu leisten. Die Devise lautet hierbei immer: Wir müssen nach gleichen Prinzipien handeln (wobei der Sprecher immer seine eigenen meint), um dieser Konfusion ein Ende zu bereiten. So geht die Schlacht für alle Zukunft weiter.

Macht als Basis der Methoden I und II

Es kann nicht oft genug betont werden, dass die Methoden I und II sich zur Konfliktlösung hauptsächlich der Macht bedienen. Wendet der Lehrer Methode I an, benutzt er seine Machtstellung auf Kosten des unterliegenden Schülers. Bei Methode II benutzt der Schüler die ihm zur Verfügung stehende Macht, um auf Kosten des Lehrers seinen Willen durchzusetzen. Beide, Pädagoge und Kind, deuten einen

Konflikt unweigerlich als Zweikampf, als Schlacht, die unbedingt gewonnen werden muss, als Machtkampf.

Was ist nun diese Macht? Woher kommt sie? Kann man sie sehen oder fühlen? Gewiss besteht sie nicht nur aus körperlicher Stärke, obwohl dies vereinzelt der Fall sein kann. Besteht sie aus Worten, die in der menschlichen Kommunikation vermittelt werden? Oder umfasst sie mehr?

Macht ist nach Meinung vieler eng mit Autorität assoziiert. Bedeutet dies nun, dass ein Lehrer Macht besitzt, wenn er Autorität über Schüler hat? Muss man Autorität haben, um Macht zu erlangen? Oder umgekehrt? Dies sind wichtige Fragen, und in Diskussionen über Konflikte in Schulen werden die Begriffe Macht und Autorität so oft gebraucht, dass wir sie eingehender klären müssen.

Autorität im Klassenzimmer

Stellen Sie 100 Lehrern folgende Frage: »Müssen Sie im Umgang mit Schülern Ihre Autorität zeigen?« Wahrscheinlich werden 99 mit einem klaren Ja antworten. Die meisten werden sich wundern, warum die Frage überhaupt gestellt wird, wo doch die Antwort so naheliegend ist. Sie werden erwidern, dass Lehrkräfte Autorität brauchen, da sie ohne sie keine Disziplin, Ordnung und Ruhe herstellen können.

Die Überzeugung von der Notwendigkeit der Lehrerautorität ist in unseren Schulen und unserer Gesellschaft so fest verwurzelt, dass jeder, der daran zweifelt, als naiv und dumm angesehen wird. Eltern richten sich in der Kindererziehung nach diesem Grundsatz, und nur wenige Mütter und Väter stellen jemals den Gebrauch von Autorität infrage, wenn sie ihre Kinder lenken, kontrollieren, disziplinieren und ausbilden. Es überrascht daher nicht, dass die Eltern auch von den Lehrern ihrer Kinder Autorität verlangen. Das geht sogar so weit, dass der Gesetzgeber den Lehrern das Recht gibt, an Stelle der Eltern zu handeln. Solch eine Gesetzgebung ist ein Beweis für die Überzeugung der Eltern, dass jede Person, die ihre Kinder beaufsichtigt, genau wie sie selbst über Autorität verfügen muss. Daher gewähren Gesetze den Lehrern die Autoritätsstellung der Eltern.

Der erste Schritt zum Verständnis des Begriffes Autorität ist die Erkenntnis, dass es im allgemeinen Sprachgebrauch zwei völlig unterschiedliche Vorstellungen von Autorität gibt.

Typ I der Autorität

Die erste Bedeutung des Begriffes Autorität basiert auf Sachkenntnis, Wissen und Erfahrung. (Auf seinem Gebiet ist er eine Autorität. Er spricht mit Autorität.) In den Augen kleiner Kinder verfügen alle Erwachsenen über diese Art Autorität. Sie erscheinen ihnen weise und ausgestattet mit überlegenem Urteilsvermögen, großer Einsicht, unbegrenztem Wissen und der unheimlichen Fähigkeit, die Zukunft vorherzusagen. Diese Art Autorität ist vorstellbar als zugeteilt oder erworben, basierend auf wirklicher oder eingebildeter Weisheit und einer Sachkenntnis, die einer Person von ihren Mitmenschen zugeschrieben wird.

Wird das Kind dann größer, entdeckt es, dass die erwachsenen Idole auf tönernen Füßen stehen, dass die Allwissenden in Wirklichkeit fehlbar sind, keine unbegrenzte Weisheit besitzen und sich häufig in ihren Urteilen irren. Viele Erwachsene erinnern sich noch deutlich an die Ernüchterung, die sie verspürten, als sie zum ersten Mal entdeckten, dass ihre Eltern sich irren konnten, dass sie auch nicht alles wussten oder unfähig waren, Situationen in ihrem eigenen Leben zu beherrschen. Die Ernüchterung fällt gewöhnlich umso größer aus, je mehr die Eltern ihre Kinder in diesem Glauben an die Autorität der Erwachsenen beließen.

Obwohl sie es nicht so nennen, spielen viele Lehrer gern ein Spiel, das heißen könnte: »Nehmt an, ich habe übermenschliche Kräfte.« Sie bestärken die Kinder darin, ihnen ein Ausmaß an Autorität zuzugestehen, das weit über ihre eigentliche Sachkenntnis hinausgeht. Die Schüler sollen die Meinungen der Lehrkräfte als Tatsachen ansehen und sich von dieser nur in ihrer Vorstellung vorhandenen Weisheit der Erwachsenen beherrschen lassen. Schüler sind oft sehr enttäuscht von solchen Lehrern, wenn sie herausfinden, dass Weisheit nicht immer eine Frucht des Alters ist und dass Sachwissen auf einem Gebiet nicht einen ebenso hohen Wissensstand auf anderen Gebieten bedeutet.

Für Pädagogen ist es wichtig zu wissen, wie viel Einfluss sie bei ihren Schülern aufgrund zugeteilter oder verdienter Autorität haben und wie vorsichtig sie sein müssen, diese Autorität nicht über die Grenzen ihrer wirklichen Sachkompetenz auszudehnen. Zweifellos besitzen Lehrer aufgrund ihrer Ausbildung und Erfahrung Sachkenntnis. Deshalb erkennen Kinder und Jugendliche ihnen mit Recht Autorität zu, und der Gebrauch dieser Autorität zur Lenkung und Beeinflussung der Schüler ist ein gerechtfertigter und wirksamer Aspekt in der Lehrtätigkeit. Leider überschätzen junge Kinder diese Art Autorität bei ihren Lehrern. Es ist sehr aufschlussreich, von Grundschülern Zeichnungen von sich selbst und von ihren Lehrern anfertigen zu lassen. Gewöhnlich werden die Lehrkräfte als riesige Ungeheuer dargestellt, die fast die ganze Seite bedecken, während das Kind als winzige Figur erscheint, die völlig im Schatten des mächtigen Erwachsenen steht. Dieser »psychologische Größenunterschied« gibt den Worten und Taten des Lehrers zusätzliche Bedeutung und verstärktes Gewicht.

In einem normalen Entwicklungsprozess verschwindet der psychologische Größenunterschied zwischen Lehrkräften und Kindern allmählich, wenn die Schüler älter, größer, reifer und klüger werden. Die unverdiente (oder unrealistisch zugeteilte) Autorität nimmt ab. Wirklich verdiente Autorität, die auf umfassendem Sachwissen beruht, braucht nicht abzunehmen. Sie kann sogar wachsen. Normalerweise verringert sich der psychologische Größenunterschied zwischen Schülern und Lehrern kontinuierlich, bis im Erwachsenenalter schließlich Ebenbürtigkeit oder annähernde Ebenbürtigkeit hergestellt ist. Dies trifft auf zugeteilte Autorität nicht notwendigerweise zu, weil eine solche der Lehrkraft aufgrund ihres tatsächlichen Sachwissens zugeteilt wird. *Tatsächliches* Sachwissen verringert sich also mit der Zeit nicht. Und es verursacht fast nie Schwierigkeiten im Klassenzimmer.

Typ II der Autorität

Eine gänzlich andere Art der Autorität entsteht aus der Macht des Lehrers, die er aufgrund seiner Position hat. Diese Macht resultiert aus den Möglichkeiten der Pädagogen, 1. bestimmte Dinge, die der Schüler braucht oder möchte, zu verteilen (Belohnung), und 2. Unannehmlichkeiten oder Schmerzen zu verursachen (Bestrafung).

Die Macht der Belohnung, über die ein Lehrer verfügt, entsteht aus der Abhängigkeit der Schüler. Wenn sie als Kindergarten- oder Vorschulkinder das erste Mal zur Schule kommen, haben sie schon einige Techniken erlernt, um sich um sich selbst zu kümmern. Aber bei der Befriedigung der Mehrzahl ihrer Bedürfnisse sind sie noch auf Eltern, Lehrer und andere Erwachsene angewiesen. Sie sind noch in vielerlei Hinsicht von Erwachsenen abhängig, und deshalb erscheinen diese ihnen auch so mächtig.

Lehrkräfte im Allgemeinen und besonders Lehrer jüngerer Kinder besitzen die Mittel, auf viele Bedürfnisse ihrer Schüler einzugehen. Werden die Schüler älter und unabhängiger, verringert sich diese Macht. Sie besteht aber noch bis zu dem Zeitpunkt, an dem die Jugendlichen die Schule beenden. Diese Tatsache gibt den Lehrern die wirkliche Macht, die sie anwenden, wenn sie »ihre Autorität benutzen«. Wenn Pädagogen sagen, sie hätten nicht genügend Autorität im Klassenzimmer, meinen sie damit, dass sie mehr Macht zum Belohnen oder Bestrafen benötigen. Wenn sie sich beklagen, »Kinder haben heute keinen Respekt mehr vor Autorität«, deuten sie damit an, dass Belohnungen und Bestrafungen zu selten oder zu unwirksam erfolgen. Und wenn wir schließlich von einem »autoritären Lehrer« sprechen, meinen wir jemanden, der sich zur Kontrolle der Schüler im Klassenraum fast ausschließlich auf die Macht der Belohnung und Bestrafung verlässt.

Grenzen der Macht im Klassenzimmer

Zweifellos funktioniert der Gebrauch von Macht (Autorität) als eine Methode zur Kontrolle von Schülern bereits seit Jahrhunderten, und nur wenige Lehrkräfte begreifen die sehr ernst zu nehmenden Grenzen oder die Gefahren dieser Macht.

Der unvermeidbare Machtschwund der Lehrer

Ein Pädagoge besitzt in seiner Klasse nur so lange Macht, wie seine Schüler sich im Zustand der Bedürfnisse, der Deprivation, Hilflosigkeit und Abhängigkeit befinden. Sehr junge Kinder sind demgemäß sehr vom Lehrer abhängig und werden deshalb auf mannigfache Belohnungen reagieren. Mit zunehmendem Alter und wachsender Unabhängigkeit der Schüler wird diese Methode unweigerlich immer unwirksamer.

Die Macht der Lehrkraft zur Bestrafung schwindet ebenfalls mit zunehmendem Alter der Schüler. Bei der Disziplinierung jüngerer Kinder verlassen sich die meisten Lehrer jedoch hauptsächlich darauf. Sie bestrafen hierbei nicht nur, indem sie die Bedürfnisse der Schüler nicht befriedigen, sondern sie können ihnen auch physische oder psychische Unannehmlichkeiten oder Schmerzen bereiten. Der Katalog hierfür ist umfangreich: Ohrfeigen, Schläge, zusätzliche Hausaufgaben, schlechte Noten, Nachsitzen, bloßstellende, beschämende Bemerkungen, Ausschluss aus der Klasse oder Schule, Eckenstehen, zusätzliche Tätigkeiten in der Schule, Berichte an die Eltern und Hunderte anderer Strafen werden vom Lehrer angewendet, um den Schülern so viele Unannehmlichkeiten zu bereiten, dass sie sich in Zukunft dem Lehrerwillen unterordnen.

Bestrafungen erzielen ihre Wirkung, wenn die physische und psychologische »Größe« der Pädagogen deutlich genug ist, sodass sie den Schülern Angst einflößt und sie sich nicht dagegen wehren. Aber in dem Maße, in dem Jugendliche im Lauf der Zeit die Angst vor den Strafen des Lehrers verlieren, nimmt dessen Macht ab: ohne Furcht keine Unterordnung.

Es erscheint paradox, dass die Mehrheit der Pädagogen Abhängigkeit und Furcht bei ihren Schülern ablehnt. Hier liegt ihr Dilemma. Sie wollen furchtfreie, unabhängige, selbstständige, selbstbewusste Kinder und Jugendliche. Haben sie jedoch Schüler mit diesen Eigenschaften, müssen sie feststellen, dass Demonstrationen der Macht bei solchen Schülern keine Wirkung mehr erzielen. Eine Mathelehrerin wandte sich an ihren Schulleiter:

Ich brauche Hilfe mit Julian. Ich bekomme ihn einfach nicht dazu zu machen, was ich will. Er macht nur, was *er* will. Ich habe ihm gesagt, dass ich ihm eine schlechte Note geben würde, wenn er sich nicht allmählich zusammenreißt, aber das ist ihm egal. Er meinte nur, das solle ich ruhig machen, er hätte schon öfter Sechsen bekommen. Dann sagte ich ihm, ich müsse ihn vom Unterricht ausschließen, und auch da zuckte er nur mit den Schultern und grinste. Ich glaube, er will, dass ich ihn rauswerfe. Was soll ich nur tun?

Offensichtlich hat Julian keine Angst vor seiner Lehrerin. Er hat den Punkt erreicht, an dem er nicht mehr abhängig von ihr ist – und treibt sie in den Wahnsinn.

Der allmähliche Machtschwund der Pädagogen wird in Abbildung 25 dargestellt. In der Grafik sind Belohnungen durch Pluszeichen, Bestrafungen durch Minuszeichen gekennzeichnet. Bei Erstklässlern stehen dem Lehrer zahllose Belohnungsmöglichkeiten zur Verfügung, und die Kinder können durch eigenständige Anstrengungen nur sehr wenige Belohnungen selbst erlangen. Ein Schüler einer zwölften Klasse dagegen kann sich die meisten seiner Belohnungen durch eigene Aktivitäten beschaffen (Sport, Freunde oder Freundinnen, Autos, Reisen etc.). Sein Lehrer hat daher nur sehr wenige wirksame Möglichkeiten der Belohnung (eventuell Noten) und fast keine der Bestrafung (eventuell Schulverweis).

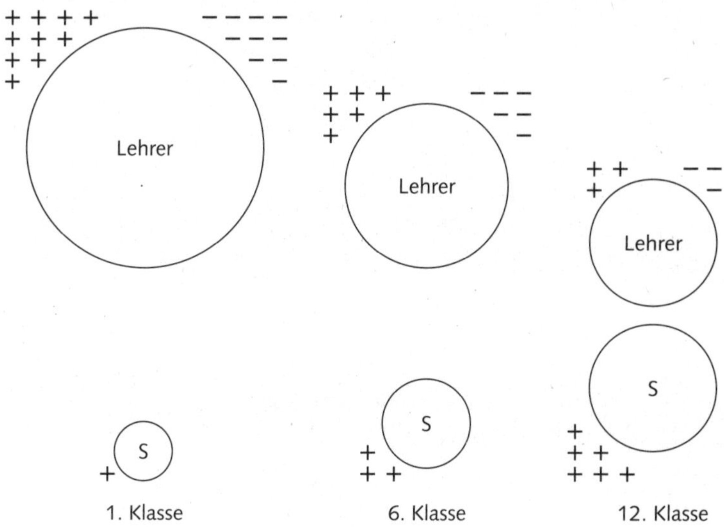

Abbildung 25

Wen wundert es daher, dass sich Lehrer älterer Schüler angesichts dieser schwindenden Bestrafungs- und Belohnungsmöglichkeiten so hilflos fühlen. Diese Jugendlichen lassen sich dadurch nicht mehr beeindrucken. Das führt dann dazu, dass sich die Pädagogen über die »Rebellion« der Schüler, ihren mangelnden Respekt vor Autorität, ihren Widerstand gegen die Erwachsenen beklagen, und man kann häufig hören, dass mit der jetzigen Generation Jugendlicher etwas faul sei.

Mit älteren Schülern umzugehen ist für Lehrer schwieriger, weil diese zunehmend unabhängig sind (und in der Lage, ihre eigenen Bedürfnisse zu befriedigen). Und da die meisten Lehrer weiterhin versuchen, sie mit Macht unter Kontrolle zu halten, ist es nur natürlich, dass Jugendliche mit widerspenstigem, eigenständigem, rebellischem und trotzigem Verhalten reagieren.

Die vergangenen 40 Jahre brachten eine Unmenge Literatur hervor, in der solche Phänomene wie Generationenkonflikt, Rebellion der Jugend und die Schwierigkeiten des Erwachsenwerdens untersucht wurden. Die meisten der aus diesen Untersuchungen hervorgegangenen Theorien konzentrieren sich fälschlicherweise auf solche Faktoren wie körperliche Veränderungen, sich entwickelnde Sexualität, neue soziale Anforderungen, den Kampf, erwachsen zu werden, etc. Sie lassen den Eindruck entstehen, dass Stress, Spannungen und Rebellion in der Entwicklung der Jugendlichen nur natürlich und normal seien.

Wir sind dagegen überzeugt, dass eine Rebellion der Heranwachsenden, der Sturm und Drang der Jugendlichen, die Schwierigkeiten bei der Arbeit mit jungen Menschen und der sogenannte Generationenkonflikt ganz und gar nicht unvermeidbar sind. Die Lehrer-Schüler-Beziehungen in den höheren Klassen der Hauptschulen und in weiterführenden Schulen sind so sehr mit Spannungen und Stress beladen, weil die Lehrer sich Jahre vorher, als die Schüler noch jünger waren, zu sehr auf ihre Macht stützten, die sie durch Belohnungen und Bestrafungen aufrechterhielten. Die älter werdenden Schüler reagieren dann aber auf solche Methoden mit zunehmendem Ärger, mit Feindseligkeit, Rebellion, Widerstand und Trotz.

Die Lehr*kräfte,* die wir in unseren Kursen ausbildeten, können es immer wieder bestätigen: *Kinder* müssen in der Schule nicht notwendigerweise gegen Erwachsene rebellieren. Sie werden sich jedoch mit Sicherheit gegen diejenigen Lehrer auflehnen, die ihre Machtstellung ausnutzen. Ließen die *Pädagogen* ihre Macht aus dem Spiel, würden viele Schülerrebellionen nicht stattfinden.

Die destruktiven Auswirkungen der Macht

Das schwerwiegendste Argument gegen den Gebrauch der Methode I bei Konfliktlösungen sind die destruktiven Auswirkungen, die diese Methode auf die Schüler hat. Methode I basiert auf Macht, die als »Autorität« verkleidet auftritt, und Macht wirkt sich erschreckend destruktiv in zwischenmenschlichen Beziehungen aus. So sagte bereits der Dichter Shelley: »Macht ist wie eine vernichtende Seuche; sie vergiftet alles, was mit ihr in Berührung kommt.«

Diese Korruption und Zerstörung durch Macht, die Dichter und gute Staatsmänner schon seit Jahrhunderten kennen, wird nirgendwo klarer sichtbar als in der Institution, die wir Schule nennen. Schulen sind eine der letzten Hochburgen, in denen Macht in zwischenmenschlichen Beziehungen sanktioniert wird.

Viele Menschen glauben heutzutage fälschlich, dass nur die jetzige Schülergeneration rebelliert und sich der rauen Gewalt der Lehrer und Verwaltungsbeamten in den Schulen widersetzt. Diese Menschen sehnen sich nach der guten alten Zeit, in der, ihrer Meinung nach, Schüler Autorität akzeptierten und konstruktiv darauf reagierten. Diese Auffassung wird in jedem unserer Kurse dramatisch widerlegt. Wir fordern die Teilnehmer auf, sich an ihre eigene Schulzeit zu erinnern, als sie die Macht ihrer Lehrer zu spüren bekamen. Wir stellen Fragen wie zum Beispiel: »Welche Erfahrungen machten Sie? Was fühlten Sie? Wie reagierten Sie? Wie kamen Sie mit Belohnungen oder Bestrafungen zurecht, die Sie erhielten, damit Sie sich so benahmen, wie die Erwachsenen in der Schule es forderten?«

Die Erinnerungen kommen jedes Mal lebhaft. Manchmal erinnern Lehrer einen Vorfall so schmerzlich, dass sie im Kurs wieder denselben Ärger fühlen und manchmal sogar über ein Ereignis, das 15 oder 20 Jahre zurückliegt, vor Wut explodieren.

Während die Pädagogen ihre Gefühle schildern und berichten, auf welche Weise sie die damaligen Situationen verarbeitet haben, schreibt der Kursleiter beide Angaben an die Tafel. Mit nur sehr wenig Veränderung entstehen Listen wie die, die wir in der Tabelle auf dieser und der nächsten Seite abgebildet haben.

Nach der Fertigstellung der beiden Listen ist die Reaktion der Kursteilnehmer unweigerlich ein Erstaunen darüber, dass all diese Gefühle und die dazugehörenden Verarbeitungsmechanismen so negativ und »schlecht« sind. Sie meinen dann, Macht und Autorität müssten doch auch positive oder »gute« Wirkungen erzielen können. Obwohl sie selbst die Stichworte geliefert haben, ist nach der Erstellung der Listen folgende Reaktion durchaus häufig: »Sie müssen uns irgendwie reingelegt haben, um nur negative Aussagen zu erhalten.« Wenn der Kursleiter dann dazu auffordert, der Liste noch positive oder »gute« Reaktionen hinzuzufügen, werden selten welche genannt.

Gefühle	Verarbeitungsmechanismen
Unmut, Ärger, Feindseligkeit	rebellieren, Widerstand leisten, trotzen
Frustration	sich rächen, zurückschlagen sich wehren, kämpfen
Hass	lügen, verheimlichen, Gefühle verbergen
Verlegenheit	andere beschuldigen, petzen
Unwürdigkeit	schummeln, abschreiben
Furcht, Angst, Unsicherheit	andere tyrannisieren, schikanieren, herumkommandieren
Unglücklichsein, Traurigkeit, Depression	unbedingt gewinnen wollen, es hassen zu verlieren
Bitterkeit, Rachsucht	sich organisieren, Bündnisse schließen
Machtlosigkeit, Unbeweglichkeit	sich unterordnen, nachgeben, des Lehrers »Liebling« werden

Gefühle	Verarbeitungsmechanismen
Eigensinn, Trotz	für »gutes Wetter« sorgen, schmeicheln
Konkurrenzdenken	nicht aus der Reihe tanzen, kein Risiko eingehen, nichts Neues ausprobieren
Erniedrigung, Apathie	sich zurückziehen, phantasieren, regredieren, weglaufen

Wenn Sie als Leser versuchen, sich Ihrer eigenen Gefühle und Reaktionen in Bezug auf Autorität zu erinnern, werden Sie sie wahrscheinlich in der oben aufgeführten Liste entdecken können.

Der Zweck dieser Übung ist es, den Lehrern nach einer Analyse ihrer eigenen Erfahrungen mit Autorität zu verdeutlichen, dass ihre Schüler sich gar nicht anders verhalten können, als sie es tun. In den folgenden Kapiteln werden wir eingehender die Reaktionen untersuchen, die Kinder angesichts Autorität zeigen. Wenn Lehrkräfte diese Verarbeitungsmechanismen der Schüler verstehen lernen, werden sie eher vor dem Gebrauch von Autorität und Macht zurückschrecken und stattdessen alternative Methoden zur Konfliktlösung in der Schule suchen.

Schülerreaktionen auf Machtausübung

Rebellion, Widerstand, Trotz

Reaktionen auf Autorität und Macht gibt es überall. Wenn Menschen ihre Freiheit bedroht sehen, leisten sie Widerstand, lehnen sich auf oder tun in einer Rebellion genau das Gegenteil dessen, wozu sie gezwungen werden sollten. Was passiert, wenn man Schülern befiehlt, die Bleistiftspitzmaschine zu verlassen und sofort zu ihrem Platz zurückzukehren? Sie bummeln und trödeln oder trotzen dem

Lehrer, indem sie den Bleistift so lange anspitzen, bis nur noch ein Stummel übrig ist.

Wie oft schon schickten Sie ein laut in den Raum kommendes Kind wieder vor die Tür, damit es beim zweiten Male ruhig und gesittet hereinkäme? Und wie oft polterte es mindestens ebenso laut ins Klassenzimmer, diesmal mit einem triumphierenden Grinsen im Gesicht?

Ein Schüler erzählte seinem Schulberater am Gymnasium Folgendes:

Ich versuchte erst gar nicht, gute Noten zu bekommen, denn meine Eltern wollten unbedingt, dass ich ein guter Schüler werde. Bekäme ich gute Noten, würden sie sich in ihren Bemühungen bestätigt fühlen, so als ob sie eben doch recht oder gewonnen hätten. Dieses Triumphgefühl werde ich ihnen nicht verschaffen, und deshalb lerne ich nicht.

Kinder und Jugendliche sind sehr erfinderisch, wenn es darum geht, sich den Bemühungen ihrer Lehrer zu widersetzen, die ihr Verhalten mittels Macht verändern wollen. Eine Schülerin erzählte hierzu folgendes Beispiel:

Ich habe eine Hauswirtschaftslehrerin, die dauernd wegen meiner kurzen Röcke an mir herummeckert. Kurz bevor ich in ihre Stunde gehe, schlage ich meinen Rock am Bund nochmals um, damit er superkurz wird. Das ärgert sie maßlos. Nach der Stunde lasse ich den Rock wieder runter auf normale Länge. Ich lasse mir von der doch nicht vorschreiben, wie ich meine Röcke zu tragen habe.

Vergeltungsmaßnahmen, Rache

Es ist eine klassische menschliche Reaktion, sich gegen diejenigen zu wehren, von denen die Befriedigung der eigenen Bedürfnisse abhängt. Dabei ist nur erstaunlich, dass dieses allgemein bekannte Verhalten die meisten Menschen immer noch verwundert.

Auch die oberflächlichste Betrachtung der Menschheitsgeschichte offenbart den Hass, den die Unterdrückten zu allen Zeiten gegen ihre Unterdrücker verspürten, und ihre Bereitschaft, sich auch durch das Eingehen fürchterlicher Risiken irgendwie zu rächen.

Pädagogen, die ihre Schüler mithilfe von Autorität beherrschen, provozieren in hohem Maße diese Art von Aggression, Vergeltung und Rache. Häufig richten sich die heftigsten Vergeltungsmaßnahmen gegen gütige, väterliche Lehrer, die ihren Machtgebrauch einkleiden in Sätze wie: »Ich will ja nur dein Bestes« oder »Eines Tages wirst du mir dafür dankbar sein«. Diese väterlichen Lehrer erzeugen nicht nur Gefühle des Ärgers und der Frustration, wie sie in allen Situationen entstehen, in denen Kinder die Verlierer sind. Zusätzlich werden die Schüler in einen Zwiespalt gedrängt, weil sie Schuldgefühle entwickeln, wenn sie die gütige Hand, die sie füttert, auch noch beißen.

Bateson untersuchte Verhaltensmuster, die der Schizophrenie ähneln, und fand heraus, dass solche zwiespältigen Situationen innere Spannungen erzeugen, auf die manche Menschen mit »Verrücktwerden« reagieren. Ein nach außen klar und eindeutig erkennbarer Despot ist wahrscheinlich eher zu ertragen als ein gütiger Tyrann; der boshafte Despot kann wenigstens ohne Schuldgefühle gehasst werden.

In der Tat mag Zurückschlagen eine der gesündesten Schülerreaktionen auf Lehrermacht sein. Wir plädieren gewiss nicht für eine antagonistische und feindselige Atmosphäre im Klassenzimmer, aber es steht fest, dass dem emotionalen Gleichgewicht eines Schülers besser gedient ist, wenn er ein »Kämpfer« ist und sich nicht passiv unterordnet oder zurückzieht.

Lügen, Heimlichtuerei, Verbergen von Gefühlen

Lügen sind ein häufig angewandtes Mittel, um den Auswirkungen der Lehrermacht zu entkommen. Kinder lernen schon früh, wie gefährlich es ist, den »Machthabern« die Wahrheit zu sagen. So verhalten sie sich nach dem Motto: »Erzähl irgendetwas, damit du nicht bestraft wirst, oder lass die Lehrer beweisen, dass du unrecht hast.«

So lernen es viele Schüler, nur auf direkte Fragen zu antworten, und berichten nur Dinge, die die Strafe in eine andere Richtung lenken.

Eine andere Art der Reaktion auf machtausübende Pädagogen ist das Lass-dich-nicht-erwischen-Spiel. In diesem Spiel ist das Erwischtwerden das einzige Verbrechen. Lehrer und Schulen, die sich auf den Gebrauch von Macht stützen, lehren ihre Schüler systematisch diese Form der Amoral, die sich in unserer gesamten Gesellschaft bis in die höchsten Regierungsämter bemerkbar macht. Das Spiel ist einfach. Die Lehrkraft verfügt über die Macht, bestimmt die Regeln und sorgt dafür, dass sie eingehalten werden. Die Aufgabe des Schülers ist, so viele Regeln wie möglich so klug und geschickt zu brechen, dass der Lehrer ihn nicht erwischt. Wird er dennoch erwischt, lügt er. Ein Direktor führte aus seinem Schulalltag ein gutes Beispiel für dieses Spiel an:

Eines Tages kam ein Autofahrer in mein Büro gestürmt. Er war wütend, weil einer unserer Schüler einen Stein nach seinem Auto geworfen und damit ein Seitenfenster zertrümmert hatte. Die Hofaufsicht machte den Werfer schnell ausfindig, da er von anderen Kindern beobachtet worden war. Der Junge beteuerte jedoch hartnäckig seine Unschuld, da keiner der von ihm geworfenen Steine bis auf die Straße geflogen sei. Er wurde dennoch von dem zornigen Autofahrer tüchtig ausgeschimpft und ermahnt. Zum Schluss fragte der Mann den Jungen, ob er jetzt aus dem Vorfall wenigstens eine Lehre gezogen habe. Der Junge bejahte dies und meinte: »Wenn ich das nächste Mal mit Steinen werfe, verstecke ich mich hinter den Büschen, wo mich niemand sehen kann.«

Andere beschuldigen, petzen

Eine altbekannte Schülerreaktion angesichts einer Strafe ist die Beschuldigung von Mitschülern. Die Überlegung hierbei ist einfach: »Wenn andere auch etwas ausgefressen haben, verbessert dies meine Situation oder verschlechtert sie zumindest nicht.« Alle Lehrer kennen Sätze wie:

»Er hat mich aber zuerst geschlagen.«
»Sie hat angefangen.«
»Jan hat mich geschubst.«
»Herr Lehrer, die anderen haben auf dem Schulgelände geraucht.«

Lehrer, die zur Erreichung eines annehmbaren Schülerverhaltens häufig Belohnungen anwenden, veranlassen die Kinder dadurch, gegeneinander zu konkurrieren oder Mitschüler zu verpetzen, um die Belohnung selber zu kassieren:

»Ich habe meinen Arbeitsplatz schneller aufgeräumt als Sarah.«
»Jana und Marie schicken sich gegenseitig SMS.«

Es ist nur allzu verständlich, dass jeder Schüler für sich selbst möglichst viele Belohnungen einheimsen und die Strafen auf andere abschieben will.

Schummeln, abschreiben

Das allgegenwärtige Benotungssystem in Schulen, eine wichtige Quelle der Lehrermacht, fördert Schummeln und Abschreiben. Sehr viele Schüler geben zu, dass sie auf diese Weise die Lehrer täuschen. Selbst wenn das Risiko des Erwischtwerdens sehr hoch ist, schummeln einige lieber, als dass sie die Strafe oder Schande einer schlechten Note oder den Tadel eines Lehrers auf sich nehmen. Wie die meisten Lehrkräfte bestätigen werden, schummeln auch sehr kluge Kinder. Ihr starkes Bedürfnis nach den mit guten Noten verbundenen Belohnungen motiviert diese Verhaltensweise.

Andere tyrannisieren, schikanieren, herumkommandieren

Lehrer, deren Macht sich in der Form des Tyrannisierens und Schikanierens manifestiert, gehen den Jugendlichen mit einem Beispiel voran, das viele von diesen in ihren eigenen zwischenmenschlichen Beziehungen kopieren werden.

Vor einigen Jahren erschien in der *Saturday Evening Post* eine Illustration, die die Kettenreaktion verdeutlichte, die normalerweise dem Tyrannisieren und Schikanieren folgt. Die erste Zeichnung zeigte, wie ein wütender Chef seinen drohenden Zeigefinger auf einen hilflosen Angestellten richtete und ihn rausschmiss. Auf dem zweiten Bild kam der Angestellte nach Hause und beschimpfte seine abgehärmte Frau. Das dritte Bild zeigte die Frau, die nun ihrerseits ihren kleinen Sohn anschrie. Auf dem letzten Bild schließlich ließ dieser seine Wut an dem Hund der Familie aus.

Dieses Phänomen gehört zum Alltag in Schulen, deren Methoden sich auf Machtanwendung stützen. Betrachten Sie einmal den Hof oder die Pausenhalle Ihrer Schule. Bemerken Sie Streitigkeiten, Rechthaberei und Herumkommandieren? Falls dies der Fall sein sollte, ist es ein Beweis für die Anwendung der Methode I (Gewalt), mit der Lehrer hier Konflikte mit Schülern lösen. Diese Methode setzt sich natürlich vom Lernbereich in den Spielbereich fort.

Siegen müssen, ungern verlieren

In einer Schule, deren Alltag durch Belohnungen und Bestrafungen geprägt ist, lernen Kinder frühzeitig die Bedeutung des Gewinnens und eines guten Image nach außen hin. Tagtäglich manipulieren Lehrer ihre Schüler durch Lob, Noten, besondere Privilegien, das Verteilen von Belohnungen, ein Lächeln, aufmunternde Klapse. Kein Wunder, dass ganze Schülergenerationen darauf versessen sind zu gewinnen, an erster Stelle zu stehen, die Klassenkameraden zu übertreffen. Das Problem hierbei ist natürlich, dass nicht jedes Kind gewinnen kann, nur einige wenige erreichen Spitzenplätze.

Was passiert nun aber mit Kindern, deren intellektuelle oder physische Fähigkeiten begrenzt sind? Oder auch mit den »Durchschnittsschülern«? In den meisten Schulen werden sie direkt oder indirekt immer wieder daran erinnert, dass sie nicht intelligent genug, inkompetent, unterdurchschnittlich und leistungsschwach sind und zum Lager der Verlierer gehören. Sie bekommen den Schmerz häufigen Versagens zu spüren und die Frustration, neidisch mitansehen zu müssen, wie die anderen Belohnungen bekommen. Solche Kinder entwickeln nur ein geringes Selbstvertrauen; ihr Verhalten wird von Hoffnungslosigkeit und Defätismus bestimmt. Das kann so weit gehen, dass sie gar keine Versuche mehr wagen. Eine Klassenatmosphäre, die größtenteils durch Belohnungen bestimmt wird, ist für die Schüler, die sie nicht erreichen können, noch schädlicher als für die, die dafür die Fähigkeiten haben.

Sich organisieren, Bündnisse schließen

Manchmal entwickeln Schüler, um gegen Lehrermacht und Autorität anzukommen, das folgende Verhalten: Sie organisieren sich, zumeist inoffiziell, aber, wie die letzten Jahre gezeigt haben, hin und wieder auch offiziell. Nach dem Vorbild von Arbeiterzusammenschlüssen gegen die Macht der Unternehmer lernen auch Kinder und Jugendliche, dass Einheit Macht bedeutet. Die Mehrzahl der Schüleraktionen gegen Lehrer blieb früher letztlich ineffektiv und selbstzerstörerisch. Neuerdings gelingt Schülern jedoch eine wesentlich bessere Organisation ihres Widerstandes gegen Schulen und andere Autoritäten durch Demonstrationen, Petitionen, Schülerzeitschriften und ihr Verlangen nach mehr Beteiligung an der Verwaltung ihrer Institutionen.

Einerseits ist es bedauerlich, dass sich junge Menschen gezwungen fühlen, die Machtstellung der Erwachsenen durch eigene Bündnisse zu bekämpfen; so entstehen aus Jugend und Schule zwei feindlich gesinnte Gruppen. Andererseits scheint dieses Verhalten unter den vielen anderen, die möglich sind, um mit Gewalt und Autorität der Erwachsenen fertigzuwerden, für die Jugendlichen selbst und auch für andere das am wenigsten selbstzerstörerische zu sein.

Fügsamkeit, Gehorsam, Unterwerfung

Die meisten Lehrer, die Methode I anwenden, hoffen, dass die Schüler ohne Murren ihre Entscheidungen und Restriktionen akzeptieren. Diese Art des Gehorsams tritt aber fast nur dann auf, wenn die Strafen so hart sind, dass Angst das vorherrschende Gefühl bei den Schülern ist. Eltern können sich über lange Zeitspannen hinweg strenger Strafen bedienen (und viele Eltern tun dies auch) und somit feige, furchtsame, ängstliche und unterwürfige Kinder heranziehen. Für Lehrkräfte ist die Situation dagegen eine andere: In den meisten Schulen sind strenge Strafen verboten. In vielen Staaten können Pädagogen gerichtlich belangt werden, wenn sie Strafen verhängen, die von Schülern eine erniedrigende Unterwerfung verlangen. Es ist daher völlig unrealistisch, von der Erwartung auszugehen, dass Kinder ohne Widerspruch Entscheidungen akzeptieren, die nach Methode I gefällt wurden. Anstatt unterwürfig werden Schüler »passiv-aggressiv«: Nach außen hin geben sie nach, aber heimlich widersetzen sie sich. Sie erfinden viele Tricks, um sich beim Lehrer beliebt zu machen; sie stellen sich dumm, erzählen ihm, was er hören will, lächeln nett, sind immer seiner Meinung, machen Komplimente, heucheln Bewunderung – all dies sind Verhaltensmechanismen, die Kinder in der Hoffnung lernen, der Lehrer möge gut gelaunt bleiben oder ihnen Privilegien und Belohnungen einräumen. Sie entwickeln ein großes Geschick bei diesen Spielchen, und viele Pädagogen erkennen sehr wohl die zugrunde liegende Heuchelei; manche Lehrer dagegen erkennen sie nicht.

Selbst wenn keine schweren Strafen drohen, ziehen es manche Schüler aus bisher noch ungeklärten Gründen vor, auf Macht mit Gehorsam und Unterordnung zu reagieren. Bei sehr jungen Kindern ist die Wahrscheinlichkeit am größten, dass Lehrermacht Gehorsam erzeugt. Rebellion oder Rache erscheint diesen Kindern noch zu riskant. Solch ein Gehorsam kann mit dem Eintritt der Adoleszenz aber sehr abrupt in Kampfgeist und Rebellion umschlagen. Nachrichten über »gute« Kinder, die plötzlich Amok laufen und ihre Eltern oder andere Erwachsene umbringen, machen deutlich, wie gefährlich diese Verhaltensweisen werden können.

Schüler, die Unterwerfung und Gehorsam unverändert beibehalten, empfinden auch als Erwachsene eine tiefe Angst vor allen Autoritätspersonen. Sie bleiben im Grunde ihr Leben lang Kinder, die sich passiv jeder Autorität unterordnen, ihre eigenen Bedürfnisse verleugnen. Sie fürchten sich, sie selbst zu sein, eigene Ansichten zu vertreten, und sie haben Angst vor Konflikten.

Schmeicheln, um Gunst buhlen

Ein weiterer Verhaltensmechanismus angesichts von Macht führt zu Versuchen, sich bei der Person einzuschmeicheln, die über Macht verfügt. Schon früh erfahren Schüler, dass Lehrer Belohnungen oder Strafen nicht gerecht verteilen. Die Gunst der Lehrkräfte kann gewonnen werden. Sie können Lieblingsschüler haben, sie reagieren auf Schmeicheleien, und ihre »Lieblinge« bekommen dann die Belohnungen.

Dieses Verhalten bringt dem um Gunst Buhlenden allerdings eine starke Abneigung seitens seiner Mitschüler ein. Sie machen des Lehrers Lieblingsschüler lächerlich und verstoßen ihn aus ihrem Kreis, weil sie seine Motive ahnen oder ihm seine bevorzugte Stellung innerhalb der Klasse missgönnen.

Konformismus, Vermeiden von Risiken, Mangel an Kreativität

Wenn Pädagogen ihre Machtstellung ausnutzen und autoritär sind, fördern sie bei ihren Schülern Konformismus und unterdrücken Kreativität. Parallelen hierzu können in autoritär geführten Betrieben gefunden werden, in denen jeder Versuch einer Neuerung im Keim erstickt wird.

Selbst die kreativsten Kinder lernen unter Methode I sehr schnell Konformismus und die Unterdrückung ihrer kreativen Ideen. Kreativität entwickelt sich nur, wenn Schülern Gelegenheit zum Experimentieren gegeben wird und wenn unterschiedliche Verhaltensweisen akzeptiert werden. Anpassung an einen vorgeschriebenen Standard dagegen tötet Kreativität.

Schlaue Kinder lernen das Spiel, gewinnen die Pluspunkte, passen sich an, vermeiden Konflikte und machen den Lehrer glücklich. Sie ziehen sich hinter einen Vorhang der Sicherheit und Konformität zurück. Ein Oberstufenschüler beschreibt dieses Verhalten folgendermaßen:

Wenn ich zur Schule gehe, verwandle ich mich in eine graue Maus, tue, was verlangt wird, fülle alle Papiere aus und versuche, die Zeit unbemerkt zu überstehen. Nach der Schule kann ich dann mein wirkliches Ich hervorholen.

Es ist traurig, welch große Anzahl von Schülern sich diese einfache Verhaltensregel angeeignet hat: Zur Erreichung von Belohnungen und zur Vermeidung von Strafen muss man in der Schule jedem Konflikt aus dem Wege gehen, sich den Standards anpassen, die gerade gelten, und nicht mehr als notwendig tun. Vor allem aber darf man nichts Außergewöhnliches tun.

Rückzug, Flucht, Phantasien, Regression

Wenn es für Kinder und Jugendliche zu schwierig wird, die Autorität von Lehrern und Mitarbeitern der Schulverwaltung zu ertragen, kann ein ganz natürlicher Schutzmechanismus auftreten: Sie ziehen sich seelisch oder körperlich zurück, treten die Flucht aus der Wirklichkeit an. Dieses Verhalten kann man auch bei allen anderen Menschen beobachten: Wenn eine Situation unerträglich oder quälend wird, versucht man zu fliehen, wegzurennen, die Ursache seiner Qual loszuwerden.

Folgende Schulsituationen fördern ganz besonders einen Rückzug des Schülers: Es sind hohe Belohnungen und harte Strafen üblich; die Pädagogen sind bei der Verteilung von Belohnungen und Bestrafungen inkonsequent; die Aufgaben sind so schwierig, dass Belohnungen kaum erreicht werden können (dafür Strafen umso eher); der Leistungswettstreit ist in der Klasse besonders hart.

In solch einer schulischen Umgebung, wo Motivation durch Belohnung und Bestrafung erreicht werden soll, kann man Langsamlerner, unreife Kinder, scheue und introvertierte Schüler nur bedauern. Konfliktlösungen sind unter diesen Umständen sowieso unmöglich.

Die weniger fähigen Schüler (oder die mit geringerem Selbstvertrauen) sind nicht so gut darin, Spielchen zu spielen, um sich in diesem System zu behaupten. Daher zeigen sie in der Regel ein wesentlich stärker ausgeprägtes Rückzugsverhalten. Es reicht von gelegentlichem Rückzug bis zu fast ständiger Flucht aus der Realität und kann sich folgendermaßen manifestieren:

- Tagträume, Phantasien
- Tatenlosigkeit, Passivität, Apathie
- Rückkehr zu infantilem Verhalten
- Einzelgängertum, Unwille, mit den Klassenkameraden Kontakte herzustellen
- Schulphobien
- Fortlaufen aus Elternhaus und Schule
- Psychosomatische Krankheiten (Fieber, Migräne, Magenbeschwerden)
- Schuleschwänzen
- Drogenmissbrauch
- Übermäßiges und zwanghaftes Essen
- Depressionen, Selbstmordtendenzen

Was spricht gegen Methode II?

Nach diesem Überblick über die destruktiven Auswirkungen von Methode I drängt sich die Frage auf: Warum unterrichten Lehrer immer wieder nach dieser Methode, die sich schädlich auf Schüler auswirkt und deren Resultate vom Lehrer im Grunde nicht gewollt sind?

Die Antwort ist sehr einfach und wurde auch bereits angedeutet. Lehrkräfte sehen keine andere Alternative als den Gebrauch der Methode II, die den meisten unter ihnen noch weniger akzeptabel erscheint.

Die Majorität der Pädagogen versucht Konfliktlösungen vom Sieg-Niederlage-Standpunkt aus. Wird Methode I, die den Sieg des Lehrers und die Niederlage des Schülers impliziert, vom Lehrer abgelehnt, sieht er als Ausweg nur Methode II, nach der die Lehrkraft verliert und der Schüler gewinnt. Dies bedeutet aber keine wirkliche Alternative, denn welcher Lehrer möchte schon gerne verlieren?

Bei Methode II haben die Pädagogen das Nachsehen. Ihre Bedürfnisse werden nicht wahrgenommen, sie leiden, können ihre Tätigkeit nicht sinnvoll ausüben. Lehren wird für sie zur Last oder gar zum Albtraum.

Wenn Lehrer der Macht ihrer Schüler weichen oder sich unterwerfen, wenn sie von ihnen kontrolliert, manipuliert, herumkommandiert und geärgert werden, entwickeln sie schließlich ihre eigenen Verarbeitungsmechanismen für diese Situation.

Hier müssen wir nur an die Liste der Reaktionen erinnern, die erklärte, wie Kinder versuchen, mit Macht und Autorität fertigzuwerden. Diese Liste trifft nun auch für Pädagogen zu, die bei einer Niederlage auf dieselben Verarbeitungsmechanismen zurückgreifen.

Egal ob Schüler oder Lehrer, der Verlierer in einem Konflikt muss etwas tun. Wenn Bedürfnisse unbefriedigt bleiben, muss auf irgendeine Weise reagiert werden.

Bei der Anwendung von Methode II mobilisieren die Kinder und Jugendlichen ihre Macht und machen dem Lehrer das Leben zur Hölle. Es ist nicht schwer vorauszusagen, dass Lehrkräfte unter diesen Umständen viele der bereits erwähnten Reaktionen zeigen werden. Hier sind nur einige Beispiele:

- Rache, Zurückschlagen mittels unangekündigter Klassenarbeiten, Verteilung schlechterer Noten für schlechtes Benehmen oder geringfügige Fehler, schwerere Prüfungen

- Zusammenschluss mit anderen Lehrern zur Erreichung von mehr Macht oder mehr Unterstützung durch die Verwaltung
- Rebellion, Beschwerden durch alle Instanzen bis zu den höchsten Vorgesetzten oder Berufsverbänden
- Resignation, Überwechseln an eine andere Schule
- Flucht aus der Realität durch übermäßiges Essen oder Trinken, durch Tagträume
- Psychosomatische Krankheiten
- Rückzug, Vermeidung von Kontakten mit Kollegen
- Um die Gunst der Schüler buhlen, versuchen, der beliebteste Lehrer oder der leichteste Prüfer zu sein
- Konformismus, Angst vor allem Neuen, Beschränkung auf ein Arbeitsminimum

Diese Liste ergibt zweifellos kein angenehmes Lehrerbild, aber ihre Repräsentanten können in vielen Schulen gefunden werden, wo Lehrkräfte in diese Permissivität gedrängt wurden, weil sie nicht autoritär sein wollten, aber über keine andere Alternative zur Konfliktlösung verfügten.

Die Auswirkungen der Macht auf den Sieger

Wenn Sieg-Niederlage-Methoden zur Konfliktlösung in der Schule benutzt werden, zahlt auch der Sieger einen Preis. In einer Gesellschaft, die Macht dermaßen hoch schätzt, erkennen nur wenige deren korrumpierende Auswirkungen auf diejenigen, die über andere Menschen Macht ausüben. Dennoch trifft Lord Actons Feststellung zu: »Macht korrumpiert, totale Macht korrumpiert total.«

Zunächst erzeugt Lehrermacht Gewalt bei ihren Opfern (den Schülern); sie schafft sich ihre eigene Opposition und fördert die eigene Zerstörung. Gewalt ruft Gegengewalt hervor; der folgende Satz ist für Monarchen und Lehrer gleich gültig: »Ein gekröntes

Haupt schläft unruhig.« Wir erwähnten bereits, wie Lehrermacht Widerstand erzeugt, Vergeltung, Rebellion und Anstrengungen der Opfer, sich zur Bekämpfung des Lehrers zusammenzuschließen. Die Erkenntnis dieses Vorgangs lässt Pädagogen unweigerlich denken, sie müssten sich zur Aufrechterhaltung der Kontrolle noch mehr Macht verschaffen. Sie verdoppeln daher ihre Anstrengungen, um ihre diktatorischen Regeln und Restriktionen durchsetzen zu können. Ihre Wachsamkeit muss ständig erhöht werden, folglich wird die Lehr-Lern-Zeit ständig geringer.

Außerdem führt Machtanwendung dazu, dass der Einfluss der Lehrer geringer wird. Lehrermacht beeinflusst Schüler nicht wirklich, sie zwingt sie nur zu einem vorgeschriebenen Verhalten. Sie überredet nicht, überzeugt nicht, erzieht nicht und motiviert die Kinder auch nicht, ein bestimmtes Verhalten zu erwerben. Macht kann nur erzwingen oder verbieten. Deshalb fallen Schüler gewöhnlich sofort in frühere Verhaltensweisen zurück, wenn Autorität und Macht verschwinden (zum Beispiel wenn der Lehrer den Raum verlässt).

Es klingt paradox, ist aber wahr: Pädagogen, die sich weigern, ihre Macht und Autorität anzuwenden, haben einen größeren Einfluss auf Schüler.

Für autoritäre Lehrer gibt es noch eine weitere Konsequenz ihrer Machtanwendung: Ihnen sind warme, angenehme, freundliche Beziehungen zu ihren Schülern verwehrt. Jugendliche finden nach Methode I unterrichtende Lehrkräfte unsympathisch oder hassen sie sogar. Wie schrecklich muss für viele Lehrer die tägliche Arbeit sein, wo sie ständig Personen treffen, zu denen sie ein unerfreuliches, feindseliges Verhältnis haben. Was für ein Verlust!

Die Ausübung von Macht über andere, besonders über jüngere und hilflosere Personen, erzeugt auch Schuldgefühle. Nur wenige Menschen genießen Machtausübung, und ganz besonders dann nicht, wenn sie, wie so häufig, Strafmaßnahmen erfordert. Fast keiner der uns bekannten Pädagogen kommandiert oder bestraft gerne

Kinder. Der Satz »Dies tut mir mehr weh als dir« ist mehr als nur eine Rationalisierung des Machtgebrauchs; er ist Ausdruck für ein allgemeines Schuldgefühl.

Ebenso wie Lehrer können Schüler, die ihre Macht ausnutzen, durch sie korrumpiert werden. Sie können sich zu unerträglichen Flegeln entwickeln, werden unverschämt und beleidigend – nicht nur ihren besiegten Lehrern gegenüber, sondern gegenüber allen, die ihren Bedürfnissen im Wege stehen. Ihnen mangelt es oft an Selbstkontrolle, sie sind egoistisch und unlenkbar. Genauso wie Lehrer, die nach Methode I unterrichten, werden sie leicht zu Tyrannen und missachten die Gefühle, Bedürfnisse und das Eigentum anderer.

Macht erzeugt Ressentiments, und machtbesessene Schüler werden von ihren Lehrern und Mitschülern oft zutiefst gehasst. Es fällt äußerst schwer, freundliche Gefühle für solche Kinder zu hegen. Das spüren sie natürlich genau und entwickeln aus gutem Grund ein Gefühl des Ungeliebtseins. Und sie sind in der Tat nicht liebenswert.

Rationalisierung von Macht und Autorität

Warum sind Macht und Autorität in Schulen so verbreitet und allgemein gebilligt? Was verleiht ihnen diese lange Lebensdauer, wo ihre Auswirkungen doch Schülerseelen verkrüppeln und Lehrer unglücklich machen?

Der Mythos von der Weisheit des Alters und dem Wert der Erfahrung

Pädagogen und mit ihnen viele Menschen in Macht- und Autoritätspositionen behaupten, sie besäßen mehr Weisheit als ihre Untergebenen. Sie berufen sich auf den Schatz ihrer Erfahrungen und bezweifeln, dass sie ohne diese ihre Führungsposition erreicht hätten. Zur Rationalisierung ihres Machtgebrauchs treten altbekannte Sätze auf wie zum Beispiel:

»Vater weiß das am besten.«
»Lehrer haben mehr Erfahrung.«
»Die Menge ist unwissend.«
»Schüler sind unreif.«
»Es ist nur zu ihrem Besten.«

Dwight Allen, früherer Direktor der Erziehungswissenschaftlichen Fakultät an der Massachusetts-Universität, schreibt über die »angeborene Dummheit« von Kindern:

Es ist ein Mythos, dass Kinder dumm seien, bis ein Lehrer kommt und sie klug macht. Dieser Mythos ist ebenso unsinnig wie der von der Erbsünde. Wir sehen unsere Kinder als Miniaturteufel, deren Charaktere erst einmal diszipliniert und kontrolliert werden müssen.

Wahrscheinlich gelingt allen Menschen in Macht- und Autoritätspositionen eine Rationalisierung ihres Verhaltens, weil sie ihre »Untergebenen« geringschätzen. So charakterisierte man Schwarze als rassisch zu minderwertig, um an politischen Wahlen teilzunehmen. Frauen schrieb man Irrationalität und Emotionalität zu. Die Masse des Volkes soll zu dumm sein, um bei der Regierung unseres Landes mitsprechen zu können. Dies sind nur einige Beispiele von vielen.

»Schüler müssen ihre Grenzen spüren«

Viele Erwachsene sind davon überzeugt, dass Kinder sich ohne Beschränkungen und Grenzen unsicher und unglücklich fühlen, dass sie Erwachsene *wollen,* die ihr Verhalten einschränken, indem sie ihnen Grenzen setzen.

Es liegt ein Kern Wahrheit in dieser Überzeugung. Kinder müssen tatsächlich wissen, wie weit sie gehen können, bevor ihr Verhalten unannehmbar wird. Nur dann können sie beschließen, auf dieses Verhalten zu verzichten. Unklare Grenzen erzeugen in ihnen ein Gefühl der Angst und Unsicherheit.

Es ist jedoch eine Sache, wenn ein Schüler die Grenzen der Annahme seitens seines Lehrers wissen will, und eine vollkommen andere Sache, wenn man behauptet, das Kind fordere und brauche es von seinem Lehrer, dass er diese Grenzen einseitig, willkürlich, ohne des Schülers Anregung und Teilnahme setze.

Anstelle der voreiligen Behauptung, dass Kinder Beschränkungen für ihr Verhalten wollen, beschreiben wir nachfolgend ein wesentlich vernünftigeres Prinzip: Schüler wollen und brauchen von ihren Lehrkräften die Information, die ihnen die Empfindungen der Lehrer in Bezug auf ihr Verhalten verdeutlicht, damit sie aus eigener Kraft ein für den Pädagogen eventuell unannehmbares Verhalten modifizieren können. Schüler wollen jedoch nicht, dass der Lehrer versucht, ihrem Verhalten Beschränkungen aufzuerlegen oder es zu ändern, indem er Macht gebraucht oder deren Gebrauch androht.

Kurz gesagt, Kinder wollen ihr Verhalten *selbst* beschränken, wenn ihnen klar wird, dass ihr Verhalten beschränkt oder modifiziert werden muss. Ebenso wie Erwachsene ziehen Schüler es vor, ihr Verhalten selbst zu kontrollieren.

Der Mythos von der Verantwortung, »Kulturgüter zu vermitteln«

Eine andere Rechtfertigung für den Gebrauch von Macht gründet auf der allgemeinen Ansicht, Lehrer (und andere Erwachsene) hätten die moralische Verpflichtung, den Schülern Werte und Normen der Gesellschaft beizubringen (oder sogar aufzuzwingen).

Eines der verwirrendsten Dilemmas für Pädagogen resultiert aus der ihnen von der Gesellschaft zugewiesenen Rolle, »Kulturträger« zu sein. In einem Zeitalter ständiger Veränderungen und unklarer Richtlinien ist diese Rolle sehr problematisch, da niemand wirklich weiß, was »Kultur« eigentlich ist.

Nach Meinung der meisten Anthropologen existiert zum Beispiel gar keine amerikanische Kultur, sondern nur eine große Anzahl sich ständig verändernder Subkulturen. Dies macht die Vermittlung »allgemein anerkannter Werte« so besonders schwierig.

Zusätzlich tauchen sofort folgende Fragen auf: *Wer* ist »die Gesellschaft«? Was sind erwünschte Verhaltensweisen? Wer schreibt sie vor? Was passiert, wenn die Gesellschaft unrecht hat?

Ungeachtet dieser Einwände gilt, dass der Gebrauch von Macht zur Durchsetzung allgemein anerkannter Verhaltensweisen wieder dieselben Verarbeitungsmechanismen auf den Plan ruft wie in allen anderen Fällen von Machtanwendung. Diese Regel hat universale Gültigkeit: Macht hat keinen wirklichen Einfluss auf menschliches Verhalten. Dem Zwang eines autoritären Lehrers gelingt es nie, einen Schüler zu erziehen oder zu beeinflussen. Der Schüler entscheidet nur, ob er kämpfen, sich unterwerfen oder zurückziehen soll, bis die Macht gewichen ist und er sich wieder nach eigenem Gutdünken verhalten kann. Daher verringern Pädagogen durch einen Machtgebrauch tatsächlich ihren Einfluss als Vermittler von ethischen Werten. Wieder stoßen wir auf das Paradoxon: Wer wirklichen Einfluss ausüben möchte, muss auf Machtanwendung verzichten.

Es ist ein durchaus legitimes Recht der Lehrkräfte, ihre Schüler beeinflussen zu wollen. Sollen diese Versuche jedoch erfolgreich sein, müssen sie ohne Zwang und Gewalt erfolgen.

»Ist Strenge bei bestimmten Kindern nicht das Beste?«

Wenn Lehrer diese Frage stellen, denken sie fast immer an Schüler, die auf Lehrermacht mit Aggression, Widerstand und Kampf reagieren. Solche Kinder nun noch härter anzufassen, als man es sowieso schon tut, verschärft nur das Problem. Sie werden noch heftiger reagieren oder sich in sich selbst zurückziehen, sodass man auf ihr Verhalten nur noch sehr schwer eingehen kann.

Solche »unkontrollierbaren« Schüler brauchen keine zusätzlichen oder besseren externen Kontrollen. Sie benötigen *interne* Kontrollen, und diese entwickeln sich nur in Beziehungen, in denen ihre eigenen Bedürfnisse und diejenigen ihrer Partner respektiert werden.

Der Mythos »streng, aber fair«

Viele Lehrer rationalisieren den Gebrauch ihrer Macht, indem sie ihre Disziplinierungsversuche als »streng, aber fair« bezeichnen. Sie meinen, es sei gerechtfertigt, Schülern gegenüber Macht zu gebrauchen, weil sie die Verteilung von Belohnung und Strafe konsequent und fair vornähmen.

Unsere Kursleiter weisen die Lehrkräfte immer wieder auf die Wichtigkeit von Konsequenz und Fairness hin. Diese Eigenschaften sind wichtig, falls Lehrer sich für den Gebrauch von Macht und Autorität entscheiden. Und sicher ist es in einem solchen Fall den Schülern auch lieber, wenn ihr Lehrer fair und konsequent ist.

Dies ändert nichts an der Tatsache, dass Macht und Autorität in der Schule schädlich sind; durch inkonsequente Anwendung werden sie allerdings noch schädlicher. Es ist lächerlich anzunehmen, Macht sei gerechtfertigt, würde sie nur gütig und konsequent angewendet. Jugendliche wollen an sich *niemals* mittels Macht und Autorität kontrolliert werden. Aber wenn sie sich schon, wie meistens in der Schule, in einer Situation befinden, in der sie durch Macht tyrannisiert werden, ziehen sie es zweifellos vor, wenn diese »streng, aber fair« ist. Dies lässt ihnen wenigstens die Chance herauszufinden, welche Verhaltensweisen garantiert belohnt und welche garantiert bestraft werden. So erreichen sie zumindest ein bisschen Vorhersagbarkeit und »Sicherheit«. Wenn Macht dagegen inkonsequent gebraucht wird, können Schüler niemals siegen. Sie werden frustriert, verwirrt, ängstlich und »neurotisch«.

8. Konfliktbewältigung ohne Niederlagen

Die Anzahl der Kritiker am Schul- und Erziehungswesen ist groß; die von ihnen vorgeschlagenen konstruktiven, realisierbaren Alternativ- und Verbesserungsvorschläge dagegen gering. Es besteht ein allgemeiner Konsens, dass Klassenräume zu häufig düster, bedrückend und trostlos sind und die Schüler hier entweder apathisch und desinteressiert oder aggressiv und rebellisch werden. Aus diesen beiden Haltungen resultiert ein Lernminimum, oder das Gelernte entfernt sich weit von den eigentlich gelehrten Inhalten. Entmutigt sprechen Kritiker von einem »versteckten Curriculum«, dem heimlich erworbenen Wissen, das Schüler sich aneignen, wenn sie anstelle von Mathematik, Sprachen etc. den Kampf gegen das System lernen.

Eine Erhöhung des allgemeinen Interesses und die Schärfung des Problembewusstseins sind zweifellos positive Folgen dieser neueren Kritik. Wir meinen jedoch, dass Kritik nur selten oder sogar nie Lehrern bei ihren Veränderungsanstrengungen hilft. Pädagogen unterscheiden sich keineswegs von anderen Menschen: Wenn man ihnen sagt, ihr Verhalten sei falsch, führt dies nicht automatisch zu Einsicht und Veränderung des Verhaltens.

Aus zwei wichtigen Gründen versagten die Kritiker bei einer Veränderung der Schulwirklichkeit. Ihre Aufmerksamkeit richtete sich größtenteils auf die Symptome, und sie vergaßen dabei die Ursachen. In ihren Schilderungen von Schülerapathie oder Aggression beschreiben sie Einstellungen, Gefühle oder Verhaltensweisen, die zwar Symptome des Problems darstellen, nicht aber das eigentliche Problem sind. Es steht außer Zweifel, dass diese Symptome bekämpft werden sollten. Stützt sich allerdings, um nur ein Beispiel herauszugreifen, die Behandlung von Apathie auf die Hoffnung, dadurch gleich das gesamte kranke Schulwesen wirksam zu heilen, so ist das, als behandle man eine laufende Nase in der Hoffnung, gleichzeitig die Lungenentzündung auskurieren zu können.

In Kapitel 7 erklärten wir, dass viele negative Gefühle und Verhaltensweisen der Schüler Verarbeitungsmechanismen darstellen, mit denen Kinder auf Lehrermacht reagieren. Die *Ursache* dieser Verhaltensweisen und Gefühle liegt in den Methoden, die zur Lösung der unvermeidlichen Lehrer-Schüler- und Schüler-Schüler-Konflikte angewandt werden. Solange diese Ursache unverändert bleibt, bringen keine »Flicken und Pflaster« die so dringend und schnell benötigte Erleichterung.

In diesem Kapitel erläutern wir eine alternative Methode zur Konfliktlösung, eine Methode, mit der Lehrer signifikante oder sogar radikale Veränderungen bei ihren Konfliktlösungen erzielen können, Veränderungen, die nicht nur Symptome, sondern die Wurzel des Problems erfassen.

Der zweite Grund, der Kritiker daran scheitern ließ, Veränderungen herbeizuführen, liegt in der Tatsache, dass sie zwar die Misere des Schulwesens erkannten, aber ihrerseits nichts anderes anbieten konnten als Idealmodelle für »bessere Schulen«, ohne jedoch praktische Richtlinien zur Verwirklichung dieser Ideen zur Verfügung zu stellen. In ihrer Mehrzahl bieten sie Slogans oder Plattitüden an oder den Rat, »es besser zu machen«.

Neue Problemlöseverfahren können zu einer Evolution im Klassenzimmer und in der Schule führen, sie können kreative Prozesse zur Verbesserung des gesamten Schulwesens initiieren. Sollen konstruktive Veränderungen erreicht werden, brauchen die Schulen eine neue Philosophie und neue Methoden. Während viele Kritiker des Schulwesens die Unterdrückung, die systematische Entmenschlichung und den Mangel an Freiheit beklagen, protestieren andere ebenso lautstark, dass Schulen zu viel Nachgiebigkeit praktizierten. Ihrer Meinung nach kommt das Schiff »Schule« erst dann wieder auf den richtigen Kurs, wenn die Schüler hart angefasst werden und wieder spuren, wenn die Anforderungen erhöht werden, die Verwöhnung aufhört und wenn man den Schülern bewusst macht, dass Bildung ein Privileg ist. Auch in diesem Fall bietet die Kritik (hier gegen zu viel Permissivität) änderungswilligen Lehrern wenig Hilfe.

Sind Schulen wirklich zu nachgiebig? Haben die Kritiker recht, die behaupten, moderne Schulen seien zu »weich«, zu liberal, zu antiautoritär? Von mehreren Tausend Lehrern und Mitarbeiter von Schulverwaltungen erfuhren wir in unseren Kursen, dass Schulkonflikte fast ausschließlich mithilfe von Methode I, das heißt durch Machtanwendung, gelöst werden und nicht mit Methode II, das heißt durch Permissivität. Wer behauptet, Pädagogen seien zu nachgiebig, benutzt entweder eine andere (uns nicht bekannte) Definition von Nachgiebigkeit oder kennt die Schulen nicht. Lehrer stimmen darin überein, dass sie bei Kleinigkeiten zwar manchmal ein Auge zudrücken, dass sie aber bei wichtigen Angelegenheiten ihre Macht anwenden und gewinnen wollen.

Methode III: Konfliktlösung ohne Niederlagen

Methode III geht eine Konfliktsituation auf die Weise an, dass die am Konflikt beteiligten Personen sich auf der Suche nach einer für beide Seiten akzeptablen Lösung zusammenschließen, einer Lösung, bei der niemand unterliegt.

Die meisten Lehrer haben während ihrer Ausbildungszeit nie etwas von einer dritten Methode gehört. Aber selbst wenn sie erkennen, dass diese Methode in anderen zwischenmenschlichen Beziehungen häufig angewendet wird, wird sie nur selten auf die Lehrer-Schüler-Beziehung übertragen.

Bei einer ersten Konfrontation mit Methode III, die eine Konfliktlösung ohne Sieger und Besiegte erlaubt, sind folgende Reaktionen unserer Kursteilnehmer typisch:

»Ist das alles? Das klingt so einfach!«
»Wir hatten die Hoffnung, dass Länder ihre Konflikte auf diese Weise in den Vereinten Nationen lösen könnten.«
»Meine Frau und ich benutzen Methode III bei der Mehrzahl unserer Konflikte.«
»Kinder benutzen bei ihren Streitereien oft diese Methode.«
»Das klingt zu schön, um wahr zu sein.«
»Es ist eine tolle Idee, aber wird sie in Schulen funktionieren?«

Es stimmt: Methode III ist ganz einfach. Und es trifft auch zu, dass sie zur Konfliktlösung anderswo benutzt wird – zwischen Eheleuten, in Geschäftsverbindungen und Freundschaften, zwischen Gewerkschaftsvertretern und Managern und von vielen anderen. Bei Scheidungen hilft diese Methode oft erfolgreich bei der Klärung von Eigentumsfragen, und zahllose Rechtsfälle werden außerhalb des Gerichts durch Vergleiche gelöst, die nach Methode III zustande kamen.

Methode III ist oft der einzig wirksame Weg, um Konflikte zwischen Einzelpersonen oder Gruppen zu bewältigen, *die gleiche oder relativ gleiche Macht besitzen.* Besteht kein Machtunterschied zwischen den Personen, führt die Anwendung von Macht nur allzu häufig in eine aussichtslose Sackgasse: Keiner ist bereit nachzugeben.

Lehrer, Mitarbeiter der Verwaltung und Eltern erwägen fast nie in ihrer Beziehung zu Kindern und Jugendlichen, in der es eindeutig einen Machtvorteil zugunsten der Erwachsenen gibt, den Gebrauch von Methode III. In diesen Beziehungen erscheinen Machtkämpfe nach dem Prinzip von Sieg und Niederlage notwendig und unvermeidlich.

Wie Methode III im Klassenzimmer funktioniert

Methode III ist ein *Prozess.* Vom Anfang eines Konflikts bis zu seinem Ende sind einige (eventuell viele) Interaktionen der Beteiligten nötig. In einem Lehrer-Schüler-Konflikt zum Beispiel müssen beide Parteien zusammen mögliche Lösungen suchen und dann entscheiden, welche die beste zur Befriedigung sowohl der Lehrer- als auch der Schülerbedürfnisse ist.

Im folgenden Beispiel wenden Frau W. und ihr Schüler Paul Methode III zur Lösung eines Konflikts an, der sich um Lärm im Klassenzimmer dreht:

Frau W.: Paul, ich kann nicht arbeiten, wenn du mit deiner Gruppe dermaßen laut redest. Ich stehe aber unter Zeitdruck und muss die Arbeit mit meiner Gruppe noch heute beenden.
Paul: Wir sollen doch den Ausflug für nächste Woche planen. Ich weiß nicht, wie wir das ohne Sprechen tun sollen.
Frau W.: Ihr müsst also auch eine Aufgabe erledigen, und dazu ist es nötig, dass ihr miteinander redet.
Paul: Ja, wir müssen heute mit der Formulierung der Fragen fertig werden, sonst können sie bis Montag, wenn wir sie brauchen, nicht mehr kopiert werden.
Frau W.: Ihr steht also auch unter Zeitdruck. Ich muss aber ebenfalls meine Gruppe hier noch anhören, bevor sie weiterarbeiten kann. Der Lärm, den eure Unterhaltung verursacht, stört meine Konzentration. Das ist ein wirkliches Problem.
Paul: Ja?
Frau W.: Hast du irgendeine Idee, wie wir es lösen könnten und trotzdem beide zufrieden wären?
Paul: Nun, wenn es Ihnen recht ist, könnte unsere Gruppe im Konferenzzimmer arbeiten. Es ist um diese Zeit leer.
Frau W.: Mein Problem wäre damit gelöst. Aber bist du sicher, dass

es euch nichts ausmacht, dorthin zu gehen? Das Zimmer ist ein bisschen klein für euch alle.
Paul: Das ist schon in Ordnung. Wir hatten bereits vorher überlegt, dorthin zu gehen, als Sie uns anschrien.
Frau W.: Dann ist uns allen geholfen. Werdet ihr wohl heute mit eurer Arbeit fertig oder braucht ihr morgen das Konferenzzimmer noch einmal?
Paul: Ich glaube, wir schaffen es heute.

Beachten Sie, wie die Lehrerin effektive Konfrontation und aktives Zuhören zu Hilfe nahm und durch ihre Ich-Botschaften dafür sorgte, dass Paul ihr Anliegen verstand. Gleichzeitig hörte aber auch sie sorgfältig zu, um seine Bedürfnisse herauszufinden. Nachdem diese dann klar waren, war es nicht schwierig, eine befriedigende Lösung für beide Parteien zu finden. Das Problem war gelöst. Beide hatten gewonnen, keiner musste Gewalt anwenden.

In Kapitel 7 erklärten wir die Methoden I und II anhand einer Konfliktsituation zwischen dem Lehrer J. und seiner Schülerin Sylvia, die häufig zu spät zum Unterricht kam. Betrachten wir nun, wie derselbe Konflikt mit Methode III bewältigt werden könnte.

Herr J. beginnt seinen naturwissenschaftlichen Unterricht gern mit einer kurzen mündlichen Angabe der Dinge, die im Unterrichtsverlauf erledigt werden sollen. Sylvia kommt häufig zu spät, deshalb muss Herr J. seine Informationen ihretwegen wiederholen oder ihre Fragen beantworten, da sie nicht weiß, welche Aufgaben sie erledigen soll.

Lehrer: Wenn Sie verspätet hier ankommen, verpassen Sie die Instruktionen, die ich gleich zu Beginn der Stunde gebe. Dann muss ich mir extra nochmals die Zeit nehmen, um Ihnen Ihre Anweisungen persönlich zu geben. Ich bin das jetzt leid. (*Ich-Botschaft*)
Sylvia: Ich gehöre nun mal dem Redaktionsstab für unser Jahrbuch an, und wir haben im Augenblick wirklich viel zu tun, um die von

der Druckerei gesetzten Termine einzuhalten. Deshalb komme ich jetzt oft zu spät.

Lehrer: Ich verstehe. Sie sind mit Ihrer Arbeit am Jahrbuch so unter Druck, dass Sie manchmal verspätet zum Unterricht kommen. (*Aktives Zuhören*)

Sylvia: Ja, aber ich möchte dazu noch etwas sagen. Es könnte jetzt so aussehen, als ob ich Ihren Kurs nicht für wichtig hielte. Aber an Ihrem Kurs nehme ich das ganze Jahr über teil, während die Arbeit am Jahrbuch nur einige Wochen dauert. Verstehen Sie, was ich meine?

Lehrer: Sie meinen, Ihr Zuspätkommen ist nur vorübergehend. Nun ja, Sie waren ja auch bis vor wenigen Wochen immer pünktlich. Das hat sich jetzt zwar geändert, wird aber nur vorübergehend sein. Ist das richtig? (*Aktives Zuhören*)

Sylvia: Ja, Ende nächster Woche sind wir wahrscheinlich mit den Korrekturen fertig. Dann kann ich wieder pünktlich sein.

Lehrer: Das Problem wird sich also bald von selbst lösen. (*Aktives Zuhören*)

Sylvia: Ja.

Lehrer: Jetzt verstehe ich, warum Sie in letzter Zeit zu spät kommen, aber das stört mich eigentlich gar nicht. Was mich stört, ist, dass ich meine jeweilige Arbeit Ihretwegen unterbrechen muss, um Ihnen zu erklären, was Sie tun sollen. Das möchte ich nicht mehr tun, auch nicht mehr ein paar Tage lang. Haben Sie eine Idee, wie wir das ändern könnten?

Sylvia: (denkt nach) Ich könnte meiner Freundin Marion mein Tonband mitgeben, und sie nimmt damit Ihre Instruktionen auf. Wenn ich dann zu spät komme, kann ich es mir leise anhören und erfahre so, was alle anderen schon wissen.

Lehrer: Das ließe sich machen. Lassen Sie Marion das Gerät an mein Pult bringen, und ich sorge dann dafür, dass meine Anweisungen aufgenommen werden. Wenn Sie verspätet ankommen, holen Sie sich das Band einfach vom Pult ab.

Sylvia: In Ordnung, morgen bringe ich das Gerät mit.
Lehrer: Bis morgen. Einen schönen Tag noch.

In dieser Abfolge von Interaktionen gelang den beiden eine Befriedigung ihres jeweiligen Bedürfnisses durch eine von der Schülerin vorgeschlagene und vom Lehrer akzeptierte Lösung. Beide konnten zufrieden sein. Herr J. konnte Sylvia einen schönen Tag wünschen und es auch wirklich meinen. Vergleichen Sie dieses Ergebnis mit den Ergebnissen von Methode I und II in Kapitel 7, wo immer einer der Unterlegene war. Verstehen Sie nun, dass Methode III positive Gefühle erzeugt und dass dieser Prozess ohne Niederlage zu gegenseitigem Respekt führt?

Der gerade geschilderte Konflikt zwischen Herrn J. und Sylvia verdeutlicht einige klare Vorzüge der Methode III gegenüber den »Sieg-Niederlage-Methoden«. Es ist zum Beispiel gleichgültig, *wer* die endgültige Lösung vorschlägt. In unserem Fall war es Sylvia. Es hätte aber genauso gut Herr J. sein können. Die Kernfrage lautet nämlich nicht »Wer kann die beste Lösung finden?«, sondern »Können wir eine für alle akzeptable Lösung finden?«. So lehrt Methode III, dass Probleme am besten durch Kooperation und nicht durch einen Machtkampf bewältigt werden.

Ein weiterer Vorteil der Methode III ist, dass die Lösungen ausschließlich die Beteiligten selbst zufriedenstellen müssen. Sylvias Vorschlag, die Lehrerinstruktionen auf Tonband aufzunehmen, wäre für manche Pädagogen eventuell nicht akzeptabel gewesen, er war es aber für Herrn J. Und da nur er und Sylvia das Problem besaßen, waren sie auch die Einzigen, denen die Lösung gefallen musste.

Ganz anders als bei »Patentrezepten«, die Standardlösungen anbieten, setzt Methode III die Kreativität der Beteiligten frei und lässt sie einzigartige, kreative Lösungen für ihre einzigartigen Probleme finden. Nur dieser *eine* Prozess muss gelernt werden, damit Lehrer ihre vielen Konflikte mit Schülern erfolgreich lösen können, egal wie unterschiedlich, komplex oder schwierig diese Differenzen sein mögen.

Methode III mobilisiert aber nicht nur Talente, Fähigkeiten und Informationen, die in jeder Gruppe von Beteiligten einmalig sind, sondern sie besitzt selbst auch Einmaligkeit: Sie stellt einen wirklichen Problemlöseprozess dar. In ihr wird ein Konflikt zunächst als ein zu lösendes Problem definiert, dann werden Lösungen gesucht. Vergleicht man Methode III mit anderen Arten der Konfliktlösung, wird ihre Einzigartigkeit offenbar. Sie interpretiert Differenzen als gesunde, natürliche und keineswegs destruktive Begebenheiten im Leben von Lehrern und Schülern. Sie hilft den Lehrkräften, Konflikte als stärkende Elemente einer Beziehung zu sehen, nicht als schädigende. Unter diesem Gesichtspunkt werden Lehrer geneigter, Probleme aufzugreifen, sie kehren sie nicht mehr so leicht unter den Teppich. Nach Methode III kommt es zu einer wirklichen Lösung von Problemen. Sich ehemals bekämpfende Personen entwickeln mit großer Wahrscheinlichkeit positive Gefühle füreinander; negative Gefühle wie bei den Methoden I und II entstehen nicht.

Abbildung 26 zeigt eine grafische Darstellung von Methode III. Sie werden darin einige entscheidende Unterschiede zu den Diagrammen der Methoden I und II feststellen. Diese Darstellung zeigt gleich große Kreise für Lehrer und Schüler und verdeutlicht somit, dass keine Machtunterschiede zwischen beiden bestehen. Die Anordnung der Kreise erfolgte horizontal, nicht vertikal wie in den Methoden I und II, wo ein Beteiligter immer eine übergeordnete Machtposition besitzt. Hier, wie auch in dem uns bereits bekannten Zwei-Weg-Kommunikationsdiagramm, ist keiner dem anderen übergeordnet, die Verständigung erfolgt untereinander (Bedürfnisse oder Gefühle). Im Diagramm der Methode III sind auch keine Plus- oder Minuszeichen für Lehrer oder Schüler nötig. Beide Parteien besitzen noch Macht (der Lehrer vielleicht sogar mehr als der Schüler), aber Macht ist unsichtbar und irrelevant geworden. Die

Lehrkraft weigert sich, ihre Macht zu gebrauchen, und der Schüler weiß das. Er braucht deshalb keine Gegenmacht. In Methode III gibt es keinen Platz für Macht.

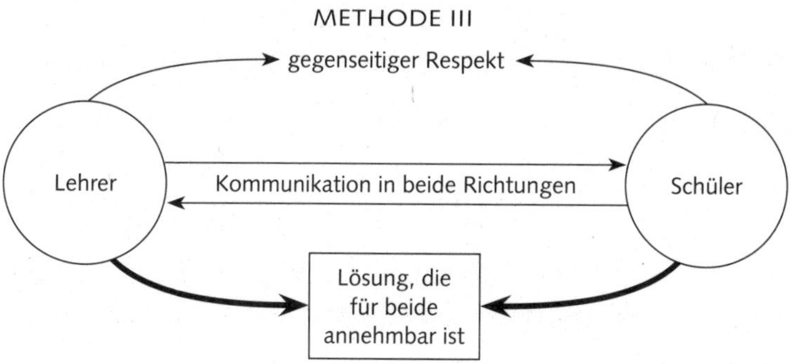

Abbildung 26

Die in Abbildung 26 dargestellte Lösung resultiert aus einem Prozess von Interaktionen, in dem zwei Menschen in gemeinsamer Anstrengung eine akzeptable Art der Befriedigung ihrer individuellen Bedürfnisse suchen. Die Lösung muss für Lehrer *und* Schüler annehmbar sein. Die Bedürfnisse eines jeden müssen befriedigt werden, damit anstelle des einseitigen Ressentiments aus Methode I und Methode II gegenseitige Gefühle des Respekts treten können.

Voraussetzungen für Methode III

Der Gebrauch von Methode III zur Konfliktbewältigung setzt bei Pädagogen einige Fähigkeiten im aktiven Zuhören voraus. Nur durch die Anwendung dieser Fähigkeit können Lehrer ihre Schüler ermutigen, über ihre augenblicklichen Bedürfnisse zu sprechen.

Sie müssen spüren, dass sie verstanden und akzeptiert werden, ehe sie das Risiko von Verhandlungen eingehen.

Lehrkräfte müssen ihrerseits durch gute Ich-Botschaften ihre eigenen Bedürfnisse klar und ehrlich darlegen. Kinder bekommen unweigerlich Angst vor Methode III, wenn sie Du-Botschaften hören, die sie tadeln, beschämen oder erniedrigen. Ihre Reaktion auf solche Botschaften wird das Gefühl sein, dass sie den Kampf bereits verloren haben. Warum sollten sie also Problemlösungen versuchen?

Schüler müssen weiterhin davon überzeugt sein, dass ihr Lehrer eine völlig neue Methode ausprobiert (nicht die alte Methode, die als neue Technik verkleidet wird, nach der der Lehrer wie gewöhnlich wieder gewinnt). Der Pädagoge muss den Schülern sein Vorhaben mitteilen, wie zum Beispiel:

Ich weigere mich, aufgrund meiner Machtposition auf eure Kosten zu gewinnen, aber ich weigere mich gleichermaßen, euch auf meine Kosten gewinnen zu lassen. Ich respektiere eure Bedürfnisse, aber ich muss auch meine eigenen Bedürfnisse wahrnehmen. Versuchen wir also eine neue Methode, die uns hilft, eine Lösung zu finden, die sowohl eure als auch meine Bedürfnisse zufriedenstellt. Wir suchen nach einer Lösung, bei der jeder gewinnt.

Wir raten unseren Kursteilnehmern, dass sie ihren Schülern vor der Anwendung der Methode III diese genau erklären und die Unterschiede zu den Methoden I und II herausarbeiten. Fast alle Schüler, sogar Kinder im Vorschulalter, können solche Erklärungen verstehen und tendieren danach weniger dazu anzunehmen, der Lehrer wolle sie nur wieder nach einer fremden, neuen Methode manipulieren.

Begriffe aus dem Bereich des Problemlösens sind bei der Methodenerklärung hilfreich. So könnte ein Pädagoge seine Schüler an die neue Methode folgendermaßen heranführen: »Wir stehen hier vor einem Problem, und ich frage mich, wie wir es wohl zusammen lösen könnten.«

Auch in der Form eines Puzzles könnte den Schülern Methode III präsentiert werden. »Lasst uns zusammen über dieses Problem nachdenken. Ich wette, wir können eine Lösung finden, die euch und mich glücklich macht.« Fast alle Kinder lieben Puzzles und lassen sich von der Herausforderung reizen, die die Methode III an ihre Kreativität richtet.

Methode III: Ein Problemlösungsprozess in sechs Stufen

Das Lösen von Problemen erfordert einen stufenweisen Prozess, der schließlich zu einer Lösung des Konflikts führt. Methode III ist ein typisches Beispiel für den sechsstufigen Problemlösungsprozess, wie er von dem berühmten Pädagogen John Dewey vorgeschlagen wurde. Während Dewey die Anwendung einer »wissenschaftlichen Methode« auf das Problemlöseverhalten eines Individuums versuchte, bietet Methode III eine wissenschaftlich fundierte Problemlösemethode für Konflikte zwischen *Individuen oder Gruppen.*

Dies sind die sechs einzelnen Prozessstufen:

1. Definition des Problems
2. Sammlung möglicher Lösungen
3. Wertung der Lösungsvorschläge
4. Entscheidung für die beste Lösung
5. Richtlinien für die Realisierung der Entscheidung
6. Beurteilung des Erfolgs

Beim Gebrauch der Methode III im Klassenzimmer erweisen sich diese sechs Schritte als wertvolle Richtlinien für die Lehrkräfte. Sie müssen ihnen in Konflikten mit Schülern immer präsent sein, auch wenn in manchen Konfliktfällen eine oder mehrere Stufen übersprungen werden können. Nachfolgend werden wir jeden der Einzelschritte untersuchen und Lehrern einige Vorschläge machen, wie sie sie anwenden und einige bekannte Fallen vermeiden können.

Stufe I: Definition des Problems (Konflikts)

Eine kluge Redensart besagt, dass eine genaue und klare Definition eines Problems schon dessen halbe Lösung ist.

Stufe I ist sehr wichtig. Unsere Erfahrung zeigt uns, dass an einem Versagen der Methode III häufig ein Versagen des Lehrers gleich zu Anfang, auf Stufe I, schuld ist. Deshalb stellen wir nun einige Ge- und Verbote für Pädagogen auf, die versuchen, ein Problem zu definieren oder den wirklichen Konflikt herauszufinden.

a) Versuchen Sie Problemlösen erst gar nicht, wenn die Schüler noch meinen, Methode III sei ein Trick, um sie zu manipulieren. Erklären Sie ihnen zuerst die Methode und wenden Sie dann aktives Zuhören an. Viele Lehrer sagen ihren Schülern, sie hätten an einem Kurs teilgenommen oder ein Buch gelesen und so neue Einsichten über den Vorgang des Problemlösens gewonnen.
b) Lassen Sie nur die Kinder am Problemlösen teilnehmen, die am Konflikt beteiligt sind – Kinder, die Informationen beisteuern können und direkt von der endgültigen Lösung betroffen sein werden (sie müssen dann zum Beispiel neue Regeln befolgen).
c) Schüler müssen die Anwendung von Methode III wollen, sie erfordert freiwillige Teilnahme. Schüler können selten zu demokratischem Verhalten gezwungen werden.
d) Planen Sie genügend Zeit ein, um wenigstens eine Stufe in dem Prozess beenden zu können. Obwohl die Behandlung eines Konflikts innerhalb einer Sitzung vorzuziehen wäre, ist dies oft unmöglich oder führt zu anderen Problemen. Der Prozess kann am Ende jeder beliebigen Stufe abgebrochen und in der nächsten

Sitzung wieder aufgenommen werden. Bei speziellen Konflikten kann eine zeitliche Unterbrechung sogar nützlich sein, besonders vor den Stufen II, III oder IV.

e) Äußern Sie Ihre Bedürfnisse und Gefühle auf alle Fälle in der Form von Ich-Botschaften. Lassen Sie keine Unterbewertung oder Geringschätzung Ihrer Gefühle zu. Sagen Sie Ihren Schülern genau, wie Sie sich fühlen. Folgen Sie in Ihren Ich-Botschaften der Drei-Komponenten-Formel. Vermeiden Sie unbedingt Du-Botschaften.

f) Übertreiben Sie Ihre Gefühle andererseits nicht. Gezielte Ich-Botschaften sind wichtig. (Meistens hat ein Übertreiben der Gefühle das Ziel, dass Schüler sich aus Angst in den Problemlöseprozess einbringen. Das aber funktioniert selten.)

g) Legen Sie Ihr *Problem* dar (Ihr unbefriedigtes Bedürfnis), nicht die von Ihnen *gewünschte Lösung*. Vielen Leuten bereitet die Trennung von Bedürfnissen und Wünschen Schwierigkeiten. So ist zum Beispiel die Botschaft »Ich möchte, dass im Zimmer Ruhe herrscht« die Äußerung eines Wunsches, der Ihr unbefriedigtes Bedürfnis lösen könnte. Folgende Äußerungen von Bedürfnissen oder unbefriedigten Bedürfnissen könnten in solch einer Situation erfolgen:

»Ich habe Kopfschmerzen.«
»Ich wiederhole meine Anweisungen nicht gern.«
»Ich kann die Gruppe, mit der ich arbeite, nicht verstehen.«

Beachten Sie, dass diese Botschaften den Schülern verdeutlichen, was der Lehrer braucht. »Ich möchte, dass im Zimmer Ruhe herrscht« gibt ihnen dagegen die vom Lehrer gewünschte Lösung, lässt sie aber über seine Bedürfnisse im Unklaren.

h) Hören Sie aktiv zu. Dies hilft den Kindern bei der Formulierung ihrer Bedürfnisse, denn sie könnten ebenfalls Schwierigkeiten haben, zwischen ihren Bedürfnissen und den gewünschten Lösungen zu unterscheiden. Erst wenn die Bedürfnisse beider Seiten klar erkannt sind, kann zu Stufe II fortgeschritten werden. Falls ein Konflikt sehr komplex ist und mehrere unbefriedigte Bedürfnisse enthält, sollte man diese an der Tafel oder auf einem Zettel auflisten. Nehmen Sie so lange Umformulierungen vor, bis jeder Einzelne überzeugt ist, dass seine speziellen Bedürfnisse exakt beschrieben sind.

i) Behalten Sie im Auge, dass John Deweys »Definition des Problems« ihren Ausdruck finden muss in Begriffen, die verdeutlichen, dass ein Konflikt von Bedürfnissen besteht, nicht miteinander wetteifernder Lösungen.

j) Vermeiden Sie eine Neueinführung der Methode III in Klassen, in denen eine bereits durch Sie getroffene Anordnung zum Konflikt führt (zum Beispiel, dass die Schüler ihre Arbeitstische jeden Freitag säubern sollen). In solchen Fällen ist der Beginn einer Grundsatzdebatte über die allgemeine Notwendigkeit eines Reinigungsplanes wesentlich günstiger. Dabei können alle bereits nach Methode I getroffenen Entscheidungen, zu denen die Schüler nicht beitrugen, unberücksichtigt bleiben.

k) Konfrontieren Sie Schüler nicht zum ersten Mal mit Methode III, indem Sie Probleme anschneiden, die ausschließlich Sie stören. Ein besserer Start gelingt mithilfe einer »Problemsuchstunde«, in der die Kinder herausfinden sollen, welche Konflikte überhaupt bestehen, welche Veränderungen eine Arbeitserleichterung herbeiführen könnten, welche Regeln nötig sind und welche Verfahren die Atmosphäre im Klassenzimmer verbessern könnten.

Stufe II: Sammlung möglicher Lösungen

Nach einer genauen Definition des Problems können Lehrer und Schüler Lösungsmöglichkeiten vorschlagen. Falls die Kinder noch keine Erfahrung mit Methode III haben, ist es besser, zunächst einige ihrer Vorschläge zu sammeln, bevor die Lehrkraft ihre Vorstellungen erläutert. Die folgenden Punkte können das Vorgehen erleichtern:

a) Nehmen Sie keine Wertungen der vorgeschlagenen Lösungen vor. Dies ist für eine erfolgreiche Ideensammlung ausschlaggebend, denn Schüler hören sofort auf, weitere Ideen freiwillig beizusteuern, wenn sie sich zu diesem Zeitpunkt bewertet fühlen. Eine Bewertung erfolgt erst in Stufe III und sollte niemals bereits in Stufe II vorgenommen werden.
b) Ermutigen Sie die Schüler zur Teilnahme durch den Gebrauch von »Türöffnern« wie zum Beispiel: »Welches sind mögliche Lösungen für dieses Problem?« oder »Wir wollen mal sehen, wie viele Vorschläge ihr findet«. Akzeptieren Sie alle Ideen; Quantität ist in diesem Stadium erwünscht. Redigieren Sie nicht, sammeln Sie auch verwegene und originelle Vorschläge.
c) Eine schriftliche Fixierung der Ideen ist ratsam (durch den Lehrer oder einen Schüler), besonders wenn das Problem viele Ideen hervorruft. Schreiben Sie die Vorschläge auf, so schnell Sie können, verlangsamen Sie nicht das Brainstorming. Die Verwendung eines Tonbandes ist hier sinnvoll, zumal Kinder es lieben, auf Band aufgenommen zu werden.
d) Verlangen Sie von den Schülern keine Rechtfertigung oder Begründung ihrer Ideen.
e) Ermutigen Sie jeden zur Teilnahme, aber drängen Sie nicht; rufen Sie nicht einzelne Schüler auf, nehmen Sie nicht der Reihe nach dran.
f) Wenn der Prozess stockt, kurbeln Sie ihn durch Fragen wieder an wie zum Beispiel: »Woran haben wir bis jetzt noch nicht gedacht?« oder »Fallen uns nicht noch mehr Lösungen ein?«

Stufe III: Wertung der Lösungsvorschläge

a) Leiten Sie den Bewertungsprozess mit Fragen ein, die keine Antwort vorwegnehmen. So könnten Sie die folgenden Fragen stellen: »Jetzt ist es Zeit herauszufinden, welche Vorschläge ihr gut oder schlecht findet. Zieht ihr bestimmte Lösungen vor? Was haltet ihr von jeder der gesammelten Ideen? Welche sind die besten?«

b) Streichen Sie in der Liste jeden Vorschlag durch, der von irgendjemandem, egal weshalb, eine negative Bewertung erhält.

c) Setzen Sie verstärkt aktives Zuhören ein, damit garantiert ist, dass alle Beteiligten die geäußerten Meinungen und Gefühle genau verstehen. Während dieser Stufe ist Ihre Rolle als helfender Interpret besonders wichtig.

d) Zögern Sie nicht, Ihre eigenen Meinungen und Präferenzen kundzutun. Lassen Sie nicht die Annahme einer Lösung zu, die für Sie nicht wirklich akzeptabel ist.

e) Drücken Sie Ihre eigenen Gefühle durch Ich-Botschaften aus wie zum Beispiel: »Ich kann diese Idee nicht akzeptieren, weil ...« oder »Mir behagt diese Lösung nicht, weil ...«

f) Jetzt sollten Begründung und Analyse folgen. Ermutigen Sie die Schüler zur Begründung und Verteidigung ihrer Vorschläge. Sie können Ihre favorisierten Lösungsvorschläge natürlich ebenfalls verteidigen.

g) Setzen Sie niemanden unter Zeitdruck. Erfolgt noch keine einstimmige Annahme der Lösung, geben Sie jedem Gelegenheit, seine Meinung zu vertreten. Falls einige Kinder noch nichts gesagt haben, ermutigen Sie sie mit einer Ich-Botschaft: »Ich habe bis jetzt noch nicht alle gehört und möchte eigentlich wissen, was ein jeder von euch meint.«

Stufe IV: Entscheidung für die beste Lösung

Falls die Stufen I, II und III sorgfältig durchlaufen wurden, ist Stufe IV nicht so schwierig, wie es vielleicht zunächst den Anschein hat. In manchen Fällen schält sich eine eindeutig überlegene Lösung heraus. Alle stimmen zu, und Stufe IV ist beendet. Manchmal stehen jedoch am Ende von Stufe III mehrere ausgezeichnete Lösungsvorschläge nebeneinander.

Für einen solchen Fall geben wir nun einige Hinweise, die eine Hilfe bei der Einigung auf eine endgültige Lösung sein können:

a) Führen Sie keine Abstimmung durch! Alle Abstimmungen, außer einer einstimmigen, lassen Gewinner und Verlierer entstehen. Die Verlierer werden zur Durchführung der gegen ihren Willen gefassten Entscheidung nur gering motiviert sein oder sie sogar zum Scheitern bringen wollen. Es muss daher unter allen Umständen ein Konsens erreicht werden.
b) Sie können Probeabstimmungen vornehmen, die den Standpunkt der Beteiligten verdeutlichen, aber nicht bindend sind. Aufgrund vorher besprochener Handzeichen wird probeweise votiert, wer eine bestimmte Lösung favorisiert, sie ablehnt oder sich der Stimme enthält.
c) Lassen Sie die Vorschläge auf ihre Realisierbarkeit und Güte hin durchdenken. Die Schüler sollen sich die Wahl einer bestimmten Lösung vorstellen und dann herausfinden, was passieren würde, ob sie jeden zufriedenstellen und das gemeinsame Problem lösen würde. Sie sollen auch über mögliche Mängel und Gefahren des Versagens nachdenken.
d) Arbeiten Sie auf einen Konsens hin. Treffen Sie keine Entscheidung, wenn nicht jeder den Willen bekundet, es zumindest auf einen Versuch ankommen zu lassen. Bemühen Sie sich, den Zeitpunkt zu erfassen, wenn eine Übereinstimmung zum Greifen nahe ist. Sie erkennen ihn durch Fragen wie: »Augenscheinlich haben wir uns alle auf Vorschlag Nr. 3 geeinigt. Ist jemand damit *nicht* einverstanden?« Weisen Sie immer wieder auf den vorläufigen Charakter einer Entscheidung hin. Die Gruppe soll erst einmal versuchen, wie die Entscheidung in die Praxis umsetzbar ist. Die Schüler sollen wissen, dass sie sich nicht für alle Zeiten festlegen, dass sie immer wieder neue Überlegungen anstellen und Veränderungen herbeiführen können, falls sich die Lösung als nicht optimal herausstellt.

e) Fixieren Sie die gefundene Lösung schriftlich. Manche Lehrer lassen alle Beteiligten die Beschlussfassung unterschreiben; sie sollen hiermit sowohl ihr Einverständnis als auch ihr Verständnis des Inhalts dokumentieren. Zögert jemand bei der Unterschrift, ist dies ein Zeichen, dass noch keine wirkliche Übereinstimmung erzielt wurde. Gehen Sie dann auf diesen Schüler ein und lassen Sie es nicht zu, dass sich jemand dem Gruppendruck beugt, kapituliert und sich unterordnet. Seien Sie hellhörig, wenn Sie Schülerbotschaften erhalten, die keine völlig positive Einstellung zu einer Lösung enthalten. Bemühen Sie sich um Rückmeldung. Prüfen Sie sorgfältig. Widerwillige Unterordnung ist kein Konsens.

Stufe V: Richtlinien für die Realisierung der Entscheidung

Potenziell produktive Anstrengungen zur Problemlösung enden häufig in Frustration, da die Entscheidungen nie realisiert werden. Im Allgemeinen tritt dieser Fall ein, wenn eine Gruppe versäumte zu bestimmen, wer was zu welchem Zeitpunkt tun soll. Ohne diese Entscheidung wird vielleicht gar nichts passieren.

a) Lassen Sie die Gruppe über den Zeitpunkt, die Verantwortlichkeit der Einzelnen und die Art und Weise des Vorgehens entscheiden.
b) Wenn es sachdienlich ist, lassen Sie Richtlinien ausarbeiten. So mag zum Beispiel ein Beschluss über die Sauberhaltung von Räumen eine Diskussion über einen für alle annehmbaren Begriff der Sauberkeit nach sich ziehen. Hier muss zunächst geklärt werden, was ein sauberer Raum ist.
c) Fertigen Sie einen genauen Zeit- und Aufgabenplan an. In manchen Klassen haben einige Schüler die Funktion von Kontrolleuren, die die Erledigung von Aufgaben überprüfen oder an bestimmte Termine erinnern müssen.

Stufe VI: Beurteilung des Erfolgs

Diese Stufe ist zwar wichtig, muss aber nicht immer durchgeführt werden. Sie dient dazu, die Effektivität der gemachten Anstrengungen festzustellen. Fragen, um die Ergebnisse später nachzuprüfen, wären etwa:

»Ist das Problem jetzt gelöst?«
»Sind wir bei der Problemlösung vorangekommen?«
»War das eine gute Entscheidung?«
»Sind wir zufrieden mit dem, was wir gemacht haben?«
»Wie effektiv war unsere Entscheidung?«

Ein erfreuliches (und offensichtliches) Kriterium des Erfolgs einer nach Methode III gefundenen Lösung ist das Verschwinden des Konflikts, das Fehlen von Streitereien, Unzufriedenheit und negativen Gefühlen.

Ein Lehrer kann aber auch die Beteiligten wieder zusammenkommen lassen und sie befragen, ob alle noch mit der Lösung zufrieden sind, wie sich die Entscheidung in der Realität auswirkt und ob das Problem beseitigt wurde.

Es folgen nun einige Vorschläge zur Feststellung der Effektivität von Methode III:

a) Überprüfen Sie Verpflichtungen, die in der Begeisterung des Problemlöseprozesses eingegangen wurden, sich aber später oft als unrealistisch oder schwierig erweisen. Das Einhalten einer Verpflichtung fällt Menschen häufig viel schwerer, als sie ursprünglich vermutet hatten. Deshalb ist eine Befragung der Beteiligten von Zeit zu Zeit durchaus gut, um herauszufinden, ob sich ihre Meinung geändert hat.
b) Wenn ein Lösungsvorschlag das Problem nicht beseitigt, so ist dies meistens ein Zeichen für eine unerwartete Schwierigkeit bei der Lösung oder ihrer Durchführung.

c) Es gibt nichts Traurigeres als die Anstrengung einer Klasse, die fälschlich meint, eine einmal gefasste Entscheidung sei heilig und unabänderlich, und deshalb mühselig versucht, ihre einmal eingegangenen Verpflichtungen zu erfüllen.
Das Hauptanliegen von Methode III besteht darin, kreative Lösungen zu finden, die jedem die Befriedigung seiner Bedürfnisse ermöglichen. Geschieht dies nicht, sollte die Entscheidung verworfen und eine neue gesucht werden.
d) Selbst wenn eine Entscheidung das ursprüngliche Problem gelöst zu haben scheint, ist es ratsam, dies ab und zu zu überprüfen. Situationen wechseln, Bedürfnisse verändern sich. Meißeln Sie Entscheidungen, die nach Methode III gefasst wurden, nicht in Granit. Zeigen Sie eine ständige Bereitschaft zu Neubewertungen und besseren Lösungen.

Lehrer sollten bedenken, dass ein Scheitern durchaus gerechtfertigt ist. Wenn die Dinge sich anders entwickeln als erwartet, bedeutet das meistens, dass die Entscheidungen schlecht waren, nicht die Schüler.

Die Anwendung von Methode III im Unterricht

Eine Lehrerin erzählte in einem unserer Kurse das folgende Beispiel, das besonders die Stufen I, II, III und IV eines Problemlöseprozesses verdeutlicht:

Lehrerin: Ich habe ein Problem, bei dem ihr mir helfen könnt. Ihr seid zu laut, und ich muss mich dauernd anstrengen, euch zur Ruhe zu bringen. Das tue ich gar nicht gern. Zum Unterrichten brauche ich Ruhe, aber wenn ihr redet, muss ich meine Anweisungen und Erklärungen ständig wiederholen. Andererseits verstehe ich, dass ihr auch das Bedürfnis habt, miteinander zu reden. Lasst uns mal darüber nachdenken, was wir unternehmen können, um mich und euch zufriedenzustellen. Ich werde einige Lösungen vorschlagen, und ihr denkt euch auch so viele wie möglich aus. Ich schreibe die Vorschläge ohne Kommentar an die Tafel. Später diskutieren wir darüber und streichen alle, die euch oder mir nicht gefallen.

Die folgenden Vorschläge wurden gesammelt:

1. Wir führen eine neue Sitzordnung ein.
2. Strafen.
3. Wir reden immer, wenn wir es gerade wollen.
4. Wir bekommen jeden Tag eine bestimmte Zeit zum Reden zugeteilt.
5. Der Einzelne redet nur, wenn die anderen nicht reden.
6. Völliges Redeverbot.
7. Aufteilung der Klasse: eine Hälfte wird unterrichtet, die andere Hälfte darf reden.
8. Flüstern.
9. Es wird nur mündliche Mitarbeit im Unterricht verlangt.

Lehrerin: Jetzt wollen wir die Lösungen durchstreichen, die uns nicht gefallen. Ich streiche Nr. 2, 3 und 9.
(Von Schülern wird die Streichung der Nummern 2, 6 und 7 vorgeschlagen.)
Lehrerin: Betrachten wir nun die restlichen Vorschläge. Was haltet ihr von Nr. 1, einer Neueinteilung der Sitzordnung?
Betty: Das haben wir doch schon einmal versucht, und es half nichts.
(Nach einer kurzen Diskussion einigt sich die Klasse darauf, auch Nr. 1 zu streichen.)
Lehrerin: Was haltet ihr davon, jeden Tag eine bestimmte Zeit zum Reden zu haben?
(Gegen diesen Vorschlag bestehen keine Einwände.)

Lehrerin: Was haltet ihr von Nr. 5?
(Auch hiergegen bestehen keine Einwände.)
Lehrerin: Es wurde noch Flüstern vorgeschlagen. Was meint ihr dazu?
(Wiederum kommen keine Einwände.)
Lehrerin: So bleiben in unserer Liste also noch die Nummern 4, 5 und 8. Will jemand noch etwas hinzufügen? Nein? Gut, dann werde ich die drei Vorschläge auf einen Bogen Papier schreiben, und wir werden ihn unterzeichnen. Wir nennen das einen Vertrag, das heißt eine Übereinstimmung, die vom Lehrer und der Klasse unterschrieben wird. Wir werden alle versuchen, diesen Vertrag einzuhalten und ihn nicht zu brechen.

In diesem kurzen Problemlöseprozess bewältigte die Lehrerin einige Punkte sehr gut, versagte dafür aber bei anderen:

1. Sie schnitt das Problem mit einer Darstellung ihrer eigenen Bedürfnisse an und gebrauchte Ich-Botschaften zur Verdeutlichung ihrer Gefühle. Diese Ich-Botschaften stellten die spürbaren und konkreten Auswirkungen des ständigen Redens jedoch nur schwach dar.
2. Sie hätte die Schüler mehr ermutigen sollen nachzudenken, warum sie solch ein Redebedürfnis haben. Vielleicht hätte hier eine Frage weitergeholfen wie zum Beispiel: »Ich möchte besser verstehen, warum ihr so oft redet. Erzählt mir, was in euch vorgeht, wenn ihr diesen Wunsch habt.«
3. Sie hätte für das Streichen der von ihr nicht gewünschten Lösungen ihre Gründe anführen können.
4. Die Problemlösung hörte auf Stufe IV auf, dem Treffen der Entscheidung. Stufe V hätte folgen können und mit ihr die Überlegung, wie die Entscheidung nun in die Praxis umzusetzen sei.
5. Eine erneute Zusammenkunft zur Überprüfung der Effektivität der Lösung (Stufe VI) hätte eingeplant werden können.

Methode III in der Praxis: eine aufgezeichnete Diskussion

Hier folgt die Mitschrift eines Gesprächs zwischen einer Lehrerin und ihren 30 Drittklässlern. Die Klasse hält fünf Monate lang zweimal die Woche Treffen zur Lösung von Problemen ab.

Diese Diskussion kann als hervorragendes Beispiel dafür dienen, wie ein Pädagoge durch ausgiebiges aktives Zuhören die Interaktion von Schülern fördern kann. Es wird der Eindruck vermittelt, dass viele der Kinder an dem Problem teilhaben; es handelt sich um ein Problem innerhalb der Klasse, nicht um einen Konflikt zwischen Lehrerin und Schülern. Die Lehrerin erscheint beinahe wie ein Mitglied der Gruppe. Sie hat es ganz offensichtlich geschafft, ihre »psychologische Größe« zu reduzieren.

Lehrerin: Wer möchte etwas zu unserem heutigen Treffen beitragen?
Benjamin: Wissen Sie noch, dass Sie uns versprochen haben, die Sache mit den Jungs in unserer Lesegruppe aufzugreifen?
Lehrerin: Ja, das weiß ich noch, aber ich kann mich nicht mehr an die Details erinnern. Kannst du mir ein wenig auf die Sprünge helfen, damit ich mich an die Unterhaltung erinnern kann?
Benjamin: Ach, es ging um das Problem, dass während der Lesephase immer gestört wird.
Lehrerin: Stimmt, wir wurden ein paarmal von Leuten unterbrochen, die nicht zu unserer Lerngruppe gehören.
Simon: Ja, und auch bei persönlichen Gesprächen.
Lehrerin: Ja, diese Woche ist das einige Male passiert. Ich finde es sehr schwierig, ein persönliches Gespräch mit jemandem zu führen, wenn ich dabei unterbrochen werde. Ich werde dann sehr wütend.
Julia: Sie meinen während der Lernphasen, während jeder für sich arbeitet und Sie mit den einzelnen Schülern Gespräche führen?
Lehrerin: Mir scheint, es gibt zwei Probleme. Morgens während der Lernphase innerhalb der Klasse, wenn jeder einzeln für sich arbei-

tet, und nachmittags außerhalb der Klasse, wenn viele Schüler verschiedene Räume für die Lesegruppe aufsuchen.

Die anderen: Ja, genau.

Lehrerin: Das ist nicht gut.

Simon: Absolut nicht.

Lehrerin: Letzte Woche sind wir doch zu der Lösung gekommen, ein Schild mit den Worten »Bitte nicht stören« außen an die Tür zu hängen.

Jan: Das funktioniert teilweise, aber es kommen trotzdem noch Leute rein und unterbrechen uns.

Benjamin: Manche Schüler vergessen etwas im Raum und kommen dann zurück, um es zu holen.

Simon: Wieso nehmen sie es nicht gleich mit, wenn sie gehen?

Lehrerin: Du meinst, sie sollten ihre Arbeitsmaterialien direkt mitnehmen, wenn sie den Klassenraum wechseln.

Kevin: Wisst ihr, was ich glaube? Ich glaube, die machen das mit Absicht, damit sie zurückgehen und Zeit vertrödeln können.

Jan: Ja, als wären ihre Arbeitsmaterialien nicht der einzige Grund.

Lehrerin: Ihr meint, sie wollen Aufmerksamkeit.

Jan: Ich sage nicht, dass es auf jeden Fall so ist, aber es könnte doch sein.

Julia: Es kostet leider auch uns Zeit.

Benjamin: Und es kostet sie Zeit.

Simon: Sie hinken mit der Arbeit hinterher und bekommen dann Ärger mit ihren Lehrern.

Lehrerin: Sie unterbrechen damit also nicht nur uns, sondern schneiden sich darüber hinaus ins eigene Fleisch.

Simon: Richtig.

Lehrerin: Das ist nicht sehr vernünftig.

Benjamin: Nein.

Julia: Bevor ich zu einer Freundin aufbreche, fragt meine Mutter mich immer: »Hast du alles dabei? Vergiss deine Sachen nicht und denk dran, sie wieder mit nach Hause zu bringen.«

Lehrerin: Ihr seid also daran gewöhnt, daran erinnert zu werden, auf eure Sachen aufzupassen.

Jan: Aber das ist nicht gut, weil ja nicht ständig jemand da ist, um uns zu erinnern.

Lina: Ich denke eigentlich immer an alles.

Lehrerin: Du bist ziemlich stolz darauf, dass du selbst die Verantwortung für deine Sachen übernimmst.

Lina: Ja.

Benjamin: Ich habe eine gute Idee, was wir mit den Leuten machen können, die uns immer unterbrechen.

Lehrerin: Wir möchten deine Idee gern hören.

Benjamin: Na ja, wir könnten doch die Tür abschließen.

Paula: Wenn jemand an die Tür kommt, könnte man ihn wegschicken.

Jonas: Aber was passiert, wenn es ein Lehrer ist? Der kommt doch sowieso rein.

Lehrerin: Ihr habt die Erfahrung gemacht, dass Erwachsene sich nicht an unsere Schilder an der Tür halten und trotzdem hereinkommen.

Jonas: Ja, sie fühlen sich nicht angesprochen. Sie halten sich für was Besonderes.

Lehrerin: Es erscheint euch unfair, dass Erwachsene dem Schild keine Bedeutung zumessen.

Jonas: Auf jeden Fall ist das unfair. Sie sollten sich an unser Schild halten.

Simon: Ich glaube, es wäre keine so gute Idee, die Tür abzuschließen, weil die Leute dann versuchen würden, sie zu öffnen, und an ihr rütteln würden, und das würde uns auch wieder stören.

Paula: Was wäre, wenn es brennt und wir schnell hinaus müssen?

Julia: Das ist ziemlich unheimlich.

Christina: Wir können doch ein Schild aufhängen, auf dem steht: »Bitte nicht stören – das gilt für ALLE!«

Die anderen: Ja, das klingt gut.

Lehrerin: So ein Schild klingt ziemlich eindrucksvoll.
Christina: Ich hole das Schild rein.
Simon: Und ich hole einen Filzstift, damit wir noch etwas dazuschreiben können.
Jonas: Und setz noch ein Ausrufezeichen hinter das »alle«!
Die anderen: Ja, das verstärkt es!

(Die Schüler arbeiten gemeinsam daran, das Schild zu erneuern und es wieder draußen an die Tür zu hängen.)

Lehrerin: Habt ihr noch weitere Ideen?
Benjamin: Was ist mit denen, die innerhalb der Gruppe stören?
Julia: Es sind immer dieselben.
Jan: Die sollten von den Einzelgesprächen ausgeschlossen werden.
Lehrerin: Die Gespräche sind euch ziemlich wichtig.
Simon: Natürlich. Diejenigen, die dazwischenreden und stören, sollten keine Einzeltermine mehr bekommen.
Jonas: Genau.
Christina: Ich finde, es wäre nicht richtig, sie zu bestrafen. Vielleicht brauchen sie eher noch mehr Einzelgespräche.
Benjamin: Ich fände es auch nicht richtig.
Lina: Ich finde, man sollte ihnen die Pausen streichen.
Simon: Nein, das ist keine gute Idee, die Pausen sind wichtig für uns.
Kevin: Diejenigen, die Gespräche unterbrechen, während wir alle im Raum sind, halten sich nicht an unsere Klassenregeln, da müssen wir selbst mehr aufpassen.
Christina: Stimmt, dafür haben wir ja die Regeln aufgestellt, da gebe ich Kevin recht. Wir sollten selbst mehr darauf achtgeben, dass wir sie einhalten.
Lehrerin: Es wurden einige interessante Vorschläge diskutiert. Vielleicht muss auch ich stärker darauf eingehen, wenn jemand unsere Regeln bricht.
Christina: Ja, das würde sicher helfen.

Kevin: Sie müssen die Regeln durchsetzen.
Lehrerin: Ich frage mich, ob jemand noch einmal zusammenfassen kann, worüber wir heute gesprochen haben.
Jennifer: Ich kann das machen. Diejenigen, die das Klassenzimmer wechseln, versuchen daran zu denken, all ihre Sachen mitzunehmen. Wir haben das Schild an der Tür erneuert. Wir werden alle versuchen, uns während der Lernphasen zusammenzunehmen und ruhiger zu sein, damit Einzelgespräche möglich sind. Und Frau Anders wird sich intensiver mit denjenigen befassen, die unsere Klassenregeln brechen, und uns helfen, die Regeln durchzusetzen.
Lehrerin: Vielen Dank, Jennifer.

Diese Mitschrift zeigt, dass die Drittklässler sich auf einem guten Weg befinden, selbstständig und verantwortungsvoll zu werden. Sie äußern ihre Meinung, hören dabei jedoch auch ihren Mitschülern zu; sie drücken ihre Gefühle aus, auch wenn andere sie kritisieren; und sie lösen so effektiv Probleme, wie man es selbst in Gruppen von Erwachsenen selten beobachten kann. Ist Ihnen außerdem die Wärme und Vertrautheit innerhalb dieser Lehrer-Schüler-Beziehung aufgefallen?

Anders als das vorangegangene Beispiel des Problemlösens mit Methode III (der Konflikt des Redens innerhalb der Klasse, der nur die Stufen I, II, III und IV durchlaufen hat) haben diese Schüler sich direkt mit dem Problem der Umsetzung befasst (Stufe V). Sie haben die Frage geklärt, wer die Entscheidungen durchsetzen wird, und sogar überlegt, ob Strafen eingesetzt werden sollten.

Vorteile und Nutzen der Methode III in der Schule

Wenn auch die Lektüre unserer Beispiele einige der Vorteile von Methode III verdeutlicht, treten andere nicht so klar hervor. Die meisten Lehrer wollen jedoch überzeugt werden, dass die Erfolge dieser Methode die Anstrengungen und die zusätzliche Zeit aufwiegen, die sie bei einem Methodenwechsel investieren müssen.

Keine Ressentiments

Wenn bei der Lösung von Konflikten niemand zum Verlierer wird, treten auch keine Ressentiments wie bei der Anwendung der Methoden I und II auf. Die Erfahrung zeigt, dass eine Beziehung an Tiefe gewinnt, wenn zwei Menschen ihre unterschiedlichen Interessen koordinieren und schließlich eine für beide Parteien befriedigende Lösung finden. Die meisten Menschen ziehen ein solches Vorgehen der Befriedigung ihrer eigenen Bedürfnisse auf Kosten des Partners vor. Warum? Wir meinen, Gewinner eines Konflikts fühlen sich immer schuldig, wenn der Partner verlieren muss. Sogar beim Sport oder bei anderen wettkampfartigen Spielen, bei »sanktionierten Konflikten« also, sieht der Gewinner seinen Sieg mit gemischten Gefühlen. Es ist in keinem Fall angenehm, Enttäuschungen oder Niederlagen anderer Menschen zu verursachen.

Erhöhte Motivation zur Durchführung einmal gefasster Beschlüsse

In ihren Berichten erwähnen Pädagogen einstimmig, dass Schüler hoch motiviert sind, Lösungsvorschläge, die nach Methode III zustande kamen, zu realisieren. Diese starke Motivation wird durch das »Prinzip der Mitwirkung« verursacht. Menschen sind eher geneigt, eine Entscheidung zu akzeptieren, und stärker motiviert, sie auszuführen, wenn sie am Entscheidungsprozess mitgewirkt haben. Dies verhält sich völlig anders, wenn ihnen eine Mitbestimmung verweigert wurde. Jeder Mensch will die Zügel in der Hand haben und sein eigenes Schicksal lenken können. Zwang und Kontrolle durch andere erzeugen Ressentiments und Widerstand. Gegen Leute, die eine Mitbestimmung verweigern, entwickeln sich Gefühle der Feindschaft. Dies alles sind allgemeingültige Erkenntnisse der menschlichen Verhaltensforschung, aber die Erwachsenen in unseren Schulen vergessen häufig, dass Schüler ebenfalls Menschen sind.

Wenn Methode III auch keine Garantie dafür bieten kann, dass jede Entscheidung von allen Betroffenen nun auch eifrig ausgeführt wird, so entdecken Lehrer, die diese Methode anwenden, doch einen deutlichen Rückgang von Antworten wie zum Beispiel: »Oh, das habe ich vergessen.« – »Muss das schon jetzt gemacht werden?« »Soll ich das etwa tun?« oder »Ich dachte, das würde ein anderer erledigen.« Solche Sätze werden tatsächlich nur noch gebraucht, wenn ein Schüler wirklich etwas vergessen hat, und nicht, wenn er ein Alibi oder eine Entschuldigung braucht. Kinder, die bei Entscheidungen mitwirken, fühlen die Verpflichtung und Verantwortung, diese Entscheidungen auch zu realisieren. Schüler, die an Elternhäuser und Lehrer gewöhnt sind, die Methode I verwenden, sind überglücklich, wenn sie mit Methode III konfrontiert werden. Sie werden mit großem Eifer ihre Verpflichtungen erfüllen, damit sie nicht Gefahr laufen, diese großartige Gelegenheit zur Teilnahme an Entscheidungen über ihr eigenes Leben wieder zu verlieren.

»Zwei Köpfe sind besser als einer«

Methode III aktiviert kreatives Denken, Intelligenz und die Erfahrung von Lehrern *und* Schülern. Daher kommt es in Problemfällen oft zu einzigartigen und kreativen Lösungen. Die übliche Rationalisierung, dass Lehrkräfte ein größeres Wissen und mehr Erfahrung hätten und daher besser beurteilen könnten, was für die Schüler »am besten« ist, mag für einige wenige Problemfälle zutreffen. Aber selbst dann kann Wissen und Erfahrung eines Lehrers allein gar nicht besser sein als das Wissen und die Erfahrungen von Lehrer *und* Schülern gemeinsam. Nur die Methoden I und II spielen die Intelligenz des Pädagogen gegen die des Schülers aus, denn hier gibt es nichts als Sieg oder Niederlage, und einer der Betroffenen wird immer von der Problemlösung ausgeschlossen. Wenn dagegen beide Parteien in einem Konflikt ihre Kräfte dem Lösungsprozess widmen, führt dies zu einer Kombination ihres individuellen Wissens und ihrer individuellen Erfahrungen; ein Kampf bleibt aus. Methode III stellt einen synergetischen Prozess dar; zwei Elemente verstärken sich gegenseitig und erzielen ein besseres Ergebnis, als dies jedes der Elemente allein erreichen könnte.

Diese synergetische Kraft des Problemlöseprozesses nach Methode III geht klar aus dem folgenden Beispiel hervor:

Ich versuchte gewöhnlich, meine Schüler so unter Kontrolle zu bringen, dass ich ihnen Fragen stellte, auf die sie wie in einem Ritual nur eine Antwort, nämlich die von mir gewünschte, geben konnten. Zum Beispiel fragte ich: »Sind wir ruhig, wenn wir zur Bibliothek gehen?« Darauf antworteten die Schüler regelmäßig wie brave kleine Jungen und Mädchen mit einem Ja. »Rennen wir?« Die stereotype Antwort war: »Nein, wir rennen nicht.« Ich veranstaltete richtige Generalproben, ehe wir Fahrten unternahmen, Feueralarm oder Besuch hatten. Die Kinder waren immer meiner Meinung und bekräftigten, dass sie niemals rennen würden. Und dann rannten sie doch immer, schubsten und grölten. Wenn wir dann wieder alle im Klassenraum waren, stellte ich eine andere Frage: »Halten wir unsere Versprechen?« Die übliche Antwort lautete: »Ja, wir halten sie.« Als der Kursleiter dieses Band vorspielte und ich merkte, wie dumm diese Lehrerin auf dem Band klang und wie sehr ich ihr ähnelte, entschloss ich mich zu einem anderen Versuch. Ich wollte Methode III bei einem Problem anwenden, das ich der Klasse schon seit Wochen vorhielt: das Zuspätkommen nach der Pause.
Bis jetzt hatte ich das Problem auf meine übliche Art behandelt. Die Schüler stellten sich auf dem Hof immer zu langsam in einer Reihe auf, und ich musste dann nach draußen gehen und schreien, um sie zur Eile anzutreiben. Bis alle versammelt waren, in einer Reihe standen und schließlich ins Klassenzimmer marschierten, hatten wir min-

destens zehn Minuten verschwendet. Im Klassenraum fragte ich dann jedes Mal erneut: »Spielen wir weiter, wenn es zur Stunde schellt?« Und sie sagten jedes Mal: »Nein.« Darauf fragte ich: »Was tun wir, wenn es schellt?« Sie antworteten im Chor: »Wir stellen uns in einer Reihe auf.« Meinem Appell, dass in Zukunft kein Geschrei meinerseits mehr nötig sein solle, damit sie sich aufstellten, begegneten sie mit Zustimmung. Und am nächsten Tag war dann alles wieder beim Alten. Nun, diese Woche ersetzte ich meine üblichen Fragen durch eine Ich-Botschaft. Ich erzählte ihnen, wie leid ich es war, sie immer anzuschreien, und ich berichtete ihnen auch von meiner Angst vor dem Direktor, der mir wegen der verschwendeten Zeit eine schlechte Beurteilung geben würde.

Dann hörte ich den Schülern zu. Ich traute meinen Ohren nicht. Sie sagten, sie hätten es satt, da draußen in der heißen Sonne zu stehen und auf mich zu warten. Sie wollten wissen, warum sie sich überhaupt in einer Reihe aufstellen mussten und nicht direkt beim Klingelzeichen in den Klassenraum gehen durften. Auf meine Erwiderung, dass immer alles so gehandhabt worden war wie jetzt, fragten sie mich nach dem Grund für diese Regeln. Ich musste eine Weile nachdenken. Der einzige Grund, den ich für das Aufstellen in Reih und Glied finden konnte, war, dass es eben so angeordnet worden war. Sie kauften mir diese Erklärung nicht ab. Wir entschlossen uns dann, unsere Bedürfnisse einmal klar zu definieren.

Mein Anliegen war es, die Schüler ordentlich und diszipliniert in der kürzestmöglichen Zeit vom Pausenhof in die Klasse kommen zu lassen. Die Schüler wollten vermeiden, fünf Minuten oder länger in der heißen Sonne auf mich zu warten, um dann unter meiner Aufsicht wie die Soldaten in das Klassenzimmer marschieren zu müssen.

Wir einigten uns auf eine Lösung, die von einem der Kinder vorgeschlagen worden war: Beim Klingeln sollten die Schüler vom Hof zum Klassenzimmer gehen. Ich sollte bei diesem Zeichen das Lehrerzimmer verlassen. Wir würden uns dann vor der Klassentür treffen und hineingehen.

Seit drei Tagen praktizieren wir dies nun mit großem Erfolg. Wir sparen jeden Tag ungefähr zehn Minuten, das heißt die Zeit, die ich benötigte, um die Kinder dazu zu bringen, sich in Reih und Glied aufzustellen und leise in das Klassenzimmer zu marschieren. Mir bleibt es nun auch erspart, auf den Hof hinauszurennen.
Der größte Unterschied zum früheren Zustand zeigt sich jedoch, wenn wir in das Klassenzimmer kommen. Noch vor Kurzem war jedermann nach den ständigen Ermahnungen und Appellen wütend und gereizt. Jetzt fühlt sich jeder entspannt und zeigt den anderen gegenüber keine Aggressionen. Das kann manchmal einen ganzen Nachmittag retten.
Für die Kinder war bei diesem Problem die schwierigste Aufgabe, mich davon zu überzeugen, dass ihr Aufstellen gar nicht einem Bedürfnis meinerseits entsprang. Sie machten mir klar, dass das Aufstellen nur die Lösung für ein Bedürfnis war, und in unserem speziellen Fall eine sehr schlechte Lösung.

Diese Lehrerin entdeckte demnach, dass Methode III manchmal unvorhersehbare und kreative Lösungen hervorbringt, die entstehen, wenn Menschen sich zusammentun und Probleme von unterschiedlichen Gesichtspunkten aus angehen. Sie und die anderen Teilnehmer an unserem Kurs überprüften deshalb, ob es noch weitere Regeln gab, die der soeben beschriebenen Anordnung des Aufstellens glichen – also Regeln, die für eine bestimmte Klasse zu einem bestimmten Zeitpunkt nicht sinnvoll waren.

Methode III muss nicht »verkauft« werden

Wie wir bereits schilderten, muss ein Pädagoge, der Methode I bei Konfliktlösungen anwendet, nach der Entscheidung für eine Lösung seinen Schülern diese Lösung »verkaufen« oder sie zu deren Annahme überreden. Dies gilt gleichermaßen für Methode II, nur »verkauft« hier das Kind seine Lösung dem Lehrer. Bei Methode III ist dieser Schritt des Verkaufs oder der Überredung bereits ein Teil des Problemlöseprozesses (Stufe III). Wenn eine endgültige, für beide Seiten akzeptable Lösung gefunden wurde, bedarf es keines »Verkaufs« mehr, denn Lehrer *und* Schüler haben diesen Schritt schon hinter sich. Daher ist Methode III oft weniger zeitraubend.

Verzicht auf Gewalt und Autorität

Es ist wahrscheinlich der bedeutendste Vorteil der Methode III, dass sie die fürchterlichen Risiken eines Machtgebrauchs ausschaltet. Es gibt keine Opfer, die bei ihrer Reaktion auf Macht Mechanismen entwickeln, die selbstzerstörerisch wirken oder die zwischenmenschlichen Beziehungen vernichten. Schulen, die auf einen Gebrauch ihrer Machtbefugnisse verzichteten, würden sich grundlegend von unseren heutigen Schulen unterscheiden. Sie wären relativ frei von den zersetzenden und destruktiven Verhaltensweisen, die Schüler ausprobieren, wenn sie auf Gewalt reagieren: Aggression, Vergeltung, Vandalismus, Streiche, Regelverletzungen, Tyrannisieren anderer, Suche von Sündenböcken, Lügen, Schlagen usw.

Lehrern könnte aus diesen Schulen ohne Machtanwendung ein ungeheurer Nutzen erwachsen: Sie könnten ohne Angst ihre Arbeit verrichten. Zahllosen Lehrkräften gelingt dies zur Zeit noch nicht.

Gegenseitige Zuneigung

Vielen Kritikern der heutigen Schulformen fiel auf, dass die meisten Schüler ihren Lehrern gegenüber Abneigung empfinden und dass auch eine erstaunlich große Anzahl von Pädagogen die Kinder nicht zu mögen scheint. Dieser Zustand ist ein Ergebnis der autoritären *und* der permissiven Methoden der Konfliktlösung.

Methode III dagegen fördert Beziehungen, die durch gegenseitigen Respekt, Fürsorge und Vertrauen charakterisiert sind. Lösungen, die keinen zum Verlierer stempeln, lassen die Menschen sich näherkommen und erzeugen Gefühle der Zuneigung. Lehrer, die auf die Anwendung von Gewalt und Autorität verzichten, werden feststellen, dass Schüler ihre Freunde werden und sie Freunde ihrer Schüler.

Methode III enthüllt wirkliche Probleme

Die Methoden I und II befassen sich gewöhnlich mit oberflächlichen Problemen. Wir bezeichneten derlei Probleme auch schon als »Einführungsprobleme« – sichere Anlässe, die man zur Ingangsetzung eines Problemlöseprozesses braucht.

Ein Lehrer sieht zum Beispiel, wie ein Schüler durch albernes Verhalten die Aufmerksamkeit seiner Mitschüler erregt und damit das Schreiben einer Klassenarbeit stört. Der Pädagoge mag daraus folgern, dass der Schüler das Bedürfnis hat, im Mittelpunkt zu stehen. Er wird für das solchermaßen interpretierte Problem eine Lösung anstreben und ihn zum Beispiel nach vorne gehen lassen, wo er von allen gesehen werden kann, und ihm die Erlaubnis geben, so albern zu sein, wie er will. Dies kann aber auch eine Fehlentscheidung sein, da der Schüler eventuell keineswegs das Zentrum der Aufmerksamkeit sein möchte. Ein Bedürfnis nach individueller Betreuung, nach zusätzlicher Hilfe und Erklärung kann genauso gut sein Verhalten motivieren. Ohne diese von ihm angestrebte Hilfestellung fürchtet er, vor seinen Klassenkameraden als dumm zu gelten, und deshalb versteckt er seine wirklichen Gefühle hinter Albernheiten.

Immer wieder konstatieren Lehrer, die zu Methode III überwechseln, dass sie Probleme in ihrer Klasse vorher falsch interpretiert haben. Dabei ist es nur zu natürlich, bei der Manifestierung bestimmter Verhaltensweisen Rückschlüsse auf deren Ursachen ziehen zu wollen. Aber manchmal erreichen wir bei diesem »Sprung ins Blaue« Weltrekordniveau. Die Tabelle auf Seite 289 führt Beispiele falscher Vermutungen angesichts Schülerverhaltens an.

Erst wenn Lehrer Konflikte mit Schülern durch Begriffe ihrer eigenen unbefriedigten Bedürfnisse definieren (und ihre Gefühle in Ich-Botschaften ausdrücken), anstatt die dem Schülerverhalten zugrunde liegende Motivation zu erraten, zeichnet sich das wahre Problem ab. Vor einer Kenntnis des wirklichen Problems sind jedoch alle noch so eleganten Lösungen unangemessen und zwecklos.

Verhalten	Vermutung	Tatsächliches Problem
Ein Schüler kommt zu spät.	Er hasst Englisch.	Er muss zwischen den Fachräumen einen zu weiten Weg zurücklegen, um pünktlich sein zu können.
Ein Schüler missachtet Anweisungen.	Er ist ungehorsam.	Er hat ein Ohrenleiden und hört manche Anweisungen gar nicht.
Ein Kind ist auf die Mutter fixiert und will den Kindergarten nicht betreten.	Es ist verwöhnt und unreif.	Es hat Angst, allein gelassen zu werden.
Ein Schüler vergisst immer seine Hausaufgaben.	Er ist faul.	Er hat einen Job bis spätabends und ist danach für Hausaufgaben zu müde.
Ein Schüler drückt sich vorm Sportunterricht.	Er hat Angst, ausgelacht zu werden, und kann keinen Spaß vertragen.	Er ist anämisch und ermüdet schnell bei körperlicher Anstrengung.

Schüler werden verantwortungsbewusster und reifer

Die Förderung des Verantwortungsbewusstseins und der Reife eines Schülers ist eines der Hauptanliegen aller Schulen. Unsere Gesellschaft wünscht sich diese Eigenschaften von ihren Mitgliedern. »Die

Erziehung zum verantwortungsbewussten Bürger« wird von Pädagogen seit Jahrzehnten als ihre wichtigste Aufgabe angesehen. Eine abstrakte Bejahung dieses Ideals führt jedoch nicht zu seiner Verwirklichung. Solange Schulen sich so stark auf die Anwendung von Macht und Autorität stützen wie bisher, erziehen sie keine verantwortungsbewussten und reifen Schüler. Kontrolle und Disziplinierung mittels Machtanwendung, Bestrafung oder Belohnung nimmt den Kindern die Möglichkeit, eigene Verantwortung zu entwickeln, und hält sie in Abhängigkeit und Unreife.

Es muss nochmals betont werden: Schüler oder auch Erwachsene können kein verantwortungsbewusstes Verhalten lernen, wenn sie zu bestimmten Verhaltensweisen gezwungen werden. Es ist ein Unterschied wie Tag und Nacht, ob man etwas aus Angst oder aus eigenem Verantwortungsgefühl tut. Wenn ein Schüler sein für den Lehrer unannehmbares Verhalten nur aus Angst vor Strafe ändert, liegt diesem Handeln sicherlich kein Verantwortungsbewusstsein und auch kein Verständnis für die Bedürfnisse seiner Mitmenschen zugrunde. Jedes Mal, wenn ein Kind zu einem bestimmten Verhalten gezwungen wird, raubt man ihm die Möglichkeit, dieses Verhalten selbst zu initiieren aus dem Wunsch heraus, ein verantwortungsbewusstes Mitglied einer Gruppe zu werden. Wenn ein Lehrer Methode I anwendet, weiß der Schüler, dass man ihm nicht vertraut, ihn für verantwortungslos, rücksichtslos und unreif hält. Hört der Schüler immer wieder solche Botschaften, fängt er schließlich an, sie zu glauben.

Methode III dagegen signalisiert den Kindern, dass sie fähig zu reifem Verhalten sind, dass sie die Gefühle des Pädagogen verstehen und ihr Verhalten ändern können, wenn sie sehen, dass es mit den Bedürfnissen anderer interferiert. Sie erfahren, dass ihnen Entscheidungen und deren Ausführung zugetraut werden, und dass sie als vollwertige, verantwortungsbewusste, reife Mitglieder einer Gruppe angesehen werden. Fast alle Lehrer, die die Einsicht gewinnen, dass Menschen in Machtpositionen ihre Macht nur sichern können, indem sie die ihnen untergeordneten Menschen in einem Zustand der Schwäche, Abhängigkeit und Unreife lassen, unternehmen einen ersten Schritt zugunsten gewaltloser Methoden im Klassenraum. Zu unserer großen Genugtuung beobachteten wir in allen unseren Kursen, dass Lehrkräfte junge Menschen nicht zu Verantwortungslosigkeit und Unreife erziehen wollen. Dass dies doch so häufig geschieht, entspringt der Tatsache, dass die meisten Lehrer über keine Methode verfügen, diese Tragödie zu verhindern.

9. Andere Anwendungsgebiete für Methode III in der Schule

Die Anwendungsgebiete für Methode III sind nahezu unbegrenzt. Konflikte treten in allen Klassen auf, in allen Schultypen, zwischen allen Schülern. Sämtliche in der Schule vorhandenen zwischenmenschlichen Beziehungen sind Schwierigkeiten ausgesetzt.

Konflikten zwischen einem Lehrer und einem Schüler, zwischen der Lehrkraft und der gesamten Klasse, zwischen zwei Schülern oder zwei Schülergruppen, zwischen zwei Pädagogen oder einem Lehrer und den Eltern, zwischen Lehrkräften und Mitarbeitern der Verwaltung.

Konflikte sind überall dort, wo Menschen aufeinandertreffen, unvermeidbar. In Schulen treten sie jedoch besonders häufig auf, weil keine andere Institution eine so große Heterogenität ihrer Mitglieder aufweist. Wir finden hier alle Altersgruppen, Menschen der unterschiedlichsten Rassen und ethnischen Herkunft, Minder- und Hochbegabte, Vertreter aller Fachrichtungen, emotional Ausgeglichene oder Unausgeglichene und die unterschiedlichsten Talente. Angesichts einer solchen Vielfalt kann das Entstehen von Konflikten nicht überraschen.

Man sollte sich nicht der Hoffnung hingeben, dass die Anzahl der Probleme in Schulen verringert werden kann. Die bereits erwähnte Heterogenität lässt diese Hoffnung unrealistisch erscheinen. Der Erfolg, ja vielleicht sogar das Überleben einer Schule hängt davon ab, dass sie über Leute verfügt, die die auftretenden Konflikte konstruktiv lösen können. Die Schulen haben bezüglich des Konfliktmanagements eine Revolution bitter nötig – unvermeidbare Probleme müssen so gelöst werden, dass die Bedürfnisse eines jeden befriedigt werden können und somit jeder sein volles Potenzial ausschöpfen kann. Dies bezieht sich auf Lehrer, Schüler, Eltern, Hausmeister, Sekretärinnen und Schulleiter.

In diesem Kapitel demonstrieren wir an einer Reihe von Beispielen unterschiedlich erfolgreiche Anwendungen von Methode III.

Wir wollen dabei nicht nur den großen Nutzen aufzeigen, sondern auch einige der Sorgen und Schwierigkeiten, die Pädagogen beim Gebrauch von Methode III empfinden können.

Wie man mit Methode III Lehr-Lern-Konflikte bewältigt

Bei der ersten Konfrontation mit Methode III ziehen Lehrer häufig den falschen Schluss, dass durch sie hauptsächlich Konflikte gelöst werden können, die durch ein »Fehlverhalten« des Schülers entstanden sind. Dies sind aber bei Weitem nicht die einzigen Probleme zwischen Lehrern und Schülern. Eine große Anzahl von Konflikten ergibt sich aus der Beziehung, die zwischen Lehrkräften und Schülern in der Lehr-Lern-Zone besteht.

Bei der Erinnerung an die eigene Schulzeit fallen sicherlich jedem von uns zahllose solcher Kontroversen mit früheren Lehrern ein: Streit über Hausaufgaben, Wahl eines Referatsthemas, unterschiedliche Meinungen über erteilte Zensuren, über den Grad der Ordnung in den Heften etc.

In dieser Lehr-Lern-Zone fallen die meisten Lehrer in eine autoritäre Rolle zurück. Sie betrachten Lernziele als ihre alleinige Domäne und erklären sich selten bereit, mit Schülern darüber zu verhandeln.

In unseren Kursen ermutigen wir nun Pädagogen dazu, sich nicht nur mit »Verhaltensproblemen« zu befassen, sondern Methode III auch dann anzuwenden, wenn Konflikte auf dem akademischen

Sektor oder in der Lehrer-Schüler-Beziehung auftreten. Einigen Lehrkräften fallen sofort viele Situationen ein, in denen sie Methode III anwenden können. Das folgende Beispiel stammt von einer Berufsschullehrerin aus einem unserer Kurse:

Ich hatte einen Test für meine Klasse geplant. Am Tag, als er stattfinden sollte, kam ein Schüler, der immer irgendein Problem hat oder unzufrieden ist, zu mir und fragte, ob er an dem Test teilnehmen müsse. Er sei am Vortag krank gewesen und hätte dabei die Wiederholung und die Vorführung unseres Prüfobjekts Drehbank verpasst. Da er auch seine Hausaufgaben vergessen habe, wisse er absolut nichts über das Funktionieren einer Drehbank.
Ich betrachtete diese Situation als Gelegenheit zur Anwendung der Problemlösetechnik. Ich schlug ihm vor, seine Hausaufgaben nachzuholen, während seine Mitschüler den Test schrieben. Da sich an diese Stunde für mich eine Freistunde anschloss, könnten wir beide dann das Problem durchdiskutieren.

Schüler: Können Sie mir nicht denselben Test wie den anderen geben, mir aber erlauben, dass ich mein Buch geöffnet lassen darf?
Lehrerin: Du meinst, du könntest den Test besser schaffen, wenn du dein Buch zu Hilfe nehmen darfst?
Schüler: Das wäre eine große Hilfe für mich. Erinnern Sie sich, dass Sie uns bei einem Test schon einmal die Bücher verwenden ließen?
Lehrerin: Du meinst an dem Tag, als alle ihr Buch benutzen durften, hast du gut abgeschnitten.
Schüler: Ja, ich weiß, dass damals *alle* in die Bücher gucken durften. Aber diesmal haben die anderen einen Vorteil: Sie haben eine Stunde mehr gehabt, in der sie noch dazu eine Vorführung der Drehbank gesehen haben. Ich habe noch nie an dem Ding gearbeitet.
Lehrerin: Du fühlst dich benachteiligt, weil die anderen einen Wissensvorsprung haben. Du meinst, wir könnten diesen Nachteil aufheben, indem du mit geöffnetem Buch arbeiten darfst.

Schüler: Ganz recht. (Pause) Warum vergessen wir nicht den ganzen Test, und Sie geben mir einfach so eine Zwei. (Er lacht.)

Lehrerin: Wir haben da offensichtlich ein Problem, für das wir eine Lösung finden müssen, mit der wir beide zufrieden sein können. Ich habe eigentlich einige Bedenken, beim Test über den Umgang mit einer Maschine oder einem Werkzeug geöffnete Bücher zu erlauben. Ich möchte anhand deiner spontan gegebenen Antwort nämlich herausfinden, ob du über das Material und die Sicherheitsvorschriften Bescheid weißt. Es würde in diesem Fall nichts nützen, wenn du eine Liste aus dem Buch zusammenstellst.

Schüler: Ja, das verstehe ich.

Lehrerin: Setz dich mal hin und versuch aufzuschreiben, worin dein Problem eigentlich besteht.

Schüler: Wieso? Warum soll ich das tun?

Lehrerin: Vielleicht können wir so das Problem zusammen lösen, und du brauchst nicht bloß Befehle von mir entgegenzunehmen.

Schüler: Ja gut, ich mache mit.

Lehrerin: Also, du hast die vorige Stunde mit der Vorführung verpasst, weil du krank warst. Deswegen und weil du die Drehbank noch nie zuvor bedient hast, fühlst du dich benachteiligt und meinst, du brauchtest den Test nicht zu schreiben.

Schüler: Genau so ist es.

Lehrerin: Jetzt lass uns mal über ein paar Alternativen nachdenken. Hast du irgendwelche Vorschläge?

Schüler: Wie ich bereits gesagt habe, könnte ich den Test mit geöffnetem Buch schreiben. Aber das wollen Sie ja nicht.

Lehrerin: Das stimmt, aber trotzdem können wir darüber reden. Sonst noch Vorschläge?

Schüler: Nein.

Lehrerin: Was ist mit dem Vorschlag, dass du gar keinen Test schreiben willst und ich dir einfach so eine Zwei geben soll?

Schüler: Darüber brauchen wir erst gar nicht zu reden, denn das tun Sie ja doch nicht.

Lehrerin: Wir schreiben es trotzdem in unsere Liste; dann finden wir vielleicht eine Lösung, die für uns beide annehmbar ist.
Schüler: Was soll das alles? Ich finde das blöd.
Lehrerin: Nun komm, machen wir uns doch mal die Mühe, *alle* Vorschläge aufzuschreiben. Dann muss ich nicht alleine eine Entscheidung treffen, die dir vielleicht überhaupt nicht zusagt. Einverstanden?
Schüler: Einverstanden.
Lehrerin: Hast du weitere Vorschläge?
Schüler: Nein.
Lehrerin: Was hältst du davon, wenn ich dir einen alten Test gebe, der so ähnlich ist wie der, den deine Mitschüler schon hatten? Den kannst du dann wie eine Hausaufgabe erledigen und es danach mit einem anderen Test versuchen.
Schüler: Würde der benotet?
Lehrerin: Nein, es gäbe keine richtige Note dafür, aber es wäre ein guter Weg zur Wiederholung dessen, was du bereits gelernt hast.
Schüler: Hm. (Pause) Ja, vielleicht wäre das wirklich ganz gut.
Lehrerin: Vielleicht könntest du das betreffende Kapitel im Buch auch nochmals durchlesen und dann den Test versuchen.
Schüler: Das ginge auch. Vielleicht könnte ich mir die Filmvorführung über die Drehbank mal ansehen. Das wäre wahrscheinlich noch besser.
Lehrerin: Ja, du könntest nach Schulschluss hierbleiben und dir den Film ansehen. Dann könnte ich dir das Funktionieren der Drehbank auch nochmals erklären.
Schüler: Das ginge.
Lehrerin: Weitere Vorschläge?
Schüler: Nein. Aber ein paar finde ich schon ganz gut.
Lehrerin: Das ist prima, dann wollen wir sie noch einmal aufzählen:
1. Test mit geöffnetem Buch,
2. Note Zwei ganz ohne Test,
3. alter Test zur Übung mit geöffnetem Buch, danach regulärer Test ohne Buch,

4. nochmalige Lektüre des betreffenden Kapitels,
5. Ansehen des Films,
6. zusätzliche Erklärung nach Schulschluss.

Schüler: Ich mag die Vorschläge eins, drei und fünf.

Lehrerin: Gehen wir sie mal nacheinander durch. Den ersten Vorschlag kann ich nicht akzeptieren, weil mir das, wie ich bereits erklärte, bei Maschinen zu unsicher ist. Wie wär's aber mit Nummer zwei?

Schüler: Nein, das war nur als Spaß gemeint. Es wäre den anderen gegenüber unfair.

Lehrerin: Mit Nummer drei wäre ich einverstanden. Und du?

Schüler: Ja, der Vorschlag ist nicht schlecht.

Lehrerin: Gut, behalten wir den also im Auge.

Schüler: Nummer vier finde ich nicht allzu gut. Ich glaube kaum, dass das etwas nützt. Am besten finde ich Nummer fünf. Nummer sechs ist auch nicht schlecht; ich kann aber nach Schulschluss nicht hierbleiben.

Lehrerin: Können wir nicht die Nummern fünf und sechs kombinieren? Du siehst dir am Freitag während deiner Stillarbeitsstunde den Film an, und ich gebe dir dann, während die anderen arbeiten, noch die zusätzlichen Erklärungen.

Schüler: Könnten Sie das tun?

Lehrerin: Ja, wenn du meinst, dass es dir hilft. Ich werde mich nur auf die Hauptpunkte beschränken.

Schüler: Und wann schreibe ich dann den Test?

Lehrerin: Wie wär's mit Montag?

Schüler: Ja, das ist gut.

Die Lehrerin kommentierte das Gespräch folgendermaßen:

Zu meiner Überraschung ging alles glatt. Er kam am nächsten Tag, sah sich den Film an, und ich gab ihm ein paar kurze Erklärungen. Vor dem Test am Montag sagte er mir, dass er das Kapitel im Buch auch nochmals gelesen habe. Er bestand den Test mit der Note Zwei.

Ganz abgesehen von der erfolgreichen, für beide Teile akzeptablen Lösung des Konflikts verbesserte diese Art der Zusammenarbeit die Lehrer-Schüler-Beziehung ohne Zweifel ganz wesentlich. Der Schüler sah seine Lehrerin jetzt wahrscheinlich positiver, da er sie als flexibel und offen für neue Ideen erlebt hatte, jedoch auch gleichzeitig merkte, wie sie ihre Überzeugung verteidigte. Die Lehrerin, die den Jungen bisher als chronischen Nörgler eingeschätzt hatte, kam zu einer Revision ihres Urteils, als sie sein durchaus verantwortungsbewusstes Verhalten beobachten konnte.

Es folgt nun noch ein zweites Beispiel für einen Problemlöseprozess. Der Lehrer eines neunjährigen Schülers befasste sich mit der Anwendung von Methode III zur gemeinsamen, von Lehrkraft und Schülern durchgeführten Planung von Lernzielen. Die zugrunde liegende Idee ist dieselbe wie bei einer Konfliktlösung, die nach Methode III vorgenommen wird: Kinder werden wesentlich mehr zur Ausführung von Entscheidungen motiviert, wenn sie selbst am Entscheidungsprozess teilgenommen haben. Unser Beispiel zeigt auch noch einmal die wichtige Funktion des aktiven Zuhörens, durch dessen Anwendung Pädagogen ihren Schülern helfen können, ihre Gefühle zu erkennen und zu verarbeiten, Barrieren wegzuräumen und frei zu werden für den eigentlichen Problemlöseprozess.

Lehrer: Ich sehe, du willst mir heute etwas mitteilen.
Schüler: Ja, ich habe diese Woche eine Menge gelesen.
Lehrer: Dieses Buch scheint dich aber wirklich zu interessieren.
Schüler: Ich frage mich nur, ob die anderen Bücher der Reihe genauso sind.
Lehrer: Du willst wissen, ob die anderen Bände auch so sind.
Schüler: Ja, sind es immer dieselben Geschichten?
Lehrer: Nein, die Personen bleiben dieselben, aber in den Fortsetzungen gibt es neue Geschichten über sie.
Schüler: Aha, das wollte ich wissen. Die sind wirklich prima.
Lehrer: Willst du die Fortsetzungsbände dann auch haben?

Schüler: Na klar, ich kann kaum warten, bis dieses Buch zu Ende ist. Wissen Sie, heute mussten wir in der Mathematikstunde addieren und subtrahieren, und da war ich gar nicht gut, weil wir in letzter Zeit immer nur dividiert hatten, und da habe ich inzwischen alles andere total vergessen.

Lehrer: Ach du liebe Zeit, du konntest dich nicht mehr an so leichte Aufgaben erinnern.

Schüler: Ja, ich konnte sie kaum lösen. Und dazu waren die Aufgaben, wo man addieren und subtrahieren musste, auch noch gemischt.

Lehrer: Das kann manchmal wirklich schwierig sein, wenn man auf einer Seite so unterschiedliche Aufgaben verlangt.

Schüler: Das kann man wohl sagen. Aber beim Multiplizieren bin ich jetzt wirklich gut.

Lehrer: Du bist stolz auf deine Fortschritte in Mathematik.

Schüler: Ich kann immer alle Aufgaben lösen; dann darf ich an den Tageslichtprojektor oder an die Tafel, oder ich darf Zahlenrätsel machen.

Lehrer: Eure Mathematiklehrerin unterrichtet so, dass euch das Fach Spaß macht.

Schüler: Oh ja, das tut sie. Zuerst, als ich zur Schule kam, habe ich die Schule gehasst. Aber dann ist irgendetwas passiert, ich weiß nicht so recht was, und jetzt gehe ich unheimlich gerne in die Schule.

Lehrer: Wie aufregend! Ich habe in deinem Verhalten auch eine enorme Verbesserung festgestellt, und keiner der aufsichtführenden Lehrer vom Hof hat sich mehr über Streitigkeiten während der Pausen beklagt, die sonst ja an der Tagesordnung waren.

Schüler: Wissen Sie auch warum? Zuerst war ich es gar nicht gewöhnt, mit Mädchen zu spielen. Jetzt spiele ich mit Julia. Sie hat viele Stofftiere und lässt mich damit spielen. In der Pause nehmen wir sie immer mit nach draußen.

Lehrer: Früher fiel es dir schwer, mit Mädchen zu spielen.

Schüler: Ja.

Lehrer: Du hattest Angst vor ihnen.
Schüler: Das hatte ich, aber das ist jetzt vorbei. Ich habe heute aber auch mit Karl gespielt. Wir spielten Karten.
Lehrer: Du spielst also gern mit Mädchen und auch mit Jungen.
Schüler: Das stimmt.
Lehrer: Wir haben jetzt nur noch ein paar Minuten Zeit. Vielleicht könntest du mir noch deine Pläne für nächste Woche sagen.
Schüler: Zuerst lese ich mein Buch zu Ende. Seit ich es lese, habe ich kaum noch Zeit für die Buchstabierübungen.
Lehrer: Das Lesen ist so spannend, dass es dir schwerfällt, Zeit für die Buchstabierübungen zu erübrigen.
Schüler: Ich bin aber auch schon sehr weit mit dem Buchstabieren.
Lehrer: Du machst dir also auf diesem Gebiet wegen deiner Leistungen keine Sorgen.
Schüler: Nein, nicht wirklich. Ich muss nur noch ein paar Leseübungen machen.
Lehrer: Ich muss dir auch noch eine Arbeit über Großschreibung und Zeichensetzung zurückgeben.
Schüler: Oh, da muss ich wohl noch etwas korrigieren.
Lehrer: Du kannst die Arbeit mit nach Hause nehmen und sie nächste Woche korrigieren.
Schüler: Ich glaube, ich werde im Kunstunterricht ein paar Bilder machen, die zu dem Buch passen.
Lehrer: Vielen Dank, dass du mir von deinen Plänen berichtet hast.
Schüler: Das habe ich gern getan.

In seiner anschließenden Bewertung dieses Gesprächs äußerte der Lehrer eine Nachbemerkung, die eine ganze Menge aussagt über die therapeutische Auswirkung eines solchen individuellen Unterrichts und einer gemeinsamen Planung in einer Lehrer-Schüler-Beziehung, in der der Lehrer die Fertigkeiten des aktiven Zuhörens und des Problemlösens beherrscht:

Das interessanteste Phänomen an diesem Fall ist die Veränderung im Verhalten des Kindes. In einer Gruppe von 30 Schülern war er einer der körperlich kräftigsten. Er war ein ständiger Querulant, schob die Schuld immer auf andere, zankte sich während der Pause oft mit seinen Mitschülern. Nach nur sechs Monaten, in denen wir individuelle Beratung für die Kinder durchführten und gemeinsam unsere Ziele ausarbeiteten, zeigte dieser Schüler enorme Veränderungen in seinen Einstellungen und seinem Verhalten.

Konflikte zwischen Schülern werden nach Methode III gelöst

Konflikte zwischen einzelnen Schülern schaden der Atmosphäre in einer Klasse, sie führen zu einer Verkürzung der Lehr-Lern-Zeit und stören das Zusammenleben aller Schüler. Der Wunsch nach einem völligen Verschwinden solcher Probleme wäre unrealistisch, weil Jugendliche jeder Altersstufe unweigerlich unterschiedliche Meinungen vertreten, sich streiten, sich bekämpfen, verhauen und schlagen.

Normalerweise versuchen Pädagogen, solche Konflikte durch ihre Autorität zu beenden, indem sie Gewalt anwenden, mit Strafen drohen oder sie tatsächlich verhängen. Wie viele Lehrer zugeben, fühlen sie sich angesichts solcher Schwierigkeiten zwischen Schülern ziemlich hilflos.

Eine Bewältigung von Konflikten ohne Niederlage, wie sie nach Methode III praktiziert werden kann, ist bei Problemen zwischen einzelnen Kindern genauso erfolgreich wie bei Konflikten zwischen Lehrern und Schülern. Der Hauptunterschied liegt nur in der Rolle der Lehrkraft: Bei Schwierigkeiten zwischen einzelnen Schülern hilft sie den Schülern und erleichtert es, den sechsstufigen Prozess der Methode III in Gang zu bringen. Der Lehrer übernimmt hier die Rolle des Vermittlers, dessen wichtigste Methode es ist, »sie reden zu lassen«.

Diese Rolle wird am folgenden Beispiel deutlich. Es beschreibt ein Gespräch, in dem eine Französischlehrerin im Konflikt zwischen zwei Drittklässlern und einem Busfahrer mit Methode III zu vermitteln versucht.

Während Annie, eine Grundschullehrerin mit 19-jähriger Berufserfahrung, die erst kürzlich an unserem Effektivitätstraining für Lehrer teilgenommen hatte, Aufgabenzettel und Audiomaterial vorbereitete, wurde sie durch einige Schüler überrascht, die frühzeitig in die Klasse kamen. Zwei achtjährige Jungen betraten frustriert, enttäuscht und mit sorgenvollen Gesichtern den Raum.

Schüler: Annie, wir sind in großen Schwierigkeiten! Wir haben ein Problem mit dem Fahrer des Schulbusses. Wir wurden aus dem Bus geworfen. Wir dürfen jetzt nicht mehr mitfahren. Also müssen wir heute nach Schulschluss zu Fuß nach Hause gehen.
Lehrerin: Das sieht gar nicht gut für euch aus!
Schüler: Ja. Er hat uns rausgeschmissen. Dabei haben wir gar nichts gemacht.
Lehrerin: Das ist ja frustrierend.
Schüler: Er wollte nicht einmal mit uns darüber diskutieren. Könnten Sie ihn dazu bringen, mit uns zu reden, wie wir es in unseren Problemlösungsgesprächen tun?
Lehrerin: Das muss ich mit der Schulleiterin besprechen; sie ist diejenige, die Busfahrer einstellt und beaufsichtigt. Vielleicht sollten wir uns an sie wenden.
Schüler: Ja! Gute Idee! Gehen wir direkt hin, bevor er weg ist.
(Als sie das Büro der Schulleiterin erreichen, erklärt Annie, die Lehrerin, schnell, was passiert ist, und Elisabeth, die Schulleiterin, ruft den Schulbusfahrer herbei.)
Busfahrer: Was ist los?
Lehrerin: Erik und Alex haben ein Problem und wollen es mit Ihnen besprechen, genau wie wir es in unserer Klasse immer tun …

damit soll eine Lösung gefunden werden, die gleichzeitig sowohl Ihr Problem als auch das der Jungen löst. Um Sie und die Jungen gleichermaßen zufriedenzustellen! Wären Sie bereit, es zu versuchen? Die Schüler haben gelernt, auf diese Art und Weise Konflikte innerhalb der Klasse zu diskutieren. Elisabeth und ich werden während des Gesprächs anwesend sein und gegebenenfalls Hilfestellung leisten.

Busfahrer: So sieht also die neue Form von Demokratie aus! Ich weiß wohl, dass Kinder inzwischen mitreden dürfen und sogar widersprechen. Na ja, ich bin bereit, es auszuprobieren.

Alex: Herr Reinhardt, wir wissen, dass Sie ein Problem mit dem Lärm und dem Hin- und Herlaufen im Bus haben. Würden Sie uns erklären, was genau daran ein Problem für Sie ist?

Busfahrer: Nun ja, heute Morgen habt ihr zum hundertsten Mal angefangen, im Bus rumzubrüllen und Unfug zu treiben. So benimmt man sich einfach nicht.

Alex: Okay, wir wissen jetzt, dass es Sie stört. Wir waren aber nicht diejenigen, die sich da gestritten haben. Die anderen sind auf uns draufgefallen, wir haben nur versucht, uns rauszuhalten!

Lehrerin: Alex und Erik, würdet ihr Herrn Reinhardt erklären, wo euer Problem liegt, jetzt, wo er euch von seinem berichtet hat?

Erik: Herr Reinhardt, wenn Sie uns heute nach der Schule nicht im Bus mitnehmen, bringen unsere Mütter uns um! Sie werden wütend sein, weil wir so spät nach Hause kommen. Wir müssten sechs Kilometer weit laufen! Das ist echt zu weit! Das wäre eine zu große Strafe für uns!

Busfahrer: Vielleicht. Ich habe nicht über die Entfernung nachgedacht. Aber bei diesem Umhergelaufe kann ich nicht Bus fahren! Ich muss mich auf die Straße konzentrieren, nicht auf das Innere des Busses.

Erik: Das wissen wir! Wir machen ja auch gar nichts!

Schulleiterin: (wirft einen Blick auf ihre Uhr) Fällt euch eine Lösung für Herrn Reinhardt ein?

Alex: Na ja, wenn er uns mitfahren lässt, könnten wir eine Lösung für ihn finden.
Erik: Das ist ganz einfach. Es gibt nur zwei, die Unruhe stiften. Das sind immer dieselben. Leider sind es auch die größten: Jonas und Bastian. Setzen Sie sie einfach auf die vordersten beiden Sitzbänke, einer auf jeder Seite, und daneben jeweils ein Mädchen. So macht unser Musiklehrer das mit Schülern, die stören, und es funktioniert!
Busfahrer: Gut, das kann ich ja mal versuchen. Jedenfalls ist mir jetzt klar, dass es eurer Schulleiterin nicht gefällt, wenn ich euch aus dem Bus werfe. Lasst es uns heute einmal ausprobieren. Wenn es funktioniert, bin ich genauso froh wie ihr! (mit einem Blick auf die Schulleiterin) Ist das alles?
(Sie nickt)
Lehrerin: Wenn Sie zufrieden mit dieser Lösung sind, ist es auch für uns eine gute Lösung. Sollte es nicht funktionieren, können wir uns hier treffen und erneut darüber sprechen.

Der Busfahrer war erstaunt, dass das Gespräch so freundlich und effektiv verlaufen war. Die Diskussion wurde tatsächlich von den Schülern selbst geführt. Und sie war so schnell vorüber, dass Annies Unterricht rechtzeitig beginnen konnte.

Ernsthafte Konflikte zwischen Schülern können zu Gewaltanwendung führen. Manchmal werden zur Unterstützung eines in einen Konflikt verwickelten Schülers sogar ganze Banden organisiert. Das folgende Beispiel stammt von einem unserer Kursleiter, das dem Kurs von Herrn K., einem Schulleiter, berichtet wurde:

Zwei Mädchen einer sechsten Klasse bekämpfen sich sowohl innerhalb als auch außerhalb der Schule. Jede hatte zu ihrer Unterstützung ältere Brüder, Schwestern und Freunde mobilisiert, und so weiteten sich die Streitigkeiten zu einem Bandenkrieg aus, der jederzeit leicht

in Gewalttätigkeiten enden konnte, da die älteren Bandenmitglieder Waffen besaßen und mit deren Gebrauch drohten.
Herr K. und der Klassenlehrer der beiden Mädchen hatten sich diverse Strategien ausgedacht, aber nichts hatte Erfolg gezeigt. Jetzt sollte als letzter Ausweg die Versetzung der Mädchen in getrennte Klassen erfolgen. Bevor es dazu kam, wollte Herr K. jedoch noch einmal der ganzen Klasse die Leviten lesen. Die Klasse wehrte sich dagegen und versuchte, ihn zu überzeugen, dass die alleinige Verantwortung bei den beiden Mädchen läge, und daher müsse er sich die beiden vornehmen und nicht die gesamte Klasse. Nach einer Weile kaufte er den Schülern diese Idee ab und bestellte die beiden Mädchen für ein Gespräch zu sich, in dem das Problem gelöst werden sollte.

Die Teilnehmer unseres Kurses halfen ihm dann noch bei der Formulierung einer guten, deutlichen Ich-Botschaft, die seine Sorge über die Streitigkeiten der Mädchen verdeutlichte, auf seine Angst hinwies, dass dieser Streit zu einem Bandenkrieg führen könnte, und seine eigene Hilflosigkeit in dieser Situation erwähnte.

In der darauffolgenden Woche kam Herr K. erneut zu unserem Kurs und wollte unbedingt über die weiteren Geschehnisse sprechen. Er platzte beinahe vor Aufregung. Er sagte den Kursteilnehmern, er würde demjenigen einen Hunderter zahlen, der erraten würde, wie sein Gespräch mit den beiden Mädchen ausgegangen war. Niemand erriet es, und auch er selbst war ganz offensichtlich völlig verblüfft.
Er hatte die beiden Mädchen beim Betreten seines Büros mit der vorbereiteten Ich-Botschaft konfrontiert und sich dann in seinen Stuhl gesetzt, um ihre Reaktionen zu beobachten. Sie hatten einen Moment lang sprachlos dagesessen und dann beide gleichzeitig angefangen zu reden. Jede gab der anderen die Schuld an den Vorkommnissen. Sie beschimpften sich aufs Ordinärste und drohten, sie würden sich aneinander rächen. Herr K. meinte dazu, dass er noch ein paar Wochen zuvor den Mädchen ein solches Benehmen in seinem Büro nicht

erlaubt haben würde. Er hatte aber in der Zwischenzeit an einem unserer Effektivitätstrainingskurse teilgenommen und beherrschte nun die Fertigkeit des aktiven Zuhörens. Das war sehr von Nutzen, denn allmählich beruhigten die Mädchen sich und verfielen wieder in eine normale Lautstärke. Es schien fast so, als hätten sie diese Möglichkeit, sich einmal richtig anschreien zu können, dringend gebraucht, ehe sie andere Schritte unternehmen konnten. Der Streit wurde schließlich darauf zurückgeführt, dass ein Mädchen das andere in Gegenwart einer Gruppe von Freunden als Hure beschimpft hatte. Die Übeltäterin verteidigte sich und sagte, sie habe nur behauptet, das andere Mädchen sehe wie eine Hure aus, nicht aber, dass sie eine sei.
Während Herr K. sich die beiden Mädchen anhörte, wurde immer deutlicher, dass der ursprüngliche Streit, so unglaublich dies auch sein mochte, um Fragen des Make-up und der Körperpflege entstanden war.
»Da wäre fast ein Krieg zwischen rivalisierenden Banden ausgebrochen, nur weil diese beiden Mädchen meinten, sie brauchten Unterricht in Schönheitspflege.
Um das Problem zu lösen, erklärte sich eine Lehrerin bereit, solch einen Kurs durchzuführen. Die Mädchen haben die Organisation in die Hand genommen und sich Informationen und Materialien von Warenhäusern, Schönheitssalons und Kosmetikfirmen beschafft. Sie brachten eine Gruppe von 38 Teilnehmerinnen zustande, die sich zweimal in der Woche nach der Schule trifft und lernt, wie man sich vorteilhaft anzieht und schminkt.
Inzwischen bin ich überzeugt, dass Methode III funktioniert. Meine Lösung wäre gewesen, die Polizei zu rufen!«

Solch eine dramatische und unvorhersehbare konstruktive Lösung kann natürlich nicht immer von Methode III erwartet werden, aber unsere Kursleiter hören doch sehr häufig von erstaunlichen Resultaten und Veränderungen in Beziehungen, die bis dahin als »unmöglich«, »pathologisch« oder »irreparabel« eingestuft wurden.

Wir, die wir mit Methode III vertraut sind, wissen: Sie funktioniert wirklich, und manchmal bewirkt sie sogar Wunder. Und es war wirklich keine leichte Aufgabe, auch diejenigen unter uns vom Erfolg der Methode III zu überzeugen, die nach traditionellen psychologischen oder psychiatrischen Grundsätzen ausgebildet worden sind, die sie lehrten, dass signifikante Verhaltensmodifikationen nur nach einer langen und intensiven Psychotherapie auftreten können.

Man kann eine tiefgründige Lehre daraus ziehen: Fachleute übertreiben die Auswirkungen einer frühen sozialen und psychischen Deprivation; sie unterschätzen die Fähigkeiten von Kindern und Jugendlichen, ihr Verhalten positiv zu verändern, falls ihnen eine Atmosphäre der Annahme und des Vertrauens gewährt wird und sie noch dazu Methoden ausgesetzt werden, die ihnen das Gefühl vermitteln, dass auch ihre grundlegenden Bedürfnisse befriedigt werden.

Methode III hilft bei der Festsetzung von Richtlinien und Regeln

Niemand wird ernsthaft behaupten, menschliches Zusammenleben sei ohne Regeln und Verhaltensrichtlinien möglich. Die Familie braucht sie zu ihrem Überleben und zur Sicherheit ihrer Mitglieder. Krankenhäuser, Universitäten, Agenturen, Geschäfte, Industriebetriebe – sie alle brauchen Anordnungen und Regeln, ebenso wie auch die Gemeindeverwaltung, die Länderregierungen und die Bundesregierung. Sobald Menschen in einer Gruppe leben, sei sie nun groß oder klein, erarbeiten sie Gesetze, die das Verhalten aller Gruppenmitglieder definieren, regulieren und einschränken. Ohne Regeln, Übereinkünfte, Richtlinien, Verträge und Gesetze könnten zwischenmenschliche Beziehungen nicht funktionieren. Die Alternative hierzu hieße Anarchie.

Dies gilt nirgendwo so sehr wie in Schulen und Klassenzimmern.

Wie wir bereits erwähnten, finden sich Schüler nur sehr schlecht in einer Umgebung zurecht, die ihnen nicht sagt, wo die Grenzen gesteckt sind, wo annehmbares Verhalten aufhört und unannehmbares anfängt. Wo es keine Regeln gibt (oder diese mehrdeutig sind), treten häufig Konflikte auf und müssen immer wieder erneut gelöst werden. Mehrdeutige Situationen werden von Lehrern und Kindern als Bedrohung empfunden. Es muss sehr viel Energie darauf verschwendet werden, erst einmal herauszufinden, wie man sich verhalten darf. Ohne diese Mehrdeutigkeit könnte die vorhandene Energie wesentlich konstruktiver angewendet werden.

In manchen Klassen mag es vielleicht für die Schüler schwer sein, sich richtig zu verhalten, da sie doch keine klaren Regeln und Richtlinien erkennen. Weitaus häufiger stehen Kinder jedoch vor der genau entgegengesetzten Situation in Klassenzimmern, die mit Regeln überladen sind, von denen manche absolut keinen Sinn haben oder nur zum Nutzen des Lehrers existieren.

Fast alle Schulen verfügen über einen zweifachen Regelkodex für Schüler: die »offiziellen« Regeln, oft in Form eines Merkblattes an Schüler und Kollegium verteilt, und die »inoffiziellen«, die ein Bestandteil der Schultradition geworden sind. Oft dienen die inoffiziellen Regeln schon längst nicht mehr dem Zweck, für den sie einst geschaffen wurden. Die folgende Geschichte gibt hierfür ein Beispiel:

Kurz nach seinem Amtsantritt entdeckte ein Schulleiter, dass die Schüler nach dem Essen immer auf einem Umweg von der Kantine zum Pausenhof gingen und dabei an mehreren Klassen vorbeikamen, in denen noch unterrichtet wurde. Es gab aber einen überdachten Weg, der direkt von der Kantine zum Hof führte. Als der Direktor im Kollegium nach dem Grund dieser Anordnung fragte, bekam er zur Antwort, dass dies schon immer so gehandhabt worden sei.
Es war also klar ersichtlich, dass für das Kollegium Regeln eben Regeln waren, für die es nicht notwendigerweise einen Grund geben muss-

te. Ein Lehrer jedoch, der schon von Anbeginn an in dieser Schule arbeitete, erinnerte sich an die Entstehung dieser Regel. Nachdem die Schule gerade erst ein paar Wochen bezogen gewesen war, errichteten einige Handwerker die Überdachung vor der Kantine. Um mögliche Verletzungen und schmutzige Schuhe zu vermeiden, ließ man die Schüler nicht unter der Überdachung hindurchgehen, sondern einen Umweg zum Hof machen. Dieser Umweg wurde 18 Jahre später noch brav benutzt.

Solche Situationen wären zum Lachen, wenn sie nicht in Wirklichkeit so ernst und deprimierend wären. Denn Schüler werden überall gezwungen, sich nach Vorschriften zu verhalten, die von Erwachsenen ausgedacht wurden, deren Urheber manchmal schon längst tot und deren Gründe lange vergessen sind. Dies gilt für offizielle Regeln genauso wie für inoffizielle. Die Teilnahme der Kinder an der Festsetzung von Regeln ist in den meisten Schulen unerwünscht oder auf Trivialitäten beschränkt, wie zum Beispiel der Termin einer Tanzveranstaltung oder die Farbwahl für ein Anschlagbrett.

Unserer Meinung nach führen drei Bedingungen nahezu unweigerlich zu Konflikten zwischen Lehrern und Schülern:

1. Es existieren keine klaren Vorschriften.
2. Regeln und Richtlinien werden nicht allgemein bekanntgegeben und sind daher schwer zu verstehen, zu interpretieren oder überhaupt in Erfahrung zu bringen.
3. Regeln werden den Schülern von erwachsenen Autoritätspersonen aufgezwängt. Die Schüler haben kein Mitspracherecht und finden die Regeln daher oft unfair oder unvernünftig.

Zur Konfliktvermeidung müssen Schulen Verfahren entwickeln, die den Kindern (und Lehrkräften) eine Mitwirkung bei der Festsetzung der Regeln garantiert, die sie einmal befolgen sollen. In Kapitel 11 schlagen wir Wege vor, nach denen ein ganzes Kollegium

Vorschriften für die Schüler festsetzen oder ändern kann. Hier in diesem Kapitel beschränken wir uns auf die Mitarbeit der Schüler bei der Erarbeitung von Regeln für ihre eigene Klasse.

Klassentreffen zur Festsetzung der eigenen Regeln

Üblicherweise werden Regeln, nach denen Schüler sich richten sollen, ausschließlich von Lehrern gemacht. Genauso üblich aber ist es, dass sie von vielen Kindern gebrochen werden. Deshalb bringen Pädagogen einen großen Teil (circa 50 bis 60 Prozent) ihrer Zeit damit zu, diese Schüler zu bestrafen, die ganze Klasse zu disziplinieren und die Vorschriften mit Gewalt durchzusetzen. Es gibt eine Alternative für diese Misere. Lehrer und Schüler können sich zusammentun und nach Methode III herausfinden, welche Regeln für die Klasse sinnvollerweise benötigt werden. Im Idealfall sollte solch eine Zusammenkunft bereits am ersten Schultag stattfinden, aber viele Lehrkräfte hatten auch später Erfolg damit.

Überwinden der Angst

Einige Lehrer haben vor solchen Treffen, in denen von der Klasse Regeln festgesetzt werden sollen, Angst, weil sie fürchten, Schüler könnten unvernünftige, zu milde oder törichte Regeln aufstellen.

Pädagogen mit solchen Befürchtungen haben einige der Prinzipien von Methode III vergessen.

Zunächst einmal können Klassen keine Richtlinien festsetzen, die außerhalb der Kompetenzen des Lehrers liegen. So können sie zum Beispiel nicht beschließen, den Unterricht zwei Stunden früher abzubrechen oder das Rauchen im Klassenzimmer zu gestatten. Die Gruppe darf nur über Dinge entscheiden, die innerhalb des »Freiraums« der Lehrkraft liegen.

Aber selbst auf diesem Gebiet können Schüler keine Regeln aufstellen, die für den Lehrer nicht akzeptabel sind, denn nach Methode III werden alle Entscheidungen durch einen Gruppenkonsens getroffen, und der Lehrer ist ein Mitglied der Gruppe.

Vorbereitungen

Es ist ratsam, der Klasse vor der Zusammenkunft die Zielsetzung für das Treffen zu erklären. Sagen Sie zum Beispiel:

»Wir wollen zusammen Regeln finden und Richtlinien festsetzen, denen wir alle zustimmen können und die alle wichtigen und vorhersagbaren Verhaltensweisen von Schülern und Lehrern umfassen.«

Wählen Sie für jüngere Kinder eine etwas einfachere Formulierung wie etwa:

»Lasst uns mal über die Regeln sprechen, die wir für ein gutes Zusammenleben in dieser Klasse brauchen. Ihr könnt alle Vorschläge machen, wie ihr euch diese vorstellt.«

Es ist sehr wichtig, den Schülern klarzumachen, dass keinerlei Gewalt angewendet wird, um die Regeln durchzusetzen, die der Lehrer gerne haben möchte. Ebenso wichtig ist es aber auch, dass die Schüler begreifen, dass auch sie zur Durchsetzung ihrer Wünsche nicht ihre Macht ins Feld führen dürfen. Sie müssen das Wesen von Methode III gründlich verstehen und wissen, dass jeder mit den getroffenen Entscheidungen zufrieden sein muss. Keiner darf sich als Verlierer fühlen. Die räumliche Anordnung ist bei solchen Zusammenkünften durchaus von Bedeutung. Die Schüler sollten sich während der Diskussion von Angesicht zu Angesicht sehen können.

Durchführung des Treffens

Zunächst sollten Sie und Ihre Schüler eine Liste der Situationen zusammenstellen, die am nötigsten irgendwelcher Regeln bedürfen. Limitieren Sie diese Liste auf Aktivitäten, die mit hoher Wahrscheinlichkeit oft Probleme verursachen. Aus Ihrer Erfahrung werden Sie eine ganze Reihe solcher Problemquellen kennen:

- Hinsetzen zu Beginn der Stunde
- Verlassen der Klasse nach einer Stunde
- Aufräumen des Klassenzimmers
- Probleme, wenn der Lehrer sich mit einer kleinen Gruppe beschäftigen muss
- Krach und ständiges Reden, während der Lehrer spricht oder Anweisungen gibt
- Arbeit mit komplizierten Hilfsmitteln

Seien Sie jedoch vorsichtig und versuchen Sie nicht, Richtlinien für jede nur irgendwie mögliche Situation zu finden. Sie können beim Auftreten neuer Probleme während des Schuljahres ja neue Sitzungen zur schnellen Regelfindung einberufen.

Das Hauptanliegen solcher Zusammenkünfte ist, den Schülern zu demonstrieren, dass sie bei der Regulierung eines guten Zusammenlebens mitarbeiten können, dass überhaupt Regeln gebraucht werden, dass das Klassenzimmer allen Schülern gehört und dass die Rechte jedes Einzelnen geachtet werden müssen (einschließlich die des Lehrers).

Hier noch einige Worte zum technischen Vorgehen: Benutzen Sie für die Liste Konzeptpapier oder die Tafel. Wenn genügend Problemgebiete gesammelt wurden, lassen Sie für die einzelnen Punkte der Reihe nach Vorschläge machen. Vergessen Sie nicht, dass auch Sie ein Vorschlagsrecht haben.

Richten Sie Ihr Vorgehen nach den sechs Stufen des Problemlöseprozesses. Nehmen Sie auf Stufe II noch keine Wertung vor. Wenn Sie meinen, es herrsche für eine Regel allgemeine Zustimmung, fragen Sie nach: »Hat irgendjemand Einwände dagegen?«

Es ist äußerst wichtig, den Prozess nicht zu lange zu verzögern, um Langeweile unter den Schülern zu vermeiden. Arbeiten Sie zügig und schnell. Sobald eine Regel festgesetzt wurde, notieren Sie ihren Wortlaut. Vervielfältigen Sie die Regeln später und geben Sie jedem Kind eine Kopie. Befestigen Sie ebenfalls eine Kopie am Anschlagbrett. Vielleicht können Sie auch ein großes Poster aus den Richtlinien anfertigen oder jede einzelne Regel ringsum im Raum aufhängen.

Vor allen Dingen lassen Sie die Klasse aber wissen, dass jede Regel geändert werden kann, wenn sie sich später als unbrauchbar erweisen sollte.

Die Rolle des Lehrers

Der Erfolg solcher Treffen hängt in hohem Maße von der Führung durch die Lehrkraft ab. Sie müssen:

1. häufig aktives Zuhören praktizieren,
2. Ablenkungsversuche unterdrücken und immer wieder zum eigentlichen Problem zurückführen,
3. Ich-Botschaften anwenden, damit Sie Ihre Bedürfnisse oder Ihre Ablehnung mancher der vorgeschlagenen Regeln verständlich machen können,
4. positive oder negative Bewertungen vermeiden.

Der Nutzen solcher Treffen

Die Mitarbeit der Schüler bei Regelfestsetzungen für ihre eigenen Angelegenheiten bringt so viele Vorteile mit sich, dass es müßig wäre, sie alle aufzählen zu wollen. Hier sind nur einige:

1. Die Schüler sind dann motivierter, die Regeln wirklich zu befolgen.
2. Kreatives Denken wird angeregt.
3. Die Schüler lernen, dass Pädagogen auch Menschen mit Bedürfnissen sind.

4. Die Regeln sind relevanter und gewöhnlich besser als die von den Lehrern pauschal angeordneten Bestimmungen, die nicht auf die Bedürfnisse jeder einzelnen Klasse eingehen. »Sinnlose« Vorschriften werden vermieden.
5. Die Lehrkraft muss sich weniger um die Einhaltung der Regeln kümmern. Die Verantwortung hierfür liegt bei der ganzen Klasse.
6. Das Vorhandensein solcher Richtlinien verhindert viele unangenehme Verhaltensweisen und manche Konflikte.
7. Die Schüler praktizieren Demokratie. Es wird ihnen deutlich, wie schwierig es ist, Gesetze zu schaffen, aber wie befriedigend es auch ist, für die eigene Organisation des Zusammenlebens verantwortlich zu sein.

Das Vorbild, das der Lehrer bei solchen Zusammenkünften der ganzen Klasse gibt, wiegt wahrscheinlich schwerer als alle Schriften, Vorträge, Filme oder Bücher, die den Schülern während ihrer Schulzeit das Wesen der Demokratie nahebringen sollen. Das Regelfinden nach Methode III ist praktizierte Demokratie, erlebte Demokratie und nicht nur Gerede über ein abstraktes Konzept.

Methode III – eine Frage der Zeit?

Lehrer scheuen sich vor der Anwendung von Methode III, weil sie glauben, der Zeitaufwand sei zu groß. Diese Methode braucht zweifellos ihre Zeit. Sie müssen mindestens einen halben Tag dafür »opfern«, in manchen Klassen eventuell sogar einen oder zwei Tage. Und Sie sollten diese Zeit gleich zu Beginn des Schuljahres einplanen und nicht erst auf das Auftreten von Konflikten warten. Lohnt sich dieser Zeitaufwand?

Denken Sie einmal daran, wie viel Zeit Sie Tag für Tag damit verbringen, Regeln, die nach Methode I zustande kamen, durchzusetzen. Und wie viel Zeit brauchen Sie für Veränderungen der Lernumwelt oder für Konfrontationen mit den Schülern?

All dies erübrigt sich, wenn das Zusammenleben in Ihrer Klasse nach Richtlinien funktioniert, denen alle zugestimmt haben. Diese Erfahrung wird in unseren Kursen immer wieder bestätigt: Teilnahme der Schüler bei der Regelfestsetzung erspart dem Lehrer zahllose Auseinandersetzungen mit unannehmbaren Verhaltensweisen, mit Konflikten und mit Disziplinierungsmaßnahmen. Ein Pädagoge sagt hierzu:

Von allen Kursen, die ich bisher belegt habe, ist das Effektivitätstraining für Lehrer der wertvollste für mich gewesen. Den größten Nutzen zog ich aus der Anwendung von Methode III. Ehe ich mich zu dem Kurs entschloss, war ich nahe daran, meinen Beruf aufzugeben, weil ich es hasste, ständig nur disziplinieren zu müssen. Während des Kurses merkte ich, dass mein eigentliches Problem in der Anwendung von Methode I lag. Ich setzte alle Regeln fest, also musste ich allein auch ihre Ausführung überwachen. Dafür ging der größte Teil meiner Zeit drauf. Als ich aber die Klasse an der Regelfestsetzung beteiligte, änderte sich dies schlagartig. Ich habe jetzt endlich Zeit, meinen Stoff zu unterrichten, und die Schüler mögen mich jetzt viel lieber, weil ich ihr Lehrer und nicht ihr Tyrann bin. Ich weiß nicht, ob sie mengenmäßig mehr lernen, aber auf alle Fälle macht ihnen das Lernen jetzt mehr Freude.

Wie man mit typischen Problemen bei der Anwendung von Methode III fertigwird

Das Konzept der Methode III ist einfach, ihre Anwendung manchmal etwas schwieriger. Besonders während der Übergangsperiode von den Methoden I und II zur neuen Methode stoßen manche Lehrer auf Probleme.

Miteinander konkurrierende Lösungsvorschläge und Bedürfnisse

Einige Lehrer berichteten uns, dass sie wiederholt den Fehler machten, ihre Konflikte mit Schülern in der Form »miteinander wetteifernder Lösungen« zu definieren. Solche typischen Streitereien kommen in allen Schulen vor. Hier ist ein Beispiel dafür:

Lehrer: Jeden Tag, bevor wir in die Pause gehen, vergeuden wir eine Menge Zeit. Wie können wir das Problem meistern, dass jeder so schnell wie möglich still auf seinem Platz sitzt, damit ich euch dann in die Pause entlassen kann?
Klasse: (zuckt mit den Schultern, guckt erstaunt)
Lehrer: Jeden Tag muss ich euch deswegen anbrüllen, besonders euch beide, Julius und Max.
Julius: Sie können ja mit dem Brüllen aufhören.
Lehrer: Würde ich euch nicht anschreien, würdet ihr euch nie hinsetzen und ruhig sein.
Julius: Das stimmt. Aber es wäre hier sicherlich wesentlich stiller, wenn Sie nicht so herumbrüllten …

Situationen wie diese überzeugen Pädagogen, dass Schüler wie Julius und Max Störenfriede und schwer lenkbar sind. In den Augen der Kinder ist der Lehrer ein alter Tyrann, der der Klasse das Leben so schwer wie möglich macht. Beide Seiten sehen die Situation falsch.

Im oben angeführten Beispiel müsste der Pädagoge sich folgende Frage stellen: Ist es *nötig,* dass 30 Kinder still auf ihren Stühlen sitzen? Oder ist das eine Lösung nur für den Lehrer, der damit eine Art Übergang von einer Aktivität zur anderen schaffen möchte? Julius und Max *brauchen* ebenfalls nicht im Klassenzimmer zu stehen und zu reden. Auch dieses Verhalten stellt eine Lösung dar, vielleicht ist es die Lösung für ihr Bedürfnis, die Aktivitäten für die kommende Pause zu organisieren. Wenn nun der Lehrer seine Lösung angibt, setzen die beiden Jungen ihre dagegen und spielen so das Spiel: »Meine Lösung ist besser als deine.«

Solch ein Streit findet kein Ende, es sei denn, eine Seite gibt nach. Konflikte, die durch miteinander konkurrierende Lösungen definiert werden, schlagen schnell in Machtkämpfen nach Methode I um, in denen einer gewinnt und der andere verliert.

Lehrer, die es selbst gelernt haben, zwischen Bedürfnissen und Lösungsvorschlägen zu differenzieren, finden es trotzdem häufig schwer, ihre Schüler zu dem Punkt zu führen, wo sie aufhören, Probleme anhand ihrer eigenen Wünsche oder der von ihnen präferierten Lösungen zu definieren. Man muss den Kindern oft sehr lange zuhören, ehe man ihre Ideen und Wunschvorstellungen von ihren wirklichen Bedürfnissen unterscheiden kann. Lehrkräfte müssen außerdem immer den Mut zu ehrlichen Ich-Botschaften haben, damit die Schüler erfahren, wann ihre »Wünsche« oder »Lösungen« für den Lehrer nicht akzeptabel sind.

»Diese Lösung kann ich nicht akzeptieren, Kevin, denn (Gründe nennen), aber erzähl mir doch von deinen Bedürfnissen.«
»Das würde dich zwar zufriedenstellen, mein Problem jedoch würde bestehen bleiben.«
»Ich kann verstehen, warum du das möchtest, aber vielleicht können wir eine andere Lösung finden, die deine Bedürfnisse genauso gut befriedigen würde.«

Wenn Schüler sich nicht an die Abmachung halten

Manchmal stehen Lehrer vor der Situation, dass ihre Schüler sich nicht an gemeinsam getroffene Entscheidungen halten. Aus Enttäuschung greifen sie dann auf Methode I zurück und gebrauchen ihre Macht. Diese Reaktion ist grundfalsch, denn sie vernichtet jeden noch so kleinen Fortschritt, der bisher erreicht wurde. Die Kinder glauben dann nicht mehr daran, dass der Lehrer wirklich ohne

Machtanwendung mit ihnen zu kooperieren bereit ist. Die Verantwortung für die Einhaltung der Regeln gleitet von ihren Schultern zurück auf die des Pädagogen. Unser Rat für eine solche Situation: Senden Sie zunächst eine klar formulierte Ich-Botschaft, die Ihre Enttäuschung ausdrückt und die negativen Konsequenzen darlegt, die dieses Schülerverhalten für Sie hat. Höchstwahrscheinlich wird der Schüler auf diese Ich-Botschaft seinerseits mit einer Botschaft reagieren, in der er Ihnen erklärt, warum er sich nicht an die Vereinbarung hielt (oder halten konnte). Diese zusätzliche Information versetzt Sie in die Lage, sich neue Schritte zu überlegen.

Hier einige Alternativen:

1. Geben Sie dem Schüler eine erneute Chance.
2. Helfen Sie ihm bei der Einhaltung seiner Verpflichtungen.
3. Starten Sie einen erneuten Problemlöseprozess und versuchen Sie, eine bessere Lösung zu finden, die den Schüler seine Verantwortung leichter tragen lässt.

Probleme außerhalb des Kompetenzbereichs des Lehrers

Problemlösen nach Methode III kann eine so aufregende Erfahrung sein, dass manche Lehrer und ihre Klasse auch voller Begeisterung Probleme anpacken, die gar nicht in ihren Kompetenzbereich fallen.

Wenn zum Beispiel ein ganzes Schulverwaltungsgebiet für alle seine Schulen ein Rauchverbot festgesetzt hat, ein Pädagoge aber in einer dieser Schulen seine Schüler auffordert, Entscheidungen für oder gegen das Rauchen zu treffen, so handelt er außerhalb seiner Kompetenz. Es steht ihm nicht zu, diese Anordnung zu ändern, da sie von einer übergeordneten Stelle getroffen wurde.

Der Kompetenzbereich eines Lehrers umfasst Probleme wie zum Beispiel Lärm in der Klasse, Ordnung, Aufgabenverteilung, Arbeitseinteilung, Nutzung und Pflege von Materialien, Sitzordnung, Unterrichtsplanung etc. Abbildung 27 zeigt die Beschränkung des

Kompetenzbereichs einer Lehrkraft durch Gesetze, Regeln und Richtlinien, die von vorgesetzten Stellen erlassen werden.

Kreis a bezieht sich auf Beschränkungen durch die Bundesgesetzgebung, etwa das Gesetz der Schulpflicht. Es liegt auf der Hand, dass ein Lehrer seine Schüler nicht darüber entscheiden lassen kann, ob sie zur Schule gehen wollen oder nicht. Kreis b bezieht sich auf Ländergesetze, die zum Beispiel die Wahl von Schulbüchern mitbestimmen. Daher kann es nicht im Ermessen eines Pädagogen und der Kinder liegen, Schulbücher nach ihrer Wahl zu benutzen.

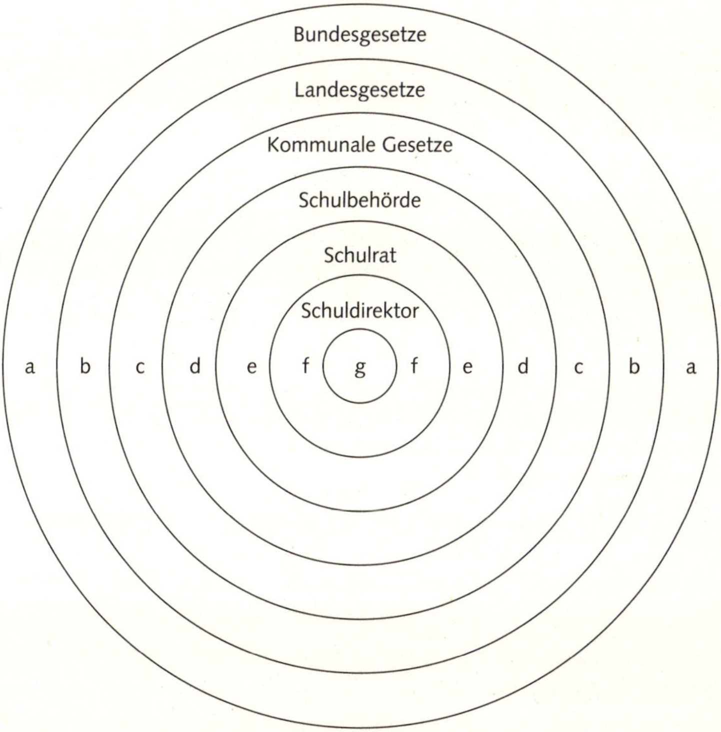

Abbildung 27

Weiterhin wird der Kompetenzbereich eines Lehrers beschnitten durch Gemeindeanordnungen (c), durch Anordnungen und Richtlinien der vorgesetzten Schulbehörde (d), des Schulrats (e) oder Schuldirektors (f). Der innere Kreis (g) repräsentiert das Gebiet, auf dem eine Lehrkraft frei entscheiden kann. Und nur innerhalb dieses Bereichs kann sie mit ihrer Klasse Problemlösungen in Angriff nehmen.

Versucht eine Klasse Problemlösungen außerhalb ihres Kompetenzbereichs, so kann dies für Lehrer unangenehme Folgen haben, wie zum Beispiel der Vorfall, von dem ein Pädagoge in einem unserer Kurse berichtete:

An unserer Schule ist es verboten, Kaugummi zu kauen. Meine Schüler hassen diese Regel, deshalb habe ich sie zur Diskussion gestellt, als wir mit dem Problemlösen nach Methode III anfingen. Wir kamen zu dem Schluss, dass die Regel eine schlechte Lösung für das tatsächliche Problem darstellt. Also haben wir das Problem neu definiert als »Wie entsorgt man Kaugummis«. Wir haben auch eine Lösung oder sogar eine Reihe von Lösungen gefunden, aber als die anderen Lehrer davon hörten, hätten sie mich am liebsten geteert und gefedert. Der Schulleiter hat mir kurz darauf mitgeteilt, ich solle das Kaugummiverbot durchsetzen, Punkt.

Dieser Pädagoge hat den Fehler gemacht, ein Problem lösen zu wollen, zu dem es bereits eine Regel gab, die von einer ranghöheren Person aufgestellt worden war.

In Kapitel 11 geben wir jedoch Anregungen, wie Lehrer mehr Einfluss auch bei der Änderung der Richtlinien ausüben können, die von ihren Vorgesetzten erlassen wurden.

Was ist zu tun, wenn man sich auf keine Lösung einigen kann?

Fast alle Lehrer verfügen über so wenig Erfahrung hinsichtlich Entscheidungsprozessen innerhalb einer Gruppe, dass sie große Zweifel hegen, ob auch wirklich Lösungen zustande kommen, die für alle Gruppenmitglieder akzeptabel sind. Sie fragen sich, was wohl passiert, wenn sie versuchen, ein Problem mit einem einzelnen Schüler oder einer Schülergruppe zu lösen, und sich nicht auf eine für alle akzeptable Lösung einigen können.

Zunächst können wir aus unserer Erfahrung bestätigen, dass dies relativ selten vorkommt, vorausgesetzt, die sechs Stufen werden während des gesamten Problemlöseprozesses sorgfältig eingehalten. Man gerät gelegentlich in eine Sackgasse, weil die Schüler noch misstrauisch sind, die Methode III noch zu neu für sie ist oder weil sie noch zu sehr in Methode I (Machtkampf) verhaftet sind.

Wenn sich in angemessener Zeit keine akzeptable Lösung abzeichnet, müssen Lehrkräfte sich etwas einfallen lassen wie zum Beispiel:

1. Weiterhin diskutieren und kreativ denken.
2. Zurückgehen auf Stufe II, um noch mehr Lösungsvorschläge zu finden.
3. Einen neuen Termin für den nächsten Tag ansetzen.
4. Intensivere Appelle an die Mitarbeitsbereitschaft der Schüler richten.
5. Die Schwierigkeit, die den Prozess verzögert, herausfinden und untersuchen, ob da noch irgendwo ein verstecktes Problem liegt – etwas Tieferliegendes, das den Fortschritt behindert. Etwa: »Ich frage mich, warum wir keine Lösung finden. Gibt es da etwas anderes, was uns aufhält?«

Wenn Schüler eine Lösung durch Strafen absichern wollen

Es passiert durchaus häufig, dass Schüler nach einer gemeinsam getroffenen Entscheidung Strafen vorschlagen, die bei Nichteinhaltung der festgesetzten Regeln angewandt werden sollen. Aus ihrer Erfahrung wissen Kinder, dass Regelverletzungen bestraft werden, und so nehmen sie fälschlicherweise an, dies sei der einzige Weg zur Handhabung solcher Verfehlungen. Die von ihnen vorgeschlagenen Strafen sind oft überraschend hart.

Hier müssen Schüler daran erinnert werden, dass Methode III an die Stelle von Strafen tritt und dass mit ihrer Anwendung auf Strafen verzichtet werden soll. Sagen Sie den Kindern, dass die neue Methode auf Vertrauen basiert, dass von jedem, der an Entscheidungsprozessen mitgewirkt hat, ein Bekenntnis zu seiner Entscheidung erwartet wird. Strafandrohungen erzeugen Misstrauen, Zweifel und Pessimismus. Kinder sagen sehr häufig: »Wenn Lehrer mir vertrauen, bemühe ich mich, dieses Vertrauen nicht zu enttäuschen. Wenn sie mir aber misstrauen, kann ich mich ja ruhig so schlecht benehmen, wie sie es sowieso von mir erwarten.«

Mit Methode III handeln Pädagogen nach dem Prinzip: Ein Schüler ist so lange unschuldig, bis seine Schuld bewiesen wird, oder besser, ein Schüler wird so lange als verantwortungsbewusste Persönlichkeit behandelt, bis bewiesen ist, dass er die Verantwortung nicht tragen kann.

Die Durchsetzung von Regeln, die nicht im Kompetenzbereich des Lehrers liegen

Schüler brechen auch Regeln, die außerhalb des Kompetenzbereichs des Lehrers liegen. Wie kann ein Pädagoge auf ein solches Verhalten reagieren, ohne Gefahr zu laufen, seine gute Beziehung zu den Schülern aufs Spiel zu setzen?

Hierzu einige Vorschläge:

Determinieren Sie zuerst einmal, in welches Gebiet des Rechtecks das Verhalten des Schülers fällt. Kann es der problemfreien Zone zugeordnet werden, so erübrigt sich ein Eingreifen durch den Lehrer. Dies ist meistens dann der Fall, wenn der Lehrkraft die betreffende Anordnung ebenfalls unsinnig, unfair oder unwichtig erscheint und wenn eine Nichtbeachtung der Regel ihr keine Unannehmlichkeiten einbringt.

Regeln dieser Art existieren zum Beispiel gegen das Kauen von Kaugummi, gegen Händchenhalten im Pausenhof, für eine bestimmte Umgangsform gegenüber Erwachsenen etc. Fast kein Pädagoge besteht darauf, dass solche Regeln auch wirklich eingehalten werden. Nur wenige Lehrer achten auf die Durchführung aller in einer Schule bestehenden Vorschriften; wenn sie es tun, gelten sie bei den Schülern als gemein und verschroben. Allerdings können solch unterschiedliche Handhabungen bezüglich der Einhaltung von Regeln zu Unsicherheit bei den Kindern führen und deren Einstellung zu Richtlinien im Allgemeinen unterminieren.

Ist in dem Rechteck das regelwidrige Verhalten in dem Gebiet anzuordnen, in dem der Lehrer das Problem besitzt, so wird das folgende, schrittweise Vorgehen empfohlen:

1. Stellen Sie fest, ob der Schüler die Regel und die Konsequenzen einer Nichtbefolgung kennt. Wenn dies nicht der Fall ist, informieren Sie ihn darüber.
2. Wenn er nach dieser Information die Richtlinie immer noch nicht einhalten will, machen Sie ihm klar, dass Sie ihm hierfür keine Erlaubnis geben können, weil die Regel nicht von Ihnen stammt.
3. Wenn Sie mit Sicherheit davon ausgehen können, dass das Kind die Vorschrift kennt, aber dennoch glauben, dass es sie verletzen wird, konfrontieren Sie es mit einer deutlichen Ich-Botschaft wie zum Beispiel: »Wenn du gegen das Kletterverbot verstößt und dich da oben auf den hohen Zaun setzt, werde ich dafür verantwortlich gemacht oder wegen Pflichtvergessenheit angeschnauzt, wenn du fällst und dich verletzt.«
4. Schalten Sie nach dem Senden Ihrer Ich-Botschaft auf aktives Zuhören um.
5. Bleibt der Schüler immer noch uneinsichtig, gehen Sie zu Methode III über. Dann erfahren Sie wahrscheinlich, welche Bedürfnisse der Grund für seine Regelverletzungen sind.

6. Falls Methode III zu keiner für Sie annehmbaren Lösung führt, können Sie (a) ihm sagen, welche Konsequenzen ihn beim nächsten Mal treffen werden; (b) ihn die Konsequenzen sofort spüren lassen; (c) sich um eine Änderung der Regel bemühen, falls Sie sie für unsinnig halten.

Ist Methode I nicht manchmal unumgänglich?

Diese Frage wird uns in unseren Kursen immer wieder gestellt. Ihre Beantwortung basiert auf dem Verständnis einiger bestimmter Konzepte. Zunächst müssen Lehrer klar unterscheiden zwischen Methode I und intensiven Bemühungen, Schüler zu beeinflussen, wie sie zum Beispiel in Anweisungen, Empfehlungen oder Befehlen zum Ausdruck kommen. Behalten Sie im Auge, dass die Methoden I, II und III Alternativen zur *Konfliktlösung* darstellen, *nachdem der Konflikt aufgetreten ist.* Der harsch klingende Befehl: »Stellt euch in Reih und Glied« ist noch nicht Methode I; er ist nur ein intensiver »Versuch der Beeinflussung«. Wenn der Schüler ihm zufrieden nachkommt, entsteht kein Konflikt und somit auch keine Notwendigkeit für eine der drei Methoden. Ein Problem tritt erst auf, wenn der Schüler sich dem Befehl widersetzt. Wendet nun der Lehrer zur Überwindung des Widerstandes Macht an und löst den Konflikt so, dass er gewinnt und das Kind verliert, erst dann haben wir es mit Methode I zu tun.

Zweitens sollten Pädagogen mehr über intensive Beeinflussungsversuche wissen und über die Bedingungen, die sie erfolgreich oder erfolglos ausgehen lassen. Es ist fraglos völlig in Ordnung, seine Schüler beeinflussen zu wollen. Wir alle versuchen, in dem Wunsch, unsere Bedürfnisse zu befriedigen, andere Menschen zu beeinflussen. Probleme entstehen erst dann, wenn unser Gegenüber sich diesen Versuchen verschließt. Beeinflussungsversuche können durch

Ich- oder Du-Botschaften erfolgen. Beide Verfahren bedeuten weder Methode I noch Methode III. Solche Botschaften stellen Versuche zur Beeinflussung dar, nicht Methoden zur Konfliktlösung. Die Ich-Botschaften enthalten jedoch einen nicht zu unterschätzenden Vorteil: Falls der Empfänger sich widersetzt (und daraus ein Konflikt resultiert), ist die Ausgangsbasis zur Anwendung von Methode III für den Sender wesentlich günstiger als bei der Verwendung einer Du-Botschaft.

Die Beeinflussungsversuche, die wir alle unternehmen, rangieren in ihrer Intensität von schwach bis sehr stark. Ihre Stärke wird durch den Inhalt der Botschaft bestimmt (von einer einfachen Bitte bis zu einem strikten Befehl), durch Ton und Lautstärke der Stimme, durch den Gesichtsausdruck oder auch durch Anwendung körperlicher Gewalt. Trotzdem kann keiner dieser Beeinflussungsversuche vor dem Entstehen eines Konflikts als Methode I, II oder III bezeichnet werden.

Schwächere Versuche werden von Schülern oft gar nicht als Machtkampf aufgefasst. Unter gewissen Umständen zeitigen sie aber keinen Erfolg. Dann muss der Lehrer darauf vorbereitet sein, eine negative Antwort zu erhalten, oder er muss zu stärkeren Versuchen übergehen. Normalerweise werden sehr intensive Beeinflussungsversuche von Kindern als Bedrohung empfunden, da eine Nichtbefolgung Strafen zur Folge haben kann. Rachegefühle entstehen. Die Lehrkraft zahlt unter solchen Umständen gewöhnlich einen der beiden Preise. Entweder widersetzt sich der Schüler und schlägt zurück, oder er hat Angst vor einem offenen Konflikt, unterdrückt die Rachegefühle und frisst sie in sich hinein.

Es gibt aber auch Situationen, in denen sehr starke Beeinflussungsversuche von den Schülern widerstandslos akzeptiert werden. Dies tritt ein 1. unter ungewöhnlichen Bedingungen und 2. in Situationen, in denen gewisse Spielregeln herrschen.

Unter ungewöhnlichen Bedingungen verstehen wir Momente, in denen schnelle Reaktionen lebenswichtig sind (»Spring jetzt nicht!«

»Zieh deinen Kopf ein!«), in denen Gefahr herrscht (»Zünde das Streichholz nicht an, der Gashahn ist aufgedreht!«) oder in denen laute und chaotische Zustände eine klare Botschaft vom Lehrer verlangen.

Situationen, in denen gewisse Spielregeln herrschen, finden wir im Sportunterricht (»In Vierergruppen aufstellen!«) oder im Schulorchester. Unter solchen Bedingungen stoßen intensive und laute Beeinflussungsversuche fast nie auf Widerstand. Wirkliche Probleme entstehen nur, wenn Pädagogen sich als Zuchtmeister aufführen und intensive Beeinflussungsversuche unternehmen, wenn diese nicht gerechtfertigt sind.

Sollten Beeinflussungsversuche zum Entstehen von Konflikten führen, so ist trotzdem unter bestimmten Bedingungen die Anwendung von Methode I gerechtfertigt: (a) wenn eine klare und unmittelbare Gefahr besteht; (b) wenn das Kind die Position des Lehrers nicht verstehen kann; (c) wenn Zeitdruck besteht (»Renn die Stufen runter, sonst verpasst du den Bus«).

Wenn Lehrkräfte in solchen Situationen Methode I anwenden, weil sie sie für notwendig und gerechtfertigt halten, können sie später Schritte unternehmen, damit ihre Beziehung zu den Schülern keinen Schaden nimmt. Sie können Folgendes tun:

1. Dem Schüler erklären, warum sie Methode I anwendeten.
2. Sich entschuldigen.
3. Durch aktives Zuhören auf die Gefühle des Schülers eingehen.
4. Eine für das Kind akzeptable Wiedergutmachung vornehmen.
5. Mit dem Schüler planen, wie eine gleichartige Situation in der Zukunft verhindert werden kann.

Lehrer, die generell nach Methode III handeln, berichten, dass ein gelegentlicher Rückgriff auf Methode I der Beziehung zur ihren Schülern nicht ernsthaft schadet. Trotzdem erzeugt Methode I Ressentiments. In manchen Fällen, besonders wenn die Frustration eines Schülers groß genug ist, kann die Anwendung von Methode I die Lehrer-Schüler-Beziehung zerstören. Dieses Risiko birgt die Anwendung von Macht immer in sich.

Wie Schüler davon profitieren können, diese Fähigkeiten selbst zu erlernen

Die Methoden unseres Effektivitätsprogramms helfen Lehrern, die Lehr-Lern-Zeit auszuweiten. Genauso sinnvoll ist es jedoch, Schüler diese Fähigkeiten der Kommunikation und Konfliktlösung zu lehren. Auch Kinder und Jugendliche können aktives Zuhören, Ich-Botschaften und die niederlagelose Methode zur Konfliktlösung erlernen, um ihre Bedürfnisse ausdrücken, ihren Freunden zuhören und ihre Konflikte gemeinsam lösen zu können. Diese Annahme wird durch die letzten 30 Jahre bestätigt, in denen unsere Kursleiter diese Methoden im Rahmen des Effektivitätstrainings für Jugendliche, dem Kurs »Konfliktbewältigung an der Schule« sowie Schlichtungsworkshops weltweit Tausenden von Schülern vermittelt haben. In den letzten Jahren ist das Angebot von Schlichtungs-, Konfliktlösungs- und Lebenshilfekurse landesweit stetig gestiegen. Es ist nachgewiesen, dass diese Kurse in der Lage sind, das Selbstwertgefühl der Kinder und Jugendlichen zu steigern, ihre Beziehungen zu Gleichaltrigen, Lehrern und Eltern zu verbessern und Streitigkeiten, Prügeleien, Mobbing und Gewalt zu verhindern.

Anstatt sich von Lehrern und Schulleitern bei der Lösung ihrer Konflikte unter die Arme greifen zu lassen und sie entscheiden zu lassen, was richtig und falsch ist, um dann eine Strafe zu verhängen, übernehmen die Schüler selbst die Verantwortung für die Lösung ihrer Probleme.

Wenn sie die Methoden erlernen und ihnen die Verantwortung für die Lösung ihrer Konflikte zugestanden wird, erfahren Schüler, wie es sich anfühlt zusammenzuarbeiten und an einem Strang zu ziehen, statt sich zurückzuziehen, der Realität zu entfliehen oder sich auf Gewalt zu verlassen. Sie erkennen, wie wertvoll es ist, miteinander auszukommen, statt sich in die Quere zu kommen. Darüber hinaus ist es wahrscheinlicher, dass Konflikte nicht wieder aufkochen, wenn Schüler an der Lösung teilhaben. Erinnern Sie sich daran, wie wichtig es ist, Kinder mitentscheiden zu lassen?

Der wohl entscheidendste Faktor ist, dass Schüler diese Fähigkeiten, sobald sie sie einmal erlernt haben, den Rest ihres Lebens innerhalb all ihrer Beziehungen anwenden können. Wie ein Kursteilnehmer es einmal ausdrückte:

Diese Methoden für Kommunikation und Konfliktlösung werde ich nie vergessen. Sie zu erlernen hat mir die Augen geöffnet. Ich weiß jetzt, wie viel ein Einzelner für seine Mitmenschen tun kann.

10. Wenn Wertvorstellungen in der Schule kollidieren

Bei einigen Konflikten zwischen Lehrern und Schülern versagt Methode III. Lehrkräfte müssen dieser Tatsache ins Auge sehen und dürfen nach dem Erwerb dieser Methode nicht allzu optimistisch annehmen, dass sie nun alle Schwierigkeiten meistern können. Einmal im Besitz von Methode III, fühlen sie Erleichterung und Befriedigung und meinen, gegen alle Eventualitäten in ihrem Lehrerdasein gewappnet zu sein. Sie tragen keine Verantwortung mehr für Probleme, die den Kindern gehören. Sie haben es gelernt, so zu kommunizieren, dass die Schüler sich veranlasst sehen, ihnen bei Schwierigkeiten zu helfen. Durch Veränderung der Lernumwelt und durch sinnvolle Zeiteinteilung können sie viele Probleme verhindern oder erfolgreich lösen. Und nicht zuletzt sind sie fähig, ihre eigenen Bedürfnisse und die der Kinder zu befriedigen, ohne dabei auf die Anwendung von Macht zurückgreifen zu müssen. Trotz all dieser Fähigkeiten werden Lehrer oft mit Konflikten konfrontiert, die nicht lösbar sind. Solche Konflikte resultieren aus Glaubens- und Wertvorstellungen, die zu bestimmten Präferenzen führen, persönlichem Geschmack, individuellen Lebensstilen, Idealen und Überzeugungen. Die nachfolgende Liste enthält nur eine sehr kleine Sammlung solcher Konfliktstoffe:

- Rocklänge
- Andere Modestandards
- Drogen
- Sauberkeit, Körperpflege
- Sprachgebrauch

- Höflichkeit, Manieren
- Ethisches und moralisches Verhalten
- Gerechtigkeit
- Ehrlichkeit
- Wahl von Freunden
- Patriotismus
- Religion
- Sexuelles Verhalten

Sehr häufig weigern sich Menschen, solche persönlichen Wertvorstellungen zur Diskussion zu stellen. Änderungsbemühungen und Problemlöseprozesse, die eine für mehrere Beteiligte akzeptable Lösung anstreben, haben hier wenig Sinn.

Viele Pädagogen vermeiden es, auf die Wertvorstellungen ihrer Schüler irgendwie einzugehen, es sei denn, sie stehen in einem direkten Bezug zum Unterrichtsstoff. Sie ziehen es vor, wenn Eltern, Kirche und andere Institutionen die Vermittlung von Wertmaßstäben vornehmen. Diese Haltung der Lehrer findet häufig ihren Ausdruck in Sätzen wie: »Das Lehren meines Faches ist schon schwierig genug. Ich möchte den Kindern nicht auch noch beibringen müssen, wie sie sich kleiden oder ihr Sexualleben gestalten sollen.«

Leider sind Konflikte, die aufgrund unterschiedlicher Wertvorstellungen entstehen, unvermeidbar. Versuchen Lehrkräfte, sie zu umgehen, werden sie häufig schlimmer statt besser. Beim Auftreten unterschiedlicher Wertmaßstäbe zwischen Lehrern und Schülern muss irgendetwas unternommen werden. Zunächst müssen diese Differenzen als Konflikte zwischen Wertvorstellungen oder, noch besser, als Kollisionen von Wertvorstellungen erkannt werden. Pädagogen müssen fähig sein, den Unterschied zwischen ihnen und den in den Kapiteln 7, 8 und 9 beschriebenen Konflikten individueller Bedürfnisse zu unterscheiden.

Wie man eine Kollision von Wertvorstellungen erkennen kann

Nach der Erledigung aller anderen Differenzen bleiben die Probleme und Konflikte, die in einem Zusammenhang mit Wertvorstellungen stehen, am unteren Rand des Rechtecks übrig. Sie sind nicht schwer zu beschreiben. Es sind diejenigen Probleme, bei denen man sich den Kopf darüber zerbricht, in der Ich-Botschaft eine greifbare und konkrete Wirkung zu vermitteln, damit der Schüler auch wirklich davon überzeugt ist, dass sein Verhalten tatsächliche Konsequenzen für den Lehrer hat, mit seinen Bedürfnissen, Rechten, ja sogar mit seinem Leben interferiert. Man spürt deutlich, dass man sich in einer Kollision von Wertvorstellungen befindet, wenn man einem Kind sein Verhalten vorwirft und es so überrascht und erstaunt blickt, als sei man gerade von einem Baum gefallen oder einem Raumschiff entstiegen.

Ein sicherer Indikator, dass das Gebiet der Wertvorstellungen betreten wurde, sind Andeutungen (manchmal unausgesprochen) des Schülers, man möge ihn in Ruhe lassen und nicht mehr an ihm herumnörgeln. Oder aber er kontert die ihn betreffenden Werturteile mit Urteilen über den Lehrer! Man weiß, dass man sich in einem Konflikt von Wertvorstellungen befindet, wenn man den starken Impuls fühlt zu sagen: »Zum Teufel mit allen Ich-Botschaften. Du bist ein stinkender, ungewaschener Penner!«

Betrachten wir zur Identifikation des Kollisionsgebiets von Wertvorstellungen noch einmal das Rechteck. Abbildung 28 zeigt, wie die Linie der Annahme durch Ich-Botschaften, Veränderungen der Lernumwelt und durch Methode III heruntergeschoben werden kann. Diese Fähigkeiten vergrößern die Lehr-Lern-Zone und verkleinern das Gebiet des unannehmbaren Verhaltens. Was übrig bleibt, sind Konflikte, die sich an unterschiedlichen Wertvorstellungen entzünden.

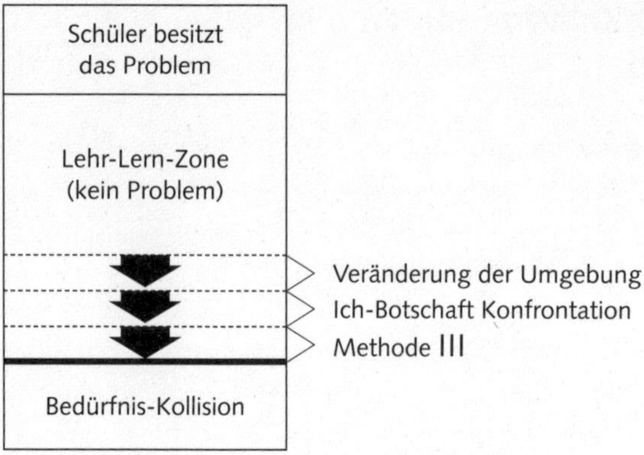

Abbildung 28

Warum Ich-Botschaften Wertvorstellungskonflikte selten erfolgreich lösen

Ich-Botschaften sind nicht sehr wirksam, wenn man bei einem Schüler die Veränderung eines Verhaltens bewirken will, das auf einer festen Wertvorstellung oder einem starken Glauben basiert. Warum sollte er sich ändern? Er ist davon überzeugt, dass sein Verhalten den Lehrer gar nicht spürbar und konkret betrifft. Es ist nahezu unmöglich, eine aus drei Komponenten bestehende Ich-Botschaft zu konstruieren, wenn die Wertvorstellungen von Lehrkraft und Schüler nicht übereinstimmen. Es ergeben sich Schwierigkeiten bei der zweiten Komponente, den spürbaren und konkreten Wirkungen auf den Lehrer. Versuchen Sie es einmal mit den in der folgenden Tabelle beschriebenen Situationen. Sehen Sie, wie schwer es ist, eine spürbare und konkrete Wirkung zu finden, die der Schüler Ihnen abkaufen würde?

Beschreibung des Verhaltens	Spürbare und konkrete Wirkung	Gefühl
1. Wenn du in diesem schmutzigen alten Hemd zur Schule kommst …		ekle ich mich.
2. Wenn du einer Verpflichtung nur halbherzig nachkommst …		bin ich enttäuscht.
3. Wenn du so fluchst …		bin ich schockiert.
4. Wenn ich einen guten Sportler wie dich rauchen sehe …		mache ich mir Sorgen.
5. Wenn ich dich mit dieser Clique sehe …		bin ich beunruhigt.

Nun versuchen Sie zum Vergleich einmal, die spürbare und konkrete Komponente der Ich-Botschaften in der nachfolgenden Tabelle zu finden, wo eine größere Wahrscheinlichkeit besteht, dass das Schülerverhalten eine spürbare konkrete Wirkung auf den Lehrer hat.

Erkannten Sie nicht viel leichter spürbare Wirkungen für sich? Stellen Sie sich vor, Sie würden mit der folgenden Botschaft konfrontiert: »Wenn Sie ohne mein Wissen Bücher von meinem Schreibtisch nehmen, muss ich viel Zeit mit der Suche nach ihnen vergeuden, und das frustriert und empört mich.« Wären Sie in Zukunft nicht eher motiviert, Ihr Verhalten irgendwie zu ändern? Vergleichen Sie diese Bereitschaft mit Ihrer Motivation zur Verhaltensveränderung, wenn Sie die Botschaften der oben stehenden Tabelle erhalten hätten. Erkennen Sie den Unterschied? Ehe man nicht wirklich überzeugt ist, dass das eigene Verhalten sehr konkret einen anderen Menschen betrifft, ist man selten zu Verhaltensveränderungen bereit.

Beschreibung des Verhaltens	Spürbare und konkrete Wirkung	Gefühl
1. Wenn du meine Bücher von meinem Schreibtisch nimmst, ohne es mir zu sagen …		bin ich frustriert und empört.
2. Wenn du mein Gespräch mit diesen Schülern unterbrichst …		bin ich aufgebracht und verärgert.
3. Wenn du die gesamte rote Temperafarbe nimmst …		fühle ich mich unfair behandelt.
4. Wenn meine Filme so aufbewahrt werden, dass sie Kratzer bekommen …		bin ich besorgt.
5. Wenn du die Materialien aus dem naturwissenschaftlichen Unterricht auf dem Tisch verstreut liegen lässt …		bin ich frustriert.

Trotz der geringen Wahrscheinlichkeit, dass Ich-Botschaften die Wertvorstellungen eines Schülers modifizieren oder sein darauf basierendes Verhalten ändern, raten wir nicht vom Gebrauch von Ich-Botschaften ab. In seltenen Fällen wirken sie vielleicht. Außerdem können sie sich positiv auf die Lehrer-Schüler-Beziehung auswirken. Eine »Botschaft der Selbstenthüllung« (eine Ich-Botschaft ohne spürbare und konkrete Komponente) lässt einen Schüler zumindest erkennen, wo sein Lehrer steht.

Nehmen Sie an, ein Kind würde die Zeit, die es zur Erledigung einer fälligen Verpflichtung verwenden könnte, vertrödeln. Sie könnten ihm Ihre Gefühle angesichts seines Verhaltens mitteilen, sodass diese Mitteilung später nicht als Überraschung kommt. Sie könnten zum Beispiel sagen: »Ich mache mir Sorgen, dass du mit deiner Arbeit nicht fertig wirst, wenn du immerzu nur dasitzt und aus dem Fenster starrst.« Es ist offensichtlich, dass keine spürbare Wirkung auf Sie vorhanden ist, die der Schüler Ihnen abkaufen würde. Aber diese Botschaft lässt ihn mehrere Dinge wissen:

1. dass Sie sich des Problems bewusst sind,
2. dass Sie sich genügend Gedanken machen, etwas darüber zu sagen,
3. dass Sie den Schüler nicht ausschimpfen oder ihn maßregeln, sondern ihm nur Ihr Gefühl mitteilen und
4. dass der Schüler eine geöffnete Tür findet, um darüber zu sprechen, was eigentlich los ist.

Wie bei jeder anderen Ich-Botschaft müssen Sie dann zum aktiven Zuhören übergehen, um ihm bei seiner Reaktion auf Ihre Konfrontation zu helfen (»Ich bin zu durcheinander, um zu arbeiten« oder »Ich habe wirklich über meine Aufgabe nachgedacht und überlegt, wo ich beginnen soll«).

Botschaften der Selbstenthüllung veranlassen Schüler gelegentlich zu einer Verhaltensveränderung. Aber erwarten Sie nicht zu viel! Seien Sie nicht überrascht, wenn Kinder weiterhin ihr altes unannehmbares Verhalten an den Tag legen. Was immer Sie nun noch zu tun gedenken, verzichten Sie auf weitere Ich-Botschaften! Sie müssen davon ausgehen, dass die erste gehört wurde. Wenn Sie einmal Ihre Gefühle offenbart haben, sind weitere Enthüllungen unnötig. Sie würden von dem Schüler nur als Nörgelei oder Kritik aufgefasst.

Warum Methode III Wertvorstellungskonflikte selten erfolgreich löst

Bei Konflikten von Wertvorstellungen sind Schüler selten bereit, zusammen mit dem Lehrer eine Lösung anzustreben, und aus diesem Grunde reagieren sie auch nicht auf seine Ich-Botschaften: Sie glauben einfach nicht, dass ihr Verhalten zu einer wirklichen Deprivation oder Verletzung der Lehrkraft führt. Sie wollen das Problem nicht lösen, weil sie gar keins erkennen. Sie wollen nicht verhandeln, weil es für sie nichts zu verhandeln gibt.

Aus diesem Grund erweist sich Methode III fast immer als unwirksam: Kinder und Jugendliche widersetzen sich der Lösung von Problemen, die ihrer Meinung nach nur in der Phantasie des Lehrers existieren oder von denen sie glauben, sie gingen die Lehrkraft nichts an.

Schüler unterscheiden sich in dem Punkt absolut nicht von Erwachsenen. Würden *Sie* sich mit jemandem zusammensetzen und über Ihr Recht verhandeln, Ihre eigenen Freunde aussuchen zu dürfen? Wären Sie bereit, mit einem guten Freund einen Problemlöseprozess nach Methode III zu durchlaufen, der zum Thema hätte, wie Sie sich kleiden sollen, welches Ihre Lieblingsmusik sein soll, ob Sie einen Bart tragen dürfen oder wie Sie Ihr Haus einrichten sollen? Wenn ein Freund Ihnen zu verstehen gibt, dass er Ihre Konfession nicht billigen kann, erklären Sie sich dann bereit, in Verhandlungen über einen möglichen Bekenntniswechsel zu treten? Die Antwort hierauf ist zweifellos die gleiche, die Lehrer von Schülern bekommen, wenn sie deren Wertvorstellungen beeinflussen wollen: »Auf gar keinen Fall!«

Wenn Lehrer diese spezielle Ineffektivität von Ich-Botschaften und Methode III bemerken, sind sie zumeist ratlos und verwirrt. Ein Pädagoge gab seiner Ratlosigkeit folgenden Ausdruck:

Was soll ich denn tun? Bei der Bewältigung kollidierender Wertvorstellungen kann ich mich nicht auf Ich-Botschaften oder Methode III verlassen, das Verhalten überschreitet aber weiterhin meine Toleranzschwelle, ich kann den Anblick von Annas über und über tätowiertem Körper einfach nicht ertragen.

Warum Methode I bei der Lösung von Wertvorstellungskonflikten ineffektiv ist

Kollidieren Wertmaßstäbe Jugendlicher mit denen Erwachsener, die über Machtpositionen verfügen, reagieren die Erwachsenen fast immer und überall mit dem Gebrauch ihrer Machtmittel. Politiker verdammen, besonders in Wahlkämpfen, zu große Nachgiebigkeit und rühren die Trommel für strengere Maßnahmen gegen rebellische Jugendliche. Fast alle Verhaltensweisen, gegen die sie etwas einzuwenden haben, fallen deutlich in unser Gebiet der Kollision von Wertvorstellungen.

Bei ernsthaften Konflikten solcher Art nehmen auch Lehrer gern Zuflucht zu strengen, bestrafenden, autoritären Techniken der Methode I. Je negativer das Schülerverhalten eingeschätzt wird, desto größer wird die Bereitschaft, hart dagegen vorzugehen. Das Ergebnis ist leider meist völlig nutzlos. Die feste Überzeugung von der Notwendigkeit eines Machtgebrauchs oder dessen versteckte Anwendung führt gewöhnlich zu verheerenden Folgen. Es spricht viel dafür, dass die Anwendung von Methode I gerade auf dem Gebiet der Wertvorstellungen am gefährlichsten ist. Werte und Wertmaßstäbe beziehen sich auf so wichtige Dinge wie Bürgerrechte, persönliche Rechte, Rechte der freien Wahl, persönliche Ideale und unabhängige Handlungsweisen. Zwang in diesen Gebieten trifft unweigerlich auf erbitterten Widerstand. Die Geschichte der Menschheit beweist, dass Frauen und Männer nie aufgehört haben, ihr Leben für ihre Rechte und Ideale zu opfern. Die amerikanische Revolution war im Grunde ein Krieg um Ideale und Werte. Nach dem Sieg verankerten Patrioten viele dieser Rechte in der amerikanischen Verfassung, besonders in der »Bill of Rights«. Auch Schüler können Revolutionäre werden in ihrem Kampf gegen Lehrer und andere Erwachsene, die ihnen ihre Rechte vorenthalten oder ihrer Freiheit zu unabhängigem Denken und Glauben Restriktionen auferlegen.

Wenn auch die Anwendung der Methode I vielen Pädagogen geeignet erscheint bei der Bewältigung von Wertkollisionen, raten wir dringend davon ab, einem Kind mit Gewalt die Wertvorstellungen des Lehrers aufzuzwingen. Abgesehen von rechtlichen oder ethischen Bedenken ist Machtanwendung hauptsächlich wegen der daraus resultierenden Intensität des Widerstands (passiv oder aktiv) eine völlig unwirksame Methode bei der Handhabung von Wertkollisionen. Nach so vielen erbitterten Machtkämpfen mit Jugendlichen sollten Erzieher und Eltern dies eigentlich erkannt haben. Selbst wenn Machtanwendung eine Verhaltensveränderung erzwingt (das Nasenpiercing wird zum Beispiel entfernt), so bleiben die Wertvorstellungen doch unverändert. Ein Jugendlicher übernimmt noch lange nicht die Wertmaßstäbe des Erwachsenen, nur weil man ihn dazu zwang. Ganz im Gegenteil: Der Verlierer in diesem Machtkampf wird gewöhnlich in dem Glauben an seine eigenen Wertmaßstäbe bestärkt und fasst den Entschluss, in Zukunft zurückzuschlagen oder stärkeren Widerstand zu leisten. Von noch größerer Bedeutung ist jedoch, dass der Verlierer den Sieger hasst und somit ihre zwischenmenschliche Beziehung ge- oder vielleicht zerstört wird.

Warum Methode II bei der Lösung von Wertvorstellungskonflikten ineffektiv ist

Eine andere, den Lehrern zur Verfügung stehende Wahl ist die Anwendung von Methode II. Das bedeutet, der Pädagoge ignoriert das Verhalten, gibt nach, unternimmt nichts, erlaubt den Schülern, sich weiterhin unannehmbar zu verhalten, und tut dann selbst so, als sei das Verhalten für ihn akzeptabel. Diese Methode lässt die Kinder nach eigenem Gutdünken agieren. Der Lehrer muss dabei jedoch seinen Wertvorstellungen und seiner eigenen Person gegenüber untreu werden und zahlt dafür einen fürchterlichen Preis: Er fühlt, dass er der Verlierer ist. Zu nachgiebige Lehrkräfte hassen ihre Schüler, organisieren sich gegen sie, ziehen sich zurück, treten die Flucht in die Krankheit an, wechseln an eine andere Schule in der Hoffnung, dass die Schüler dort wissen, wie sie sich kleiden, wie sie sprechen oder ihr Haar tragen sollen. Einige Lehrer werden mit dem Problem gar nicht fertig und geben ihren Beruf auf. Sie träumen von einem neuen Beruf, in dem es niemals Kollisionen von Wertvorstellungen geben wird.

Das Problem wird jedoch nicht gelöst, indem man unannehmbares Verhalten einfach für annehmbar ausgibt und den Kopf in den Sand steckt. Pädagogen können ihre wirklichen Gefühle nicht vor ihren Schülern verstecken. Wenn zum Beispiel eine Lehrerin vorzugeben versucht, Fluchen mache ihr nichts aus, während sie es in Wirklichkeit als äußerst unangenehm empfindet, so werden ihr Gesichtsausdruck und ihre Bewegungen unweigerlich ihre wahren Gefühle verraten.

Haben Sie jemals etwas gesagt oder getan, auf das eine andere Person gleichzeitig durch Zusammenzucken und Lächeln reagierte? Welche dieser beiden Reaktionen deuteten Sie als die *echte* Botschaft? Ließ das Zusammenzucken Sie nicht vermuten, dass das Lächeln nur Schein, nur eine Maske war, hinter der die wirklichen Gefühle verborgen wurden? Schüler haben einen scharfen Blick hierfür, und wenn Erwachsene ihre wahren Gefühle Jugendlichen gegenüber zu verstecken suchen, werden sie von diesen als unehrlich, manipulierend und unzuverlässig eingestuft. Ist dies nicht ein weiterer Grund für Lehrer, Botschaften der Selbstenthüllung zu senden, selbst wenn dadurch Verhaltensveränderungen der Schüler nicht garantiert werden können? Kinder und Jugendliche haben lieber ehrliche Lehrkräfte, und es ist dabei von sekundärer Bedeutung, dass diese Offenheit sie ab und zu erschüttert. Anstatt zu lächeln und so zu tun, als störe es Sie nicht, wenn ein Schüler in Ihrer Gegenwart ein Schimpfwort benutzt, versuchen Sie es mit einer selbstenthüllenden Ich-Botschaft: »Wenn du dieses Wort benutzt, beleidigt mich dies, und ich nehme es dir übel. Ich bin nun mal so erzogen worden und komme nicht dagegen an.«

Sie werfen ihm so nicht vor, dass Sie tatsächlich Schaden gelitten haben, aber der Schüler kann jetzt wenigstens entscheiden, ob er weiterhin ein Verhalten zeigen will, von dem er weiß, dass es Sie beleidigt. Wenn Ihre Botschaft auf sein Verhalten dagegen aus einem Lächeln oder vorgetäuschter Annahme besteht, wird er erst gar nicht mit dieser Entscheidung konfrontiert.

Was ist zu tun, wenn Wertvorstellungen kollidieren?

Gibt es nach den vielen erfolglosen Methoden bei der Handhabung von Wertkollisionen zwischen Lehrern und Schülern nun auch ein erfolgreiches Rezept? Oder müssen Pädagogen sich damit abfinden, täglich mit ideologisch Andersdenkenden zusammenzuleben, deren Worte und Taten ihre Gefühle verletzen und ihrem Rechts- und Ordnungsempfinden entgegenstehen? Sollen Lehrer die Realität akzeptieren, in einer Umwelt arbeiten zu müssen, in der die Wert- und Glaubensvorstellungen der einzelnen Generationen in ständigem Kampf miteinander liegen? Gibt es wirksame Möglichkeiten einer Konfliktverringerung, sodass Lehrkräfte wieder genügend Zeit zum Lehren haben und Schüler von ihrem Wissen und ihrer Erfahrung profitieren können?

Auf den folgenden Seiten beschreiben wir Prinzipien und Methoden, die das Auftreten ablenkender und destruktiver Wertkollisionen signifikant reduzieren können.

Werden Sie ein wirklicher Berater

Gleich zu Beginn möchten wir unserer Überzeugung Ausdruck geben, dass Lehrer nicht nur das Recht, sondern sogar die Pflicht haben, sich mit dem Gebiet von Wertvorstellungen, Glaubensbekenntnissen und persönlichen Meinungen zu befassen. Die Sinnlosigkeit, unterschiedliche Wertvorstellungen und die daraus resultierenden Konflikte zu ignorieren, wurde bereits aufgezeigt. Ebenso warnten wir vor falscher Annahme und einer Märtyrerrolle. Und schließlich versuchten wir, die Strategie des Nach- oder Aufgebens zu diskreditieren (Methode II). Es braucht auch nicht weiter auf die Gefahren hingewiesen zu werden, die entstehen, wenn Schülern die Wertmaßstäbe anderer durch Macht und Autorität aufgezwungen werden sollen. Wir wollen jetzt vielmehr den Lehrkräften einen positiven und konstruktiven Weg zeigen: Werden Sie für Ihre Schüler ein wirklicher Berater. Dies kann sich als schwieriger und mühsamer erweisen, als Sie vermuten.

Erstens muss ein Berater von einer Person (Gruppe oder Organisation) engagiert werden, weil Unzufriedenheit mit der augenblicklichen Situation und der Wille zur Veränderung vorhanden sind. Normalerweise betrachtet der Auftraggeber den Berater als Autorität (Typ 1 der Autorität, die auf Erfahrung und Sachkenntnis beruht). So verbucht der Berater zu Beginn einer Beziehung mit einem Klienten ein beträchtliches Guthaben auf seiner Seite. Trotzdem gelingt es vielen nicht, ihre Klienten zu verändern. Effiziente Berater versagen jedoch selten. Sie gehen nach den folgenden vier Grundregeln vor:

1. Ein erfolgreicher Berater macht erst gar keinen Versuch, seinen Klienten zu ändern, wenn er nicht absolut sicher ist, dass er dazu beauftragt wurde.
2. Er trifft mittels Fakten, Informationen und Daten angemessene Vorbereitungen.
3. Er gibt seinen Rat prägnant, kurz und nur einmal – er drängt ihn nicht auf.

4. Er überlässt dem Klienten die Verantwortung für die Veränderungsbemühungen.

Lehrer können die Wirksamkeit ihrer Beraterfunktion im Klassenzimmer erhöhen, wenn sie nach diesen vier Prinzipien handeln.

Wie man von Schülern zu Rate gezogen wird

Vorausgesetzt, dass die Beziehung zwischen Lehrkraft und Schüler noch intakt ist, werden dem Lehrer meist mehr Sachkenntnis, Weisheit, Erfahrung, Wissen und Fähigkeiten zugeschrieben, als er tatsächlich besitzt. In den Augen ihrer Schüler verfügen Pädagogen unweigerlich über »psychologische Größe«. Deshalb werden sie auch gewöhnlich, aber durchaus nicht immer, um Rat gefragt.

Wie können Lehrer nun ihre Dienste als Berater verkaufen? Erklären Sie, was Sie anzubieten haben und wie dies den Kindern bei ihren jeweiligen Problemen helfen könnte. Ein wirksames Verkaufsangebot entfernt sich nicht allzu weit von dem folgenden Muster, das hier stark gekürzt wiedergegeben wird:

Nach meinen Informationen habt ihr einige Probleme (Schwierigkeiten, Sorgen) mit Erwachsenen, die euch Vorschriften wegen eurer Kleidung (Drogengebrauch, Sprache, Sex) machen wollen …
Gerade über dieses Problem habe ich eine Menge gelesen und nachgedacht (ich habe hierzu einige Ideen, Lösungsvorschläge), was für euch von Nutzen sein könnte …
Ich hätte gern einen Gedankenaustausch mit euch und bin gespannt auf eure Reaktionen …
Wärt ihr bereit, zu einem euch und mir passenden Termin *für* eine Stunde zusammenzukommen? Dann können wir sehen, ob meine Ideen euch in irgendeiner Weise interessieren.

In den meisten Fällen wirkt diese Bitte um eine kurze Zusammenkunft, weil sie keine negative Bewertung der Schüler enthält.

Von den Kindern und Jugendlichen wird nur eine unwesentliche Verpflichtung verlangt, und die eigenen Dienste werden nicht zu aufdringlich angeboten. Behalten Sie aber Folgendes im Auge: Die Beratung beginnt erst, nachdem Sie ausdrücklich damit beauftragt wurden.

Wie man sich angemessen vorbereitet

Schüler »entlassen« Erwachsene oft sofort, wenn diese die Erledigung ihrer Hausaufgaben versäumten, das heißt, wenn sie ohne gewissenhafte und sorgfältige Analyse des Problems Ratschläge verteilten.

Je nach Art des Problems, für das Sie Ihre Beraterdienste anbieten, können sich Ihnen folgende Aufgaben stellen: Lesen von Fachliteratur, Datensammlung, Ausarbeitung von Fragebögen, Auswahl eines geeigneten Films, systematisches Ordnen der eigenen Erfahrung, Abfassen eines kurzen Berichts; Anhören beider Seiten des Problems, Organisation von Gruppenübungen etc.

Die Möglichkeiten für eine angemessene Vorbereitung sind unbegrenzt, und gut vorbereitet müssen Sie unbedingt sein, wenn Sie als wirksamer Helfer und sachkundiger Berater anerkannt werden wollen.

Vermitteln Sie Ihre Ideen nur einmal, drängen Sie sie nicht auf

Diese wichtige Regel wird von vielen Lehrern verletzt. In ihrem Eifer, die Schüler zu ändern oder – um genauer zu sein – sie zu reformieren, senden diese Pädagogen ein ganzes Bündel von Botschaften. Die Kinder interpretieren das als Predigen, Maßregeln, Gehirnwäsche, Zwang, Nörgelei oder Überredung. Nichts schreckt Schüler schneller ab als Maßregelung und Überredung. Ein erfolgreicher Berater hingegen teilt seine Sachkenntnis mit den Schülern. Wir wählten bewusst das Wort »teilen«; man könnte in diesem Zusammenhang auch »anbieten« verwenden.

Bei einer erfolgreichen Beratung ist der häufige Gebrauch des aktiven Zuhörens unumgänglich. Versuche, andere zu ändern (selbst wenn man ihnen neue Ideen, Fakten, Lösungen anbietet), provozieren fast ausnahmslos Widerstand und Abwehr. Klienten kaufen selten etwas Neues, ohne ihre alten Wertvorstellungen oder Verhaltensnormen zu verteidigen. Schüler sind hierin nicht anders. Sie werden Ihre Ideen bekämpfen und die eigenen verteidigen, und beides werden sie mit Vehemenz tun. In diesem Stadium bedeutet aktives Zuhören die wertvollste Hilfe:

»Du findest die Idee nicht gut.«
»Das widerspricht deinen Erfahrungen.«
»Du kannst das nicht glauben.«
»Das ergibt in deinen Augen keinen Sinn.«
»Du hast meinem Vorschlag gegenüber starke Vorbehalte.«

Ein erfolgreicher Berater muss Widerstand und Abwehr sofort hören, und dann muss er zeigen, dass er die Gefühle seines Klienten akzeptiert.

Überlassen Sie dem Schüler die Verantwortung

Ein Lehrer, der seine Schüler erfolgreich beraten will, muss auf das Prinzip des Problembesitzes achten. Wenn Sie als Berater tätig werden, besitzt Ihr Klient (der Schüler) das Problem. Sie haben ihm eine neue Verhaltensvariante oder Denkart angeboten, und dieser Rat, dieser neue Impuls lässt für den Schüler ein Problem entstehen. Er ist herausgefordert, erschüttert, sein Gleichgewicht wurde gestört, und seine Wertmaßstäbe wurden bedroht.

Es gibt Pädagogen, die meinen, sie versagten als Lehrer, wenn sie ihre Schüler nicht zum Kauf ihrer Ideen, Wertvorstellungen oder Verhaltensmuster überreden könnten. Damit begehen sie einen großen Fehler und werden am Ende von ihrem Klienten »entlassen«. Jugendliche drücken ihre Gefühle solchen Lehrern gegenüber ähnlich wie in den folgenden Sätzen aus:

»Was immer ich auch tue, der gibt nicht auf.«
»Der hat einen Tick, was Kleidung angeht.«
»Da kommt er wieder, und immer diese Nörgelei!«
»Dies ist mein Leben, nicht seins.«
»Lassen Sie mich in Ruhe – Ihre Meinung kenne ich schon.«

Manche Lehrkräfte erkennen sofort, dass die Prinzipien einer wirksamen Beratung auch in ihrem regulären Unterricht angewendet werden können. Sie sind in der Tat eine ausgezeichnete Richtschnur für einen guten Unterricht. Schüler verlangen von ihren Lehrern, dass sie ihnen etwas beibringen. Die besten Pädagogen bereiten sich gründlich vor, bieten etwas Interessantes und Aufregendes, was die Kinder noch nicht wissen. Sie wiederholen sich nie, es sei denn, ein Schüler verlangt eine nochmalige Erklärung.

Und schließlich wissen wirklich gute Lehrer, dass das Lernen in der Verantwortung des Schülers bleiben muss. Sie praktizieren somit, was Kahlil Gibran so wunderbar in seinem Buch *Der Prophet* ausgedrückt hat:

> Dann sagte ein Lehrer: Sprich zu uns vom Lehren.
> Und er sagte:
> Kein Mensch kann dir etwas enthüllen, was nicht schon irgendwo in deinem Wissen schlummert.
> Der Lehrer, der mit seinen Jüngern im Schatten des Tempels wandelt, gibt nichts von seiner Weisheit, sondern von seinem Glauben und seiner Liebe.
> Wenn er wirklich weise ist, lässt er dich nicht das Haus seiner Weisheit betreten, sondern führt dich zur Schwelle deines eigenen Bewusstseins.
> Der Astronom mag zu dir von seinem Verständnis des Weltalls reden, aber er kann dir nicht sein Verständnis geben.
> Der Musiker mag dir vom Rhythmus singen, den er

> überall hört, aber er kann dir nicht sein Ohr oder seine
> Stimme schenken.
> Und derjenige, der sich in der Wissenschaft der Zahlen
> auskennt, kann dir von Maßen und Gewichten erzählen,
> aber er kann dich nicht in deren Regionen führen.
> Denn die Vision eines Mannes hat ihre eigenen
> Schwingen, die sie nicht an andere verleiht …

Seien Sie selbst ein Vorbild

Ein zweiter Weg, Probleme auf dem Gebiet von Wertvorstellungen zu lösen, ist das Vorleben des Verhaltens, das Sie bei Ihren Schülern erreichen möchten. Betrachten Sie einmal zur Überprüfung der Effektivität dieser Methode Ihr eigenes Wertesystem. Merken Sie, wie viel Werte Sie von Leuten übernahmen, die Sie bewunderten? Wer war für Sie Modell? Haben Sie Werte von Menschen übernommen, die für Ihr Leben von Bedeutung waren? Waren einige davon Lehrer?

Das größte Hindernis für einen »Modellcharakter« der Lehrkräfte ist der an vielen Schulen übliche »doppelte Standard«. »Tu, was ich sage, und nicht, was ich tue«, das ist eine sehr schlechte Maxime bei der Vermittlung von Wertmaßstäben. Sie lehrt die Schüler ein anderes als das beabsichtigte Wertesystem. Sie ziehen daraus die Lehre, dass man andere zur Einhaltung von Regeln zwingen kann, die man selbst negieren darf, wenn man nur stark genug ist. Sie merken, dass ein bestimmter Rang Privilegien mit sich bringt und dass der doppelte Standard nicht angezweifelt wird.

Überprüfen Sie nicht nur Ihr eigenes Verhalten, sondern auch das »offizielle« Verhalten an Ihrer Schule. Werden irgendwelche Gruppen diskriminiert: Lehrer, Schüler, Junge, Alte, Männer, Frauen? Dürfen in der Schule, in der Sie arbeiten, Erwachsene ein Verhalten zeigen, das den Schülern verboten ist? Gibt es in Ihrer Schule getrennte und sehr unterschiedlich ausgestattete Toiletten und Aufenthaltsräume für das Kollegium und die Schüler oder für Lehrer und Mitarbeiter der Verwaltung? Ist das Rauchen den Lehrkräften erlaubt und den Schülern verboten? Wird in der Kantine unterschiedliches Essen für Lehrer und Kinder serviert?

Welche Werte gelten an Ihrer Schule als Vorbild? Stimmen sie mit den Werten und Zielen überein, die vom Schulträger und von der Schule als verbindlich erklärt wurden? Solche Erklärungen enthalten gewöhnlich wichtige Wertmaßstäbe. Entspricht die Praxis ihnen? Falls dies nicht der Fall ist: Welche Gründe gibt es für die Abweichung? Nichts versetzt Schüler so sehr in Wut wie die Heuchelei von Erwachsenen, die öffentlich bestimmte Wertnormen festsetzen, sich selbst aber nicht danach richten.

Und wie verhält es sich mit Ihnen? Haben auch Sie doppelte Wertnormen? Vergessen Sie nie, dass Sie den Schülern als Vorbild dienen. Falls Sie mit unterschiedlichem Maßstab messen, erscheint dies den Kindern als nachahmenswert.

Wenn Sie ehrliche Schüler wollen, seien Sie selbst ehrlich zu ihnen. Seien Sie ordentlich in Ihrer Kleidung und Ihrem Auftreten, wenn Sie dies auch von Ihren Schülern verlangen wollen. Legen Sie Wert auf Pünktlichkeit, dann seien Sie selbst pünktlich. Verhalten Sie sich nicht autoritär, wenn Sie den Kindern demokratische Prinzipien beibringen wollen. Wenn Sie aber vom Faschismus oder der These überzeugt sind, dass nur der Stärkste überleben kann, dann versuchen Sie nicht, Demokratie oder Nächstenliebe zu predigen.

Überlegen Sie sich einmal, wie erfolgreich Eltern und Lehrer als Vorbild gedient haben. Die Wertmaßstäbe amerikanischer Schüler zeigen einen hohen Grad an Übereinstimmung und unterscheiden sich nur wenig voneinander. Was es bedeutet, mit einem wirklich völlig unterschiedlichen Wertesystem konfrontiert zu werden, können eigentlich nur Lehrkräfte beurteilen, die zum Beispiel im Rahmen des Peace-Corps-Programms im Ausland unterrichtet haben. In Ihrem eigenen Land können Sie dagegen Ihre Schüler mehr oder weniger als eine Einheit betrachten und davon ausgehen, dass Ihre Wertnormen zu circa 95 Prozent mit denen der Schüler identisch sind. Für die restlichen fünf Prozent (oder weniger) lohnt es sich wahrhaftig nicht, die Lehrer-Schüler-Beziehung zu ruinieren. Versuchen Sie es lieber mit einem sanften Einfluss auf dem Gebiet, auf dem es noch Differenzen gibt.

Eine gute Lehrer-Schüler-Beziehung ist eine unumgängliche Voraussetzung, wenn Sie erreichen wollen, dass Ihre Schüler Ihr eigenes Wertesystem durch Nachahmung übernehmen. Der Aufbau guter zwischenmenschlicher Beziehungen ist für Pädagogen einer der nutzbringendsten Programmpunkte unserer Trainingskurse. Sie ahmen in der Schule dann unsere Methode nach, und ein Imitieren von Methode III ist wesentlich erfolgreicher als ein Vortrag über demokratisches Verhalten. Tägliche Ich-Botschaften erreichen viel mehr als die Aufforderung an die Kinder, in ihrer Kommunikation offen und ehrlich zu sein.

Schüler nehmen sich auch Vorträge zum Vorbild, die sie während des Unterrichts hören, und können sie dann nachahmen. Im Alter von zehn Jahren können sie sich über sehr viele Themen äußern, die sich mit Wertungen befassen. Versuchen Sie es einmal und lassen Sie sie über die Gefahren von Tabak und Alkohol, über die Schulordnung oder über Sauberkeit sprechen. Sie werden die Aufgabe ebenso gut erledigen wie die Erwachsenen, die sie sich so oft angehört haben. Hier sollte aber auch erwähnt werden, warum Gleichaltrige oft wesentlich wirkungsvollere Vorbilder sind als Erwachsene: Sie reden nicht, sie handeln. Der Lehrer, der bei seiner Vermittlung von Wertmaßstäben gegen den Gruppendruck anderer Jugendlicher bestehen möchte, darf eines nicht vergessen: Er muss handeln und nicht viel reden, er muss agieren, nicht predigen!

Wenn man junge Leute durch Vorbilder beeinflussen will, muss man sich allerdings auch darüber im Klaren sein, dass dieses Vorgehen nicht immer erfolgreich sein kann. Wertvorstellungen sind ständigen Änderungen unterworfen, alte verschwinden und werden durch neue ersetzt. Wenn man auch noch so gut einen veralteten Wertmaßstab verkörpert, wird man wahrscheinlich nicht viele Anhänger gewinnen. Aber selbst wenn Schüler die Wertvorstellungen eines Lehrers nicht übernehmen können, werden sie es bewundern und respektieren, wenn er selbst konsequent danach lebt. Das Wertesystem, das der Pädagoge gerne vermitteln möchte, wird zwar abgelehnt, aber gleichzeitig wird ein anderer, genauso wichtiger Wert zum Vorbild: die Ehrlichkeit, das Einstehen für eine eigene Überzeugung, auch wenn sie unpopulär ist.

Lehrer können ihrer Rolle als Vorbild gar nicht entkommen. Tag für Tag stehen sie vor ihren Schülern, die wesentlich genauer beobachten, als viele Lehrer vermuten. Was Lehrkräfte tun, sagen, wie sie sich kleiden, all dies erregt die Aufmerksamkeit der Kinder. Den größten Einfluss auf die Schüler hinterlassen jedoch die Taten, nicht das gesprochene Wort. Der Satz »Tu, was ich dir sage, und nicht, was ich dir vorlebe« erweist sich daher als denkbar schlechte Methode zur Vermittlung von Wertvorstellungen.

Arbeiten Sie an sich selbst, werden Sie toleranter

Für viele Lehrer ist es wesentlich leichter, neue Methoden zur Veränderung des Schülerverhaltens oder der Lernumwelt zu bejahen, als eine Änderung der eigenen Persönlichkeit ins Auge zu fassen. Dabei ist eine Veränderung des eigenen Verhaltens die einzige Methode, die der ausschließlichen Kontrolle der Lehrkraft unterliegt.

Als Mittel zur Verbesserung der Lehrer-Schüler-Beziehung ist das Konzept der Veränderung der eigenen Person wesentlich unpopulärer als der Versuch, die Schüler so zu verändern, dass sie sich den Pädagogen und der schulischen Umwelt besser anpassen können. Die allgemein übliche Definition des Lehrerberufs beschränkt sich auf die Erziehung und Entwicklung von Kindern und Jugendlichen. Nur ganz selten wird dieser Beruf unter dem Aspekt der Reifung und Fortentwicklung der Persönlichkeit des Lehrers betrachtet. Dennoch wird jeder Pädagoge zugeben, dass es in zwischenmenschlichen Beziehungen (unter Eheleuten, Freunden, Kollegen, mit Vorgesetzten, Verwandten) Situationen gibt, wo man selbst zur Vermeidung ernsthafter Konflikte toleranter und änderungswilliger sein muss. Die Änderung des eigenen Verhaltens, und sei sie auch noch so geringfügig, ein bisschen mehr Verständnis und Toleranz für die Probleme des anderen können zwischenmenschliche Beziehungen oft nachhaltig beeinflussen.

Lehrer, die sich in der Rolle einer Autoritätsperson sehen, werden nicht gewillt sein, ihr eigenes Verhalten infrage zu stellen; sie wollen die Schüler ändern. Misslingt dies, so bezeichnen sie oft den Konflikt als unlösbar und die Schüler als unbelehrbar. Dabei ist eine »Selbstkorrektur« gar nicht so schwierig oder bedrohlich, wie die meisten Lehrkräfte denken. In unseren Kursen gelingen den Teilnehmern ganz wesentliche Veränderungen der eigenen Persönlichkeit. Wir lassen sie ihre Beobachtungen niederschreiben und erhalten Listen wie zum Beispiel:

Flexibler, toleranter, realistischer, anpassungsfähiger, erfolgreicher, geduldiger, liebevoller, entspannter, involvierter, freudiger.

Weniger rigide, fordernd, angespannt, streng, enttäuscht, unpersönlich, ärgerlich, ängstlich, perfektionistisch, mechanisch, griesgrämig.

Einer der häufigsten Sätze auf diesen Selbstbeobachtungsbögen lautet: »Ich kann mich jetzt selbst viel besser leiden.« Wir glauben, dass auch die Schüler solchermaßen veränderte Lehrer viel lieber mögen. Forschungsergebnisse weisen darauf hin, dass ein Pädagoge, der seine eigene Persönlichkeit akzeptieren kann, seinen Schülern aller Wahrscheinlichkeit nach liebevoller und annehmender gegenübersteht. Durch eine größere Bejahung des eigenen Ichs werden gleichzeitig Kollisionen zwischen verschiedenen Wertvorstellungen reduziert, denn solche Lehrkräfte können anders denkende Schüler tolerieren und annehmen.

Die Teilnahme an unseren Trainingskursen ist nur ein Weg unter vielen, um die nötigen »Selbstkorrekturen« vorzunehmen. Nachfolgend zeigen wir noch einige andere Wege auf, die zur Verbesserung der Lehrer-Schüler-Beziehung führen können.

Lernen Sie, Kinder wirklich zu verstehen

Lesen Sie so viel Sie können über Kinder, Jugendliche, Jugendkultur, die Rechte der Kinder. Forschungsergebnisse unterstützen die These, dass Unkenntnis und Unwissen Feindschaft erzeugen. Ganz im Gegensatz zu dem Sprichwort, dass Vertrautheit leicht zur Verachtung des anderen führt, wird das Verstehen einer andersartigen Kultur oder Altersgruppe die eigene Toleranz für unterschiedliches Verhalten und andere Eigenschaften vergrößern. Lassen Sie Ihre Schüler über ihre Wert- und Glaubensvorstellungen reden. Finden Sie heraus, wie sie dazu gekommen sind und was sie ihnen bedeuten. Durch aktives Zuhören können die Kinder ermutigt werden, ihre Gefühle mitzuteilen. Laden Sie einen Schüler, mit dem Sie nennenswerte Konflikte haben, einmal zu einer Besprechung unter vier Augen ein und hören Sie ihm aktiv zu. Sie werden sehen, dass Sie ihm gegenüber viel aufgeschlossener werden, wenn Sie erst einmal die Gründe für seine Überzeugungen und Wertmaßstäbe kennen.

Formung der eigenen Persönlichkeit durch Gruppenarbeit

Für Lehrer, die ein besseres Verständnis ihres eigenen Verhaltens und Wesens erstreben, gibt es kaum einen besseren Weg als die Teilnahme an Gruppenaktivitäten: Begegnungsgruppen, Sensitivitätstraining, Kreativitätsgruppen, Kurse zur Entwicklung zwischenmenschlicher Beziehungen und zur Steigerung der Effektivität etc. Eine Warnung muss in diesem Zusammenhang allerdings ausgesprochen werden: Zögern Sie nicht, eine Gruppe wieder zu verlassen, falls Sie dort nicht das Gesuchte finden.

Einzel- oder Gruppenpsychotherapie

Für sehr viele Menschen ist die Behandlung durch einen gut ausgebildeten Therapeuten zur fruchtbarsten Erfahrung ihres Lebens geworden. Für viele andere, ganz besonders für Lehrer, trägt der Gang zum Therapeuten allerdings noch das Stigma von Geisteskrankheit oder Verrücktheit. Dies widerspricht völlig der Realität, denn bei wirklich verhaltensgestörten Menschen kann eine Psychotherapie wesentlich weniger erreichen als bei Personen, die relativ gesund sind. Wir sehen uns in völliger Übereinstimmung mit der Mehrzahl der Therapeuten, wenn wir behaupten, dass eine Psychotherapie hauptsächlich bei Menschen durchgeführt werden sollte, die ganz gut funktionieren, ihr Verhalten aber noch verbessern wollen, die nicht unfähig sind, jedoch ein umfassenderes Verständnis ihrer eigenen Person anstreben, die über eine Anzahl von Fähigkeiten verfügen und sie aktualisieren wollen.

Die Wahl eines guten Therapeuten ist nicht leicht, denn wie in allen Berufen gibt es auch hier gute und schlechte Vertreter ihres Faches. Deshalb ist es unerlässlich, vor der Wahl möglichst viele Informationen einzuholen. Fragen Sie Freunde, Geistliche und Ärzte. Setzen Sie die Behandlung auf keinen Fall fort, wenn Ihnen der Therapeut nicht zusagt. Wärme, Toleranz und Verständnis muss ein Therapeut besitzen, wenn er wirklich helfen soll. Vor allem aber muss er ein guter Zuhörer sein.

Analysieren Sie Ihre eigenen Wertvorstellungen

Während der letzten Jahre profitierten viele Menschen sehr von der Teilnahme an einer relativ neuen Gruppenaktivität: Es handelt sich hierbei um Workshops, in denen Wertvorstellungen analysiert werden. Ziel dieser Veranstaltungen ist es, den Teilnehmern besser klarzumachen, was ihnen in ihrem Leben wirklich wichtig erscheint, und ihre Lebensführung dann so zu organisieren, dass sie diese Werte auch zu erreichen versuchen. Ihre Handlungen sollen mehr ihren Überzeugungen und wirklichen Wertvorstellungen entsprechen. Zur Feststellung der einzelnen Wertmaßstäbe werden in diesen Workshops spezifische Techniken und Methoden benutzt: Schreiben Sie zehn Dinge auf eine Liste, die Sie am liebsten tun.

Dann fertigen Sie eine Liste an, die Ihre stärksten Überzeugungen enthält, für die Sie wirklich kämpfen würden. Erstellen Sie eine Rangordnung der beiden Listen, von den wichtigsten bis zu weniger wichtigen Punkten. Scheuen Sie sich nicht davor, die Listen neu zu schreiben oder neu anzuordnen. Fragen Sie sich, ob Sie bereit wären, vor einem Publikum Ihre persönlichen Wertvorstellungen vorzulesen und zu verteidigen.

Fragen Sie sich auch, wie Sie zu diesen Normen gekommen sind. Sind es wirklich Ihre eigenen, oder hat Sie jemand (zum Beispiel Ihre Eltern) dazu überredet oder gezwungen? Wenn Sie erkennen, dass einige Ihrer Wertvorstellungen gar nicht Ihren eigenen Erfahrungen entspringen, sondern von irgendwelchen Autoritätspersonen übernommen wurden, können Sie sich ihrer vielleicht eher entledigen. So könnte eine Lehrerin zum Beispiel ihren starken Drang nach Reinlichkeit und Ordnung (oder anständiger Sprache, guten Manieren, konservativer Kleidung) als ein durch ihre Mutter aufgezwungenes Verhalten erkennen. Diese Erkenntnis könnte zu einer Veränderung führen und ihr ein wesentlich toleranteres, annehmenderes Verhalten gegenüber Schülern ermöglichen, die nicht besonders sauber und ordentlich sind. Nach einer Zeit der Intoleranz gegenüber Leuten, die andersartige Wertmaßstäbe vertreten, kommt es für viele Menschen einer Offenbarung gleich, wenn sie erkennen, wie viele der von ihnen verteidigten Wertvorstellungen gar nicht ihre eigenen sind. In unseren Kursen helfen folgende Fragen bei der Analyse der wirklich eigenen Wertmaßstäbe:

»Habe ich das Recht, unabhängig von den Überzeugungen meiner Eltern (oder anderer wichtiger Leute) meine eigenen Wertmaßstäbe zu wählen?«
»Muss ich mich dem fügen, was mich meine Eltern gelehrt haben?«
»Was hindert mich daran, Wertvorstellungen aufzugeben und mich nur noch nach denen zu richten, die ich wirklich akzeptiere?«

Stehen Sie zu Ihren eigenen Wertvorstellungen, aber zwingen Sie sie anderen nicht auf

Es ist eine Sache, seine eigenen Wertmaßstäbe zu verteidigen, und eine ganz andere, sie seinen Schülern aufzwingen zu wollen. Fragen Sie sich doch einmal selbst, ob nur Sie allein die Antwort wissen, was gut oder schlecht ist, richtig oder falsch, moralisch oder unmoralisch. Lehrer, die sich häufig mit ihren Schülern über Wertnormen streiten, sind oft Menschen mit sehr rigiden Konzepten von Gut und Böse und meinen, diese Konzepte hätten für jedermann Gültigkeit. Je größer die Überzeugung dieser Lehrkräfte ist, dass es sich bei ihren Wertvorstellungen um universale Wahrheiten handele, desto stärker scheint ihr Bedürfnis, sie ihren Schülern (oder anderen Personen) aufzuzwingen. Ihre Anstrengungen sind jedoch selten von Erfolg gekrönt, sie erzeugen lediglich neue Konflikte.

Lernen Sie von Ihren Schülern

Wenn Pädagogen gewillt sind, ihren Schülern zuzuhören und sich in ihre Situation zu versetzen, werden sie auch mitunter von deren Wertvorstellungen und Überzeugungen beeinflusst. Es dürfte schwerfallen, den Einfluss junger Menschen auf die Erwachsenen zu leugnen, betrachtet man moderne Musik, die Verteidigung der Bürgerrechte von Minoritäten, Umweltschutz und Umweltverschmutzung, alternative Lebensformen, Alternativen zur Ehe und vieles andere. Erwachsene können durchaus von den veränderten Lebensauffassungen Jugendlicher lernen. Probieren Sie es aus, und Sie entdecken vielleicht, dass manche neuen Wertvorstellungen viel angenehmer sind als Ihre alten.

Mögen Sie Kinder?

Alle Lehrer sollten sich diese Frage stellen. Mögen Sie Kinder oder nur ganz bestimmte Kinder? Mögen Sie vielleicht Mädchen, aber keine Jungen (oder umgekehrt), deutsche Kinder, aber keine mit Migrationshintergrund, passive Schüler, aber keine lebhaften? Können Sie sportlich begabte Kinder besser leiden als kleine Künstler, reiche besser als arme? Und weichen Sie nicht dieser fundamentalen und wichtigen Frage aus: »Warum fällt es mir so schwer, jemanden zu akzeptieren, der anders als ich selbst sein will?«

Erwerben Sie die »Gelassenheit des Annehmens«

Sie geraten mit einem Schüler in einen Konflikt über unterschiedliche Wertvorstellungen. Sie versuchen, das Problem zu lösen, und bemühen sich, ein guter Berater zu sein, Modellernen zu praktizieren oder sich selbst zu ändern. Aber Sie kommen nicht an Ihr Ziel. In einem solchen Fall geben unsere Kursleiter den Lehrern, nur halb augenzwinkernd, den Ratschlag zu beten. Und sie zitieren ein Gebet von Reinhold Niebuhr, das schon fast zu einem Klischee geworden ist, aber alle Eigenschaften aufführt, die Lehrkräfte haben sollten:

Gott, gib mir die Gelassenheit zur Annahme der Dinge, die ich nicht ändern kann,
den Mut zur Veränderung dessen, was in meiner Macht steht, und die Weisheit, den Unterschied zu erkennen.

Ob ein Pädagoge die Kraft aus seinem eigenen Inneren oder von außen her schöpft, er braucht auf alle Fälle die Ruhe und Gelassenheit, das zu akzeptieren, was er nicht ändern kann: die Wertvorstellungen, Bekenntnisse und Überzeugungen seiner Schüler. Niebuhrs Gebet könnte ebenso »Des Lehrers Gebet« heißen.

11. Vorschläge zur Verbesserung des Schulklimas

Eltern können ihre Erziehungsstile frei wählen und unabhängig entscheiden, was für Lehrer sie ihren Kindern sein wollen. Lehrkräfte dagegen befinden sich in einer gänzlich anderen Situation. Ihre Freiheit der Wahl ist durch institutionelle oder organisatorische Faktoren beträchtlich eingeschränkt; sie sind Mitglieder einer Organisation, deren Normen, Regeln, Richtlinien, Verbote und Berufsauffassung einen starken Einfluss darauf haben, wie Lehrer Schülern gegenüber reagieren und wie sie sie unterrichten.

Wenn Pädagogen in ihren Beziehungen zu Schülern wenig erfolgreich sind, wäre es unsinnig, den Einfluss der Organisation ignorieren zu wollen. Wenn ihnen Lernerleichterungen nicht gelingen, muss ihr Versagen zu einem großen Teil den organisatorischen Faktoren zugeschrieben werden, die die Rolle des Lehrers definieren und limitieren.

Ein Erziehungswissenschaftler sagte einmal, dass wir zur Befreiung der Kinder im Klassenraum zunächst einmal die Lehrkräfte befreien müssen, denn sie werden genau wie ihre Schüler von Macht und Autorität kontrolliert und dirigiert. Ihre eigenen Rechte werden häufig bei Entscheidungen nicht berücksichtigt, die sie ausführen und durchsetzen sollen. Sie haben kein Mitbestimmungsrecht, ihre Vorgesetzten behandeln sie nicht selten ohne Einfühlungsvermögen und Verständnis, und sie müssen ständig in einer Atmosphäre der Bewertung, Beurteilung und Furcht arbeiten.

Von Lehrern wird verlangt, dass sie die Bedürfnisse ihrer Schüler befriedigen, selbst wenn auf ihre eigenen Bedürfnisse überhaupt nicht eingegangen wird. Unsere Theorie von erfolgreichen zwischenmenschlichen Beziehungen beruht auf dem Prinzip der gegenseitigen Bedürfnisbefriedigung. Auch Pädagogen müssen ihre Bedürfnisse befriedigen können, sonst werden sie nicht geneigt sein, auf die Bedürfnisse ihrer Schüler einzugehen.

Dieses Kapitel enthält Ideen und Richtlinien für Lehrer, mit denen sie ihre Schulen so verändern können, dass das Lehren leichter wird. Was können Lehrkräfte zur Veränderung dieser Organisation beitragen, damit ihre eigenen Bedürfnisse eher berücksichtigt werden? Wie können sie erfolgreichere Berater für Veränderungen werden? Zunächst müssen sie mehr über diese Institution, die wir Schule nennen, wissen und die Gegebenheiten kennen, die es den Pädagogen so erschweren, effektiv zu arbeiten.

Realitäten des Schullebens, die Lehrern Probleme verursachen

Da keine Schule der anderen gleicht, werden die nachfolgend geschilderten Gegebenheiten an einzelnen Schulen unterschiedlich, eventuell auch gar nicht in Erscheinung treten.

Lehrer haben Vorgesetzte

Nahezu alle Schulen sind hierarchisch aufgebaut. In dieser Hierarchie sind die Lehrer den Direktoren unterstellt, die Direktoren den Schulräten. Diese unglückliche Struktur erinnert sehr an das Modell alter militärischer Organisationen, die auf folgenden Prinzipien basierten: Einheit der Befehlsgewalt, Kontrolle, Hierarchie der Macht und Autorität, Notwendigkeit des Gehorsams, Strafen für Regelverletzungen etc.

Trotz der üblichen Behauptungen, Schulen seien demokratische Institutionen, geschaffen für eine demokratische Gesellschaft, geht es in der Mehrzahl der Schulen alles andere als demokratisch zu, und die Lehrkräfte sind die Ersten, die dies zu spüren bekommen. In der Schulrealität werden Konflikte allzu oft mittels Macht und Autorität gelöst.

Lehrer haben bei Entscheidungen kein Mitspracherecht

Von Pädagogen wird erwartet, dass sie Entscheidungen ausführen. Selten gibt man ihnen jedoch Gelegenheit, am Zustandekommen dieser Beschlüsse mitzuarbeiten. In fast allen wichtigen Angelegenheiten gehen Entscheidungen von den Schulverwaltungsbehörden aus. Lehrerkonferenzen dienen dagegen meistens nur der Information, Diskussion und sozialen Zwecken; wirklich wichtige Entscheidungen können dort nicht zustande kommen. So reflektieren die einseitig von Mitarbeitern der Verwaltung festgelegten Regeln und Richtlinien in Schulen häufig keineswegs die Wünsche der Lehrer.

Rigidität und Widerstand allem Neuen gegenüber

Fast einstimmig kann man von Kritikern des Bildungswesens hören, dass Schulen sich besonders hartnäckig allen Veränderungen widersetzen. Obwohl seit geraumer Zeit die Mängel im System genügend bekannt sind, werden die erforderlichen Reformen nicht durchgeführt. Dies ist besonders auffallend, wenn man das Geschehen in den Klassenräumen betrachtet: Hier funktioniert Schule noch wie vor 100 Jahren.

Pflicht zur Uniformität

Fast alle Schulen zwängen Lehrer und Schüler in ein Korsett rigider Wertnormen und uniformer Verhaltensweisen. Sie bestimmen, was anständig und akzeptabel ist. Nur ganz selten bleibt Platz für unterschiedliche Lehr- und Lernstile, für abweichende Lebensauffassungen. Eine Tyrannei der Mehrheit herrscht über die, die nicht diesen Normen entsprechen.

Das Hin- und Herschieben der Schuld

Schulen sind dafür bekannt, dass ein Schuldiger für begangene Fehler sich fast nie finden lässt. Schüler schieben die Schuld auf die Lehrer, diese geben sie weiter an die Direktoren. Die Direktoren machen die Schulräte verantwortlich, und diese schieben alles auf die Kultusbehörden.

In entgegengesetzter Richtung – nämlich abwärts – werden die Verantwortlichen gesucht. Schulbehörden setzen neue Schulräte ein, die neue Schulungsprogramme für Direktoren ausprobieren. Direktoren beklagen sich über die Unfähigkeit ihrer Lehrkräfte, und die Lehrer können jede neue Schülergeneration für die Misere verantwortlich machen.

Auch Eltern haben ihren Platz in diesem System. Sie suchen die Schuld bei Pädagogen und Mitarbeitern der Behörden. Dafür werden sie von allen anderen angeklagt, ihre Kinder bereits verdorben zu haben, ehe sie jemals eine Schule betraten, wo sie nun wieder »repariert« werden sollen.

Wie Lehrer ihre Effektivität in der Schule erhöhen können

Statt defätistisch Verantwortung und Schuld von sich wegzuschieben, können Pädagogen viele positive Schritte zur Verbesserung des Schulklimas unternehmen.

Akzeptieren Sie die Wichtigkeit Ihrer Rolle

Niemand sonst in der gesamten Schule hat so viel Einfluss – guten oder schlechten – auf die Kinder wie ein Lehrer. Lehrkräfte stehen an der vordersten Front; des Schülers primäre Beziehung entwickelt sich zunächst zum Lehrer. In dieser Lehrer-Schüler-Beziehung erlebt ein Kind Reifung und Erfüllung oder es wird in seiner Entwicklung gehemmt und geschädigt. Deshalb steht ein Pädagoge nicht am Ende der Hierarchie. Sein wirklicher Platz ist an ihrem Anfang. Alles beginnt und endet damit, wie Sie Ihre Schüler behandeln. Erziehung findet in Ihrem Klassenraum und Ihrer Lehrer-Schüler-Beziehung statt. Gebäude, Programme, Ausrüstung, Verwaltungsbeamte, Systeme, Curricula, Bücher, Materialien, Budgets etc. existieren nur, um Ihnen bei der Ausübung Ihres Berufs und den Schülern beim

Lernen zu helfen. Viele Lehrkräfte könnten stolz als »Experten« ihren Schulalltag meistern, gelänge es ihnen nur, die Wichtigkeit ihrer Stellung zu erkennen, sie stärker zu bewerten, ihre Integrität zu schützen und sie vor einer Aushöhlung zu bewahren.

Blicken Sie ausschließlich durch »Ihr Fenster«

Lehrer haben in ihrem Beruf Kontakt zu vielen Leuten, deren Verhaltensweisen potenzielle Gefahren für die Schüler-Lehrer-Beziehung darstellen oder die den Lehr-Lern-Prozess stören können. Wir denken da an Direktoren, Hausmeister, Sekretärinnen, Trainer, Schulpsychologen, Erziehungsberater, Mitarbeiter der Schulbehörden, Geschäftsleute, Kollegen, Elternvertreter und Eltern.

Wenn wir Sie auffordern, bei diesen Kontakten immer durch »Ihr Fenster« zu sehen, meinen wir, dass es von äußerster Wichtigkeit ist, jeden Partner durch das *rechteckige Fenster* zu betrachten. Definieren Sie in Abbildung 29 jeden Menschen, der mit Ihnen irgendeine Beziehung aufnimmt, als »den anderen«. Dabei müssen Sie bei jeder Interaktion zunächst das Verhalten des anderen dem jeweiligen Teil des Rechtecks zuordnen.

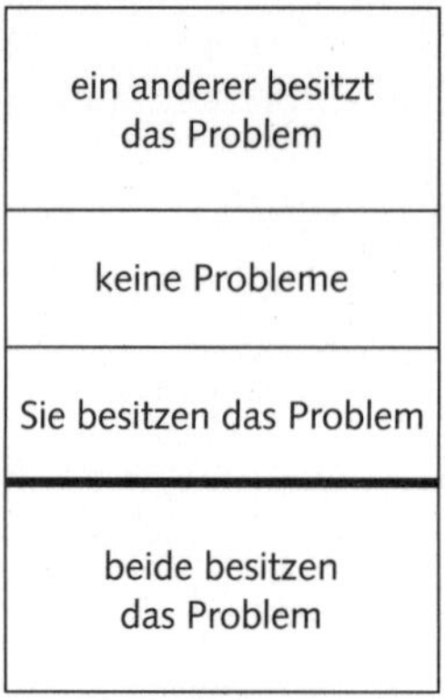

Abbildung 29

Ihr einziges Kriterium sollten dabei Ihre ehrlichen Gefühle sein.

Nehmen Sie einmal an, der Hausmeister bäte Sie, die Schüler ihre Tische oder Stühle nicht im Kreis aufstellen zu lassen, da ihm dies zu viel Zusatzarbeit verursacht. Betrachten Sie sein Verhalten nun durch Ihr Fenster und fragen Sie sich: »Ist sein Verhalten (er sagt mir, was ich nicht tun soll) annehmbar für mich oder nicht?« Wenn Sie sein Verhalten im oberen Drittel des Rechtecks anordnen, und wir hoffen sehr, dass Sie das auf Ihrer jetzigen Stufe des Effektivitätstrainings tun, dann ziehen Sie daraus die Schlussfolgerung, dass der Hausmeister das Problem besitzt, er ist aufgewühlt und seine Bedürfnisse sind bedroht.

Sie wissen nun Besseres, als ihm Barrieren in den Weg zu legen: Sie hören aktiv zu und zeigen ihm somit Ihr Verständnis und Einfühlungsvermögen. »Herr M., Sie mögen die zusätzliche Arbeit nicht, die für Sie anfällt, wenn wir die Stühle im Kreis aufstellen.« Dieser simple Satz stärkt Ihre Beziehung zu Herrn M. Er wird annehmen, dass er endlich mal einen Lehrer gefunden hat, der seine Probleme versteht und sich um ihn kümmert.

Nachfolgend skizzieren wir einige mögliche Resultate Ihres aktiven Zuhörens:

1. Herr M. könnte sein Problem selbst lösen. (»Ich schätze, Unterricht verläuft heutzutage anders, und Tische müssen dafür eben umgestellt werden.«)
2. Oder Herr M. könnte sagen »Ganz richtig« und nur noch stärker auf seinem Verbot bestehen. Nun müssen Sie ihm eine Ich-Botschaft senden, in der Sie ihm Ihre Bedürfnisse mitteilen. (»Herr M., es ist für mich eine große Erleichterung, bei Gruppendiskussionen eine kreisförmige Sitzordnung zu haben. Ich möchte das eigentlich nicht aufgeben, denn es würde den Unterrichtserfolg vermindern.«)
3. Herr M. könnte nun auf Ihre Bedürfnisse eingehen und das Thema fallen lassen. Oder aber er bleibt unnachgiebig. Im zwei-

ten Fall kommt es dann zu einem Konflikt zwischen zwei unterschiedlichen Bedürfnissen (beide besitzen das Problem). Mit dieser Erkenntnis können Sie ihn nun zur Teilnahme an einem Problemlöseprozess nach Methode III auffordern. (»Herr M., wir haben hier ein Problem. Lassen Sie uns mal zusammen überlegen, was wir tun können, damit jeder von uns zufrieden ist. Haben Sie irgendwelche Ideen?«)

An diesem Beispiel wollten wir zeigen, dass Lehrer im gesamten Schulbereich und nicht nur in den Beziehungen zu ihren Schülern unsere Kursmethoden anwenden können. Und der Schlüssel zum Erfolg ist dabei das rechteckige Fenster, mit dessen Hilfe sie das Verhalten anderer einordnen können. Erst nach der Feststellung, wer das Problem besitzt, kann das entsprechende Vorgehen gewählt werden.

Wenn Lehrkräften eine Anwendung unserer Kursmethoden in allen ihren zwischenmenschlichen Beziehungen gelingt, können viele ihrer üblichen Konflikte vermieden werden. Sie werden dann auch feststellen, dass ihre eigenen Bedürfnisse häufiger befriedigt werden und ihre Beziehungen innerhalb der gesamten Schule sich verbessern.

»Kann ich eine Konfrontation mit meinem Vorgesetzten wagen?«

Im Umgang mit Autoritätspersonen haftet Lehrern der Ruf der Ängstlichkeit an. Ein guter Grund hierfür liegt in ihrer Abhängigkeit von diesen Personen. Direktoren und Schulräte haben nicht nur Macht, sie gebrauchen sie gewöhnlich auch. Sie entscheiden über eine Verlängerung des Arbeitsvertrags, bestimmen Gehaltserhöhungen, empfehlen Beförderungen oder lehnen sie ab und vieles andere mehr. Zu viele Pädagogen empfinden es als zu hohes Risiko, auf ihren eigenen Bedürfnissen zu bestehen und damit möglicherweise ihren Vorgesetzten zu missfallen. Deshalb geben sie nach oder gänzlich auf. Logischerweise werden sie in einem solchen Fall einen oder mehrere der Verarbeitungsmechanismen zeigen, die Schüler aufweisen, wenn sie verlieren und der Lehrer gewinnt: Sie hegen Rachegefühle, empfinden Feindschaft, nörgeln, fühlen sich unglücklich, ziehen sich zurück oder resignieren. In unseren Kursen ist es manchmal schwierig, die Lehrkräfte davon zu überzeugen, dass sie legitime Bedürfnisse haben und zugleich das Recht (oder sogar die Pflicht), eine Befriedigung dieser Bedürfnisse anzustreben. Denn wenn ihre Bedürfnisse unbeachtet oder unbefriedigt bleiben, werden ihnen der Aufbau und die Pflege einer guten Lehrer-Schüler-Beziehung unmöglich sein. Sie haben ein Recht auf einen befriedigenden Beruf mit guten Arbeitsbedingungen. Um sich dies auch alles zu sichern, müssen Lehrer Konfrontationen mit Vorgesetzten wagen, selbst wenn ihnen das ungeheuerlich erscheint. Die folgenden Punkte sollen dabei eine Hilfe zur Überwindung der Angst sein:

1. Senden Sie eine gute Ich-Botschaft. Vielleicht hilft es Ihnen, vor dem Gang zum Direktor einige Ich-Botschaften aufzuschreiben und sie so lange umzuformulieren, bis Sie die Situation, so wie Sie sie sehen, ganz exakt schildern.
2. Stellen Sie sich auf Ihren Partner ein und hören Sie aktiv zu. Auch Direktoren sind Menschen. Sie beschäftigen sich mit dem, was Sie ihnen vortragen. Selbst die beste Ich-Botschaft wird aus der Defensive empfangen. Wenn Sie Hilfe von Ihrem Vorgesetzten wollen, helfen Sie ihm, die von Ihnen verursachte Konfrontation zu bewältigen.
3. Senden Sie eine erneute Ich-Botschaft. Wenn die erste kein Ergebnis brachte, muss die zweite stärker sein. Drücken Sie ruhig Ihre Enttäuschung (falls Sie wirklich enttäuscht sind) darüber aus, dass Sie nochmals auf das Problem zurückkommen müssen.

4. Wenn auch nach diesem Schritt das Problem noch ungelöst ist, bitten Sie darum, dass Ihr Direktor für sich und Sie eine Unterredung bei seinem Vorgesetzten arrangiert, damit dieser bei der Lösung des Konflikts behilflich sein kann.
5. Widersetzt sich Ihr Direktor dieser Aufforderung, erklären Sie ihm, dass Sie allein seinen Vorgesetzten aufsuchen werden. Machen Sie ihm jedoch nochmals klar, dass Sie seine Begleitung vorziehen würden, da er seine eigene Position besser persönlich verdeutlichen könne. (Aller Wahrscheinlichkeit nach wird Ihr Direktor Sie begleiten.)
6. Sprechen Sie allein mit dem Vorgesetzten Ihres Direktors. Schildern Sie ihm zuerst, wie Sie die Schritte 1 bis 5 versuchten. Dann beschreiben Sie ihm Ihre Bedürfnisse und die greifbaren Folgen, die sich ergeben, wenn sie unberücksichtigt bleiben. Bitten Sie um seine Hilfe in Ihrer Angelegenheit.

Einigen Lehrern bricht bei dem Gedanken, über den Kopf des Direktor hinweg zu handeln, der kalte Schweiß aus. Sie interpretieren dies als Gehorsamsverweigerung oder fürchten, der Direktor könne ihr Verhalten so deuten. In den typischen Machtkämpfen nach Methode I kann dies natürlich zutreffen. Vorgesetzte, die sich nur auf ihre Machtposition verlassen, betrachten jede andere Verhaltensweise außer der totalen Unterwerfung als Ungehorsam. Wenn Sie allerdings den Versuch der Schritte 1 bis 5 versäumten, ehe Sie zum »Big Boss« gingen, wenn Sie sich nicht bemühten, das Problem erst einmal von Angesicht zu Angesicht zu lösen, werden fast alle Direktoren dies als unsachgemäßes, wenn nicht sogar unbotmäßiges Verhalten auffassen.

Folgen Sie den sechs Punkten und Sie werden sehen, dass Sie durchaus Handlungsoptionen haben, wenn Ihre Bedürfnisse nicht berücksichtigt werden. Sie werden außerdem merken, dass als letzter Ausweg ein Handeln über den Kopf des Direktors hinweg besser und moralischer ist als ein Dasein als aufopfernder, unterwürfiger, unglücklicher Untergebener, der im Unterricht nicht all seine Fähigkeiten entfalten kann, weil seine Bedürfnisse unbefriedigt bleiben.

Viele Schulleiter, die an unseren Kursen für Führungskräfte (Leader Effectiveness Training) teilnehmen, sagen, dass sie gar keinen Wert auf »sich aufopfernde« Lehrer legen, falls diese Aufopferung den Unterrichtsstil negativ beeinflusst. Sie wollen vielmehr Pädagogen, die ihre Rechte wahrnehmen und die sie über Probleme informieren. Denn der Erfolg eines Direktors hängt hauptsächlich vom Erfolg seiner Lehrkräfte ab. Schlechte Leistungen der Lehrer zahlen sich für ihn nicht aus, und er wird sich veranlasst sehen, eine Verbesserung der Situation herbeizuführen. Selbst unvernünftige Direktoren werden selten tatenlos zusehen, wie ihre Lehrer sie »links liegen lassen«. Sobald sie bemerken, dass ein Pädagoge sich wirklich ernsthaft bemüht, zur Berücksichtigung seiner Bedürfnisse Unterstützung von »höherer Warte« zu erlangen, gelingt es häufig, das Problem ganz reibungslos zu lösen, ehe der Lehrer seine Bemühungen in die Tat umsetzen muss.

Liegt in der Anzahl Stärke?

Lehrer stehen oft vor der Frage, ob eine Gruppe erfolgreicher sein kann als ein Individuum oder ob die Konfrontation mit einer ganzen Gruppe vom Direktor als »Überfall« betrachtet werden könnte.

Natürlich kann in der Zahl Stärke liegen: Sie verdeutlicht dem Schulleiter, dass nicht nur eine Einzelperson, sondern mehrere von einem Problem betroffen und unzufrieden sind. Das Auftreten in einer Gruppe gibt den Lehrern auch mehr Mut, denn diese gewährt ein Gefühl von Sicherheit. Vor einer Gruppe wird der Direktor weniger zu Zornesausbrüchen neigen, und es ist höchst unwahrscheinlich, dass er zu einem Gegenschlag gegen die ganze Gruppe ansetzt.

Betrachtet man eine derartige Situation nun einmal vom Standpunkt eines Schulleiters, so erscheint es verständlich, dass zumindest einige Direktoren sich durch die Konfrontation mit einer Lehrergruppe in die Enge getrieben fühlen könnten. Deshalb ist es manchmal ratsamer, zunächst einen Sprecher zu wählen, der dann als Repräsentant der Gruppe eine Lösung des Problems versucht. Der Sprecher könnte auch nur als Vorbote zur Aushandlung eines Termins für die gesamte Gruppe geschickt werden. Dies nimmt der Situation den Charakter eines Überfalls und gibt dem Direktor die Gelegenheit, sich darauf einzustellen.

Achten Sie aber auf alle Fälle darauf, dass die Gruppe relativ homogen ist und mehr oder weniger dieselben Bedürfnisse hat. Sonst verpufft die Wirkung einer Gruppenaktion, da der Vorgesetzte sich mit zu vielen Einzelwünschen konfrontiert sieht. Wenn unterschiedliche Bedürfnisse zur Diskussion stehen, sind Einzelaktionen wesentlich sinnvoller. Dies ist eine geeignete Stelle, nochmals auf das Paradoxon eines Machtgebrauchs hinzuweisen: Sie können nicht Macht anwenden und dennoch Erfolg haben. Sobald nämlich ein Direktor meint, eine Gruppe wolle ihn erpressen oder durch ihre Zahl unter Druck setzen, wird die Gruppe ihren Einfluss verlieren.

Wie man Besprechungen und Konferenzen effektiver gestalten kann

Bei ihrem Versuch, das Schulklima zu verbessern, können Lehrer durch eine effektivere Teilnahme an Gruppenaktivitäten wie zum Beispiel Gesamtkonferenzen, Fachkonferenzen oder Arbeitsgruppen ihren Einfluss vergrößern. Im Großen und Ganzen haben Lehrkräfte Gruppen und Komitees gegenüber eine negative Einstellung. Diese entspringt der Erfahrung vieler Lehrer, dass zur Untersuchung eines Problems oft Gruppen gebildet werden, danach jedoch nichts geschieht. Es entsteht so der Eindruck, dass ein Entscheidungsprozess verhindert wird. »Gründen Sie ein Komitee, und dann können Sie das ganze Problem getrost vergessen« ist ein geflügeltes Wort in vielen Schulen. Lehrkräfte beklagen sich nicht nur über die Zeit- und Energievergeudung, die Konferenzen für sie bedeuten; viele glauben sogar an den Wahrheitsgehalt des alten Scherzes, der ein Kamel als ein von einem Komitee entworfenes Pferd definiert.

In vielen Schulen sind Konferenzen tödlich langweilig und werden wie die Pest gemieden. Die meisten Schulen führen regelmäßig stattfindende Zusammenkünfte durch (»Das war schon immer so«; »Der Direktor besteht darauf«).

Schon allein die Anliegen solcher Konferenzen können entmutigen. Hier ein Beispiel: »Treffen des Kollegiums der Woodrow-Wilson-Schule zur Stundenplankoordination der sprachlichen und musischen Fächer. Zeit: dritter Mittwoch jedes zweiten Monats, 15 Uhr; Ort: Bibliothek.«

Lehrer denken gewöhnlich an solche Gruppen, wenn sie Gruppenprozesse pauschal ablehnen. Sie wissen eben aus Erfahrung, dass Gruppenzusammenkünfte wie die oben geschilderte nicht funktionieren und selten zu Entscheidungen oder Resultaten führen. Tatsache ist aber, dass ein Entscheidungsprozess innerhalb einer Gruppe sehr wohl kreativ sein kann, dass Gruppen erstklassige Lösungen finden und Probleme angehen können, die ein Einzelner nur schlecht allein bewältigen kann.

Wenn eine Gruppenarbeit nicht funktioniert, liegt der Grund in der mangelnden Ausbildung ihrer Mitglieder, an Gruppenprozessen teilzunehmen. Sie kennen Methode III nicht, sie können nicht zuhören und erschweren durch den Gebrauch von Barrieren eine wirkliche Kommunikation. Ohne entsprechendes Training können sie keine verantwortlichen Mitglieder der Gruppe werden. Da aber fast alle Lehrer und Direktoren so häufig auf eine Arbeit in Gruppen angewiesen sind, ist es erstaunlich, dass ihnen während ihrer Ausbildung diese wichtige Fähigkeit nur minimal vermittelt wird.

Für viele Pädagogen steht es außer Frage, dass Führungsqualitäten gelernt werden können; dass eine effektive Mitarbeit in einer Gruppe jedoch auch ein spezielles Training bestimmter Fähigkeiten erfordert, ruft häufig Überraschungen hervor. Denn gerade diese Fähigkeiten bestimmen eine erfolgreiche Mitarbeit vor, während und nach der Konstituierung einer Gruppe.

Vorbereitungen vor der Zusammenkunft

1. Lesen Sie aufmerksam das Protokoll der vorausgegangenen Konferenz.
2. Werden Sie sich über die Punkte klar, die Sie auf die Tagesordnung bringen wollen.
3. Seien Sie pünktlich.
4. Bringen Sie alle benötigten Unterlagen mit.
5. Halten Sie sich den Termin völlig frei, damit die Besprechung ohne Unterbrechung ablaufen kann (Telefonanrufe, Besucher etc.).

Verhalten während einer Konferenz

1. Reichen Sie Ihre Vorschläge für die Tagesordnung ein. Fassen Sie sich bei der Formulierung kurz.
2. Sagen Sie ehrlich und klar Ihre Meinung.
3. Halten Sie selbst die Reihenfolge der Tagesordnung ein und helfen Sie anderen Mitgliedern dabei.
4. Wenn Sie einen Diskussionsbeitrag oder einen Tagesordnungspunkt nicht verstehen, bitten Sie um zusätzliche Erklärungen.
5. Seien Sie in Ihrer Teilnahme aktiv. Drücken Sie Ihre Meinung aus, wenn Sie etwas sagen wollen. Warten Sie nicht, bis Sie nach Ihrer Meinung gefragt werden.
6. Insistieren Sie auf den folgenden Punkten, die eine effektivere Gruppenarbeit ermöglichen:
   a) pünktlicher Beginn,
   b) Festsetzung der Tagesordnung,
   c) kein Abschweifen vom Thema,
   d) Einhaltung der Reihenfolge,
   e) aufmerksames Zuhören,
   f) Protokoll,

g) Notieren der wichtigsten Anliegen, Probleme oder Tagesordnungspunkte auf einer Tafel oder dergleichen,

h) Entscheidungsfindung,

i) pünktlicher Schluss.

7. Achten Sie darauf, dass jeder das Recht hat, angehört zu werden. Ermutigen Sie schweigende Teilnehmer zum Sprechen.
8. Hören Sie aufmerksam zu. Verdeutlichen Sie durch aktives Zuhören die Diskussionsbeiträge anderer.
9. Bemühen Sie sich um Kreativität bei Ihren Lösungsvorschlägen.
10. Vermeiden Sie eine Art von Kommunikation, die die Gruppe sprengen könnte, wie zum Beispiel Humor, Sarkasmus, Ablenkung, Scherze, Seitenhiebe etc.
11. Notieren Sie sich, welche Aufgaben Sie nach der Konferenz zu übernehmen zugesagt haben.
12. Stellen Sie sich selbst fortlaufend Fragen wie zum Beispiel: »Was würde in diesem Augenblick der Gruppe beim Weiterkommen und Problemlösen helfen?« – »Welche Beiträge kann ich zum effektiveren Funktionieren leisten?« – »Was braucht die Gruppe?« – »Wie kann ich helfen?«

Verhalten nach einer Konferenz

1. Führen Sie Ihre Aufträge und Verpflichtungen aus.
2. Informieren Sie die anderen über Entscheidungen und Lösungen, die sie wissen sollten.
3. Behandeln Sie alles, was ein Gruppenmitglied in ein schlechtes Licht setzen könnte, absolut vertraulich.
4. Beklagen Sie sich nachträglich nicht über Entscheidungen, denen Sie selbst zugestimmt haben. Wenn Ihnen Zweifel kommen, bringen Sie das Problem auf die Tagesordnung der nächsten Konferenz.
5. Gehen Sie mit Anliegen, die Thema der Konferenz sind, nicht im Alleingang zu Ihrem Direktor. Ihre Meinung über die Gruppenaktivitäten sollten Sie nur in der Gruppe – oder gar nicht – äußern.

Zum besseren Gelingen der Arbeitsgruppen, an denen Sie teilnehmen, könnten Sie jedem anderen Mitglied eine Kopie dieser »Regeln für verantwortungsbewusste Gruppenmitgliedschaft« aushändigen.

Wie man seine Funktion als Berater effektiver gestalten kann

Lehrer können nachhaltig Einfluss auf das Schulgeschehen ausüben, indem sie Berater ihrer Vorgesetzten und Kollegen werden. Sie haben so die Möglichkeit, ihre neuen Ideen und Einsichten zu vermitteln, ihre neu erlernten Fähigkeiten zu demonstrieren und anderen ihre erfolgreichen Erfahrungen anzubieten. Um aber wirkliche Veränderungen und Verbesserungen herbeiführen zu können, genügt es nicht, nur beratend tätig zu sein, sondern man muss lernen, ein effektiver Berater zu werden. Was dies heißt, erklärten wir bereits in Kapitel 10. Hier seien nun als Gedächtnisstütze die vier wichtigsten Prinzipien für einen effektiven Berater nochmals aufgeführt.

1. Er versucht erst, seinen Klienten zu ändern, wenn er auch ganz sicher ist, dass er hierzu engagiert wurde.
2. Er bereitet sich adäquat mit Daten, Fakten und Informationen vor.
3. Er gibt seinen Rat kurz, bündig und nur einmal.
4. Er überlässt die Verantwortung für die Veränderungsbemühungen dem Klienten.

Wenn Sie diese vier Richtlinien befolgen, ist es leichter, als Sie denken, ein sachkundiger Berater an Ihrer Schule zu werden. Zur Illustration, wie viel Sie tatsächlich tun können, zählen wir nachfolgend einige für Sie infrage kommende Aktivitäten auf. Üben Sie sie aus, wenn Sie gerne an Ihrer Schule die Aufgabe eines Beraters für Effektivitätstraining wahrnehmen möchten:

1. Reden Sie mit Ihren Kollegen über das Effektivitätstraining für Lehrer, so oft sich eine Gelegenheit dazu bietet.
2. Geben Sie selbst ein Beispiel ab. Seien Sie ein guter aktiver Zuhörer. Verwenden Sie Ich-Botschaften. Wenden Sie bei der Arbeit in Ihrer eigenen Klasse Methode III an und laden Sie andere Lehrer zu Unterrichtsbesuchen ein, damit sie sehen, wie diese Methode, die keine Sieger und Besiegte kennt, funktioniert.
3. Führen Sie solche Demonstrationen auch vor ganzen Gruppen von Fachkollegen durch. Ihre Schüler werden in der Regel Freude daran haben, bei der Verbreitung von Methode III mithelfen zu dürfen.
4. Stellen Sie Ihrem Direktor Zeit und Informationen zur Verfügung und beraten Sie ihn besonders bei der Durchführung effektiverer Konferenzen und bei der Festsetzung von Regeln und Richtlinien nach Methode III.
5. Demonstrieren Sie Ihre Fähigkeiten in Rollenspielen während Elternversammlungen. Leiten Sie in diesem Rahmen eine typisch schülerzentrierte oder inhaltszentrierte Diskussionsgruppe.
6. Lassen Sie den Bibliothekar einige Exemplare dieses Buches für die Lehrerbibliothek bestellen.
7. Nehmen Sie Kontakt mit Pädagogen auf, die mit diesem Buch arbeiten. Überprüfen Sie die Möglichkeit zur Konstituierung einer Trainingsgruppe. Führen Sie Mini-Workshops durch oder halten Sie Vorträge vor größeren Gruppen.
8. Bieten Sie bei chronischen Problemen, die das Kollegium schon eine Weile plagen, Ihre Hilfe an. Nichts macht mehr Eindruck als die erfolgreiche Lösung eines solchen Problems.
9. Vervielfältigen Sie für das Kollegium die Regeln zur erfolgreichen Teilnahme an Gruppenaktivitäten. Diskutieren Sie diese Regeln und zeigen Sie auf, wie bei ihrer Einhaltung das Zusammenleben in der Schule besser funktionieren könnte.

10. Bieten Sie eine Durchführung von Klassendiskussionen in anderen als der eigenen Klasse an. Leisten Sie gezielte Hilfestellung, wenn andere Lehrer die Methode III ausprobieren.
11. Plädieren Sie dafür, Schülern Methoden zur Konfliktlösung und/oder Schlichtung zu vermitteln. Kurse dieser Art werden von Gordon Training International angeboten.

Diese Vorschläge stellen nur einen Ausschnitt dessen dar, was Sie tun können, um sich einen Ruf als Experte zu erwerben. Sie können mit vollem Recht Ihre Ideen an andere »verkaufen«. Vergessen Sie aber nie, die »Kaufentscheidung« den anderen zu überlassen. Drängen Sie sich Ihren Klienten nicht auf.

Werden Sie zum Fürsprecher Ihrer Schüler

Schulen gehören zu den wenigen Institutionen, in denen die Empfänger von Dienstleistungen fast nie über deren Qualität urteilen dürfen. Unternehmen und Industrieorganisationen versuchen, auf Präferenzen oder Klagen ihrer Kunden einzugehen. Geschäfte räumen bei Unzufriedenheit mit der Ware ein Umtauschrecht ein. Angehörige einer Kirche haben bei der Wahl ihres Pfarrers ein wichtiges Mitspracherecht oder können sich für eine Gemeindearbeit einsetzen, die am besten ihre Bedürfnisse befriedigt.

Wer aber leiht dem »Endverbraucher« in der Schule ein Ohr? Wie viel Einfluss haben Schüler bei einer Entscheidung über die Qualität ihrer Erziehung? Wer beschäftigt sich mit ihren Klagen?

Wen wundert es angesichts solcher Fragen noch, dass Schulen sich durch Jahrhunderte hindurch so wenig verändert haben? Sie bekommen von ihren eigentlichen Kunden sehr wenig Feedback, und sie fragen auch nicht danach.

Die Verbraucher auf dem Bildungsmarkt können häufig noch

nicht einmal das beste Angebot auswählen, es sei denn, ihre Eltern verfügen über genügend Mittel für den Besuch einer Privatschule.

Schulen brauchen Verbraucheranwälte, und niemand ist dafür geeigneter als der Lehrer, der die Bedürfnisse, Unzufriedenheit und Klagen seiner Schüler genau kennt. Aber welcher Pädagoge ist schon bereit, sich zum Sprachrohr der Kinder zu machen, ihr Fürsprecher bei der Verwaltung oder der Schulbehörde zu sein? Die Mehrzahl der Lehrer sieht ihre Rolle als ausführendes Organ von Regeln und Praktiken, als Verteidiger der von Schulbehörden festgesetzten Richtlinien. Ihre Aufgabe besteht anscheinend in der Erziehung zu Konformität und Gehorsam, in dem Versuch, Kläger oder Kritiker zu entmutigen und den Direktor vor Unmutsbezeugungen zu schützen.

Wir dagegen schlagen vor, ja wir raten sogar dringend dazu, dass Pädagogen zu leidenschaftlichen Fürsprechern ihrer Schüler werden.

Wenn sie die in unseren Kursen gelernten Fähigkeiten anwenden, können Lehrer ihren Einfluss in der Schule beträchtlich vergrößern. Sie können sich anstrengen, die Bedingungen und Praktiken zu verändern, die Schüler entmenschlichen, ihre Bürgerrechte negieren, ihr Selbstbewusstsein zerstören, ihre Spontaneität unterdrücken und ihren natürlichen Wissensdrang töten.

Der Einfluss der Lehrkräfte könnte wesentlich größer sein, als viele sich vorstellen können. Die Mehrzahl der Lehrer ist sich der Schäden bewusst, die Schulen dem Geist junger Menschen zufügen. Es liegt in der Hand der Pädagogen, dies zu ändern.

Anhang

Weiterführende Literatur

Eisler, Riane: *Die Kinder von morgen: die Grundlagen der partnerschaftlichen Bildung.* Freiamt im Schwarzwald: Arbor-Verlag 2005.

Goleman, Daniel: *Emotionale Intelligenz.* München, Wien: Hanser 1996.

Gordon, Thomas: *Familienkonferenz.* München: Heyne 2012.

Holt, John Caldwell: *Aus schlauen Kindern werden Schüler ...: was in der Schule verlernt wird.* Weinheim, Basel: Beltz 2004.

Holt, John Caldwell: *Wie kleine Kinder schlau werden.* Augsburg: Weltbild 2008.

Dank

Mein verstorbener Ehemann und Kollege Dr. Thomas Gordon hat 1974 gemeinsam mit Noel Burch die erste Ausgabe dieses Buches geschrieben. Seitdem haben gut eine Million Pädagogen das Buch gekauft, Hunderttausende haben an den Effektivitätskursen für Lehrer teilgenommen, sowohl in den Vereinigten Staaten als auch in vielen anderen Ländern rund um den Globus.

Beinahe 30 Jahre später habe ich mich aus zwei Gründen an die Überarbeitung des Buches gemacht: 1. Dr. Gordon war es eine Herzensangelegenheit, dass Kinder zu Hause und auch in der Schule gut behandelt werden. Das hat ihn dazu veranlasst, ein System von Methoden zu entwickeln, das Eltern und Lehrer lernen und verwenden können, um effektiv mit Kindern umzugehen. 2. Ich halte es für wichtig, Dr. Gordons Modell aktuell und relevant für eine neue Lehrergeneration zu halten.

Beim erneuten Lesen des Buches fiel mir auf, dass das Modell, das in den Fünfzigerjahren erst für Führungskräfte und später auch für Eltern und Lehrer entwickelt wurde, noch genauso relevant und grundlegend ist wie damals. Meine Arbeit bestand hauptsächlich darin, die Sprache anzupassen und neue Beispiele einzufügen.

Für ihre wertvolle Mitarbeit an dieser Überarbeitung möchte ich danken:

Dr. Art Beane, einem Kursleiter des Effektivitätstrainings für Lehrer; Mary Bess Holloway, einer Schulleiterin; Holly Jones, einer Lehrerin; und Michelle Adams, meiner Tochter und Partnerin bei Gordon Training International, für die Durchsicht des Buches aus der Perspektive von Lehrenden und für zahlreiche Verbesserungsvorschläge.

Jacques Lalanne, frankokanadischer Repräsentant des Effektivitätstrainings für Lehrer bei GTI; den Kursleitern Dr. Michael Eisenbeiss, Jerry RunnerSmith, Patrick Sobota, Marlene Anderson und

Kathy Pigott-Newman für das Beitragen der Anwendungsbeispiele unserer Methoden in der Schule.

Stacy Forland Krich für ihre Fähigkeiten in Sachen Desktop-Publishing sowie ihr Vermögen, jede Frist einzuhalten.

Stephanie Higgs und Dorianne Steele, meinen Lektorinnen bei Crown Publishers, für die feinfühlige und kompetente Betreuung des Buches während des gesamten Veröffentlichungsprozesses.

Linda Adams
Vorsitzende von Gordon Training International
Solana Beach, Kalifornien

Register

J

K

L

M

N

O

P